2025년 대비 슬림한 친족 상속법의 脈 머리말

I. 들어가며

변호사시험의 '사례화' 경향에 비추어 보았을 때 친족, 상속법은 상대적으로 쉽게 점수를 획득할 수 있는 과목입니다. 왜냐하면 '조문' 문제가 적지 않게 출제되고 있기 때문입니다. 특히 개정법의 경우 출제가능성이 높아 출제가 예상되는 영역이 어느 정도 예측가능하다고 하겠습니다. 다만 친족, 상속법 조문은 평소 민법공부를 할 때 자주 접하는 조문들이 아니라서 기억의 휘발성이 강하다는 특징이 있습니다.

따라서 **친족, 상속법은 시험에 임박한 막판에 집중적으로 공략할 필요가 있는데**, 이를 위해 기존의 친족, 상속법 책과는 달리 slim하게 **'꼭 필요한 것만 빠짐없이'**라는 모토 아래 조문과 판례를 정리해 보았습니다.

II. 본서의 특징

1. 제1편 조문, 판례, 기초이론편의 특징 : 25대비 민법의 맥 친족 상속법 부분과 동일

꼭 필요한 조문과 판례, 기초이론을 정리하였습니다. 다만 출제가능성이 높은 판례는 정확하게 아는 것이 중요하고, 또 사례화 될 수 있기 때문에 사실관계의 소개와 함께 당해 판례가 어떤 의미가 있는지 등을 '판례검토' 등을 통해 충분히 소개하였습니다.

각종 국가고시, 변호사시험 등 선택형 기출지문을 철저히 분석하여 조문소개란에 빈출 기출된 조문은 별표표시 및 키워드는 굵은글씨 표시하고 선택형 지문을 박스조문 안에 소개하였습니다.

2. 제2편 OX핵심지문, 사례편의 특징

본 저자의 지론은 '많이'보다 '정확하게'입니다. 특히 친족, 상속법은 상대적으로 수험생들이 소홀히 하는 영역이라 기본서 양을 최대한 slim하게 구성하되 친족, 상속법에서 틀리지 않게 하기 위해서는 중요내용은 OX핵심지문, 사례 등을 통해 확실히 내.것.으로 소화시킬 수 있게 연습해야 합니다.

따라서 본서에 소개된 OX핵심지문, 사례문제는 완전히 소화하고 암기하고 있어야 하겠습니다. 특히 본서에 소개된 **사례문제는 최근 중요 객관식 기출문제와 함께 '민법의 맥'에 소개된 주관식 사례를 객관식 문제화한 것**으로 주관식을 대비하는 수험생들에게도 부족함이 없을 것이라고 생각됩니다. OX핵심지문의 경우 **제13회 변호사시험 기출문제를 반영**하였습니다.

Ⅲ. 당부의 말씀

'꼭 필요한 최소한의 것으로' '정확성과 반복성'을 통한 점수획득이 본서에 목적이므로 소기의 성과를 획득하기 위해서는 부단한 반복학습을 통한 내. 것. 화가 필요하다는 것을 강조하고 싶습니다. 아무쪼록 친족, 상속법이 전략과목이 될 수 있었으면 좋겠습니다.

아울러 본서의 1편 조문, 판례, 기초이론은 24대비 민법의 맥의 친족, 상속편의 내용과 동일합니다. 따라서 '민법의 맥' 기본서와의 호환을 위해 쟁점정리 및 방주 번호가 동 기본서와 동일하다는 점을 밝힙니다.

공부방향에 대한 상담이나 본서에 관한 의문이나 질문이 있으신 분은 dhyoon21@hanmail.net 으로 질문하시면 친절하게 답변드리겠습니다.

2024년 6월

저 자 윤동환

제1편 조문, 판례 및 기초이론

제2편 OX 핵심지문, 사례

제 **1** 편

조문, 판례 및 기초이론

제1장 | 친족법

제1절 총 설

Ⅰ. 친족의 종류

[E-1]

친족관계는 혈연과 혼인에 의해 성립한다. 민법은 혈족, 인척, 배우자를 친족으로 규정하고 있다(제767조)(10회 선택형). 따라서 배우자나 인척은 친족이지만, 혈족은 아니다.

Ⅱ. 친족의 범위

[E-2]

1. 일반적 범위

8촌 이내의 혈족, 4촌 이내의 인척, 배우자가 친족의 범위에 포함된다(제777조). 그런데 개별적 법률관계에 관하여 친족의 범위가 달리 정하여지기도 한다(제809조, 제974조, 제1000조 참조).

2. 혈 족

혈족에는 자연혈족과 법정혈족이 있다.

(1) 자연혈족

1) 발생 및 범위

㉠ 자연혈족은 자연의 혈연관계가 있는 혈족을 말하며, 예를 들어 혼인 외의 출생자는 법정혈족이 아닌 자연혈족임을 주의해야 한다(母의 경우는 출산에 의해, 父의 경우는 인지한 경우).

㉡ 자연혈족에는 직계혈족과 방계혈족이 있다. 방계혈족의 경우 이복형제자매(父계의 방계혈족)와 이성동복형제자매(母계의 방계혈족)도 형제자매에 포함된다(아래 96다5421판결 참고).

> **[관련판례]** ＊ **제1000조 1항 3호의 '피상속인의 형제자매'의 의미**(방계혈족의 범위)
>
> "민법 제1000조 제1항 제3호 소정의 '피상속인의 형제자매'라 함은, 민법 개정시 친족의 범위에서 부계와 모계의 차별을 없애고, 상속의 순위나 상속분에 관하여도 남녀 간 또는 부계와 모계 간의 차별을 없앤 점 등에 비추어 볼 때, **부계 및 모계의 형제자매를 모두 포함하는 것으로 해석하는 것이 상당하다**"(대판 1997.11.28. 96다5421)고 판시하여 모친만을 같이하는 이성동복의 관계에 있는 형제자매들을 피상속인의 형제자매에 해당하는 것으로 보아 그들 사이의 상속권을 인정하였다.

2) 소 멸

자연혈족관계는 사망으로 인하여 소멸한다. 혼인 외의 출생자의 경우에는 사망 이외에도 인지 무효·취소에 의해 부계혈족관계가 소멸할 수 있다(제861조, 제862조)

(2) 법정혈족

1) 발생 및 범위

㉠ 법정혈족은 법률에 의한 혈족을 의미하며, 혈연관계는 없지만 자연혈족과 동일한 관계로 인정된다. 입양에 따른 '양친자관계'가 유일한 법정혈족에 해당한다. 즉, 양자는 '**입양한 때**'(출생한 때가 아님)부터 혼인중의 출생자와 동일한 것으로 본다(제772조 1항).

ⓛ '양부모 및 그 혈족'과 '양자 및 그 직계비속' 사이에는 친족관계가 발생한다. 그러나 양자의 방계혈족 (가령 친형제) 혹은 양자의 직계존속(가령 친생부모)과 양부모 등의 사이에는 친족관계가 발생하지 않는 다. 그리고 양자는 입양이 되어도 친생부모와의 자연혈족관계는 존속한다(제882조의2 2항). 다만, 친양자입양의 경우에는 입양 전의 친족관계는 원칙적으로 소멸한다(제908조의3 2항 본문).

> ※ **제1000조 1항 2호의 '피상속인의 직계존속'의 의미**(친생부모도 포함. 친양자의 경우는 친생부모 불포함)
> 양자는 입양이 되어도 친생부모와의 자연혈족관계는 존속하므로(제882조의2 2항), 만약 양자가 직계 비속 없이 사망한다면, 양부모뿐만 아니라 친생부모도 상속권을 갖는다. 이 경우 양부모와 친생부모 는 공동상속인이 된다(7회 선택형). 判例도 "양자가 직계비속 없이 사망한 경우 그가 미혼인 경우 제2 순위 상속권자인 직계존속이, 그에게 유처가 있는 경우 직계존속과 처가 동순위로 각 상속인이 되는 바, 이 경우 양자를 상속할 직계존속에 대하여 아무런 제한을 두고 있지 않으므로 양자의 상속인에 는 양부모뿐 아니라 친부모도 포함된다"(대결 1995.1.20. 94마535)고 판시하였다.
> 이와 달리 친양자의 경우 입양 전의 친족관계는 소멸하므로(제908조의3 2항 본문), 친양자가 직계비 속 없이 사망한 경우 친생부모나 생가의 친족은 상속인이 될 수 없다. 다만, 부부의 일방이 그 배우 자의 친생자를 단독으로 입양한 경우라면 배우자 및 그 친족과 친생자 간의 친족관계는 존속하므로 (제908조의3 2항 단서), 이 경우에는 친생부 또는 친생모 및 그 친족도 상속인이 될 수 있다.

2) 소 멸

ⓛ **[사망, 파양, 입양의 취소]** 양친자관계는 일방 당사자의 사망에 의해 종료하나, 이는 사망한 당사자 에 국한하며, 그 입양을 통한 양친족관계(법정혈족 및 인척관계)까지 종료하는 것은 아니다. 예를 들어 양자가 사망하더라도 '양부모 및 그 혈족'과 '양자의 직계비속'의 법정혈족관계는 유지된다. 단, 파양 을 하면 양자 및 그의 직계비속과 양부모 및 그 혈족의 법정혈족관계는 소멸한다. 입양이 취소된 경우에도 동일하다.

ⓛ **[양부모의 이혼]** 공동입양을 한 양부모가 이혼을 한 경우, "부부공동입양제(제874조)가 되어 처도 부와 마찬가지로 입양당사자가 되기 때문에 양부모가 이혼하였다고 하여 양모를 양부와 다르게 취급 하여 양모자관계만 소멸한다고 볼 수는 없는 것이다"(대판 2001.5.24. 전합2000므1493)고 하여 양부자뿐만 아니라 양모자관계도 유지된다는 것이 判例의 입장이다

3. 인 척

> ▸ 혈족의 배우자, 배우자의 혈족, **혈족의 배우자의 혈족**을 인척으로 한다(X)
> 제769조 (인척의 계원) 혈족의 배우자, 배우자의 혈족, **배우자의 혈족의 배우자**를 인척으로 한다(10회 선택형).
> 제775조 (인척관계 등의 소멸) ① 인척관계는 **혼인의 취소** 또는 **이혼**으로 인하여 종료한다.
> ▸ 부부 또는 처가 **사망하면** 상대배우자의 혈족과의 친족관계는 **소멸한다**(X)
> ② 부부의 일방이 사망한 경우 **생존 배우자가 재혼한 때**에도 제1항과 같다.

1) 발생 및 범위

ⓛ 민법은 혈족의 배우자(형부, 매형 등), 배우자의 혈족(시부모, 장모, 처제 등), 배우자의 혈족의 배우자(처 제의 남편, 즉 동서지간 등)를 인척으로 한다(제769조). 따라서 혈족의 배우자의 혈족(사돈지간)은 인척이 아니다. 사돈지간은 친족이 아니므로 이들 간의 혼인은 가능하다. ⓛ 적모서자(홍길동의 父의 처와 홍길 동과의 관계), 계모자관계(콩쥐와 계모)는 종래 법정혈족이었지만 1990년 민법 개정으로 '직계혈족의 배 우자'로서 인척관계가 되었다.

2) 소 멸

부부의 일방이 사망한 경우 부부간의 친족관계(혼인관계)는 즉시 소멸하나, 혼인에 의해 발생한 인척관계는 생존배우자가 재혼을 해야 소멸한다(제775조 2항). 특히 이는 대습상속권의 소멸과 관련하여 논의의 실익이 있다. 즉 배우자가 사망한 후 재혼하지 않고 있는 동안에 한하여 배우자의 직계존속이 사망한 경우 대습상속을 할 수 있다.

> ✻ **부부 일방의 부모 등 그 직계혈족과 상대방 사이에 직계혈족이 사망하고 생존한 상대방이 재혼하지 않은 경우에 부양의무가 인정되는 경우**
>
> "제775조 제2항에 의하면 부부의 일방이 사망한 경우에 혼인으로 인하여 발생한 그 직계혈족과 생존한 상대방 사이의 인척관계는 일단 그대로 유지되다가 상대방이 재혼한 때에 비로소 종료하게 되어 있으므로 부부의 일방이 사망하여도 그 부모 등 직계혈족과 생존한 상대방 사이의 친족관계는 그대로 유지되나, 그들 사이의 관계는 제974조 제1호의 '직계혈족 및 그 배우자 간'에 해당한다고 볼 수 없다. 배우자관계는 혼인의 성립에 의하여 발생하여 당사자 일방의 사망, 혼인의 무효·취소, 이혼으로 인하여 소멸하는 것이므로, 그 부모의 직계혈족인 부부 일방이 사망함으로써 그와 생존한 상대방 사이의 배우자관계가 소멸하였기 때문이다. 따라서 부부 일방의 부모 등 그 직계혈족과 상대방 사이에서는, 직계혈족(남편)이 생존해 있다면 민법 제974조 제1호에 의하여 생계를 같이 하는지와 관계없이 부양의무가 인정되지만, 직계혈족(남편)이 사망하면 생존한 상대방이 재혼하지 않았더라도 (사망한 부부 일방의 부모와 생존한 상대방 사이는 기타 친족간에 해당하므로) 민법 제974조 제3호에 의하여 생계를 같이 하는 경우에 한하여 부양의무가 인정된다"(대결 2013.8.30. 2013스96 : 11회 선택형).
>
> **[구체적 예]** 배우자 甲이 사망하였지만 재혼하지 않은 乙은 甲의 직계존속이 자기의 자력 또는 근로에 의하여 생활을 유지할 수 없는 경우, 생계를 같이 하는 경우에 한하여 부양의무가 인정된다.

Ⅲ. 가사소송과 가사비송사건, 조정전치주의 등 [E-3]

		종 류	성질 등	조정전치주의
가사 소송	가류	각종 무효확인소송, 친생자관계존부확인의 소	확인의 소	×
	나류	각종 취소소송, 재판상 이혼·파양, 친양자파양, 친생부인의 소, 父를 정하는 소, 인지청구(인지이의의 소), 사실혼관계존부확인의 소	형성의 소	○
	다류	신분관계 해소를 원인으로 한 손해배상의 청구 및 원상회복의 청구(4회 선택형)	이행의 소	○
가사 비송	라류	제한능력에 관한 사항, 부재자재산관리·실종선고에 관한 사항, 후견 및 친권에 관한 사항	상대방 없음	×
	마류	이혼에 따른 재산분할청구, 상속재산분할청구, 기여분의 결정, 친권자의 지정과 변경, 子의 양육에 관한 처분[과거의 양육비청구도 이에 해당(대결 1994.5.13. 전합92스21)]. 부양에 관한 처분(6회 선택형)[부부간의 부양의무를 이행하지 않은 부부의 일방에 대하여 상대방의 친족이 구하는 부양료 상환청구는 민사소송(대판 2012.12.27. 2011다96932 : 6회,8회 선택형)]	상대방 있음	○
주의		조정전치주의가 적용되는 나류 사건과 마류 사건 중에도, 당사자가 임의로 결정할 수 없는 사항에 관한 것으로서 조정의 성립만으로 효력이 생기지 않고 가정법원의 판결이 있어야 효력이 생기는 것은 다음과 같다. ① 친생부인의 소에서의 조정, ② 父를 정하는 소에서의 조정, ③ 친권상실의 재판에서의 조정, ④ 대리권과 재산관리권의 상실의 재판에서의 조정		

Ⅳ. 가족관계등록부

① **[혼인관계 정정]** 判例는 "중국 국적의 조선족 여성과 혼인한 것으로 신고한 자가, 혼인할 의사가 전혀 없음에도 그 여성을 한국에 입국시킬 목적으로 혼인신고를 하여 공전자기록에 불실의 사실을 기재하게 하였다는 등의 범죄사실로 유죄판결을 받아 확정된 경우, 위 혼인은 혼인의사의 합치가 결여되어 무효임이 명백하므로 혼인무효판결을 받지 않았더라도 가족관계의 등록 등에 관한 법률 제105조에 따라 가정법원의 허가를 받아 가족관계등록부를 정정할 수 있다"(대판 2009.10.8. 2009스64)고 판시하고 있다. 즉, 신분관계에 중대한 영향을 미치지 않거나 등록부의 기록이 무효임이 명백한 경우에는 가정법원의 확정판결이 없이도 당사자의 신청에 의하여 가정법원의 허가를 얻어 경정할 수 있다.

② **[성별정정]** 종래 判例(대결 2011.9.2. 전합2009스117)는 성전환자가 혼인 중에 있거나 미성년자인 자녀가 있는 경우 성별정정을 허가하지 않는다는 입장이었으나, 최근 判例는 입장을 변경하여 현재 혼인 중에 있지 아니한 성전환자는 미성년 자녀가 있는 경우에도, 성별정정을 허가할 수 있다고 판시하였다. 즉, 미성년 자녀를 둔 성전환자도 부모로서 자녀를 보호하고 교양하며(민법 제913조), 친권을 행사할 때에도 자녀의 복리를 우선해야 할 의무가 있으므로(민법 제912조), 미성년 자녀가 있는 성전환자의 성별정정 허가 여부를 판단할 때에는 성전환자의 기본권의 보호와 미성년 자녀의 보호 및 복리와의 조화를 이룰 수 있도록 법익의 균형을 위한 여러 사정들을 종합적으로 고려하여 실질적으로 판단하여야 한다고 한다(대결 2022.11.24. 전합2020스616)

③ **[성(姓)의 정정]** "신청인의 가족관계등록부 외에 신분증명을 위하여 사용되는 다른 주민등록표, 여권 등에는 '금'이라는 한글 성이 기재되어 있어 성명에 관하여 공적 장부들의 기재가 불일치하고 이로 인하여 상속등기 등 권리실현에 장애가 발생한 이 사건에서 신청인이 출생 시 또는 유년시절부터 한자 성 '金'을 한글 성 '금'으로 사용하여 오랜 기간 자신의 공·사적 생활영역을 형성하여 왔다면, 신청인의 가족관계등록부의 성을 '금'으로 정정하는 것이 상당하다"(대결 2020.1.9. 2018스40)

④ **[친생자관계존재확인의 확정판결]** "출생기록이 있는 자녀와 부 또는 모 사이에 친생자관계부존재 확인판결이 확정된 경우 가족관계등록관서는 친생자관계부존재가 확인된 자녀의 가족관계등록부에 친생자관계가 부존재하는 부 또는 모의 특정등록사항을 말소한 후 그 가족관계등록부를 폐쇄한다. 나아가 위와 같이 가족관계등록부가 폐쇄된 자녀에게 진정한 출생신고의무자가 있는 경우 출생신고를 다시 하여 가족관계등록부를 새롭게 작성하여야 하고, 출생신고의무자와 자녀 사이에 친생자관계존재확인의 확정판결이 존재한다고 하여 그것만으로 가족관계의 등록 등에 관한 법률 제107조에 따른 등록부 정정의 대상이 되는 것은 아니다"(대결 2018.11.6. 2018스32).

제2절 가 족

Ⅰ. 의 의 [E-4]

2005년 3월 31일 개정 가족법에서는 호주와 가족의 기존 개념을 폐지하고 가족의 개념을 새로이 정의하고 있다. 즉, 민법은 배우자, 직계혈족 및 형제자매, 그리고 '생계를 같이 하는' 직계혈족의 배우자, 배우자의 직계혈족 및 배우자의 형제자매를 가족으로 하고 있다(제779조)(10회 선택형).

Ⅱ. 子의 성과 본 [E-5]

자의 복리를 위하여 자의 성과 본을 변경할 필요가 있을 때에는 부, 모 또는 자의 청구에 의하여 법원의 허가를 받아 이를 변경할 수 있다(제781조 6항).

제781조 6항에 따른 자의 성·본 변경허가 심판을 할 때 가정법원은 청구인의 주장에 구애되지 않고 '직권'으로 탐지한 자료에 따라 '성·본 변경이 청구된 자녀의 복리에 적합한지'를 최우선적으로 고려하여 후견적 입장에서 허가 여부를 판단하여야 한다(대결 2022.3.31. 2021스3).[1] 그러므로 이를 변경하지 않는 때의 불이익과 변경하는 때의 불이익을 비교형량하여 자의 복리를 위하여 성·본의 변경이 필요하다고 판단되면, 성·본 변경권의 남용으로 볼 수 있는 경우가 아닌 한 원칙적으로 성·본 변경을 허가하여야 한다(대결 2009.12.11. 2009스23).[2]

> ★ **제781조 (자의 성과 본)** ① 자는 **부의 성과 본**을 따른다. 다만, 부모가 **혼인신고시** 모의 성과 본을 따르기로 **협의**한 경우에는 **모의 성과 본**을 따른다.
> ▸ 부가 외국인인 경우 혼인신고시 **부모가 협의하면** 자는 모의 성과 본을 따를 수 있다(X)[3]
> ② 부가 외국인인 경우에는 **자는 모의 성과 본을 따를 수 있다.**
> ③ **부를 알 수 없는 자**는 **모의 성과 본**을 따른다.
> ④ **부모를 알 수 없는 자**는 **법원의 허가**를 받아 성과 본을 창설한다. 다만, 성과 본을 창설한 후 부 또는 모를 알게 된 때에는 부 또는 모의 성과 본을 **따를 수 있다**(▸ 따라야 한다 X)
> ▸ 혼인외의 출생자가 **인지된 경우** 부의 성을 따른다(X)
> ⑤ 혼인외의 출생자가 **인지**된 경우 자는 부모의 **협의**에 따라 **종전의 성과 본을 계속 사용**할 수 있다. 다만, 부모가 협의할 수 없거나 협의가 이루어지지 아니한 경우에는 자는 **법원의 허가**를 받아 종전의 성과 본을 계속 사용할 수 있다.
> ⑥ 자의 복리를 위하여 자의 성과 본을 변경할 필요가 있을 때에는 부, 모 또는 자의 **청구**에 의하여 (▸ 직권 X) **법원의 허가**를 받아 이를 변경할 수 있다. 다만, 자가 **미성년자이고 법정대리인이 청구할 수 없는 경우**에는 제777조의 규정에 따른 친족 또는 검사가 청구할 수 있다.

[참고] ✳ 개명(改名)

개명(改名)의 경우 대법원은 개명을 허가할 만한 상당한 이유가 있다고 인정되고, 범죄를 기도 또는 은폐하거나 법령에 따른 각종 제한을 회피하려는 불순한 의도나 목적이 개입되어 있는 등 개명신청권의 남용으로 볼 수 있는 경우가 아니라면, 원칙적으로 개명을 허가함이 상당하다는 입장이다. 따라서 判例는 파산선고 및 면책결

---

1) **[사실관계]** 당해 판례(2021스3)사안은 성·본 변경을 청구하는 부, 모 중 일방이 단지 이를 희망한다는 사정은 주관적·개인적인 선호의 정도에 불과하며 이에 대하여 타방이 동의를 하였더라도 그 사정만으로는 성·본 변경허가의 요건을 충족하였다고 보기 어렵다고 판단하였다.

2) **[사실관계]** 당해 판례(2009스23)사안은 親父가 성·본 변경에 반대한 경우였으나, 대법원은 이러한 사정을 여러 비교형량의 요소 중 하나로 판단하여 養父로의 성·본 변경청구를 허가하였다.

3) **[해설]** 부가 외국인인 경우 부모의 협의 없이도 모의 성을 따를 수 있다.

정을 받은 자가 자신의 이름이 '흔하고 개성이 없고 시대에 뒤떨어진다'는 등의 이유로 개명신청을 한 사안에서, "그 개명신청의 이유가 주관적이라는 사정만으로 개명을 허가할 상당한 이유에 해당하지 않는다고 볼 수 없고, 개명신청자 스스로 파산선고 및 면책결정을 받은 사실을 개명신청 이유의 하나로 표명하고 있는 등 개명신청권의 남용이 있다고 볼 수 없다"(대결 2009.10.16. 2009스90)고 판시하였다.

제3절 혼 인

제1관 약 혼

Ⅰ. 의 의
[E-6]

약혼은 1남 1녀가 장차 혼인하기로 하는 혼인예약이다. 약혼은 실질적으로 부부공동생활을 하고 있으나 혼인신고를 하지 않아서 법률상 혼인으로 인정받지 못하고 있는 사실혼과 구별된다(대판 1998.12.8. 98므961).

Ⅱ. 성립요건(제800조, 제801조, 제802조, 제808조)
[E-7]

약혼은 장차 혼인을 하려는 당사자 사이의 합의가 있으면 성립하며(불요식행위), 혼인에 있어서의 신고와 같은 특별한 방식이 요구되지 않는다(대판 1998.12.8. 98므961). 배우자 있는 자가 한 약혼, 배우자의 사망 또는 이혼을 전제로 한 약혼은 무효이다(대판 1965.7.6. 65므12, 대판 1955.7.14. 4288민상156). 약혼에는 선량한 풍속이나 기타 사회질서에 위반되는 것이 아닌 한 조건이나 기한을 붙일 수 있다(혼인에는 조건이나 기한을 붙일 수 없다).

Ⅲ. 효 과
[E-8]

1. 당사자 간의 의무

약혼의 양 당사자는 혼인관계를 성립시킬 의무를 지며, 이 의무를 위반하면 손해배상의무가 발생한다. 그러나 당사자의 의사에 반하는 혼인은 무효이므로(제815조 1항), 강제로 이행을 청구할 수 없다(제803조).

2. 제3자에 대한 효력

제3자가 약혼관계를 침해했을 경우 불법행위가 성립한다(대판 1961.10.19. 4293민상531 ; 제3자가 약혼 중의 여자를 간음한 사건이다).

Ⅳ. 약혼의 해제
[E-9]

1. 약혼의 해제사유

약혼 후 당사자의 일방에 제804조 각 호의 사유가 있는 때에는 상대방은 약혼을 해제할 수 있다. 특히 제804조 8호에서 말하는 '중대한 사유'란 학력·직업·연령·처녀성 등에 대한 기망[약혼시 학력이나 직업 등을 속인 것은 제804조 8호 소정의 '기타 중대한 사유가 있는 때'에 해당하여 약혼의 해제는 적법하다(대판 1995.12.8. 94므1676,1683)). 애정의 상실, 중대한 모욕, 간음 외의 부정행위, 재산 상태에 관한 착오, 약혼 전에 자격정지 이상의 형을 선고받은 사실이 있는 경우 등을 의미한다. 그러나 임신불능 또는 빈곤한 환경은 이에 속하지 않는다(대판 1960.8.18. 4299민상995).

제804조(약혼해제의 사유) 당사자 한쪽에 다음 각 호의 어느 하나에 해당하는 사유가 있는 경우에는 상대방은 약혼을 **해제할 수 있다.**
1. 약혼 **후▸** 약혼 전(X) 자격정지 이상의 형을 선고받은 경우
2. 약혼 **후▸** 약혼 전(X) 성년후견개시나 한정후견개시의 심판을 받은 경우
3. 성병, 불치의 정신병, 그 밖의 불치의 병질(病疾)이 있는 경우
4. 약혼 **후▸** 약혼 전(X) 다른 사람과 약혼이나 혼인을 한 경우
5. 약혼 **후▸** 약혼 전(X) 다른 사람과 간음(姦淫)한 경우
6. 약혼 **후▸** 약혼 전(X) 1년 이상 생사(生死)가 불명한 경우
7. 정당한 이유 없이 혼인을 거절하거나 그 시기를 늦추는 경우
8. 그 밖에 **중대한 사유**가 있는 경우 **▸ 임신불능**은 그 밖에 중대한 사유가 된다(X)

---

2. 약혼해제의 방법

약혼의 해제는 상대방에 대한 의사표시로 한다. 그러나 상대방에 대하여 의사표시를 할 수 없는 때에는 그 해제의 원인 있음을 안 때에 해제된 것으로 본다(제805조).

3. 약혼해제의 효과

(1) 약혼의 소급적 소멸

약혼이 해제되면 당사자 사이에 처음부터 약혼이 없었던 것과 같이 된다.

(2) 손해배상의 청구

약혼의 해제가 당사자 일방의 귀책사유로 인한 경우에, 타방당사자는 과실있는 상대방에 대하여 재산상·정신상 손해의 배상을 청구할 수 있다(제806조 1항, 2항). 그런데, 정신상 고통에 대한 배상청구권은 양도 또는 승계하지 못하나, 당사자간에 이미 그 배상에 관한 계약이 성립되거나 소를 제기한 후에는 그러하지 아니하다(행사상 일신전속권, 제806조 3항). 약혼의 부당파기로 인하여 정신적 고통을 당한 부모도 위자료를 청구할 수 있고, 반대로 약혼의 부당파기에 가담한 부모는 약혼을 부당하게 파기한 자와 함께 공동불법행위책임을 부담한다(대판 1975.1.14. 74므11).

V. 약혼해제(파기)에 따른 예물의 반환청구권   [E-10]

1. 문제점

약혼의 해제나 파기가 있는 경우에, 약혼 당사자는 수수된 약혼예물의 반환청구권을 가지는지가 약혼예물의 법적 성격과 관련하여 문제된다.

2. 약혼예물의 법적 성격

약혼예물의 수수는 약혼의 성립을 증명하는 증거이자 동시에 '혼인의 불성립을 해제조건'으로 하는 증여라고 할 수 있다(통설·判例 : 12회 선택형).

3. 약혼이 해제(파기)되어 혼인이 불성립한 경우의 약혼예물반환청구

(1) 일방이 유책한 경우

判例는 "약혼예물의 수수는 혼인불성립을 해제조건으로 하는 증여와 유사한 성질의 것이기는 하나, 약혼의 해제에 관하여 과실이 있는 유책자로서는 그가 제공한 약혼예물은 이를 적극적으로 반환을 청구할 권리가 없다"(대판 1976.12.28. 76므41)고 보아 **부정설의 입장**이다.

[판례검토] 조건의 성취로 인하여 이익을 받을 당사자가 신의성실에 반하여 조건을 성취시킨 때에는 상대방은 그 조건이 성취하지 아니한 것으로 주장할 수 있다(제150조 2항). 따라서 부정설이 타당하다.

(2) 쌍방이 유책한 경우

쌍방에 과실이 없는 경우에 준하면서 과실상계의 법리를 가미하여 반환의 범위를 결정하여야 한다.

4. 혼인이 일단 성립한 이후의 약혼예물반환청구

(1) 원 칙

"약혼예물의 성격을 '혼인의 불성립'을 해제조건으로 하는 증여로 보는 이상 일단 부부관계가 성립하고 그 혼인이 상당 기간 지속된 이상 후일 혼인이 해소되어도 그 반환을 구할 수는 없는 것이며, 이는 혼인의 파탄의 원인이 그 예물의 수령자에게 있는 경우에도 마찬가지이다"[대판 1996.5.14. 96다5506 ; 이는 이혼(혼인의 파탄)에 대한 유책에 관하여 위자료지급의무를 부담하는 것과는 별개의 문제이다]

(2) 예 외

다만 예외적으로 예물의 수령자측이 혼인 당초부터 성실히 혼인을 계속할 의사가 없고 그로 인하여 혼인의 파국을 초래하였다고 인정되는 등 특별한 사정이 있는 경우에는 신의칙 내지 형평의 원칙에 비추어 혼인불성립의 경우에 준하여 예물반환의무를 인정함이 상당하다(대판 1996.5.14. 96다5506 등).

제2관 혼인의 성립

Ⅰ. 혼인의 의의 [E-11]

혼인은 1남 1녀가 평생 부부로서의 생활공동체를 형성하기로 하는 친족법상의 '합의'이다. 혼인은 넓은 의미의 계약에 해당한다. 그런데 친족법상의 계약이어서 채권계약과는 다른 특수성이 인정된다. 그리고 혼인은 가족관계의 등록 등에 관한 법률에 의하여 일정한 방식으로 신고하여야 성립하는 요식행위이다.

Ⅱ. 혼인의 성립요건 [E-12]

1. 실질적 요건

(1) 혼인의사의 합치

1) 문제점

제815조 1호는 '당사자간에 혼인의 합의가 없는 때에는 혼인은 무효로 한다'고 규정하고 있다. 따라서 혼인이 유효하게 성립하기 위해서는 무엇보다도 '혼인의 합의'가 있어야 한다. 이러한 '혼인의 합

의' 특히 혼인 '의사'의 구체적 내용 및 본질이 무엇이냐 하는 문제가 제812조 1항['혼인은 가족관계의 등록 등에 관한 법률에 정한 바에 의하여 신고함으로써 그 효력이 생긴다'] 소정의 신고와 관련하여 제기된다. 이는 가장혼인의 효력 및 당사자 일방 또는 제3자에 의한 혼인신고의 효력과 관련하여 실천적 의미를 가진다.

2) 판 례[4]

"제815조 제1호가 혼인무효의 사유로 규정하는 '당사자 간에 혼인의 합의가 없는 때'란 당사자 사이에 사회관념상 부부라고 인정되는 정신적 · 육체적 결합을 생기게 할 의사의 합치가 없는 경우를 의미하므로, 당사자 일방에게만 그와 같은 참다운 부부관계의 설정을 바라는 효과의사가 있고 상대방에게는 그러한 의사가 결여되었다면 비록 당사자 사이에 혼인신고 자체에 관하여 의사의 합치가 있어 일응 **법률상의 부부라는 신분관계를 설정할 의사는 있었다고 하더라도 그 혼인은 당사자 간에 혼인의 합의가 없는 것이어서 무효라고 보아야 한다**"[대판 2010.6.10. 2010므574 ; 사안은 외국인 乙이 甲과의 사이에 참다운 부부관계를 설정하려는 의사 없이 단지 한국에 입국하여 취업하기 위한 방편으로 혼인신고에 이르렀다고 봄이 상당한 사안에서, 설령 乙이 한국에 입국한 후 한 달 동안 甲과 계속 혼인생활을 해왔다고 하더라도 이는 乙이 진정한 혼인의사 없이 위와 같은 다른 목적의 달성을 위해 일시적으로 혼인생활의 외관을 만들어 낸 것이라고 보일 뿐이므로, 甲과 乙사이에는 혼인의사의 합치가 없어 그 혼인은 민법 제815조 제1호에 따라 무효라고 판단한 사례이다]라고 판시하여 **실질적 의사설의 입장에 있다**.[5] 判例의 실질적 의사설에 따르면 혼인의사는 사회통념상의 부부관계를 형성하려는 의사(실질적 의사)뿐만 아니라, 신고에 의하여 법률상 부부관계를 형성하려는 의사(형식적 의사)를 포함한다(대판 1975.5.27. 74므23 : 즉 가장혼인은 무효이다).

> **[비교판례]** "협의이혼에 있어서 이혼의사는 법률상 부부관계를 해소하려는 의사를 말하므로 일시적으로나마 법률상 부부관계를 해소하려는 당사자간의 합의하에 협의이혼신고가 된 이상 협의이혼에 다른 목적이 있더라도 양자간에 이혼의사가 없다고는 말할 수 없고 따라서 이와 같은 협의이혼은 무효로 되지 아니한다"(대판 1993.6.11. 93므171 : 즉, 가장이혼은 유효하다).

3) 검 토

혼인의 경우에는 담당공무원에게 실질적 심사권이 부여되어 있지 않다는 점, 혼인의 경우에는 친족 · 상속관계에 있어 법의 보호가 뒤따르기 때문에 혼인이 이러한 법의 보호를 받기 위해서는 실질적인 혼인의사의 합치가 있어야 한다는 실질적 의사설이 원칙적으로 타당하다. 그러나 이러한 견해에 의하더라도 혼인신고를 하지 않고 사실상의 부부공동체만을 이루겠다는 합의는 혼인합의로 인정되지 않는다(제812조 1항).

(2) 혼인의사에 관한 그 밖의 점들

1) 혼인의사 존부의 존재시기

혼인의 합의는 혼인신고를 할 당시, 구체적으로 신고서 작성시 '및' 수리시에 존재하여야 한다(대판 1996.6.28. 94므1089). 따라서 혼인신고서의 작성 후 혼인신고서의 제출 전에 혼인의사가 철회되었다면 그 이후의 혼인신고는 무효이다(대판 1983.12.27. 83므28).

---

4) **[학설]** ① 신분행위는 신고에 의해 성립하므로 혼인의 의사를 혼인신고 자체에 대한 의사를 의미한다는 형식적 의사설(신고의사설)에 의하면 가장혼인은 유효로 보나, 일방의 혼인신고는 무효로 본다. 다만 후자의 경우 추인은 인정될 것이며, 나아가 실질적 혼인의사가 있으면 그 의사 속에는 혼인신고의사가 포함된다고 보아 일방의 신고도 유효로 될 수 있다고 한다. ② 가족법의 의사주의적 성격에 비추어 혼인신고의 의사만으로는 부족하고 부부공동생활을 할 의사가 있어야 한다는 실질적 의사설(다수설)에 의하면 가장혼인은 무효로 보나, 일방의 혼인신고의 경우에도 실질적 혼인의사가 있는 상태라면 그 신고를 유효로 본다.

5) **[비교판례]** 그러나 형식적 의사설의 논리를 따르는 듯한 判例도 일부 보인다. "혼인의 합의란 법률혼주의를 택하고 있는 우리나라 법제하에서는 법률상 유효한 혼인을 성립케 하는 합의를 말하는 것이므로 비록 양성간의 정신적 · 육체적 관계를 맺는 의사가 있다는 것만으로는 혼인의 합의가 있다고 할 수 없다"(대판 1983.9.27. 83므22).

2) 혼인의사능력

혼인의사의 성립에는 의사능력을 필요로 한다. 따라서 혼례식을 거행하고 사실혼관계에 있었으나 일방이 뇌졸증으로 혼수상태에 빠져 있는 사이에 혼인신고가 이루어졌다면 특별한 사정이 없는 한 위 신고에 의한 혼인은 무효이다(대판 1996.6.28. 94므1089).

3) 사실혼 관계와 혼인의사

㉠ 사실혼관계에 있는 당사자 사이의 혼인의사가 불분명한 경우, 혼인의사의 존재를 추정할 수 있는지 여부(적극) : "상대방의 혼인의사가 불분명한 경우에는 혼인의 관행과 신의성실의 원칙에 따라 사실혼관계를 형성시킨 상대방의 행위에 기초하여 그 혼인의사의 존재를 추정할 수 있으므로 이와 반대되는 사정, 즉 혼인의사를 명백히 철회하였다거나 당사자 사이에 사실혼관계를 해소하기로 합의하였다는 등의 사정이 인정되지 아니하는 경우에는 그 혼인을 **무효라고 할 수 없다**"(대판 2000.4.11. 99므1329).

㉡ 혼인신고시 사실혼 관계가 유지되고 있는 경우(유효) : "결혼식을 하고 부부로서 상당기간 동거하며 그 사이에 자녀까지 출산하여 혼인의 실제는 갖추었으나 혼인신고만이 되어있지 않은 관계에서 당사자 일방의 부재중 혼인신고가 이루어졌다고 하더라도 특별한 사정이 있는 경우를 제외하고는 그 신고에 의하여 이루어진 혼인을 당연히 **무효라고 할 수는 없다**"(대판 1980.4.22. 79므77).

㉢ 사실혼 해소 후 혼인신고 한 경우(무효) : "사실혼관계가 해소된 상태에서 혼인신고가 일방적으로 이루어졌다면 이는 당사자간에 혼인의 합의가 없는 경우에 해당하여 **무효라고 보아야 한다**"(대판 1989.1.24. 88므795).

4) 기 타

조건부 또는 기한부의 혼인의사는 허용되지 않는다.

(3) 혼인의 장애사유(취소사유 또는 무효사유)가 없어야 한다(제813조).

2. 형식적 요건 : 신고

(1) 신고혼주의

제812조 1항은 "혼인은 …신고함으로써 그 효력이 생긴다"고 규정하여 신고혼주의를 채택하였다. 혼인신고가 수리되면 혼인이 성립한다. 즉, 혼인신고는 '창설적 신고'로서 혼인의 효력발생요건이 아닌 '성립요건'이다.

(2) 내 용

㉠ 혼인신고는 원칙적으로 당사자 쌍방과 성년자인 증인 2인이 連署한 서면에 의하지만(제812조 2항), 구술로도 가능하다(가족관계등록법 제23조 1항, 제31조). 그리고 혼인신고는 본인의 의사가 절대적으로 중시되므로 '대리인'에 의한 신고는 허용되지 않으며, 반드시 혼인당사자 쌍방이 하여야 한다(가족관계등록법 제31조 3항). 다만 혼인당사자 쌍방이 혼인신고서를 작성하여 우편으로 발송하거나, '사자(使者)'를 시켜 등록공무원에게 제출하는 것은 무방하다.

㉡ 혼인신고는 가족관계등록공무원의 '수리'로 완료되며, 가족관계등록부에의 기재 여부는 문제되지 않는다(대판 1991.12.10. 91므344).[6] 그리고 가족관계등록공무원은 제807조 내지 제810조, 제812조 2항 및 기타 법령의

---

6) "혼인은 호적법(현행은 가족관계등록법)에 따라 호적공무원(현행은 가족관계등록공무원)이 그 신고를 수리함으로써 유효하게 성립되는 것이며 호적부(현행은 가족관계등록부)에의 기재는 그 유효요건이 아니어서 호적에 적법하게 기재되는 여부는 혼인성립의 효과에 영향을 미치는 것은 아니므로 부부가 일단 혼인신고를 하였다면 그 혼인관계는 성립된 것이고 그 호적의 기재가 무효한 이중호적에 의하였다 하여 그 효력이 좌우되는 것은 아니다"

준수여부에 관한 '형식적 심사권'을 가지는데(제813조), 앞의 혼인장애사유가 없으면 신고를 수리하여야 한다(대판 1987.9.22. 87다카1164). 다만 이러한 형식적 심사권에는 그 혼인의 당사자가 생존하는지 여부를 조사하는 것은 포함된다(대결 1991.8.13. 91스6).

ⓒ 신고가 수리되면 그것이 법령에 위반된다 하여도 일단 효력이 발생하고, 혼인은 성립한다. 다만 무효나 취소를 주장할 수 있을 뿐이다.

(3) 조정 또는 재판에 의한 혼인신고

사실상 혼인관계에 있는 자는 사실혼관계존부확인의 소를 제기하여 혼인신고를 할 수 있는바, 조정 또는 재판에 의하여 혼인이 성립하면 청구자는 1월 내에 혼인신고를 하여야 한다(가족관계등록법 제72조).

(4) 재외한국인의 혼인

재외한국인은 국내에서의 신고절차에 의할 수도 있고, 외국에 주재하는 대사, 공사 또는 영사에게 신고하거나(제814조 1항 ; 領事婚), 거주하는 외국의 법률이 정하는 방식으로 혼인을 성립시킬 수도 있다(국제사법 제36조 2항).

예를 들어 재일교포 A남과 일본인 B녀가 일본법에 따라 일본에서 혼인신고를 한 후 다시 한국에서 혼인신고를 한 경우라면, A와 B는 일본법에 따라 혼인신고가 되었을 때 법률혼 관계가 인정되므로(대판 1991.12.10. 91므535), **한국에서의 2차 혼인신고는 창설적 신고가 아니라 '보고적 신고'에 불과하다**[대판 1994.6.28. 94므413 ; 당해 사안은 재일교포가 일본법에 따른 혼인신고를 하였는데, 일방 사망 후 타방에 의하여 이루어진 영사혼(제814조 1항)의 효력을 다투는 혼인무효확인의 소를 기각한 사안이다].

(5) 당사자 사망 후의 혼인신고

1) 허용여부

사망한 자와의 혼인신고는 원칙적으로 수리되지 않지만(대판 1995.11.14. 95므694), 예외적으로 ① '혼인신고특례법'(이는 전쟁이나 사변에서 공무에 종사함으로 인하여 신고를 하지 못하고 일방이 사망한 경우에 사실혼배우자가 신고할 수 있도록 제정한 특별법이다)에 의하여 당사자 일방이 사망한 후에 가정법원의 확인을 받아 신고한 경우 신고의무자의 일방이 사망한 때에 신고가 있는 것으로 본다(동법 제1조, 제2조). 그리고 ② '가족관계등록법'에 따르면 신고인이 생전에 신고서를 우송하였다면 그가 사망한 후에라도 이를 수리하여야 하며, 신고가 수리되면 신고인의 사망시에 신고한 것으로 본다(동법 제41조).

2) 당사자 일방의 사망 후 사실혼관계존부확인의 소제기

ⓐ **가능한 경우**(확인의 이익 긍정) : "사실혼관계에 있던 당사자 일방이 사망하였더라도, 현재적 또는 잠재적 법적 분쟁을 일거에 해결하는 유효적절한 수단이 될 수 있는 한(예를 들어 사실혼배우자로서의 각종 연금법상의 연금을 받기 위한 선결문제로서 사실혼의 존재를 주장하는 경우 등), 그 사실혼관계존부확인청구에는 확인의 이익이 인정되는 것이고, 이러한 경우 친생자관계존부확인청구에 관한 민법 제865조와 인지청구에 관한 민법 제863조의 규정을 유추적용하여, 생존 당사자는 그 사망을 안 날로부터 1년 내(현재는 2년으로 개정)에 '검사를 상대로' 과거의 사실혼관계에 대한 존부확인청구를 할 수 있다"(대판 1995.3.28. 94므1447).

ⓑ **불가능한 경우**(확인의 이익 부정) : 그러나 "사실혼 배우자의 일방이 사망한 경우 생존하는 당사자가 혼인신고를 하기 위한 목적으로서는 사망자와의 과거의 사실혼관계 존재확인을 구할 소의 이익이 있다고는 할 수 없다"(대판 1995.11.14. 95므694).

제3관 혼인의 무효, 취소

Ⅰ. 혼인의 무효 [E-13]

1. 혼인무효 사유

> 제815조(혼인의 무효) 혼인은 다음 각 호의 어느 하나의 경우에는 **무효**로 한다.
> 1. **당사자간에 혼인의 합의가 없는 때**
> 2. 혼인이 제809조 제1항의 규정을 위반한 때(친양자의 입양 전의 혈족을 포함)
> 3. 당사자간에 직계인척관계가 있거나 있었던 때(가령 계모와 계자, 적모와 서자 사이)
> 4. 당사자간에 양부모계의 직계혈족관계가 있었던 때(가령 양부모 또는 양조부모와 양자사이)

2. 혼인무효확인의 소

(1) 혼인무효의 성질

判例의 입장인 '당연무효설'에 따르면 혼인무효확인판결을 받지 않더라도 이해관계인은 다른 소송에서 선결문제로 혼인무효를 주장하는 것이 가능하다. 따라서 이혼과 달리 혼인무효의 소가 제기되지 않은 상태에서도 유족급여나 상속과 관련된 소송에서 선결문제로 주장할 수 있어 유리한 효과가 부여된다. 혼인무효 사건은 '가사소송사건'으로서 자백에 관한 민사소송법의 규정이 적용되지 않고 '법원이 직권'으로 사실조사 및 필요한 증거조사를 하여야 한다(가사소송법 제12조, 제17조)(대판 2021.12.10. 2019므11584, 므11591).

(2) 이혼이나 사망으로 인하여 혼인관계가 해소된 후 혼인무효확인청구

① **[가능한 경우**(확인의 이익 긍정)**]** "과거 일정기간 동안의 혼인관계의 존부의 문제라 해도 혼인무효의 효과는 기왕에 소급하는 것이고 그것이 적출자의 추정, 재혼의 금지 등 당사자의 신분법상의 관계 또는 연금관계법에 기한 유족연금의 수급자격, 재산상속권 등 재산법상의 관계에 있어 현재의 법률상태에 직접적인 중대한 영향을 미치는 이상 그 무효확인을 구할 정당한 법률상의 이익이 있다"(대판 1978.7.11. 78므7).

② **[불가능한 경우**(확인의 이익 부정)**]** "청구인과 피청구인 사이의 혼인관계가 이미 협의이혼신고에 의하여 해소되었다면 청구인이 주장하는 위 혼인관계의 무효확인은 과거의 법률관계의 확인으로서 그것이 청구인의 현재의 법률관계에 영향을 미친다고 볼 자료가 없는 이 사건에 있어서 단순히 여자인 청구인이 혼인하였다가 이혼한 것처럼 호적상 기재되어 있어 불명예스럽다는 사유만으로는 확인의 이익이 없다"(대판 1984.2.28. 82므67).

3. 혼인무효의 효과

(1) 당사자 사이의 효과

무효혼의 당사자는 처음부터 부부가 아니었던 것이 되므로, 부부임을 기초로 한 법률관계는 모두 무효로 된다. 상속은 무효로 되며, 당사자는 재산분할청구도 할 수 없고, 제3자는 일상가사대리책임을 무효혼의 당사자에게 물을 수 없다. 한편 혼인무효에 관하여 당사자 일방에게 과실이 있으면, 상대방은 그 당사자에 대하여 재산상 또는 정신적 손해의 배상을 청구할 수 있다(제825조, 제806조).

(2) 子에 대한 효과

혼인이 무효가 되면 양자 사이의 출생자는 혼인 외의 자가 되며(제855조 1항 단서)[혼인취소는 소급효가 없기 때문에 혼인을 취소하더라도 이들 사이의 구는 여전히 혼인 중의 자이다). 子의 양육문제는 당사자의 청구 또는 직권에 의하여 법원이 정한다(제837조). 다만 무효인 혼인 중 출생한 子를 생부가 '출생신고'를 하여 자기 가족관계등록부에 등재하였다면, 그 자에 대한 '인지'의 효력이 발생할 수 있다(대판 1971.11.15. 71다1983).

(3) 무효인 혼인의 추인(제139조)

무효인 혼인이더라도 혼인의 실체를 갖춘 경우에는 추인을 인정할 수 있다. 따라서 협의이혼한 후 일방적으로 혼인신고를 하였지만, 그 사실을 알고 혼인생활을 계속하였다면 상대방이 무효인 혼인을 묵시적으로 추인하였다고 볼 수 있다(대판 1995.11.21. 95므731). 다만 추인을 인정하더라도 判例는 일반 규정인 제139조에서와 달리 소급효를 인정한다(대판 1991.12.27. 91므30 ; 다만 당해 判例는 입양무효의 추인에 관한 것이다). 그러나 일방적인 혼인신고 후 혼인의 실체없이 몇 차례의 육체관계로 자를 출산하였다 하더라도 무효인 혼인을 묵시적으로 추인하였다고 보기 어렵다(대판 1993.4.19. 93므430).

4. 혼인 무효 주장과 권리남용(주로 중혼상태에 있는 배우자의 상속과 관련)

"청구인이 소외 망(甲)과 혼인신고를 마치고 혼인생활을 하던 중 소외 (乙)과 내연관계를 맺고 집을 나가 (乙)과 2중으로 혼인신고까지 하고 있다가 소외 망 (甲)과 내연관계를 맺고 살던 피청구인이 (甲) 사망후 청구인의 사망신고를 하고 망 (甲)과의 혼인신고를 하자 청구인이 상속재산을 탐하여 자기와 망 (甲)간의 혼인관계가 유효한 것이었다고 하면서 피청구인과 망 (甲)간의 혼인이 무효의 것이라고 주장 함은 결과적으로 자기와 (甲), (乙) 간의 두개의 혼인관계가 모두 유효하다고 주장하는 것이 되어 신의에 좇은 권리행사라고 볼 수 없어 이는 권리남용에 해당한다"(대판 1983.4.12. 82므64).

II. 혼인의 취소 [E-14]

1. 혼인취소 사유

① 혼인연령의 미달(제817조, 제807조), ② 동의를 요하는 혼인에서 동의가 없는 경우(제817조, 제808조), ③ 근친혼(제817조, 제809조의 사유 중에서 무효사유를 제외한 것), ④ 중혼(제818조, 제810조), ⑤ 부부생활을 계속할 수 없는 惡疾, 기타 중대한 사유가 있는 혼인(제816조 2호, 제822조), ⑥ 사기 또는 강박으로 인한 혼인(제816조 3호, 제823조)

> ‣甲은 乙과 재판상 이혼한 후 丙女와 재혼하였으나 재심청구에 의하여 이혼판결이 취소되고 이혼청구가 기각된 경우, 乙의 **4촌 이내의 방계혈족**은 법원에 甲·丙사이의 혼인취소를 청구할 수 있다(O)[7]
>
> 제818조(중혼의 취소청구권자) 당사자 및 그 배우자, 직계혈족, 4촌 이내의 방계혈족 또는 검사는 제810조를 위반한 혼인의 취소를 청구할 수 있다.
>
> 제823조(사기, 강박으로 인한 혼인취소청구권의 소멸) 사기 또는 강박으로 인한 혼인은 사기를 안 날 또는 강박을 면한 날로부터 3月을 경과한 때에는 그 취소를 청구하지 못한다.
>
> ★ 제824조(혼인취소의 효력) 혼인의 취소의 효력은 기왕에 소급하지 아니한다.
>
> 제824조의2(혼인의 취소와 자의 양육 등) 제837조 및 제837조의2의 규정은 혼인의 취소의 경우에 자의 양육책임과 면접교섭권에 관하여 이를 준용한다.

[관련판례] ㉠ 甲이 배우자인 乙을 상대로 乙의 성기능 장애 등을 이유로 제816조 2호에 따른 혼인취소를 구한 사안에서, 判例는 乙의 성염색체 이상과 불임 등의 문제가 제2호에서 정한 '부부생활을 계속할 수 없는

---

7) [해설] 이혼의 취소는 소급효가 있으므로 중혼이 된다(대판 1960.8.18. 4299민상995).

악질 기타 중대한 사유'에 해당한다고 보기 어렵다고 한다(대판 2015.2.26. 2014므4734,4741). ⓛ 아동성폭력범죄 등의 피해를 당해 임신을 하고 출산을 하였으나 자녀와의 관계가 단절되고 상당한 기간 양육이나 교류 등이 이루어지지 않은 경우, 判例는 출산 경력을 고지하지 않은 것은 제816조 제3호에서 정한 '사기로 인한 혼인취소사유'에 해당하지 않는다고 한다(대판 2016.2.18. 2015므654,661).

(1) 혼인연령의 미달, 동의를 요하는 혼인에서 동의가 없는 경우

1) 만 18세에 달하지 않은 미성년자

부모의 동의가 있어도 혼인할 수 없다(제807조 ; '만 18세가 된 사람은 혼인할 수 있다').

2) 만 18세가 된 미성년자와 피성년후견인

㉠ 만 18세에 달한 미성년자가 혼인을 할 때에는 '부모'(친권자인지 여부는 따지지 않는다)의 동의를 받아야 하는 바, 친생부모와 양부모가 있는 경우에 양부모가 동의권을 가진다(가족관계등록예규 제143호 참조). 부모 중 한쪽이 동의권을 행사할 수 없을 때에는 다른 한쪽의 동의를 받아야 하고, 부모가 모두 동의권을 행사할 수 없을 때에는 미성년후견인의 동의를 받아야 한다(제808조 1항).

㉡ 피성년후견인이 혼인을 할 때에는 부모나 성년후견인의 동의를 받아야 한다. 그러나 피한정후견인은 그러한 제한을 받지 않는다.

3) 위반의 효과

㉠ 위의 요건을 위반한 혼인에 대하여 당사자 또는 그 법정대리인이 그 취소를 청구할 수 있다(제817조). 동의권자의 동의가 결여되었다면 수리가 거부되지만(가족관계등록법 제32조 참조), 일단 가족관계등록부에 등재되면 '취소'의 대상일 뿐이다.

㉡ 다만 동의를 요하는 혼인의 경우에 당사자가 만 19세['성년'이 아닌 '19'세인 이유는 미성년자도 혼인하면 성년의제되기 때문이다(제826조의2)]에 달한 후 또는 성년후견종료의 심판이 있은 후 3월을 경과하거나 혼인 중 임신(출생이 아님)하였다면, 취소를 청구하지 못한다(제819조).

(2) 근친혼

1) 6촌 이내의 혈족의 배우자(형제의 처, 자매의 남편, 고모의 남편, 조카의 처 등), 배우자의 6촌 이내의 혈족(배우자의 형제자매, 배우자의 형제자매의 子, 배우자의 조부모 등), 배우자의 4촌 이내의 혈족의 배우자인 인척이거나 이러한 인척이었던 자(배우자의 고모 또는 이모부 등)

이들 사이의 혼인은 취소할 수 있다(제816조 1호, 제809조 2항). 다만 직계인척관계가 있거나 있었던 자 사이의 혼인은 무효이다(제815조 3호). 그런데 배우자의 사별 또는 이혼 등으로 인척관계가 소멸하였더라도 근친혼의 금지범위에 인척이었던 자가 포함된다.

> **[동성동본금혼 규정의 폐지]** 동성동본금혼 규정은 헌법불합치결정으로 효력이 상실되어, 동성동본의 경우라도 무효혼에 해당하지 않는 한 혼인할 수 있다(헌재결 1997.7.16. 95헌가6내지13). 따라서 동성동본 간의 혼인은 취소사유가 아니다.

2) 6촌 이내의 양부모계의 혈족이었던 자와 4촌 이내의 양부모계의 인척이었던 자

이들 사이의 혼인은 취소할 수 있다(제816조 1호, 제809조 3항). 다만 양부모계의 직계혈족관계가 있었던 자 사이의 혼인은 무효이다(제815조 4호).

3) 위반의 효과

위의 요건을 위반한 혼인에 대하여 당사자, 그 직계존속 또는 4촌 이내의 방계혈족이 그 취소를 청구할 수 있다(제817조). 다만 당사자 사이에 혼인 중의 자를 '포태'(출생이 아님)한 경우에 취소권은 소멸한다(제820조).

(3) 중 혼

1) 의 의

배우자 있는 자는 다시 혼인하지 못한다(제810조). 즉 중혼은 금지된다(후혼이 취소대상이다).

중혼의 예로는 각기 다른 사람과 국내·국외에서의 이중혼인(대판 1996.12.23. 95다48308), 전혼에 관한 협의이혼취소심판이 계속 중인 상태에서 피청구인이 타인과 혼인하였는데 취소심판이 청구인 승소로 확정된 경우[대판 1984.3.27. 84므9 ; 혼인의 취소(제824조)와 달리 이혼의 취소는 소급효가 인정된다], 이혼심판청구 승소확정 후 타인과 혼인하였는데 재심에 의하여 이혼심판청구가 기각된 경우(대판 1985.9.10. 85므35), 성명을 변조하고 가족관계등록부를 이중으로 만들어 혼인한 경우(대판 1986.6.24. 86므9) 등을 들 수 있다.

2) 위반의 효과 [11입법]

당사자 및 그 배우자, 직계혈족, 4촌 이내의 방계혈족 또는 검사는 제810조(중혼금지)를 위반한 혼인의 취소를 청구할 수 있다(제818조). 즉, 중혼은 후혼의 취소사유에 불과하므로 취소가 없으면 전혼과 후혼이 모두 유효하다(제816조 1호, 제810조). 따라서 중혼자가 사망한 경우에 전혼의 배우자와 후혼의 배우자가 모두 상속권을 가지며, **중혼자는 양 배우자에 대하여 상속권을 가진다**(대판 1996.12.23. 95다48308[8]) ; 당해 사안은 재일교포 甲이 일본에서 혼인을 하고 일본법에 따라 그 신고를 한 후 子 A가 출생하였고, 그 후 甲은 다시 국내에서 다른 사람과 결혼을 하고 혼인신고를 한 후 子 B가 출생하였는데, 이러한 상태에서 甲이 사망하여 B가 甲을 상속하자 A가 중혼을 이유로 국내혼인의 취소를 구한 사안에 관한 것이다 : 1회,3회 선택형). 그리고 **재판상 이혼의 청구도 가능하다**(대판 1991.12.10. 91므344).[9]

3) 혼인취소 청구(제810조, 제816조 1호)와 권리남용

중혼의 취소기간에는 특별한 제한이 없다. 다만 **중혼을 하고 장기간 경과한 후에 중혼취소를 구하는 것이 '예외적'으로 권리남용**이 될 수 있다. 判例도 전혼이 사실상 파탄된 후 이혼하지 않고 이중호적을 이용하여 타인과 재혼을 함으로써 중혼이 된 사례에서, 원고가 중혼 성립 후 10여 년 동안 혼인취소청구권을 행사하지 아니하였는데, "중혼에 대하여 권리소멸에 관한 사유를 규정하지 아니하고 있는바, 이는 중혼의 반사회성, 반윤리성이 다른 혼인취소사유에 비하여 무겁다고 본 입법자의 의사를 반영한 것으로 보이고, 그렇다면 중혼의 취소청구권에 관하여 장기간의 권리불행사 등 사정만으로 가볍게 그 권리소멸을 인정하여서는 아니될 것이다"고 하여 **실효의 법리는 부정**하였다(대판 1993.8.24. 92므907). 그러나 혼인파탄 후의 중혼이어서 반사회적인 성질이 약한 점과 이미 배우자는 사망한 점, 중혼취소에 따른 중혼자의 피해가 매우 큰 점 등을 이유[10]로 그 행사가 **권리남용에 해당한다**는 이유로 취소청구를 부정한바 있다(대판 1993.8.24. 92므907)

---

8) "민법 제824조는 '혼인의 취소의 효력은 기왕에 소급하지 아니한다.'고 규정하고 있을 뿐 재산상속 등에 관해 소급효를 인정할 별도의 규정이 없는바, 혼인 중에 부부 일방이 사망하여 상대방이 배우자로서 망인의 재산을 상속받은 후에 그 혼인이 취소되었다는 사정만으로 그 전에 이루어진 상속관계가 소급하여 무효라거나 또는 그 상속재산이 법률상 원인 없이 취득한 것이라고는 볼 수 없다"

9) "혼인이 일단 성립되면 그것이 위법한 중혼이라 하더라도 당연히 무효가 되는 것은 아니고 법원의 판결에 의하여 취소될 때에 비로소 그 효력이 소멸될 뿐이므로 아직 그 혼인취소의 확정판결이 없는 한 법률상의 부부라 할 것이어서 재판상 이혼의 청구도 가능하다" 만일 중혼이 악의이면 배우자의 부정행위로서(제840조 1호), 선의라면 혼인을 계속하기 어려운 중대한 사유(동조 6호)로서 이혼원인이 된다고 본다. 한편 위자료청구도 가능하다.

10) [사실관계] "피고와 그 소생의 2남 2녀는 김재우의 사망 후 정리된 호적을 바탕으로 일가를 이루어 원만하게 사회생활을 하고 있는데 만일 이 사건 혼인이 취소된다면 피고는 김재우와의 혼인관계가 해소됨과 동시에 김재우의 호적에서 이탈하여야 하고 위 2남 2녀는 혼인외 출생자로 되고 마는 등 신분상 및 사회생활상 큰 불편과 불이익을 입어야 하는 점, 이에 비하여 원고(김재우의 이복동생)는 이 사건 혼인이 존속하든지 취소되든지 간에 경제적으로나 사회생활상으로 아무런 이해관계를 가지지 아니하며 신분상으로도 별다른 불이익을 입을 것으로 보이지는 아니하는 점"

[비교판례] "중혼관계에 있어, 전혼의 배우자가 사망한 상대방과 이미 사실상 이혼상태에 있었다든가, 그 혼인사실을 뒤늦게 공관장에게 신고하였다는 사정만 가지고 전혼의 배우자가 생존한 중혼의 일방 당사자를 상대로 제기한 혼인취소청구가 오로지 중혼배우자를 괴롭히기 위한 소송으로 권리남용에 해당한다고 볼 수 없다"(대판 1991.12.10. 91므535).

(4) 혼인당시 당사자 일방에 부부생활을 계속할 수 없는 악질 기타 중대한 사유 있음을 알지 못한 때

혼인 당시 그러한 사유가 있음을 알지 못하고 혼인한 경우에 상대방이 사유 있음을 안 날로부터 6월 이내에 취소를 청구할 수 있다(제816조 2호, 제822조).

(5) 사기 또는 강박으로 인하여 혼인의 의사표시를 한 때

사기·강박으로 인한 혼인은 사기를 안 날 또는 강박을 면한 날로부터 3월을 경과한 때에는 그 취소를 청구하지 못한다(제816조 3호, 제823조). 그런데 가족법상의 법률행위는 당사자의 의사결정의 자유가 절대적으로 존중되어야 하는바, 제3자 사기·강박의 경우에 상대방이 그에 대하여 선의·무과실이더라도 혼인을 취소할 수 있다. 즉, 제110조 2항은 적용되지 않는다(동조 3항도 혼인취소의 불소급효 때문에 적용하기 어려울 것이다). 단, 착오에 따른 혼인은 '무효'라는 점을 주의해야 한다.

2. 혼인취소의 절차(조정전치주의와 재판상 취소)

㉠ 혼인을 취소하려는 자는 먼저 가정법원에 조정을 신청하여야 한다(가사소송법 제2조 1항 나류 2호, 제50조). 조정을 하지 않기로 하는 결정이 있거나 조정이 성립되지 않고 조정에 갈음하는 결정이 없는 때에는 신청인은 제소신청을 할 수 있다(가사소송법 제49조). ㉡ 혼인무효의 성질에 관하여 다툼이 있는 것과 달리 제816조는 혼인취소가 소에 의하여야 함을 명시하고 있으므로, 혼인취소의 소는 '형성의 소'이다. 따라서 다른 소의 전제로서 주장할 수 없고, 취소판결의 효력은 제3자효를 가진다(가사소송법 제21조 1항).

3. 혼인취소의 효과

(1) 불소급 [10사법, 14입법]

취소판결이 확정되면 혼인은 장래에 향하여 해소되며, 소급효가 인정되지 않는다(제824조). 따라서 혼인에 의하여 출생한 子는 혼인 중의 출생자로서의 지위를 잃지 않고, 혼인 중에 포태한 자도 친생추정을 받는다. 그리고 앞서 중혼에서 살핀바와 같이 배우자 사이에 재산상속이 있은 후에 그 혼인이 취소되더라도 상속이 무효로 무효로 되거나 그 상속재산이 법률상 원인 없이 취득한 것이라고는 볼 수 없다(대판 1996.12.23. 95다48308 : 3회 선택형).

(2) 당사자 사이의 효과

혼인이 취소되면 혼인관계 및 인척관계는 종료한다(제775조 1항). 그리고 당사자 일방은 과실있는 상대방에 대하여 이로 인한 재산상·정신상의 손해배상을 청구할 수 있다(제825조, 제806조). 判例에 따르면 사기 또는 강박으로 인하여 혼인하게 된 자가 혼인취소 또는 이혼판결에 의하지 않고 협의이혼을 한 경우에도 손해배상청구를 할 수 있다고 하였다(대판 1977.1.25. 76다2223). 혼인이 취소된 경우 일방은 상대방에 대하여 재산분할을 청구할 수 있다(가사소송법 제2조 1항 마류사건 4호).

(3) 子에 대한 효과

혼인취소의 경우 가정법원이 직권으로 친권자를 정한다(제909조 5항). 그리고 子의 양육책임과 면접교섭권에 관하여 이혼시의 양육 및 면접교섭에 관한 제837조와 제837조의2가 준용된다(제824조의2).

제4관 혼인의 효과

Ⅰ. 혼인의 일반적 효력   [E-15]

1. 친족관계의 발생

부부는 배우자로서 서로 친족이 되고(제777조 3호), 상대방의 4촌 이내의 혈족 및 그 배우자와의 사이에 인척관계가 생긴다(동조 2호).

2. 부부 상호간의 공동생활상의 의무

(1) 동거의무

1) 의 의

부부는 동거하며 서로 부양하고 협조하여야 한다. 그러나 정당한 이유로 일시적으로 동거하지 아니하는 경우에는 서로 인용하여야 한다(제826조 1항). 동거장소에 대하여 협의가 이루어지지 않으면, 당사자의 청구에 의하여 가정법원이 정한다(동조 2항).

2) 동거의무 위반의 효과

가) 이혼사유

동거의무 위반은 제840조 2호(악의의 유기)의 이혼사유가 될 수 있다.

나) 부양청구권 제한

동거의무 위반자는 배우자에게 부양료 청구를 하지 못하는 사유가 된다. 부부간의 **동거·부양·협조의무**는 서로 독립된 별개의 의무가 아니라 결합되어 있는 것이기 때문이다(대판 1991.12.10. 91므245 : 10회 선택형).

다) 강제집행 가능 여부 및 위자료청구 인정 여부

부부의 동거의무는 '인격존중'의 귀중한 이념이나 '부부관계의 본질' 등에 비추어 일반적으로 그 실현에 관하여 간접강제를 포함하여 강제집행이 허용되지 않는다. 그러나 동거의무도 엄연한 '법적인 의무'이므로 이를 유책하게 위반한 것에 대해 비재산적 손해, 즉 **위자료의 배상**을 청구할 수는 있으며, 이러한 위자료청구가 허용되기 위해서 먼저 **이혼청구가 전제되어야 하는 것은 아니다**(대판 2009.7.23. 2009다 32454 : 6회 선택형).

3) 별거 중 자녀의 양육

부부의 부양, 협조에 관한 처분의 일종으로(마류 비송사건) 양육자지정 청구와 면접교섭의 청구를 인정할 수 있다(서울가정법원 1994.7.20. 94브45).

(2) 부양의무

1) 의의 및 법적근거

부부 사이의 부양의무는 1차적 부양의무이어서(일방에게 경제적 여유가 있는 경우에만 인정되는 친족간의 부양과 달리) 무조건적인 것이다(제826조 1항)(6회 선택형). 그리고 부양은 부부의 사회적 지위나 재산상태를 고려하여 자기 생활과 같은 수준의 생활을 보장하는 것이어야 한다(제833조에 따른 생활비용의 공동부담을 생각하여 보라). 최근 判例는 "제826조 제1항(부부간의 부양의무)은 부부간의 부양·협조의무의 '근거'를, 제833조(부부간의 생활비용)는 위 부양·협조의무 '이행의 구체적인 기준'을 제시한 조항라고 한다. 따라서 제833조에 의한 생활비용청구가 제826조와는 무관한 별개의 청구원인에 기한 청구라고 볼 수는 없다고 한다(대결 2017.8.25. 2014스26).

2) 기한

"혼인이 사실상 파탄되어 부부가 별거하면서 서로 이혼소송을 제기하는 경우라고 하더라도, 특별한 사정이 없는 한 이혼을 명한 판결의 확정 등으로 법률상 혼인관계가 완전히 해소될 때까지는 부부간 부양의무가 소멸하지 않는다"(대결 2023.3.24. 2022스771)

3) 과거의 부양료 청구 [16사법]

判例에 따르면 ① "부부간의 상호부양의무는 부부의 일방에게 부양을 받을 필요가 생겼을 때 당연히 발생하는 것이기는 하지만, 과거의 부양료에 관하여는 부양을 받을 자가 부양의무자에게 부양의무의 이행을 청구하였음에도 불구하고 부양의무자가 부양의무를 이행하지 아니함으로써 '이행지체에 빠진 이후의 것'에 대하여만 부양료의 지급을 청구할 수 있을 뿐, 부양의무자가 부양의무의 이행을 청구받기 이전의 부양료의 지급은 청구할 수 없다고 보는 것이 부양의무의 성질이나 형평의 관념에 합치된다"(대결 2008.6.12. 2005스50 : 2회,8회 선택형)[11] ② 다만 "부양의무의 성질이나 형평의 관념상 이를 허용해야 할 특별한 사정이 있는 경우에 한하여 이행청구 이전의 과거 부양료를 지급하여야 한다"(대판 2012.12.27. 2011다96932)고 한다.

> **[비교판례]** "부모의 자녀양육의무는 특별한 사정이 없는 한 자녀의 출생과 동시에 발생하는 것이므로 과거의 양육비에 대하여도 상대방이 분담함이 상당하다고 인정되는 경우에는 그 비용의 상환을 청구할 수 있다"(대결 1993.5.13. 전합92스21)

4) 부양의무 불이행의 효과

부양의무의 불이행은 제840조 2호(악의의 유기)의 이혼사유가 될 수 있다. 부양의무는 강제집행(직접강제, 간접강제)이 가능하다.

5) 피부양자 부모의 피부양자 배우자에 대한 부양료 구상 청구

가) 배우자의 부양의무와 부모의 부양의무의 우선순위

"부부간의 상호부양의무(제826조 1항)는 혼인관계의 본질적 의무로서 부양을 받을 자의 생활을 부양의무자의 생활과 같은 정도로 보장하여 부부공동생활의 유지를 가능하게 하는 것을 내용으로 하는 **제1차 부양의무**이고, 반면 부모가 성년의 자녀에 대하여 직계혈족으로서 부양의무(제974조 제1호, 제975조)는 부양의무자가 자기의 사회적 지위에 상응하는 생활을 하면서 생활에 여유가 있음을 전제로 하여 부양을 받을 자가 자력 또는 근로에 의하여 생활을 유지할 수 없는 경우에 한하여 그의 생활을 지원하는 것을 내용으로 하는 **제2차 부양의무**이다. 이러한 제1차 부양의무와 제2차 부양의무는 의무이행의 '정도'뿐만 아니라 의무이행의 '순위'도 의미하는 것이므로, 제2차 부양의무자는 제1차 부양의무자보다 후순위로 부양의무를 부담한다. 따라서 제1차 부양의무자와 제2차 부양의무자가 동시에 존재하는 경우에 제1차 부양의무자는 특별한 사정이 없는 한 제2차 부양의무자에 우선하여 부양의무를 부담하므로, **제2차 부양의무자가 부양받을 자를 부양한 경우에는 소요된 비용을 제1차 부양의무자에 대하여 상환청구할 수 있다**"(대판 2012.12.27. 2011다96932 : 6회,8회,10회,11회 선택형).

나) 구상의 범위

"다만 부부의 일방이 제1차 부양의무자로서 제2차 부양의무자인 상대방의 친족에게 상환하여야 할 과거 부양료의 액수는 부부 일방이 타방 배우자에게 부담하여야 할 부양의무에 한정된다고 할 것인바, ⅰ) 부양의무자인 부부의 일방에 대한 부양의무 이행청구에도 불구하고 배우자가 부양의무를 이행

---

11) **[판례평석]** 부부간의 상호부양의무는 부부의 일방에게 부양을 받을 필요가 생겼을 때 당연히 발생하는 것이므로 判例와 같은 해석은 합리적인 근거를 찾기 어려울 뿐만 아니라, 부양료를 지급하지 않고 오래 버틸수록 부양의무자에게 유리하게 되어 도덕적 해이를 부추기는 결과가 되므로 부당하다(다수설).

하지 아니함으로써 이행지체에 빠진 후의 것[12]이거나, ⅱ) 그렇지 않은 경우에는 부양의무의 성질이나 형평의 관념상 이를 허용해야 할 특별한 사정[13]이 있는 경우에 한하여 이행청구 이전의 과거 부양료를 지급하여야 한다"(대판 2012.12.27. 2011다96932)..

(3) 협조의무

부부공동생활을 원만하게 영위하기 위하여 부부의 협조가 필요한바, 이를 법으로 규정한 것이 협조의무이다(제826조 1항). 그런데 부부 일방이 협조의무를 이행하지 않는 경우에 이행을 구하는 심판을 청구할 수 있지만(마류 가사비송사건 1호), 강제이행의 방법이 없고, 다만 이혼사유가 될 뿐이다(제840조 6호).

(4) 정조의무

동거의무 내지 부부공동생활 유지의무의 내용으로서 부부는 부정행위를 하지 아니하여야 하는 '성적 성실의무'를 부담한다(대판 2014.11.2. 전합2011므2997). 부부 일방이 정조의무를 위반한 경우에, 이는 부정행위로서 이혼사유에 해당하고(제840조 1호), 그 일방은 상대방에 대하여 손해배상책임을 진다(제843조, 제806조). 그리고 부정행위의 상대방도 배우자 있음을 알면서 통정하였다면, 공동불법행위자로서 배상책임을 진다(제760조)(대판 2005.5.13. 2004다1899 ; 대판 2015.5.29. 2013므2441참고).

하지만 특별한 사정이 없는 한 정조의무를 위반한 부정행위자가 자녀들에 대해서도 불법행위책임을 지는 것은 아니며(대판 2005.5.13. 2004다1899),[14] 비록 부부가 아직 이혼하지 아니하였지만 부부공동생활이 파탄되어 실체가 더 이상 존재하지 아니하게 되고 객관적으로 회복할 수 없는 정도에 이른 경우에는 제3자가 부부의 일방과 성적인 행위를 하더라도 배우자에 대하여 손해배상책임을 부담하는 것은 아니다(대판 2014.11.2. 전합2011므2997 : 6회,10회 선택형).

3. 성년의제

미성년자가 혼인을 한 때에는 성년자로 본다(제826조의2). 사실혼, 무효인 혼인에는 성년의제의 효과가 인정되지 않는다(다수설). **혼인하여 성년으로 의제된 자가 성년에 달하지 않은 채 혼인이 해소된 경우**(이혼 또는 배우자의 사망, 혼인취소 등)**에도 성년의제의 효과가 소멸하지 않는다**(통설). 왜냐하면 일단 취득한 행위능력을 잃게 함에 따라 거래의 안전, 혼인 중에 출생한 子의 친권문제 등 복잡한 문제가 생기기 때문이다.

4. 부부간의 계약취소권 [2012년 2월 10일 개정민법으로 삭제]

부부간의 계약은 혼인 중 언제든지 부부의 일방이 이를 취소할 수 있다. 그러나 제3의 권리를 해하지 못한다(제828조).

---

12) "부부간의 부양의무 중 과거의 부양료에 관하여는 특별한 사정이 없는 한 부양을 받을 사람이 부양의무자에게 부양의무의 이행을 청구하였음에도 불구하고 부양의무자가 부양의무를 이행하지 아니함으로써 이행지체에 빠진 후의 것에 관하여만 부양료의 지급을 청구할 수 있을 뿐이므로"

13) "기록에 의하여 알 수 있는 다음과 같은 사정, 즉 소외인은 의사소통이 불가능하다는 등의 이유로 피고에게 부양을 청구하기가 곤란하였던 점, 피고는 소외인이 부양이 필요하다는 사실을 잘 알고 실제 부양을 하기도 하였던 점, 피고는 자신이 부양을 중단한 후에도 소외인이 여전히 부양이 필요한 상태였고 원고가 부양을 계속한 사실을 알았던 점 등에 비추어 보면, 피고에게는 소외인으로부터 부양의무의 이행청구를 받기 이전의 과거 부양료도 지급할 의무가 있다고 볼만한 사정이 있다고 볼 여지가 많다"

14) "배우자 있는 부녀와 간통행위를 하고, 이로 인하여 그 부녀가 배우자와 별거하거나 이혼하는 등으로 혼인관계를 파탄에 이르게 한 경우 그 부녀와 간통행위를 한 제3자(상간자)는 그 부녀의 배우자에 대하여 불법행위를 구성하고, 따라서 그로 인하여 그 부녀의 배우자가 입은 정신상의 고통을 위자할 의무가 있으나, 이러한 경우라도 간통행위를 한 부녀 자체가 그 자녀에 대하여 불법행위책임을 부담한다고 할 수는 없고, 또한 간통행위를 한 제3자(상간자) 역시 해의(害意)를 가지고 부녀의 그 자녀에 대한 양육이나 보호 내지 교양을 적극적으로 저지하는 등의 특별한 사정이 없는 한 그 자녀에 대한 관계에서 불법행위책임을 부담한다고 할 수는 없다"

Ⅱ. 혼인의 재산적 효력 [E-16]

1. 의 의

혼인의 재산적 효과로서 부부 사이의 재산관계를 규율하는 제도를 부부재산제라고 한다. 이에 관하여 민법은 우선 그들의 합의에 의하여 재산관계를 정하도록 하고(부부재산계약, 제829조), 그러한 합의가 없는 경우에는 민법이 규정하는 법정재산제(별산제, 제830조 내지 제833조)를 일률적으로 적용하도록 하고 있다.

2. 문제점

부부의 재산귀속문제는 여성의 사회적·경제적 지위의 향상으로 과거와 다른 새로운 법리를 필요로 하게 되었다. 특히 최근에는 가사노동에 대한 경제적 평가라는 새로운 문제도 제기되고 있다.

3. 부부재산계약 [09사법]

> 제829조(부부재산의 약정과 그 변경) ① 부부가 혼인성립전에 그 재산에 관하여 **따로 약정을 하지 아니한 때**에는 그 재산관계는 본관중 다음 각조에 정하는 바에 의한다.
>
> ② 부부가 **혼인성립전에 그 재산에 관하여 약정한 때**에는 혼인중 이를 변경하지 못한다. 그러나 정당한 사유가 있는 때에는 법원의 허가를 얻어 변경할 수 있다.
>
> ③ 전항의 약정에 의하여 부부의 일방이 다른 일방의 재산을 관리하는 경우에 부적당한 관리로 인하여 그 재산을 위태하게 한 때에는 다른 일방은 자기가 관리할 것을 법원에 청구할 수 있고 그 재산이 부부의 공유인 때에는 그 분할을 청구할 수 있다.
>
> ④ 부부가 그 재산에 관하여 따로 약정을 한 때에는 **혼인성립까지에 그 등기를 하지 아니하면** 이로써 부부의 **승계인 또는 제3자에게 대항하지 못한다.**
>
> ⑤ 제2항, 제3항의 규정이나 약정에 의하여 관리자를 변경하거나 공유재산을 분할하였을 때에는 그 등기를 하지 아니하면 이로써 부부의 승계인 또는 제3자에게 대항하지 못한다.

(1) 의 의

부부가 '혼인성립 전'에 '혼인 후의 재산적 법률관계'에 관하여 따로 약정을 할 수 있는 바 이를 부부재산계약이라고 한다. 이러한 부부재산계약은 법정부부재산제를 배제하는 효과를 발생시킨다(제829조). 이러한 부부재산계약은 혼인하기 전의 혼인당사자들의 재산관계에 대한 자유로운 의사를 존중하고 이를 혼인 후에도 보호하기 위한 제도이다.

이는 ① 계약내용이 부부간 재산관계라는 점, ② 계약체결시기에 제한이 있다는 점, ③ 변경에 법원의 허가를 요한다는 점, ④ 부부재산약정등기부에 의한 공시를 요하는 등의 특수성이 있다.

(2) 요 건

ⅰ) 혼인하려는 당사자 간의 계약이어야 하며, ⅱ) **혼인성립 전에 체결해야 하고**, ⅲ) 혼인 후의 재산적 법률관계를 대상으로 하여야 한다. ⅳ) 특별한 방식은 요하지 않으나 혼인신고시까지 등기해야 한다.

(3) 내용 및 효력

1) 내용자유의 원칙

부부재산계약의 내용은 자유이지만, 혼인의 본질적 요소나 남녀평등, 부부간의 부양의무 면제 등 사회질서에 반하는 내용은 무효이다.

2) **계약의 내부적 효력**

① 재산의 귀속에 관한 약정이 있으면 특유재산과 귀속불명재산에 관한 제830조의 적용이 없으며, ② 재산의 관리·사용·처분에 관한 약정이 있으면 제831조의 적용이 없다. ③ 생활비용에 관한 약정이 있으면 제833조의 적용이 배제되지만, ④ 일상가사채무에 대한 제832조의 연대책임은 부부와 거래하는 제3자를 보호하기 위한 규정이므로 부부재산계약으로 배제할 수 없다.

3) **계약의 외부적 효력**

대외적으로 부부의 승계인(상속인 또는 포괄적 수유자) 또는 제3자에게 '대항'하기 위해서는 부동산등기부가 아닌 부부재산약정등기부에 등기하여야 한다(제829조 4항). 계약의 변경이 있는 경우에도 등기하여야 부부의 승계인 또는 제3자에게 대항할 수 있다(제829조 5항). 즉, 이러한 등기는 부부재산계약의 성립요건이 아닌 대항요건에 불과하다. 예를 들어 甲남이 乙녀와 재혼하기로 하면서 혼인 후 X부동산을 乙에게 증여하기로 약정하였는데, 이 약정을 '부부재산계약등기부'에 등기하지 않은 채 혼인신고를 하였다. 그 후 甲이 위 약정을 이행하지 않고 사망하였다면 乙은 甲의 상속인에게 위 증여약정으로 대항할 수 없다. 한편 등기나 등록 등 공시방법이 별도로 요구되는 재산에 관해서는 그 공시절차를 밟지 않으면 부부재산약정등기만으로는 제3자에게 대항할 수 없다.

(4) 부부재산계약의 변경

1) **변경금지의 원칙**

혼인성립 전에 이루어진 재산계약은 혼인 중에는 임의로 변경하지 못한다. 그러나 정당한 사유가 있는 경우에는 법원의 허가를 얻어 변경할 수 있다(제829조 2항).

2) **관리인의 변경 등**

부부의 일방이 다른 일방의 재산을 관리하는 경우에 부적당한 관리로 인하여 그 재산을 위태하게 한 때에는 다른 일방은 자기가 관리할 것을 법원에 청구할 수 있고 그 재산이 부부의 공유인 때에는 그 분할을 청구할 수 있다(제829조 3항). 관리자를 변경하거나 공유재산을 분할하였을 때에는 그 등기를 하지 아니하면 이로써 부부의 승계인 또는 제3자에게 대항하지 못한다(제829조 5항).

(5) 부부재산계약의 종료

혼인 중 재산계약이 종료된 경우[사기 또는 강박에 의하여 계약이 체결되어 이를 취소한 경우(제816조 3호의 유추적용), 사해행위를 이유로 취소된 경우(제406조) 등]와 혼인관계 해소로 인해 재산계약이 종료된 경우(이혼 또는 배우자의 사망, 혼인취소 등)가 있다.

4. 법정재산제(아래 쟁점 25. 참고)

[쟁점 25] 법정재산제 ▼

Ⅰ. 의 의

[E25-1]

법정재산제는 부부재산계약이 체결되지 않은 경우나 불완전한 경우에 적용되는데, 우리 민법은 부부별산제(제830조, 제831조), 일상가사에 관한 규정(제832조), 생활비용의 부담(833조) 등을 두고 있다. 특히 현행 민법은 구민법의 이른바 관리공통제(혼인 후에도 부부 각자의 재산은 독립하여 존재하지만, 夫가 妻의 재산에 대한 관리·수익권뿐만 아니라 처분권까지 취득하도록 하는 제도)를 버리고 부부별산제를 채택하였다. 부부별산제는 개인주의를 바탕으로 妻의 재산에 대한 독립성을 인정하고 부부평등을 실현하기 위한 제도이다.

> 제827조(부부간의 가사대리권) ① 부부는 **일상의 가사**에 관하여 서로 대리권이 있다. ② 전항의 대리권에 가한 **제한**은 선의의 제3자에게 대항하지 못한다(11회 선택형).
> ‣ 부부의 일방이 혼인전부터 가진 고유재산은 **특유재산으로 추정한다**(O)
> 제830조(특유재산과 귀속불명재산) ① 부부의 일방이 **혼인전부**터 가진 고유재산과 **혼인중 자기의 명의로** 취득한 재산은 그 특유재산으로 한다. ② 부부의 누구에게 속한 것인지 분명하지 아니한 재산은 부부의 공유로 추정한다.
> 제832조(가사로 인한 채무의 연대책임) 부부의 일방이 일상의 가사에 관하여 제3자와 법률행위를 한 때에는 다른 일방은 이로 인한 채무에 대하여 연대책임이 있다. 그러나 **이미 제3자에 대하여 다른 일방의 책임 없음을 명시한 때에는 그러하지 아니하다**.

Ⅱ. **부부별산제**(부부재산의 귀속과 관리)   [E25-2]

1. 부부재산의 귀속

(1) 의 의

민법은 '부부의 일방이 혼인 전부터 가진 고유재산과 혼인 중 자기명의로 취득한 재산은 그 자의 특유재산으로 한다'(제830조 1항)라고 규정함으로써 별산제를 선언하고 있다. 이는 혼인에 의하여 각자의 소유관계에 변동이 생기지 않는다는 취지이다.

(2) 혼인 중 부부일방의 명의로 취득한 재산

1) 의 의

判例는 "민법이 혼인 중 부부일방의 명의로 취득한 재산에 대해서 그 일방의 특유재산으로 하는 것은 **부부 내부관계**에서는 '**추정적 효과**' 밖에 생기지 않으므로, 실질적으로 다른 일방 또는 쌍방이 그 재산의 대가를 부담하여 취득한 것이 증명된 때에는 그 추정은 깨어지고 다른 일방의 소유이거나 쌍방의 공유"라고 본다(대판 1992.8.14. 92다16171)

2) 추정번복 사유

判例는 일반적으로 금전적 대가 지급, 공동채무 부담 등 '**유형적 기여**'가 있어야 특유재산의 추정을 번복할 사유가 된다고 하며, "단순히 협력이 있었다거나 결혼생활에 내조의 공이 있었다는 것만으로는 이에 해당하지 않는다"고 한다(대판 1986.9.9. 85다카1337,1338). [판례검토] 判例는 처의 가사노동을 정당하게 평가하지 않은 것으로 타당하지 않다(다수설).

> [비교판례] 이와 구별해야 할 判例로 "민법 제839조의2에 규정된 재산분할 제도는 부부가 혼인 중에 취득한 실질적인 공동재산을 청산 분배하는 것을 주된 목적으로 하는 것이므로 부부가 협의에 의하여 이혼할 때 쌍방의 협력으로 이룩한 재산이 있는 한, 처가 가사노동을 분담하는 등으로 내조를 함으로써 부의 재산의 유지 또는 증가에 기여하였다면 쌍방의 협력으로 이룩된 재산은 재산분할의 대상이 된다"(대결 1993.5.11. 93스6 : 2회 선택형)고 보아 혼인관계를 유지하면서 특유재산의 추정을 번복하기 위한 요건과 이혼을 하면서 재산분할을 청구하기 위한 요건에 차이를 두고 있다(즉, 특유재산추정법리와 관련해서는 공유의 인정범위를 매우 좁게 보는 반면 재산분할청구에서는 보다 넓게 파악하고 있다).

■ 특유재산 추정의 번복 ■

㉠ "부부의 일방이 혼인중 단독 명의로 취득한 부동산은 그 명의자의 '특유재산으로 추정'되므로, 다른 일방이 그 실질적인 소유자로서 편의상 명의신탁한 것이라고 인정받기 위하여는 자신이 실질적으로 당해 재산의 대가를 부담하여 취득하였음을 증명하여야 하고, 단지 그 부동산을 취득함에 있어서 자신의 협력이 있었다거나 혼인생활에 있어서 내조의 공이 있었다는 것만으로는 위 추정이 번복되지 아니한다"(대판 1986.9.9. 85다카 1337.1338 : 2회 선택형)

㉡ "민법 제830조 제1항에 정한 '특유재산의 추정'을 번복하기 위하여는 다른 일방 배우자가 실제로 당해 부동산의 대가를 부담하여 그 부동산을 자신이 실질적으로 소유하기 위해 취득하였음을 증명하여야 하므로, 단순히 다른 일방 배우자가 그 매수자금의 출처라는 사정만으로는 무조건 특유재산의 추정이 번복되어 당해 부동산에 관하여 명의신탁이 있었다고 볼 것은 아니고(자금을 증여받은 것일 수도 있기 때문), 관련 증거들을 통하여 나타난 모든 사정을 종합하여 다른 일방 배우자가 당해 부동산을 실질적으로 소유하기 위하여 그 대가를 부담하였는지 여부를 개별적·구체적으로 가려 명의신탁 여부를 판단하여야한다"(대판 2008.9.25. 2006두8068)

㉢ "부동산매입자금의 원천이 남편의 수입에 있다고 하더라도 처가 남편과 18년간의 결혼생활을 하면서 여러 차례 부동산을 매입하였다가 이익을 남기고 처분하는 등의 방법으로 증식한 재산으로써 그 부동산을 매입하게 된 것이라면 위 부동산의 취득은 부부쌍방의 자금과 증식노력으로 이루어진 것으로서 부부의 공유재산이라고 볼 여지가 있다"(대판 1990.10.23. 90다카5624).

(3) 부부일방의 명의로 되어 있지만 실질적으로 부부의 공동재산에 속하는 재산의 법률관계

1) 제3자와의 외부관계

부부가 협력하여 부동산을 구입하는 경우 등기명의자가 아닌 타방은 자기의 공유지분을 명의자에게 '명의신탁'한 것이라고 해석함이 타당하다(채권적 효과설[15] 判例[16]). 이에 따르면 내부적으로 공동소유이더라도 제3자와의 관계에서는 명의자의 단독소유로 다루어진다. 따라서 **명의자는 단독으로 유효한 처분행위를 할 수 있으나 타방 배우자는 명의자로부터 처분권 및 대리권을 수여받아야 유효한 법률행위를 할 수 있다**(그 재산이 내부적으로 공유재산이라고 하기 위하여는 그 재산의 명의자가 아닌 부부 일방이 그러한 단독소유의 추정을 뒤집을 증명책임을 부담한다. 반증이 있는 경우에도 반증을 한 부부 일방에게 곧 당해 부동산의 소유권이 인정되는 것은 아니며, 상대방에 대하여 공동소유의 등기나 분할등기 등을 청구할 권리를 갖는데 불과하다).

2) 부부간의 내부관계

부부일방의 명의로 된 재산의 취득에 있어 배우자의 기여분이 포함된 경우에 그 **기여분에 해당하는 공유지분에 관하여 배우자의 재산이 '명의신탁'된 것으로 보아야 한다.** 이는 원칙적으로 부동산실명법에 위반되지 않는다[부동산실명법 제8조 2호 ; 제8조 2호의 '배우자'는 법률상의 배우자에 한정된다(대판 1999.5.14. 99두35 등)]. 이러한 재산은 내부적으로 공동귀속하므로 부부는 관리·사용·처분에 있어 그의 '지분'에 상응하는 권한을 갖는다. 그러므로 이와 상충되는 범위에서 제831조는 적용이 제한된다. 명의인이 배우자와 협의없이 무단으로 그 부동산을 제3자에게 처분한 경우에, 제3자에 대한 관계에서 그 처분은 유효하지만 내부적으로는 책임을 면하기 어렵다(명의신탁의 법률관계 참고).

명의신탁된 재산은 이혼 후 명의신탁을 해지하고 분할을 청구할 수 있다(제839조의2, 제843조).

---

15) 이 경우 법률의 규정에 의한 물권변동이 있는 것으로 보고 제3자에게도 공동소유를 주장할 수 있다는 물권적 효과설도 있다(조미경, '현행부부재산제의 문제점', 고시계 1990년 7월호)

16) "부부의 일방이 혼인 중 단독 명의로 취득한 부동산은 그 명의자의 특유재산으로 추정되므로, 다른 일방이 그 실질적인 소유자로서 편의상 명의신탁한 것이라고 인정받기 위하여는 자신이 실질적으로 당해 재산의 대가를 부담하여 취득하였음을 증명하여야 하고"(대판 1998.12.22. 98두15177).

(4) 부부 중 누구에게 속하는지 분명하지 않은 재산

대외적 및 대내적으로 부부의 공동재산으로 추정된다(제830조 2항).

2. 부부재산의 관리

부부는 그 특유재산을 각자 관리·사용·수익한다(제831조). 공동재산은 공유물에 관한 규정에 따른다.

Ⅲ. 생활비용의 부담   [E25-3]

부부의 공동생활에 필요한 비용은 특약이 없는 한 부부가 공동으로 부담한다(제833조). 공동생활에 필요한 비용이란 의식주의 비용·의료비·미성숙 자녀의 양육비 등 일상가사의 범위에 속하는 비용을 말한다. 구체적으로 어떻게 부담할 것인가는 부부가 협의해서 정하게 되지만, 협의가 되지 않으면 가정법원의 조정·심판에 의하여 결정된다(가사소송법 제2조 1항 마류사건, 제50조).

Ⅳ. 일상가사대리권과 일상가사채무의 연대책임 [09·15사법, 9회 기록형]   [E25-4]

1. 일상가사대리권

(1) 의 의

부부는 일상의 가사에 관하여 서로 대리권이 있으며(제827조 1항), 부부의 일방이 일상가사에 관하여 제3자와 법률행위를 한 때에는 다른 일방은 이에 대하여 연대책임을 진다(제832조). 여기서 일상가사라 함은 부부가 가정공동생활을 영위함에 있어서 필요로 하는 통상의 사무를 말한다(대판 1997.11.28. 97다31229).

(2) 일상가사의 범위

1) 학 설

① 법률행위의 종류, 성질 등에 따라 일률적으로 정해야 한다는 **일반적·추상적 판단설**[17]과 ② 일상가사의 범위는 부부의 직업, 경제적 능력, 부부관계의 모습 등의 현실적 생활상태와 그 부부의 생활장소인 지역사회의 관습에 따라 개별적·구체적으로 정해야 한다는 **개별적·구체적 판단설**로 나뉜다.[18]

2) 판 례

判例는 일반적·추상적 판단설에 따른 판시내용도 있고, 개별적·구체적 판단설에 따른 판시내용도 있으나 일반적으로 일상가사의 범위를 어느 정도 고정적인 것으로 보아, 부동산의 매각이나 담보설정은 일상가사의 범위를 벗어난 행위로 보며(대판 1968.11.26. 68다1727,1728 등), 기본적으로 비상가사대리권을 인정하지 않으려는 태도를 보이고 있다.[19]

---

17) **[구체적 예]** 이에 따르면 의식주에 관련된 비용, 교육비나 의료비, 전기·전화·수도요금, 주거용 가옥의 임차 등은 여기에 속한다. 그러나 타방명의 부동산의 매도나 담보제공, 타인의 채무에 대한 연대보증 등은 일상가사의 범위를 넘는 것이라고 한다.

18) **[구체적 예]** 예컨대 남편이 여행, 입원, 복역, 장기 출타 등의 사유로 장기간 가정을 비웠는데 가정에 비상적인 상황이 발생한 경우에는 처의 가사대리권의 범위가 확대(이른바 비상가사대리권)되는 반면, 부부가 사실상 이혼 상태에 있는 경우에는 가사대리권의 범위가 축소되게 된다.

19) 判例는 "당해 구체적인 법률행위가 일상의 가사에 관한 법률행위인지 여부를 판단함에 있어서는 그 법률행위를 한 부부공동체의 내부 사정이나 그 행위의 개별적인 목적만을 중시할 것이 아니라, 그 법률행위의 객관적인 종류나 성질 등도 충분히 고려하여 판단하여야 한다"(대판 1997.11.28. 97다31229)는 일반적·추상적 판단설에 따른 판시내용이 있는가 하면, "구체적인 법률행위가 당해 부부의 일상의 가사에 관한 것인지를 판단함에 있어서는 그 법률행위의 종류·성질 등 객관적 사정과 함께 가사처리자의 주관적 의사와 목적, 부부의 사회적 지위·직업·재산·수입능력 등 현실적 생활상태를 종합적으로 고려하여 사회통념에 따라 판단하여야 할 것이다"(대판 1999.3.9. 98다46877)라고 판시함으로써 개별적·구체적 판단설에 따른 판시내용도 보인다. 그러나 소위 '비상가사대리권'과

> ✳ **일상가사의 구체적 범위**
> ① "처가 자가용차를 구입하기 위하여 타인으로부터 금전을 차용하는 행위는 일상가사에 속한다고 할 수 없다" (대판 1985.3.26. 84다카1621). ② "금전차용행위도 금액, 차용 목적, 실제의 지출용도, 기타의 사정 등을 고려하여 그것이 부부의 공동생활에 필요한 자금조달을 목적으로 하는 것이라면 일상가사에 속한다고 보아야 할 것이므로, 아파트 구입비용 명목으로 차용한 경우 그와 같은 비용의 지출이 부부공동체 유지에 필수적인 주거 공간을 마련하기 위한 것이라면 일상가사에 속한다고 볼 수 있다"(대판 1999.3.9. 98다46877). ③ "부인이 교회에의 건축 헌금, 가게의 인수대금, 장남의 교회 및 주택임대차보증금의 보조금, 거액의 대출금에 대한 이자 지급 등의 명목으로 금원을 차용한 행위는 일상 가사에 속한다고 볼 수는 없으며, 주택 및 아파트 구입비용 명목으로 차용한 경우 그와 같은 비용의 지출이 부부공동체를 유지하기 위하여 필수적인 주거 공간을 마련하기 위한 것이라면 일상의 가사에 속한다고 볼 여지가 있을 수 있으나 그 주택 및 아파트의 매매대금이 거액에 이르는 대규모의 주택이나 아파트라면 그 구입 또한 일상의 가사에 속하는 것이라고 보기는 어렵다"(대판 1997.11.28. 97다31229).

3) 검 토

일반적·추상적 판단설은 구체적 타당성을 잃게 될 수 있으므로, 행위의 목적이나 부부관계의 태양을 고려하여 탄력적으로 해석하는 개별적·구체적 판단설이 타당하다. 그리고 민법 제827조 1항이 '일상의 가사'라고 규정하고 있기 때문에, 이른바 비상가사대리권을 인정하는 것은 이미 일상가사의 한계를 넘은 것이 되어 우리 민법의 해석으로는 허용되기 어렵다고 생각한다.

2. 일상가사대리권을 기본대리권으로 한 제126조 표현대리의 인정 여부(쟁점 4. 참고)

3. 일상가사채무의 연대책임

(1) 민법규정

부부의 일방이 일상의 가사에 관하여 제3자와 법률행위를 한 경우에 이로 인한 채무에 대해서 상대방 보호를 위하여 다른 일방에게 연대책임을 지우고 있다(제832조 본문). 다만 이미 제3자에 대해서 다른 일방의 책임 없음을 명시한 때에는 연대책임을 지지 않는다(제832조 단서).

(2) 통상의 연대채무와의 차이

일상가사로 인한 연대책임은 통상의 연대채무보다 더욱 밀접한 부담관계가 있다. 따라서 부부는 완전히 동일한 내용의 채무를 병존적으로 부담하고, 부담부분에 관한 연대채무의 규정(제418조2항, 제419조, 제421조)은 적용이 없다. 즉 부부의 일방은 타방의 채권으로써 무제한으로 상계할 수 있고, 면제의 효과는 전면적으로 발생하며 일방의 채무의 시효소멸은 타방의 채무도 소멸시킨다.

(3) 혼인소멸의 경우

이 연대책임은 혼인소멸 후에도 소멸하지 않으나 보통의 연대채무로 변경되어 존속한다.

(4) 일상가사처리의 권리적 효과

가령 임차권과 같이 일상가사 처리의 결과로 발생하는 권리는 부부 쌍방에 귀속된다.

관련해서는 "부부의 일방이 의식불명의 상태에 있어 사회통념상 대리관계를 인정할 필요가 있다는 사정만으로 그 배우자가 당연히 채무의 부담행위를 포함한 모든 법률행위에 관하여 대리권을 갖는다고 볼 것은 아니다"(대판 2000.12.8. 99다37856)라고 판시하거나 "처가 별거하여 외국에 체류중인 부의 재산을 처분한 행위를 부부간의 일상가사에 속하는 것이라 할 수는 없다"(대판 1993.9.28. 93다16369)라고 판시하여 부정하고 있는 것으로 보인다.

제5관 이 혼

Ⅰ. 혼인의 해소 일반론

[E-17]

혼인의 해소란 완전히 유효하게 성립한 혼인이 그 후의 사유로 말미암아 소멸하는 것을 말한다. 이는 혼인에 처음부터 하자가 있어서 그것이 취소되는 경우와는 본질적으로 다르다. 혼인해소의 원인에는 배우자의 사망(실종선고)과 이혼이 있다.

Ⅱ. 협의상 이혼

[E-18]

> 제836조(이혼의 성립과 신고방식) ① 협의상 이혼은 **가정법원의 확인**을 받아 「가족관계의 등록 등에 관한 법률」의 정한 바에 의하여 **신고함으로써 그 효력**이 생긴다.
>
> ② 전항의 신고는 당사자 쌍방과 성년자인 증인 2인의 연서한 서면으로 하여야 한다.
>
> ★ 제836조의2(이혼의 절차) ① 협의상 이혼을 하려는 자는 가정법원이 제공하는 **이혼에 관한 안내**를 **받아야 하고**(▸ 받을 수 있다 X), 가정법원은 필요한 경우 당사자에게 상담에 관하여 전문적인 지식과 경험을 갖춘 **전문상담인의 상담**을 받을 것을 권고**할 수 있다**(▸ 권고하여야 한다 X)
>
> ② 가정법원에 이혼의사의 확인을 신청한 당사자는 제1항의 안내를 받은 날부터 다음 각 호의 **기간**이 지난 후에 이혼의사의 확인을 받을 수 있다.
> ▸ 성년의 자녀를 둔 부부가 협의이혼을 하려면 3개월의 기간이 지나야 한다(X)
> 1. **양육하여야 할 자**(포태 중인 자를 포함한다. 이하 이 조에서 같다)가 있는 경우에는 **3개월**
> 2. 제1호에 해당하지 아니하는 경우(▸ 성년의 자녀이거나 자녀가 없는 경우)에는 **1개월**
> ▸ 이혼을 하여야 할 급박한 사정이 있는 경우에도 2항의 기간은 반드시 거쳐야 한다(X)
> ③ 가정법원은 폭력으로 인하여 당사자 일방에게 참을 수 없는 고통이 예상되는 등 이혼을 하여야 할 **급박한 사정이 있는 경우**에는 제2항의 기간을 **단축 또는 면제**할 수 있다.
> ④ 양육하여야 할 자가 있는 경우 당사자는 제837조에 따른 자(子)의 양육과 제909조 제4항에 따른 자(子)의 친권자결정에 관한 협의서 또는 제837조 및 제909조 제4항에 따른 가정법원의 심판정본을 **제출하여야 한다**(▸ 재산분할에 관한 협의서는 제출하지 않아도 된다)
> ⑤ 가정법원은 당사자가 협의한 양육비부담에 관한 내용을 확인하는 **양육비부담조서를 작성하여야** 한다. 이 경우 양육비부담조서의 효력에 대하여는 「가사소송법」 제41조를 준용한다.
>
> 제838조(사기, 강박으로 인한 이혼의 취소청구권) **사기** 또는 **강박**으로 인하여 이혼의 의사표시를 한 자는 그 취소를 가정법원에 청구할 수 있다.

1. 의 의

부부는 협의에 의하여 이혼할 수 있다(제834조). 협의이혼은 넓은 의미에서 하나의 계약이며, 일정한 방식으로 신고하여야 하는 요식행위이다(제836조 참조).

2. 협의이혼의 성립요건

(1) 실질적 요건(이혼의사의 합치)

1) 문제점

제834조는 '부부는 협의에 의하여 이혼할 수 있다'고 규정하고 있다. 따라서 이혼이 유효하게 성립하기 위해서는 무엇보다도 '이혼의 합의'가 있어야 한다. 이러한 '이혼의 합의' 특히 이혼 '의사'의 구체적 내용 및 본질이 무엇이냐 하는 문제가 제836조['협의상 이혼은 가정법원의 확인을 받아 가족관계의 등록

등에 관한 법률에 정한 바에 의하여 신고함으로써 그 효력이 생긴다']소정의 신고와 관련하여 제기된다. 이는 가장이혼의 효력과 관련하여 실천적 의미를 가진다.

2) 판 례

判例는 초기에 실질적 의사설의 입장에 있었으나(대판 1967.2.7. 66다2542 등) 최근에는 "협의이혼에 있어서의 이혼의 의사는 법률상의 부부관계를 해소하려는 의사를 말하므로, 일시적으로나마 그 법률상의 부부관계를 해소하려는 당사자간의 합의하에 협의이혼신고가 된 이상, 그 협의이혼에 '다른 목적'이 있다 하더라도 양자간에 이혼의 의사가 없다고는 말할 수 없고 따라서 그 협의이혼은 무효로 되지 아니한다"(대판 1993.6.11. 93므11 등)라고 하여 사실상 **형식적 의사설**(신고의사설)의 입장이다.[20]

3) 검 토

담당공무원에게 이혼의사에 대한 실질적 심사권이 있고, 가정법원이 이혼의사를 확인하게 됨으로써 국가기관의 적극적 관여에 의한 이혼신고가 이루어지게 되었다. 따라서 이러한 입법적 보완에 상응할 필요가 있다는 점(판사 면전에서의 확인을 거쳐 협의상 이혼이 성립된 경우에 그 무효를 쉽게 인정하는 것은 타당하지 않기 때문이다)과 이혼의 경우에는 혼인에 대하여 주어지는 법의 보호가 소멸하기 때문에 굳이 실질적인 이혼의사를 요구할 필요는 없다고 하겠다. 따라서 **형식적 의사설**(신고의사설)이 보다 타당하다.

4) 이혼의사에 관한 그 밖의 점들

이혼의 합의는 이혼신고를 할 당시, 보다 구체적으로 신고서 작성시 및 수리시에 존재하여야 한다. 아울러 이혼의사의 성립에는 의사능력을 필요로 한다.

(2) 절차적 요건

1) 이혼신고

이혼신고의 경우에는 혼인신고의 경우와 달리 축출이혼의 방지를 위하여 당사자 쌍방의 이혼의사에 대한 가정법원의 확인(아래 86므86판결 참고)을 받아 가족관계의 등록 등에 관한 법률에 정한 바에 의하여 신고함으로써 그 효력이 생긴다(제836조 1항). 이혼의사의 확인이 있었더라도 그에 따른 이혼신고가 없으면 이혼의 효력이 발생하지 않는다(대판 1983.7.12. 83므11). 따라서 협의이혼에서 이혼신고는 창설적 신고에 해당한다(반면, 이혼판결은 가사소송법 제12조에 의해 선고로써 효력이 발생하므로, 재판상 이혼의 신고는 보고적 신고에 불과하다). 이러한 이혼신고는 당사자 쌍방과 성년자인 증인 2인이 연서한 서면으로 하여야 한다(제836조 2항). 그리고 이혼 신고는 당사자 쌍방과 성년자인 증인 2인이 연서한 서면으로 하여야 한다(제836조 2항).

> **[관련판례]** "협의이혼의사확인절차는 확인당시에 당사자들이 이혼을 할 의사를 가지고 있는가를 밝히는데 그치는 것이고 그들이 의사결정의 정확한 능력을 가졌는지 또는 어떠한 과정을 거쳐 협의이혼 의사를 결정하였는지 하는 점에 관하여서는 심리하지 않는다. 이 확인은 어디까지나 당사자들의 합의를 근간으로 법원이 그들의 의사를 확인하여 증명하여 주는데 그치는 것이며 법원의 확인에 소송법상의 특별한 효력이 주어지는 것도 이혼협의의 효력은 민법상의 원칙에 의하여 결정되어야 할 것이고 이혼의사 표시가 사기, 강박에 의하여 이루어졌다면 제838조에 의하여 취소할 수 있다"(대판 1987.1.20. 86므86).

> **[관련판례]** * 협의이혼의사 철회신고서 접수 후 제출된 협의이혼신고서를 수리한 경우 협의상 이혼의 효력 발생 여부(소극)
> "부부가 이혼하기로 협의하고 가정법원의 협의이혼의사 확인을 받았다고 하더라도 호적법에 정한 바에 의하

---

20) **[학설]** ① 신분행위는 신고에 의해 성립하므로 이혼의 의사는 이혼신고 자체에 대한 의사를 의미한다는 형식적 의사설(신고의사설)과 ② 가족법의 의사주의적 성격에 비추어 이혼신고의 의사만으로는 부족하고 사회통념상 이혼을 하려는 의사가 있어야 한다는 실질적 의사설로 나뉜다.

여 신고함으로써 협의이혼의 효력이 생기기 전에는 부부의 일방이 언제든지 협의이혼의사를 철회할 수 있는 것이어서, 협의이혼신고서가 수리되기 전에 협의이혼의사의 철회신고서가 제출되면 협의이혼신고서는 수리할 수 없는 것이므로, 설사 호적공무원이 착오로 협의이혼의사 철회신고서가 제출된 사실을 간과한 나머지 그 후에 제출된 협의이혼신고서를 수리하였다고 하더라도 협의상 이혼의 효력이 생길 수 없다"(대판 1994.2.8. 93도2869).

2) 이혼에 관한 안내 및 상담 권고(제836조의2 1항)

3) 이혼숙려기간 도입

과거 협의이혼제도는 당사자의 이혼의사 합치, 가정법원의 확인, 가족관계 등록 등에 관한 법률에 의한 신고 등 간편한 절차만으로도 이혼의 효력이 발생함으로써 혼인의 보호보다는 자유로운 해소에 중점을 두고 있다는 문제점이 있었다. 이에 민법은 신중하지 못한 이혼을 방지하기 위하여 협의이혼 당사자는 일정 기간(양육하여야 할 자녀가 있는 경우는 3개월, 양육하여야 할 자녀가 없는 경우는 1개월)이 경과한 후 가정법원으로부터 이혼의사 확인을 받아야만 이혼이 가능하도록 하는 이혼숙려기간 제도를 도입하였다(제836조의2 2항 및 3항).

4) 협의이혼시 자녀 양육사항 및 친권자 지정에 관한 합의서 등의 제출의무화

과거 협의이혼제도는 당사자 사이에 자녀 양육사항 및 친권자 지정에 관한 합의 없이도 이혼이 가능함에 따라 이혼 가정 자녀의 양육환경이 침해되는 문제점이 있었다. 이에 민법은 협의이혼하고자 하는 부부에게 양육자의 결정, 양육비용의 부담, 면접교섭권의 행사여부 및 그 방법 등이 기재된 양육사항과 친권자결정에 관한 협의서 또는 가정법원의 심판정본을 이혼 확인시 의무적으로 제출하도록 함으로써 협의이혼시 자녀 양육사항 합의를 의무화하였다(제836조의2 4항 및 제837조, 제909조 4항).

> **[관련판례]** "청구인과 상대방이 이혼하면서 사건본인의 친권자 및 양육자를 상대방으로 지정하는 내용의 조정이 성립된 경우, 그 조정조항상의 양육방법이 그 후 다른 협정이나 재판에 의하여 변경되지 않는 한 청구인에게 자녀를 양육할 권리가 없고, 그럼에도 불구하고 청구인이 법원으로부터 위 조정조항을 임시로 변경하는 가사소송법 제62조 소정의 사전처분 등을 받지 아니한 채 임의로 자녀를 양육하였다면 이는 상대방에 대한 관계에서는 상대적으로 위법한 양육이라고 할 것이니, 이러한 청구인의 임의적 양육에 관하여 상대방이 청구인에게 양육비를 지급할 의무가 있다고 할 수는 없다"(대결 2006.4.17. 2005스18,19).

5) 가정법원의 양육비부담조서 작성(제836조의2 5항)

Ⅲ. 재판상 이혼
[E-19]

1. 의 의

재판상 이혼이란 일정한 사유가 있을 때 당사자 일방의 청구로 가정법원의 판결에 의하여 혼인을 해소시키는 것을 말한다. 협의이혼의사의 확인이 있었다는 것만으로 재판상 이혼사유가 될 수 없으며 (대판 1988.4.25. 87므28). 제840조에서 6가지의 이혼사유가 있는 경우에만 재판상 이혼이 허용된다.

2. 제840조 제1호 내지 제6호의 성격

(1) 문제점

제840조 제1호 내지 제5호는 '구체적 · 절대적 이혼사유'이며, 제6호는 '추상적 · 상대적 이혼사유'에 해당한다. 그런데 이들 상호간의 관계를 어떻게 이해할 것인지에 대해서는 다툼이 있다.

(2) 판 례

① 判例는 "재판상 이혼사유에 관한 제840조는 동조가 규정하고 있는 **각 호 사유마다 각 별개의 독립된 이혼사유를 구성하는 것**"(대판 2000.9.5. 99므1886)이므로 "이혼청구를 구하면서 위 각 호 소정의 수개의 사유를 주장하는 경우 법원은 그 중 어느 하나를 받아들여 청구를 인용할 수 있으며"(대판 2000.9.5. 99므1886 : 6회 선택형), "법원은 원고가 주장하는 이혼사유에 관해서만 심판하여야 하고 원고가 주장하지 아니한 이혼사유에 대해서는 심판을 할 필요도 없고 그 사유에 의하여 이혼을 명하여서는 안 된다"(대판 1963.1.31. 62다812 : 11회 선택형)고 판시함으로써 (절대적) 독립설을 취하는 것으로 평가된다.

② 判例는 "민법 제840조 제3호에서 정한 이혼사유인 '배우자로부터 심히 부당한 대우를 받았을 때'라 함은 혼인관계의 지속을 강요하는 것이 가혹하다고 여겨질 정도의 폭행이나 학대 또는 모욕을 받았을 경우를 말한다. 민법 제840조 제6호에서 정한 이혼사유인 '혼인을 계속하기 어려운 중대한 사유가 있을 때'란 부부간의 애정과 신뢰가 바탕이 되어야 할 혼인의 본질에 상응하는 부부공동생활관계가 회복할 수 없을 정도로 파탄되고 혼인생활의 계속을 강제하는 것이 일방 배우자에게 참을 수 없는 고통이 되는 경우를 말한다"(대판 2021.3.25. 2020므14763)고 한다.

3. 유책배우자의 이혼청구

(1) 현행 민법의 태도

민법 규정의 형식적인 면만을 놓고 본다면 제840조 제1호 내지 제4호는 구체적·유책적 이혼원인, 제5호는 구체적·파탄적 이혼원인으로 이해될 수 있다. 그러나 제6호는 '기타 혼인을 계속하기 어려운 중대한 사유'를 이혼사유로 규정하고 있는바, 이 사유가 상대방의 유책성을 의미하는 것인가(유책주의) 또는 파탄의 사유가 존재함을 의미하는 것인가(파탄주의)에 관해 의문의 여지를 남기고 있다.[21]

> **[관련판례]** "유책성은 혼인파탄의 원인된 사실을 기초로 판단하며 혼인관계가 완전히 파탄된 뒤에 있은 일을 가지고 따질 것은 아니다"(대판 2004.2.27. 2003므1890).

(2) 판 례

① **[전합 이전]** 判例는 유책배우자의 이혼청구를 배척하는 것이 기본입장이나, ⅰ) 상대방도 이혼의 반소를 제기하여 **이혼의사가 있는 경우**나(대판 1987.12.8. 87므44),[22] ⅱ) 상대방도 혼인을 계속할 의사가 없음이 객관적으로 명백한데도 오기나 보복적 감정에서 이혼에 응하지 아니하고 있을 뿐이라는 등 특별한 사정이 있는 경우는 예외적으로 유책배우자의 이혼청구권이 인정된다(대판 1969.12.9. 69므31)고 한다.

② **[전원합의체]** 최근에는 전합판결을 통해 그 사유를 확대하였는바, " ㉠ 이혼을 청구하는 배우자의 유책성을 상쇄할 정도로 상대방 배우자 및 자녀에 대한 보호와 배려가 이루어진 경우, ㉡ 세월의 경과에 따라 혼인파탄 당시 현저하였던 유책배우자의 유책성과 상대방 배우자가 받은 정신적 고통이 점차 약화되어 쌍방의 책임의 경중을 엄밀히 따지는 것이 더 이상 무의미할 정도가 된 경우 등과 같이 **혼인생활의 파탄에 대한 유책성이 그 이혼청구를 배척해야 할 정도로 남아 있지 아니한 특별한 사정이 있는 경우에는 예외적으로 유책배우자의 이혼청구를 허용할 수 있다**"(대판 2015.9.15. 전합2013므568 : 11회 선택형)고 한다.[23]

---

21) **[이혼에 관한 입법주의]** ① 재판상 이혼원인을 어떻게 정할 것인가에 관하여 부부의 일방에게 책임이 있는 경우에 한하여 다른 일방이 이혼을 청구할 수 있는 유책주의와 ② 책임과 관계없이 혼인이 파탄에 이르게 되면 이혼을 청구할 수 있는 파탄주의가 있다. 이러한 이혼에 관한 입법주의는 이혼금지주의로부터 유책주의를 거쳐 파탄주의로 변천하고 있다.

22) **[관련판례]** 다만 "유책배우자의 이혼청구에 대하여 상대방이 그 주장사실을 다투면서 오히려 다른 사실을 내세워 반소로 이혼청구를 한다 하더라도 그러한 사정만으로 곧바로 상대방은 혼인을 계속할 의사가 없으면서도 오기나 보복적 감정에서 유책배우자의 이혼청구에 응하지 아니하는 것이라고 단정할 수 없다"고 한다(대판 1998.6.23. 98므15,22).

23) **[사실관계]** 혼인 외의 딸이 출생하자 집을 나가는 등 혼인생활의 파탄에 대하여 주된 책임이 있는 원고가 제6호 이혼사유에 의한

③ **[전합 이후]** 같은 취지에서 대법원은 혼인기간 중 총 10여 차례에 이를 정도로 협의이혼 절차 또는 이혼소송 절차를 신청 내지 청구하였다가 취하하는 행위를 반복하는 등 더 이상 혼인관계를 유지하는 것이 무의미하고, 오히려 미성년 자녀의 복지를 해한다고 판단되는 경우 유책배우자의 이혼 청구를 예외적으로 허용할 수 있다고 판시하였고(대판 2020.11.12. 2020므11818), **쌍방에게 전형적인 유책사유는 없으나 쌍방 간의 오랜 다툼과 갈등, 별거 등으로 인하여 현재 혼인관계는 파탄된 것으로 보이는 경우** 법원은 그 중 일방이 제기한 이혼청구를 인용할 수 있다고 한다(대판 2022.6.16. 2019므14477).

[판례검토] 이러한 대법원의 입장은 전체적으로 '개인의 행복추구'보다 '가족 및 혼인제도의 가치'를 더욱 중시한 입장이라 할 수 있는바, 아직까지는 사회적 약자인 여성 배우자를 보호해야(축출이혼방지 등)한다는 측면에서도 타당하다고 보여진다.

> **[관련판례]** 위 전원합의체 판결이 있기 전부터 判例는 유책배우자의 이혼청구를 지속적으로 확대해 왔는바 위 전원합의체 판결을 이를 정리하고 확인하였다고 볼 수 있다. 즉, 혼인파탄에 대한 부부의 유책성을 비교하여 상대적으로 책임이 무겁지 않은 쪽의 이혼청구는 인정하며(대판 2007.12.14. 2007므1690), 쌍방의 책임이 동일한 경우도 인정한다(대판 1986.3.25. 85므85).[24] 같은 취지로 부부공동생활 관계가 회복할 수 없을 정도로 파탄되고 그 혼인생활의 계속을 강제하는 것이 일방 배우자에게 참을 수 없는 고통이 되는 경우, 유책배우자의 유책성이 혼인제도가 추구하는 목적과 민법의 지도이념인 신의성실의 원칙에 비추어 이혼청구를 배척할 정도로 중하지 아니한 경우에도 그의 이혼청구를 인용할 수 있다고 한다(대판 2009.12.24. 2009므2130).[25]

4. 제한능력자의 이혼소송

특히 **피성년후견인**(종래 금치산자)이 이혼소송을 제기할 수 있는지 문제된다. 피성년후견인은 법정대리인의 대리에 의하여 소송행위를 하여야 하므로(민사소송법 제55조), 이와 같이 법정대리인이 대리하지 않는 한 소송을 할 수 없는 경우에는 법정대리인의 대리를 인정하여야 할 것이다.

判例도 개정 전 민법에서 후견인이 의사무능력 상태에 있는 금치산자를 대리하여 그 배우자를 상대로 재판상 이혼을 청구할 수 있다고 본다(그 금치산자의 배우자가 후견인이 되는 때에는 제940조에 의해 후견인을 배우자에서 다른 사람으로 변경하는 것을 전제로 한다). 다만 이는 **이혼사유가 존재하고 나아가 피성년후견인**(종래 금치산자)**의 이혼의사를 객관적으로 추정할 수 있는 경우이어야** 한다(대판 2010.4.29. 2009므639 : 6회 선택형).[26]

5. 재판상 이혼의 절차

(1) 조정에 의한 이혼(가사소송법 제2조 1항 나류사건 4호, 제50조)

(2) 재판에 의한 이혼(가사소송법 제49조, 민사조정법 제36조 1항)

재판상 이혼청구를 한 사건에서, 원고는 그 파탄을 사유로 하여 이혼을 청구할 수 없다고 판단한 원심을 정당하다고 하였다.

24) "청구인과 피청구인이 각각 타인과 사실혼관계를 맺고 그 사이에 자녀를 출산하고 있다면 위 양인이 다시 부부로 돌아가는 것은 불가능하고, 또 위 부부관계의 파탄은 청구인과 피청구인 모두에게 책임이 있는 것이어서 이는 민법 제840조 제6호 소정의 기타 혼인을 계속하기 어려운 중대한 사유있는 때에 해당한다"

25) **[사실관계]** 甲과 乙 사이의 11년이 넘는 장기간의 별거, 甲과 丙 사이의 사실혼관계 형성 및 기형아인 子의 출산 등 제반사정을 고려하여 甲과 乙의 혼인은 혼인의 본질에 상응하는 부부공동생활 관계가 회복할 수 없을 정도로 파탄되었고, 그 혼인생활의 계속을 강제하는 것이 일방 배우자에게 참을 수 없는 고통이 된다고 하여, 비록 '유책배우자'의 이혼청구라 하더라도 甲과 乙의 혼인에는 민법 제840조 제6호의 '혼인을 계속하기 어려운 중대한 사유가 있을 때'라는 이혼원인이 존재한다고 한 사례이다.

26) "위와 같은 금치산자의 이혼의사를 (객관적으로) 추정할 수 있는 것은, 당해 이혼사유의 성질과 정도를 중심으로 금치산자 본인의 결혼관 내지 평소 일상생활을 통하여 가족, 친구 등에게 한 이혼에 관련된 의사표현, 금치산자가 의사능력을 상실하기 전까지 혼인생활의 순탄 정도와 부부간의 갈등해소방식, 혼인생활의 기간, 금치산자의 나이·신체·건강상태와 간병의 필요성 및 그 정도, 이혼사유 발생 이후 배우자가 취한 반성적 태도나 가족관계의 유지를 위한 구체적 노력의 유무, 금치산자의 보유 재산에 관한 배우자의 부당한 관리·처분 여하, 자녀들의 이혼에 관한 의견 등의 제반 사정을 종합하여 i) 혼인관계를 해소하는 것이 객관적으로 금치산자의 최선의 이익에 부합한다고 인정되고 ii) 금치산자에게 이혼청구권을 행사할 수 있는 기회가 주어지더라도 혼인관계의 해소를 선택하였을 것이라고 볼 수 있는 경우이어야 한다"

6. 이혼청구권의 소멸 및 준용규정

> **제841조**(부정으로 인한 이혼청구권의 소멸) 전조 제1호의 사유는 다른 일방이 **사전동의**나 **사후 용서**를 한 때 또는 이를 안 날로부터 **6월**, 그 사유있은 날로부터 **2년**을 경과한 때에는 이혼을 청구하지 못한다.
>
> ▸ 배우자 또는 그 직계존속으로부터 심히 부당한 대우를 받았을 때는 제842조 기간 내에 이혼을 청구하여야 한다(**X**)[27]
>
> **제842조**(기타 원인으로 인한 이혼청구권의 소멸) 제840조 **제6호의 사유**는 다른 일방이 이를 안 날로부터 **6월**, 그 사유있은 날로부터 **2년**을 경과하면 이혼을 청구하지 못한다.
>
> **제843조**(준용규정) 재판상 이혼에 따른 **손해배상책임**에 관하여는 **제806조**를 준용하고, 재판상 이혼에 따른 **자녀의 양육책임** 등에 관하여는 **제837조**를 준용하며, 재판상 이혼에 따른 **면접교섭권**에 관하여는 **제837조의2**를 준용하고, **재판상 이혼**에 따른 **재산분할청구권**에 관하여는 **제839조의2**를 준용하며, **재판상 이혼**에 따른 **재산분할청구권 보전을 위한 사해행위취소권**에 관하여는 **제839조의3**을 준용한다.

Ⅳ. 이혼의 효과   [E-20]

1. 일반적 효과

이혼이 성립하면 혼인이 해소되어 혼인의 존속을 전제로 하였던 일체의 권리의무(동거·부양, 협조의무, 부부재산계약 등)가 소멸하고, 인척관계도 소멸하며(제775조 1항), 재혼할 수 있다(다만, 제809조 2항의 제한이 있음). 그러나 **부모자녀관계는 원칙적으로 영향이 없다.** 즉, 친자 사이의 부양·상속 등은 모두 인정된다.

2. 재산적 효과

(1) 손해배상청구권

1) 재판상 이혼의 경우

재판상 이혼의 경우 당사자 일방은 과실있는 상대방에 대하여 재산상의 손해뿐만 아니라 정신상의 고통에 대하여도 손해배상을 청구할 수 있다(제843조, 제806조 1항 및 2항). 혼인파탄에 있어 유책성은 혼인파탄의 원인된 사실을 기초로 판단하며 혼인관계가 완전히 파탄된 뒤에 있은 일을 가지고 따질 것은 아니다(대판 2004.2.27. 2003므1890).

2) 협의상 이혼의 경우

민법은 재판상 이혼의 경우에 관하여만 손해배상청구권을 규정하고 있으나, 협의이혼의 경우에도 손해가 있는 때에는 손해배상청구권이 발생한다고 할 것이다. 判例도 사기 또는 강박으로 혼인을 한 경우 협의이혼을 한 때에도 손해배상청구를 인정한다(대판 1977.1.25. 76다2223).

3) 위자료청구권의 발생·양도·승계 및 상속

① 이혼위자료청구권은 상대방 배우자의 유책불법한 행위에 의하여 혼인관계가 파탄상태에 이르러 이혼하게 된 경우 그로 인하여 입게 된 정신적 고통을 위자하기 위한 손해배상청구권으로서 이혼시점에서 확정, 평가되고 이혼에 의하여 비로소 창설되는 것이 아니다(대판 1993.5.27. 92므143 : 반면 재산분할청구권은 이혼의 성립에 의해 비로소 창설된다).

---

27) [**해설**] 제840조 3호의 사유

② 위자료청구권은 양도 또는 승계되지 않으나, 당사자간에 이미 그 배상에 관한 계약이 성립되거나 소를 제기한 후에는 승계된다(제843조, 제806조 3항). 이와 관련하여 判例는 이혼위자료청구권은 행사상 일신전속권이고 귀속상 일신전속권은 아니라 할 것인바, 그 청구권자가 위자료의 지급을 구하는 소송을 제기함으로써 청구권을 행사할 의사가 외부적 객관적으로 명백하게 된 이상 양도나 상속 등 승계가 가능하다고 한다(대판 1993.5.27. 92므143 : 1회,4회 선택형). 즉 이혼·위자료 청구 소송 중 원고가 사망한 경우, 이혼소송은 종료되지만(소송종료선언) 위자료청구소송은 상속인들이 수계할 수 있다.

(2) 이혼시 재산분할청구(쟁점 26.참고)

[쟁점 26] 이혼시 재산분할청구 ▼

I. 서 설 [E26-1]

1. 입법취지

이혼을 한 부부 중의 일방이 타방배우자에 대해 혼인 중 취득한 재산의 일부를 분할하여 줄 것을 청구하는 권리로서, 법률의 규정에 의해 발생하는 법정채권이다(제839조의2, 제843조). 이러한 청구권의 입법취지는 ① 이혼시 재산관계에서의 남녀평등의 실현(부부별산제의 문제점을 극복하여 처의 가사노동에 대한 정당한 평가를 할 수 있도록 보장하려는 것) 및 ② 타방명의로 되어 있는 자신의 재산에 대해 청산받을 기회를 보장하고 이혼 후 생활능력이 없는 자에 대한 부양의 기능도 하게 됨으로써 이혼의 실질적 자유를 보장하려는 것이다.

2. 발생시기 및 확정시기 등

이러한 재산분할청구권은 '이혼의 성립'에 따라 비로소 '발생'한다. 따라서 ① 이혼소송과 재산분할청구를 병합하여 제기하였는데 소송계속 중 당사자 일방이 사망한 경우에는 이혼소송뿐만 아니라 재산분할청구까지 종료되며, ② 그러나 이러한 청구권은 '협의 또는 심판'에 의하여 비로소 그 구체적 내용이 정해지게 되므로, 당사자가 이혼이 성립하기 전에 이혼소송과 병합하여 재산분할의 청구를 하고 법원이 이혼과 동시에 재산분할로서 금전의 지급을 명하는 판결을 하는 경우, 그 금전채무에 관하여는 그 판결이 확정된 다음날(이혼성립 다음날이 아님)부터 이행지체책임(연 5%의 법정이율)을 지게 되고 (9회 선택형), ③ 이혼소송이 확정되기 전까지는 이행기가 도래하지 아니할 뿐만 아니라 금전채권의 발생조차 확정되지 아니한 상태에 있다고 할 것이어서 금전분할을 명하는 재산분할 판결에 대하여 가집행선고를 할 수 없다(대판 2014.9.4. 2012므1656 : 9회 선택형).

II. 법적 성질 [E26-2]

1. 문제점

재산분할청구권을 재산상의 권리로 볼 것인가, 신분상의 권리로 볼 것인가의 문제로서 이에 따라 인용범위가 달라지게 된다.

2. 판 례

"이혼에 따른 재산분할은 혼인 중 쌍방의 협력으로 형성된 공동재산의 청산이라는 성격에 상대방에 대한 부양적 성격이 가미된 제도"(대판 2001.2.9. 2000다63516 등)라고 하고, 다른 한편 "분할자의 유책행위에 의하여 이혼함으로 인하여 입게 되는 정신적 손해를 배상하기 위한 급부로서의 성질까지 포함하여 분할할 수도 있다"(대판 2005.1.28. 2004다58963)라고 하여 그 태도가 분명치 않다고 볼 수도 있다. 그러나 후자의 경우는 위자료와의 일반적 관계를 판단한 것이라기보다는 구체적인 경우의 타당성을 위한 것으로 생각되며,[28] 따라서 **청산 및 부양설**과 같은 입장이다.

Ⅲ. 재산분할청구권의 행사   [E26-3]

> **제839조의2(재산분할청구권)** ① **협의상 이혼**한 자의 일방은 다른 일방에 대하여 재산분할을 청구할 수 있다.
>
> ② 제1항의 재산분할에 관하여 **협의가 되지 아니하거나** 협의할 수 **없는 때**에는 **가정법원**은 당사자의 **청구에 의하여**(▶ **직권으로 X**) 당사자 쌍방의 협력으로 이룩한 재산의 액수 기타 사정을 참작하여 분할의 액수와 방법을 정한다.
>
> ③ 제1항의 재산분할청구권은 **이혼한 날부터 2년**을 경과한 때에는 소멸한다.
>
> ★ **제839조의3(재산분할청구권 보전을 위한 사해행위취소권)** ① 부부의 일방이 다른 일방의 재산분할청구권 행사를 해함을 알면서도 재산권을 목적으로 하는 법률행위를 한 때에는 다른 일방은 **제406조 제1항을 준용**하여 그 취소 및 원상회복을 **가정법원에 청구**할 수 있다.
>
> ② 제1항의 소는 **제406조 제2항의 기간 내**에 제기하여야 한다.

1. 분할청구권자

이혼의 일방배우자가 청구할 수 있으며 **유책배우자**라 할지라도 부부가 혼인 중에 취득한 실질적인 공동재산에 대해 재산분할을 청구할 수 있다(대결 1993.5.11. 93스6 : 2회,4회 선택형). **사실상의 배우자**도 재산분할을 청구할 수 있으며(대판 1995.3.10. 94므1379 ; E-24.참고), **혼인취소의 일방배우자**도 청구할 수 있다 (가사소송법 제2조 1항 마류 4호).

2. 분할의 방법

(1) 당사자의 협의에 의한 분할

재산분할 여부, 그 액수와 방법은 원칙적으로 당사자의 협의에 의해 결정하고(제839조의2 1항, 제843조), 그 분할방법은 당사자의 협의에 의한 어떤 방법도 가능하다. 이혼하기 전에 한 재산분할협의는 장차 협의상 이혼이 이루어질 것을 조건으로 한 것이므로, 재판상 이혼(화해·조정 포함)의 경우에 그 협의는 조건불성취로 효력이 발생하지 않는다(대판 2000.10.24. 99다33458 : 5회 선택형). 다만 가정법원이 재산분할의 액수와 방법을 정함에 있어서 그 협의의 내용과 협의가 이루어진 경우 등을 제839조의2 3항 소정 '기타 사정'의 하나로 참작하게 될 것이다(대판 1995.10.12. 95다23156).

(2) 법원에 의한 분할

협의가 성립하지 않거나 불가능한 때에는 당사자의 청구에 의해 가정법원이 결정한다(제839조의2 2항). 이는 '가사비송사건'으로 이미 이루어진 재산분할에 관한 약정의 이행을 구하는 민사청구와는 구별되며(대판 2021.6.24. 2018다243089), 일방 당사자가 특정한 방법으로 재산분할을 청구하더라도 법원은 이에 구속되지 않고 타당하다고 인정되는 방법에 따라 재산분할을 명할 수 있다. 다만 이혼에 따른 재산분할심판에서 쌍방 당사자가 일부 재산에 관하여 분할방법에 관한 합의를 한 경우 법원이 아무

---

28) 즉, 당해 판결들은 위자료 명목의 증여가 이혼에 따르는 재산분할의 성격을 포함하는 이혼급부로 볼 수 있다고 한 것으로, 부양 및 손해배상설의 취지를 따른 것으로 보는 것은 무리라고 보인다[지원림, 민법강의(13판), 6-66].

런 합리적인 이유를 제시하지 아니한 채 그 합의에 반하는 방법으로 재산분할을 명할 수는 없다(대판 2021.6.10. 2021므10898).

3. 분할의 대상이 되는 재산

(1) 부부의 협력으로 이룩한 재산

재산분할 청구권의 대상이 되는 재산은 원칙적으로 '당사자 쌍방의 협력으로 이룩한 공유재산'이다(제839조의2 2항). 재산분할청구의 대상으로서 특히 문제가 되는 것은 다음과 같다.

(2) 혼인 중 부부의 협력으로 이룩한 재산이 일방(특히 夫)의 명의로 되어 있을 경우

判例는 부부의 일방이 혼인 중에 자기명의로 취득한 재산은 그 명의자의 특유재산으로 추정되나 실질적으로 다른 일방 또는 쌍방이 그 재산의 대가를 부담하여 취득한 것이 증명된 때에는 특유재산의 추정은 번복되어 다른 일방의 소유이거나 쌍방의 공유(특유재산추정설 ; 대판 1990.10.23. 90다카5624)라고 보아 재산분할의 대상이 된다고 본다.

아울러 判例는 **妻의 가사노동도 재산조성에 대한 협력으로 취급**함으로써 구체적인 증명이 없더라도 일방의 특유재산에 대한 재산분할청구의 길을 열어놓고 있다(대결 1993.5.11. 93스6 등).

(3) 퇴직연금

이미 수령한 퇴직금은 재산분할의 대상이 되나(대판 1995.3.28. 94므1584 ; 대판 2011.7.14. 2009므2628,2635), 종래 判例는 "향후 수령할 퇴직연금은 여명을 확정할 수 없으므로 이를 바로 분할대상 재산에 포함시킬 수는 없고, 제839조의2 ②항의 '기타 사정'으로 참작하여 분할액수와 방법을 정함이 상당하다"(대판 1997.3.14. 96므1533,1540)고 판시하였으나, 최근 전원합의체 판결에 의해 견해를 변경한바, "부부 일방이 아직 재직 중이어서 실제 퇴직급여를 수령하지 않았더라도 이혼소송의 사실심 변론종결시에 이미 잠재적으로 존재하여 그 경제적 가치의 현실적 평가가 가능한 재산인 퇴직급여채권은 재산분할의 대상에 포함시킬 수 있으며, 구체적으로는 이혼소송의 사실심 변론종결시를 기준으로 그 시점에서 퇴직할 경우 수령할 수 있을 것으로 예상되는 퇴직급여 상당액의 채권이 그 대상이 된다고 할 것이다"(대판 2014.7.16. 전합 2013므2250 : 4회·7회 선택형)라고 판시하고 있다.

나아가 判例는 연금수급권자인 배우자가 매월 수령할 퇴직연금액 중 일정 비율에 해당하는 금액을 상대방 배우자에게 정기적으로 지급하는 방식의 재산분할도 가능하고, 이 경우 공무원 퇴직연금수급권과 다른 일반재산을 구분하여 개별적으로 분할비율을 정하는 것이 타당하다고 판시하였다. 다만 공무원 퇴직연금수급권은 일신전속적인 것이므로 분할권리자의 위와 같은 정기금채권 역시 제3자에게 양도되거나 분할권리자의 상속인에게 상속될 수는 없다(대판 2014.7.16. 전합2012므2888).

> **[관련판례]** 이 후 대법원은 분할청구권 규정이 따로 없는 '퇴직수당'에 대해서도 이혼소송 과정에서 재산분할 대상에 포함시켜 분할해야 한다고 판단했다(대판 2019.9.25. 2017므11917). 공무원은 퇴직 때 '퇴직급여'(퇴직연금)와 '퇴직수당'(공무원이 1년 이상 재직하고 퇴직하거나 사망한 경우에는 퇴직수당을 지급한다. 공무원연금법 제62조 1항)'을 받는다. 공무원인 배우자와 헤어지는 이혼 배우자는 이 가운데 '퇴직급여'에 대해서는 공무원연금법에 따라 분할청구를 할 수 있다(공무원연금법 제45조). 퇴직수당에 대해서는 공무원연금법에 분할청구권 규정이 없으나 최근 대법원이 이를 인정한 것이다.

> **[비교판례]** "국민연금법 제64조에 규정된 이혼배우자의 분할연금 수급권은 민법상 재산분할청구권과는 구별되는 것으로 국민연금법에 따라 이혼배우자가 국민연금공단으로부터 직접 수령할 수 있는 이혼배우자의 고유한 권리이다"(대판 2019.6.13. 2018두65088).

(4) 부부일방이 혼인 중 제3자에게 부담한 채무(소극재산)

1) 청산의 대상이 되는 채무

채무가 일상가사에 관한 것이 아닌 경우에는 원칙적으로 개인채무로서 청산대상이 되지 않으나, 공동재산의 형성에 수반하여 부담한 채무인 경우에는 청산대상이 된다(대판 1998.2.13. 97므1486 : 7회 선택형). 예를 들어, 判例는 혼인생활 중 雙方의 협력으로 취득한 부동산에 관하여 부부의 일방이 부담하는 임대차보증금반환채무는 특별한 사정이 없는 한, 혼인 중 재산의 형성에 수반한 채무로서 청산의 대상이 된다고 하였다(대판 2011.3.10. 2010므4699,4705,4712). 따라서 "임대차의 목적물인 부동산의 소유권이 이전되는 경우 그 부동산이 주거용 건물로서 주택임대차보호법에 따라 임대인의 지위가 당연히 승계되는 등의 특별한 사정이 없는 한, 재산분할의 방법으로 부동산의 소유권이 이전된다고 하여 그에 수반하여 당해 부동산에 대한 임대차보증금반환채무가 새로운 소유자에게 면책적으로 인수되는 것은 아니다"(대판 1997.8.22. 96므912).

2) 소극재산의 총액이 적극재산의 총액을 초과하는 경우

① 과거 判例는 "이혼하는 부부의 일방이 재산분할의 대상이 되는 채무를 부담하고 있어 총재산가액에서 위 채무액을 공제하면 남는 금액이 없는 경우에는 상대방의 재산분할 청구는 받아들여질 수 없다"(대판 2002.9.4. 2001므718 등)는 입장이었으나 최근 전원합의체 판결로 견해를 변경하여 "소극재산의 총액이 적극재산의 총액을 초과하여 재산분할을 한 결과가 결국 채무의 분담을 정하는 것이 되는 경우에도 법원은 채무의 성질, 채권자와의 관계, 물적 담보의 존부 등 일체의 사정을 참작하여 이를 분담하게 하는 것이 적합하다고 인정되면 구체적인 분담의 방법 등을 정하여 재산분할 청구를 받아들일 수 있다"(대판 2013.6.20. 전합2010므4071 : 5회 · 7회 선택형)[29]고 판시하였다. 다만 재산분할 청구 사건에 있어서는 혼인 중에 이룩한 재산관계의 청산뿐 아니라 이혼 이후 당사자들의 생활보장에 대한 배려 등 부양적 요소 등도 함께 고려할 대상이 되므로, 적극재산을 분할할 때처럼 재산형성에 대한 기여도 등을 중심으로 일률적인 비율을 정하여 당연히 분할 귀속되게 하여야 한다는 취지는 아니라고 한다(同 判例). ② 이는 사실혼의 경우에도 마찬가지이므로 "사실혼 관계에 있는 부부 일방이 혼인 중 공동재산의 형성에 수반하여 채무를 부담하였다가 사실혼이 종료된 후 그 채무를 변제한 경우 변제된 채무는 특별한 사정이 없는 한 청산 대상이 된다"(대판 2021.5.27. 2020므15841).

(5) 제3자 명의의 재산

제3자 명의의 재산이더라도 그것이 부부 중 일방에 의하여 명의신탁된 재산 또는 부부의 일방이 실질적으로 지배하고 있는 재산으로서 부부 쌍방의 협력에 의하여 형성된 것이거나 부부 쌍방의 협력에 의하여 형성된 유형, 무형의 자원에 기한 것이라면 그와 같은 사정도 참작하여야 한다는 의미에서 재산분할의 대상이 된다(대판 1998.4.10. 96므1434). 반면, 부부 공동명의의 부동산이 분할대상임을 전제로 일방에게는 지분의 이전등기를, 타방에게는 금전의 지급을 각 명한 재산분할재판이 확정된 후에, 그 부동산이 제3자가 명의신탁한 것임이 밝혀진 경우에는 일방이 타방에 대하여 금전지급의무의 이행을 강제할 수 없다(대판 2003.2.28. 2000므582).[30]

---

29) [**사실관계**] "재산분할 청구인인 반소원고는 적극재산보다 소극재산이 더 많아 적어도 순재산으로 41,871,029원(= 226,871,029원 − 185,000,000원)의 채무를 부담하고 있는 반면 상대방인 반소피고는 2,214,730원(= 5,509,190원 + 234,820원 − 3,529,280원)의 적극재산을 보유하고 있는 셈이다. 그러므로 앞서 본 법리에 비추어, 원심으로서는 부부의 총 적극재산 가액이 채무액보다 적다는 그 이유만으로 재산분할 청구는 당연히 인정될 수 없다고 할 것이 아니라, 반소원고와 반소피고의 순재산관계를 기초로 채무초과의 실질적인 이유 등을 살펴보고 반소원고 명의로 된 채무 일부를 반소피고도 분담하게 하는 것이 합당하다고 할 만한 사정이 인정된다면 적절한 분담 방법을 정하여 반소원고의 재산분할 청구를 받아들일 수도 있었다고 할 것이다"

30) "이혼 및 재산분할 사건에서 원 · 피고 공동 명의의 부동산이 분할대상임을 전제로 이를 원고에게 귀속시켜 이에 관한 피고 명의의

(6) 부부의 일방이 제3자와 합유하고 있는 재산

합유재산이라는 이유만으로 이를 재산분할의 대상에서 제외할 수는 없고, 다만 부부의 일방이 제3자와 합유하고 있는 재산 또는 그 지분은 이를 임의로 처분하지 못하므로(제272조 본문, 제273조 1항), 직접 당해 재산의 분할을 명할 수는 없으나 그 지분의 가액을 산정하여 이를 분할의 대상으로 삼거나 다른 재산의 분할에 참작하는 방법으로 재산분할의 대상에 포함하여야 한다(대판 2009.11.12. 2009므2840,2857). 다만 이 경우 재산분할의 대상에 포함되기 위해서는 당연히 합유자 아닌 부부의 다른 일방이 합유재산의 형성 및 유지에 기여한 바가 있어야 한다.

4. 분할의 기준시기

(1) 재판상 이혼(이혼소송의 사실심 변론종결일)

재판상 이혼에 따른 재산분할에 있어 분할의 대상이 되는 재산과 그 액수는 이혼소송의 사실심 변론종결일을 기준으로 하여 정하는 것이 원칙이지만(5회,9회 선택형), 혼인관계가 파탄된 이후 변론종결일 사이에 생긴 재산관계의 변동이 부부 중 일방에 의한 후발적 사정에 의한 것으로서 혼인 중 공동으로 형성한 재산관계와 무관하다는 등 특별한 사정이 있는 경우에는 그 변동된 재산은 재산분할 대상에서 제외하여야 할 것이다(대판 2013.11.28. 2013므1455). 다만, "부부의 일방이 혼인관계 파탄 이후에 취득한 재산이라도 그것이 혼인관계 파탄 이전에 쌍방의 협력에 의하여 형성된 유형·무형의 자원에 기한 것이라면 재산분할의 대상이 된다"(대판 2019.10.31. 2019므12549,12556).[31]

(2) 협의 이혼(이혼신고일)

"협의이혼을 예정하고 미리 재산분할 협의를 한 경우 협의이혼에 따른 재산분할에 있어 분할의 대상이 되는 재산과 액수는 협의이혼이 성립한 날(이혼신고일)을 기준으로 정하여야 한다. 따라서 재산분할 협의를 한 후 협의이혼 성립일까지의 기간 동안 재산분할 대상인 채무의 일부가 변제된 경우 그 변제된 금액은 원칙적으로 채무액에서 공제되어야 한다. 그런데 채무자가 자금을 제3자로부터 증여받아 위 채무를 변제한 경우에는 전체적으로 감소된 채무액만큼 분할대상 재산액이 외형상 증가하지만 그 수증의 경위를 기여도를 산정함에 있어 참작하여야 하고, 채무자가 기존의 적극재산으로 위 채무를 변제하거나 채무자가 위 채무를 변제하기 위하여 새로운 채무를 부담하게 된 경우에는 어느 경우에도 전체 분할대상 재산액은 변동이 없다"(대판 2006.9.14. 2005다74900 : 9회 선택형).

5. 분할의 방법

구체적인 재산분할방법으로는 현물분할, 경매에 의한 대금분할, 가격배상[32]이 있다. 判例는 당사자

지분의 이전등기절차이행을 명하고, 원고로 하여금 피고에게 그 가액의 일부에 상당하는 재산분할금을 지급할 것을 명하는 재판이 확정되었으나, <u>그 후 제3자가 제기한 민사재판에서 위 부동산이 제3자가 명의신탁한 재산으로서 분할대상재산이 아닌 것으로 밝혀진 경우,</u> 확정된 민사재판에 의하여 원고는 피고로부터 위 부동산에 관하여 소유권을 이전받을 수 없게 되었음에도 불구하고 확정된 재산분할재판 중 재산분할금 지급부분만을 인용하여 원고로 하여금 일방적으로 피고에게 재산분할금을 지급하도록 하는 것은 <u>채무명의의 이용이 신의칙에 위반되어,</u> 그 채무명의에 기한 집행이 현저히 부당하고 상대방으로 하여금 그 집행을 수인토록 하는 것이 정의에 반함이 명백하여 사회생활상 용인할 수 없는 예외적인 경우에 해당하므로 원고는 청구이의의 소로써 종전 재산분할재판 중 금전지급을 명하는 부분의 집행력의 배제를 구할 수 있다."

31) **[사실관계]** <u>甲이 혼인 전에 개설한 주택청약종합저축 계좌를 통해 청약주택 관련 1순위 자격요건을 충족한 상태에서 乙과 혼인신고를 한</u> 다음 아파트의 예비당첨자로 당첨되어 아파트에 관한 공급계약을 체결하였고, 그 후 별거로 인하여 혼인관계가 파탄된 시점까지 아파트의 분양대금 중 계약금 및 중도금 등을 납입하였으며, <u>혼인관계의 파탄 이후 잔금을 지급하고 甲 명의로 소유권이전등기를 마친 사안에서, 재산분할의 대상은 혼인관계 파탄 이전에 납입한 분양대금이 아니라 사실심 변론종결 이전에 취득한 아파트가 되어야</u> 하는데도, 이와 달리 본 원심판단에 법리오해의 잘못이 있다고 한 사례

32) **[구체적 예]** 그러나 현물분할은 복잡하고, 경매에 의한 대금분할은 경매시 가액의 감소라는 문제가 발생한다. 따라서 실무상 주로 가격배상에 의한다. 예를 들어 분할의 대상인 원고의 순재산(적극재산－소극재산) 가액이 5억원, 피고의 순재산 가액이 10억 원이

일방의 단독소유재산을 쌍방의 공유로 하는 방법에 의한 분할도 가능하다고 한다(대판 1997.7.22. 96므 318). 그리고 법원으로서는 당사자의 주장에 구애되지 아니하고 재산분할의 대상이 무엇인지 직권으로 사실조사를 하여 포함시키거나 제외시킬 수 있다. 따라서 당사자가 소송 중에 일부 재산에 관한 분할방법에 관한 합의를 하였다고 하더라도, **법원으로서는 당사자가 합의한 대로 분할을 하여야 하는 것은 아니다**(대판 2013.7.12. 2011므1116).[33]

6. 재산분할청구권의 소멸

(1) 제척기간

① **[출소기간]** 재산분할청구권은 이혼한 날로부터 2년을 경과하면 소멸하는데(제839의2 3항) 判例는 이 기간의 성질을 '제척기간'으로 보고 있어, 그 기간이 도과하였는지 여부는 당사자의 주장에 관계없이 법원이 당연히 조사하여 고려할 사항이라고 한다(대판 1994.9.9. 94다17536 : 2회 선택형). 나아가 재판 외에서 권리를 행사하는 것으로 족한 기간이 아니라 그 기간 내에 재산분할심판 청구를 하여야 하는 출소기간이다(대결 2022.11.10. 2021스766).

② **[재판확정 후 추가 재산분할청구]** "이혼에 따른 재산분할청구 후 제척기간이 지나면 그때까지 청구 목적물로 하지 않은 재산에 대해서는 청구권이 소멸한다. 재산분할재판에서 분할대상인지 여부가 전혀 심리된 바 없는 재산이 **재판확정 후 추가로 발견된 경우**에는 이에 대하여 추가로 재산분할청구를 할 수 있다. 다만 추가 재산분할청구 역시 이혼한 날부터 2년 이내라는 제척기간을 준수하여야 한다"(대결 2018.6.22. 2018스18 : 11회 선택형).

③ **[상대방 지위에서 분할대상 재산 주장]** "이혼에 따른 재산분할청구 후 제척기간이 지나면 그때까지 청구 목적물로 하지 않은 재산에 대해서는 특별한 사정이 없는 한 제척기간을 준수한 것으로 볼 수 없다. 그러나 청구인 지위에서 대상 재산에 대해 적극적으로 재산분할을 청구하는 것이 아니라, **이미 제기된 재산분할청구 사건의 상대방 지위에서 분할대상 재산을 주장하는 경우에는 제척기간이 적용되지 않는다**"(대결 2022.11.10. 2021스766)

(2) 포 기

이혼 및 재산분할청구의 소가 제기된 직후로서 아직 혼인이 해소되기 전에 당사자 일방이 **재산분할청구권을 미리 포기하는 것은 허용되지 않지만**(대판 2003.3.25. 2002므1787 : 7회,9회 선택형), 사후에 포기하는 것은 가능하다. 그리고 혼인이 파탄에 이른 당사자가 협의이혼을 할 것을 약정하면서 이를 전제로 재산분할청구권을 포기하기로 합의하였다면, 이는 협의이혼절차가 유효하게 이루어질 것을 전제조건으로 하는 조건부 의사표시로서 유효하다(서울가정법원 1996.3.22. 96느2350).

> **[관련판례]** 甲이 乙과 협의이혼을 합의하는 '과정'에서 쌍방의 협력으로 형성된 재산액이나 쌍방의 기여도, 분할방법 등에 관하여 진지한 논의 없이 甲이 일방적으로 재산분할청구권을 포기하기로 약정은 判例에 따르면 성질상 허용되지 아니하는 재산분할청구권의 '사전포기'에 불과할 뿐이므로 쉽사리 '재산분할에 관한 협의'로서의 '포기약정'이라고 보아서는 아니된다고 한다(대결 2016.1.25. 2015스451).

고, 분할비율이 각 50%인 경우, 원고와 피고 각자 명의 재산은 그 소유 명의대로 소유권을 확정하고 재산분할비율에 따라 원고에게 귀속되어야 할 금액(15억 원의 50%인 7억 5천만 원) 중 부족한 부분(7억 5천만 원에서 5억원을 뺀 2억 5천 만 원)을 피고가 원고에게 돈으로 지급한다.

33) "재산분할사건은 가사비송사건에 해당하고, 가사비송절차에 관하여는 가사소송법에 특별한 규정이 없는 한 비송사건절차법 제1편의 규정을 준용하고 있으며[구 가사소송법(2010. 3. 31. 법률 제10212호로 개정되기 전의 것) 제34조], 비송사건절차는 민사소송절차와 달리 당사자의 변론에만 의존하는 것이 아니고, 법원이 자기의 권능과 책임으로 재판의 기초가 되는 자료를 수집하는, 이른바 직권탐지주의에 의하고 있으므로(비송사건절차법 제11조)"

Ⅳ. 관련문제 [E26-4]

1. 위자료청구권과의 관계

(1) 학 설

① 재산분할청구권과 위자료청구권은 서로 요건과 성격이 다른 청구권이므로 양립가능하다고 보는 **별개청구권설**(다수설)과 ② 재산분할액에 손해배상이 포함된 것으로 이해하여 별도의 위자료 청구를 허용하지 않는 **포괄청구권설**의 대립이 있다.

(2) 판 례

判例는 기본적으로 별개청구권설의 입장을 따르면서도, 재산분할에 분할자의 유책행위에 의하여 이혼함으로 인하여 입게 되는 정신적 손해를 배상하기 위한 급부로서의 성질까지 포함하여 분할할 수도 있다고 하여, 포괄청구권설의 입장을 따른 듯한 것도 있다(대판 2001.5.8. 2000다58804).

(3) 검 토

위자료청구권은 유책성을 전제로 하는 손해배상적 성격을 갖는 것이고, 재산분할청구권은 당사자의 유책성과 무관하게 자신의 기여분의 상환이나 이혼 후 생활배려를 위한 성질을 갖는 것으로 양자는 법적 성질과 제도목적을 달리한다. 따라서 위자료청구권과 재산분할청구권은 별개의 것으로 양자를 개별적으로 청구하는 것도 가능하다(별개청구권설). 다만 협의 이혼시에 위자료 명목으로 증여가 이루어진 경우에, 그 증여를 이혼에 따르는 재산분할의 성격을 포함하는 이혼급부로 볼 수도 있을 것이다(위 대판 2001.5.8. 2000다58804 판결이 바로 이러한 예일 뿐이다). 따라서 협의이혼을 전제로 위자료를 지급받은 후에 다시 재판상이혼을 청구한 경우에는 위자료청구권은 소멸한 것으로 보아야 한다(대판 1983.9.27. 83므20,21).

	재산분할청구	위자료청구권
분류	가사비송사건(마류)	가사소송사건(다류)
당사자	부부(유책자도 청구가능)	부부와 친족 등 제3자(유책자는 청구불가)
기간	이혼 후 2년(제척기간)	손해 및 가해자를 안날로부터 3년 불법행위를 한 날로부터 10년(소멸시효)

2. 재산분할청구권의 양도

"이혼으로 인한 재산분할청구권은 이혼이 성립한 때에 법적 효과로서 비로소 발생하므로, 당사자가 '이혼이 성립하기 전'에 이혼소송과 병합하여 재산분할의 청구를 한 경우 재산분할청구권을 미리 양도할 수 없다"(대판 2017.9.21. 2015다61286).

3. 재산분할청구권과 채권자대위권·채권자취소권

(1) 채권자대위권

재산분할청구권은 협의 또는 심판에 의하여 그 구체적 내용이 형성되기까지는 그 범위 및 내용이 불명확·불확정하기 때문에 이를 보전하기 위하여 채권자대위권을 행사할 수 없다(대판 1999.4.9. 98다58016 : 5회·7회 선택형).

(2) 채권자취소권

1) 피보전채권

종래 재산분할청구권이 구체적으로 확정되기 전에 재산분할청구권을 피보전권리로 하는 사해행위 취소권이 인정되는지 여부에 대하여 다툼이 있었으나, 현행 개정법에서 부부의 일방이 상대방 배우자의 재산분할청구권 행사를 해함을 알고 사해행위를 한 때에는 상대방 배우자가 그 취소 및 원상회복을 법원에 청구할 수 있도록 재산분할청구권을 보전하기 위한 사해행위취소권을 인정하고 있다(제839조의3, 제843조). 재산 명의자가 아닌 배우자의 부부재산에 대한 잠재적 권리 보호가 강화될 것으로 기대되고 있다.

2) 재산분할의 사해행위성

"이혼에 따른 재산분할은 혼인 중 쌍방의 협력으로 형성된 공동재산의 청산이라는 성격에 상대방에 대한 부양적 성격이 가미된 제도임에 비추어 재산분할이 제839조의2 제2항의 규정 취지에 따른 상당한 정도를 벗어나는 과대한 것이라고 인정할 만한 특별한 사정이 없는 한, 사해행위로서 취소되어야 할 것은 아니고, 다만 상당한 정도를 벗어나는 초과부분에 대하여는 적법한 재산분할이라고 할 수 없기 때문에 이는 사해행위에 해당하여 취소의 대상으로 될 수 있을 것이나, 이 경우에도 취소되는 범위는 그 상당한 정도를 초과하는 부분에 한정하여야 한다"(대판 2000.9.29. 2000다25569 : 4회 선택형).

4. 재산분할청구권의 상속

(1) 일반론

재산분할청구권을 청산적 요소와 부양적 요소로 나누어 청산적 요소는 상속이 되지만, 부양적 요소는 상속이 되지 않는다는 견해가 일반적이나, 부양적 요소는 어디까지나 청산적 요소에 부수하는 것에 불과하므로 이러한 개념상의 구분에 의하여 재산분할청구권을 분리하여 생각할 수는 없다(서울가법 2010.7.13. 2009느합289).

(2) 청구권자가 사망한 경우

상속여부를 정면으로 다룬 判例는 없으나 이혼소송과 재산분할청구가 병합된 경우, "배우자 일방이 사망하면 이혼의 성립을 전제로 하여 이혼소송에 부대한 재산분할청구 역시 이혼소송의 종료와 동시에 종료한다"(대판 1994.10.28. 94므246,253 ; 1회,5회 선택형)고 하는 판결이 있다. 이는 재산분할청구권은 이혼이 성립한 때에 비로소 발생하므로(대판 2001.9.25. 2001므725,732), **이혼이 되기 전에**(이혼소송 및 재산분할청구소송 도중에) 청구권자가 사망한 경우에는 재산분할청구권은 상속이 되지 않는다는 취지의 판결이다.[34] 주의할 것은, 이혼한 배우자가 2년간 재산분할청구권을 행사하지 않은 경우에 상속의 여지가 없다.

(3) 의무자가 사망한 경우

① 재산분할청구권이 일신전속권이라고 하더라도 이는 권리를 행사하는 면에 국한된 것이므로 재산분할의무자가 사망한 경우에는 **다른 일방이 그 사망 이전에 의무자를 상대로 재산분할청구권을 행사하지 않았다고 하더라도 그 의무는 상속인들에게 승계된다**고 보는 것이 타당하다(피상속인의 사망이라는 우연한 결과 때문에 재산분할청구권자의 청구권 행사가 방해되어서는 안 되기 때문이다 ; 서울가법 2009느합289).

② 아울러 재산분할청구권은 재산형성에 기여한 것에 대한 실질적인 청산청구권으로 보아야 하므로 **재산분할청구권이 행사된 뒤에 의무자가 사망한 경우에는 그 의무가 당연히 상속인들에게 승계된다고 보아야 한**

---

34) **[판례평석]** 판례의 취지가 타당한바, 청구권자가 사망한 경우 재산분할청구권은 '**행사상 일신전속권**'에 해당하므로 원칙적으로 상속되지 않고, 예외적으로 재산분할청구권을 가진 배우자가 사망이전에 이를 행사하여 확정된 경우에만 상속된다고 보아야 한다.

다(통설). 判例도 사실혼 해소의 경우에는 그 해소시에 재산분할청구권이 발생하므로, 그 후 의무자 일방이 사망하면 재산분할의무는 상속인들에게 상속된다고 한다(대결 2009.2.9. 2008스105).[35]

[판례검토] 특히 사실혼 해소의 경우에는 그 해소시에 재산분할청구권이 발생하고, 일방의 사망시에 상속이 일어난다고 보는 判例의 태도는 타당하다. 왜냐하면 현재 判例는 당사자의 사망으로 인한 사실혼관계 해소의 경우에 재산분할청구권을 부인하는 태도를 취하고 있는데(대판 2006.3.24. 2005두15595), 이러한 법상태를 전제로 하더라도 재산분할청구제도의 제반 취지를 살릴 방도가 무엇인지를 강구할 필요가 있다는 점도 고려되어야 할 것이기 때문이다.

★ [이혼소송과 소송상 지위의 승계 관련 판례정리] ① 재판상 이혼청구권은 부부의 일신전속의 권리이므로 이혼소송 계속 중 배우자의 일방이 사망한 때에는 상속인이 그 절차를 수계할 수 없다(대판 1994.10.28. 94므246,253 : 1회 선택형). 그러나 재판상 이혼의 재심사건의 경우에는 재심피청구인(본래 소송의 청구인)이 이미 사망한 때에는 검사를 상대로 재심청구를 하고, 재심청구 소송 중 재심피청구인이 사망한 경우에는 검사가 소송을 수계한다(대판 1992.5.26. 90므1135).[36] ② 재산분할청구권은 이혼이 성립한 때에 비로소 발생하므로, 이혼이 되기 전에(이혼소송 및 재산분할청구소송 도중에) 배우자 일방이 사망하면 이혼의 성립을 전제로 하여 이혼소송에 부대한 재산분할청구 역시 이를 유지할 이익이 상실되어 이혼소송의 종료와 동시에 종료된다(대판 1994.10.28. 94므246,94므253). ③ 이혼에 따른 위자료 청구권은 불법행위책임의 성질을 가지므로 귀속상 일신전속적 권리라 할 수 없다. 따라서 청구권자가 위자료의 지급을 구하는 소송을 제기함으로써 청구권을 행사할 의사가 외부적 객관적으로 명백하게 된 이상 이혼소송이 종료되더라도 소송은 승계될 수 있다(대판 1993.5.27. 92므143 : 1회 선택형). ④ 사실혼관계는 당사자 일방의 의사에 의해 해소될 수 있고 재산분할심판청구시 사실혼관계가 이미 해소되었으므로 사망한 상대방의 상속인이 승계하게 된다(대판 2009.2.9. 2008스105).

▶ [쟁점 26]

---

35) [사실관계] 사안은 사실혼관계의 당사자 중 일방인 乙이 의식불명이 되자 상대방인 甲이 일방적으로 사실혼관계의 해소를 주장하면서 재산분할심판청구를 하였는데, 그 재판 과정에서 乙이 사망한 사안에서 甲과 乙의 사실혼관계는 甲의 일방적 파기로 인해 해소되었고 이에 따라 甲은 乙에게 재산분할청구권을 가진다고 한 다음, 그 뒤 乙이 사망함으로 인하여 乙의 재산분할의무가 乙의 상속인들에게 승계되었음을 전제로 위 재산분할청구심판절차를 乙의 상속인들이 수계하여야한다고 판시한 사례이다.

36) 혼인관계와 같은 신분관계는 성질상 상속될 수 없는 것이고 그러한 신분관계의 재심당사자의 지위 또한 상속될 성질의 것이 아니므로 이혼소송의 재심소송에서 당사자의 일방이 사망하였더라도 그 재산상속인들이 그 소송절차를 수계할 수 없다. 그러나 이혼의 심판이 확정된 경우에 그 심판에 재심사유가 있다면 그 확정판결에 의하여 형성된 신분관계(정당한 부부관계의 해소)는 위법한 것으로서 재심에 의하여 그 확정판결을 취소하여 그 효력을 소멸시키는 것이 공익상 합당하다고 할 것이므로 그 재심피청구인이 될 청구인이 사망한 경우에는 민법 제849조, 제864조, 제865조 가사소송법 제24조 제3항, 제4항 등의 규정들을 유추적용하여 검사를 상대로 재심의 소를 제기할 수 있다고 해석함이 합리적이라고 할 것이고 같은 이치에서 재심소송의 계속중 본래 소송의 청구인이며 재심피청구인이었던 당사자가 사망한 경우에는 검사로 하여금 그 소송을 수계하게 함이 합당하다.

[비교판례] "통상의 보조참가인은 참가 당시의 소송상태를 전제로 피참가인을 보조하기 위하여 참가하는 것이므로 참가할 때의 소송 진행정도에 따라 피참가인이 할 수 없는 행위는 할 수 없다(민사소송법 제76조 제1항 단서 참조). 공동소송적 보조참가인도 원래 당사자가 아니라 보조참가인이므로 위와 같은 점에서는 통상의 보조참가인과 마찬가지이다.
판결 확정 후 재심사유가 있을 때에는 보조참가인이 피참가인을 보조하기 위하여 보조참가신청과 함께 재심의 소를 제기할 수 있다. 그러나 보조참가인의 재심청구 당시 피참가인인 재심청구인이 이미 사망하여 당사자능력이 없다면, 이를 허용하는 규정 등이 없는 한 보조참가인의 재심청구는 허용되지 않는다. 이는 신분관계에 관한 소송에서 소송의 상대방이 될 자가 존재하지 않는 경우 이해관계인들의 이익을 위하여 공익의 대표자인 검사를 상대방으로 삼아 소송을 할 수 있도록 하는 경우(민법 제849조, 제864조, 제865조, 가사소송법 제24조 제3항, 제4항, 대법원 1992. 5. 26. 선고 90므1135 판결)와는 구별된다"(대판 2018.11.29. 2018므14210). A가 B를 상대로 제기한 소송에서 'A는 B와 사망한 남편 C 사이의 친자관계가 존재하지 않음을 확인한다.'는 판결(재심대상판결)이 선고되어 확정된 다음 A와 B가 모두 사망했는데, B의 자녀인 보조참가인이 공동소송적 보조참가를 하면서 재심의 소를 제기한 사안에서(사망한 재심청구인 B와 사망한 재심피청구인 A를 대신해서 재심청구인. 재심피청구인을 모두 '검사'로 특정함). 보조참가인의 재심청구 당시 재심청구인 B가 이미 사망하였고, 이 사건 재심청구인의 지위가 상속되는 것도 아니므로, 보조참가인의 이 사건 재심의 소는 허용될 수 없어 부적법함을 이유로 이 사건 재심의 소를 각하한 원심의 결론을 수긍한 사례.

3. 子에 대한 효과

(1) 친권자 지정(제909조 4항, 6항)

재판상 이혼의 경우에 당사자의 청구가 없다 하더라도 법원은 직권으로 미성년자인 자녀에 대한 친권자 및 양육자를 정하여야 하며, 따라서 법원이 이혼 판결을 선고하면서 미성년자인 자녀에 대한 친권자 및 양육자를 정하지 아니하였다면 재판의 누락이 있다(대판 2015.6.23. 2013므2397).

(2) 면접교섭권

① 과거 부모에게만 면접교섭권을 인정하고 있어 자녀는 면접교섭권의 객체로 인식되는 문제가 있었다. 이에 개정 민법은 **자녀에게도** 면접교섭권을 인정하고 있다(제837조의2 1항). 또한 최근 2016년 개정 민법은 부모의 직계존속에게도 면접교섭권을 인정하고 있다(제837조의2 2항). 이러한 **면접교섭권은 부모**(의 직계존속)와 자녀에게 주어진 고유한 권리로서 절대권이며, 일신전속권이므로 양도할 수 없고, 영속적 성질을 가지므로 포기할 수도 없다.

② 가정법원은 원칙적으로 부모와 자녀의 면접교섭을 허용하되, 면접교섭이 자녀의 복리를 침해하는 특별한 사정이 있는 경우에 한하여 당사자의 청구 또는 직권에 의하여 면접교섭을 제한하거나 배제할 수 있다(제837조의2 3항)(대결 2021.12.16. 2017스628). 면접교섭권은 협의이혼뿐만 아니라 재판상 이혼의 경우에도 인정되며(제843조), 혼인의 취소 또는 인지에 의하여 부모 중 일방이 친권자가 되는 경우에도 준용된다(마류 가사비송사건 제3호).

> **제837조(이혼과 자의 양육책임)** ① 당사자는 그 자의 양육에 관한 사항을 **협의**에 의하여 정한다.
> ② 제1항의 협의는 다음의 사항을 포함하여야 한다.
>   1. **양육자**의 결정
>   2. **양육비용**의 부담
>   3. **면접교섭권**의 행사 여부 및 그 방법
> ③ 제1항에 따른 협의가 자(子)의 복리에 반하는 경우에는 가정법원은 **보정을 명**하거나 **직권**으로 (▶ 당사자의 **청구**가 있으면 X) 그 자(子)의 의사(意思)·연령과 부모의 재산상황, 그 밖의 사정을 참작하여 양육에 필요한 사항을 정한다. ④ 양육에 관한 사항의 **협의**가 이루어지지 **아니하거나** 협의할 수 **없는 때**에는 가정법원은 **직권**으로 또는 당사자의 **청구**에 따라 이에 관하여 결정한다. 이 경우 가정법원은 제3항의 사정을 참작하여야 한다. ⑤ 가정법원은 **자(子)의 복리를 위하여 필요**하다고 인정하는 경우에는 부·모·자(子) 및 검사의 **청구** 또는 **직권**으로 자(子)의 **양육에 관한 사항을 변경**하거나 **다른 적당한 처분**을 할 수 있다. ⑥ 제3항부터 제5항까지의 규정은 양육에 관한 사항 외에는 부모의 권리의무에 변경을 가져오지 아니한다.
> ▶ **자**는 **면접교섭권**을 가지지 않는다(X)
> **제837조의2(면접교섭권)** ① 자(子)를 직접 양육하지 아니하는 **부모의 일방**과 **자(子)**는 상호 면**접교섭할 수 있는 권리**를 가진다. ② 자(子)를 직접 양육하지 아니하는 **부모 일방의 직계존속**은 그 부모 일방이 사망하였거나 질병, 외국거주, 그 밖에 불가피한 사정으로 子를 면접교섭할 수 없는 경우 가정법원에 子와의 면접교섭을 청구할 수 있다. 이 경우 가정법원은 子의 의사, 면접교섭을 청구한 사람과 子의 관계, 청구의 동기, 그 밖의 사정을 참작하여야 한다. ③ 가정법원은 **자의 복리를 위하여 필요한 때**에는 당사자의 **청구** 또는 **직권**에 의하여 면접교섭을 제한·배제·변경할 수 있다.

(3) 양육에 관한 사항(제837조)

① "자의 양육은 부모의 권리이자 의무로서 미성년인 자의 복지에 직접적인 영향을 미친다. 따라서 부모가 이혼하는 경우에 미성년인 자의 양육자를 정할 때에는 모든 요소를 종합적으로 고려하여 미성년인 자의 성장과 복지에 가장 도움이 되고 적합한 방향으로 판단하여야 한다"(대판 2012.4.13. 2011므4665). 이와 관련하여 判例 중에는 ㉠ 甲과 乙의 이혼소송에서 甲과 乙을 미성년인 자 丙 등의 공동양육자로 지정하여 甲이 주중에 乙이 주말에 丙 등을 직접 양육하게 하도록 한 원심법원의 조치가 자의 성장과 복지에 가장 도움이 되고 적합한 것이라고 보기에 충분하지 않다고 하거나(대판 2013.12.26. 2013므3383), ㉡ 미성년 자녀의 양육에 있어 한국어 소통능력이 부족한 외국인보다는 대한민국 국민인 상대방에게 양육되는 것이 더 적합할 것이라는 추상적이고 막연한 판단으로 해당 외국인 배우자가 미성년 자녀의 양육자로 지정되기에 부적합하다고 평가하는 것은 옳지 않다고 한 사례도 있다(대판 2021.9.30. 2021므12320,12337).

② "민법 제837조, 제909조 4항 등이 부부의 이혼 후 그 자의 친권자와 그 양육에 관한 사항을 각기 다른 조항에서 규정하고 있는 점 등에 비추어 보면, 이혼 후 부모와 자녀의 관계에 있어서 친권과 양육권이 항상 같은 사람에게 돌아가야 하는 것은 아니며, 이혼 후 자에 대한 양육권이 부모 중 어느 일방에, 친권이 다른 일방에 또는 부모에 공동으로 귀속되는 것으로 정하는 것은, 비록 신중한 판단이 필요하다고 하더라도, 일정한 기준을 충족하는 한 허용된다"(대판 2012.4.13. 2011므4719 : 11회 선택형). 다만 "재판상 이혼의 경우 부모 모두를 자녀의 공동양육자로 지정하는 것은 … (중략) … 등을 종합적으로 고려하여 공동양육을 위한 여건이 갖추어졌다고 볼 수 있는 경우에만 가능하다"(대판 2020.5.14. 2018므15534).

③ "부모는 자녀를 공동으로 양육할 책임이 있고, 양육에 드는 비용도 원칙적으로 부모가 공동으로 부담하여야 한다. 그런데 어떠한 사정으로 인하여 부모 중 어느 한쪽만이 자녀를 양육하게 된 경우에는 양육하는 사람이 상대방에게 현재와 장래의 양육비 중 적정 금액의 분담을 청구할 수 있다. 재판상 이혼에 따른 자녀의 양육책임에 대하여 이혼 당사자 간에 양육자의 결정과 양육비용의 부담에 관한 사항에 대하여 협의가 이루어지지 않거나 협의할 수 없을 때에는 가정법원은 직권으로 또는 당사자의 청구에 따라 해당 사항을 정한다(제837조, 제843조). 자녀의 양육에 관한 처분에 관한 심판은 부모 중 일방이 다른 일방을 상대방으로 하여 청구하여야 한다(가사소송규칙 제99조 제1항). 이러한 사항들을 종합하면, 재판상 이혼 시 친권자와 양육자로 지정된 부모의 일방은 상대방에게 양육비를 청구할 수 있고, 이 경우 가정법원으로서는 자녀의 양육비 중 양육자가 부담해야 할 양육비를 제외하고 상대방이 분담해야 할 적정 금액의 양육비만을 결정하는 것이 타당하다"(대판 2020.5.14. 2019므15302 : 10회 선택형).

④ "이혼한 부부 사이에서 子에 대한 양육비의 지급을 구할 권리(이하 '양육비채권')는 당사자의 협의 또는 가정법원의 심판에 의하여 구체적인 청구권의 내용과 범위가 확정되기 전에는 '상대방에 대하여 양육비의 분담액을 구할 권리를 가진다'라는 추상적인 청구권에 불과하고 당사자의 협의나 가정법원이 당해 양육비의 범위 등을 재량적·형성적으로 정하는 심판에 의하여 비로소 구체적인 액수만큼의 지급청구권이 발생하게 된다고 보아야 하므로, 당사자의 협의 또는 가정법원의 심판에 의하여 구체적인 청구권의 내용과 범위가 확정되기 전에는 그 내용이 극히 불확정하여 상계할 수 없지만, 가정법원의 심판에 의하여 구체적인 청구권의 내용과 범위가 확정된 후의 양육비채권 중 이미 이행기에 도달한 후의 양육비채권은 완전한 재산권(손해배상청구권)으로서 친족법상의 신분으로부터 독립하여 처분이 가능하고, 권리자의 의사에 따라 포기, 양도 또는 상계의 자동채권으로 하는 것도 가능하다(대판 2006.7.4. 2006므751 : 실제 판례사안에서 수동채권은 이혼에 따른 재산분할채권이었다. 5회,10회 선택형) **[16사법]**

⑤ "장래의 양육비 지급을 명한 확정판결 등에서 사건본인이 성년에 이르는 전날까지 양육비 지급을 명한 경우, 재판의 확정 후 사건본인이 성년에 도달하기 전에 법률의 개정으로 성년에 이르는 연령

이 20세에서 19세로 변경되었다면 양육비 종료 시점은 개정된 민법 규정에 따라 사건본인이 19세에 이르기 전날까지로 봄이 타당하다"(대결 2016.4.22. 2016으2).

⑥ "이혼의 당사자가 자의 양육에 관한 사항을 협의에 의하여 정하였더라도 필요한 경우 가정법원은 당사자의 청구에 의하여 언제든지 그 사항을 변경할 수 있는 것이며, 이는 당사자 사이의 협의가 재판상 화해에 의한 경우에도 마찬가지이다"(대결 1992.12.30. 92스17,18)

제6관 사실혼

Ⅰ. 서 설

[E-21]

1. 의 의

사회생활상 부부공동생활을 영위하고 있지만 혼인신고를 하지 않은 남녀관계를 사실혼이라고 한다(대표적으로 결혼식 이후 혼인신고 이전기간). 이러한 사실혼은 우리 법의 법률혼주의의 취지에 반하기 때문에 법률혼과 동일하게 다루어질 수는 없다. 그러나 당사자를 보호하여야 한다는 점에서는 법률혼과 동일하다.

2. 법적 성질

判例는 초기에는 사실혼을 장래 혼인할 것을 목적으로 하는 '혼인예약'이라고 보아 이를 부당하게 파기한 자에 대하여 혼인예약의무의 불이행을 이유로 한 손해배상책임을 인정하였으나(대판 1960.8.18. 4292민상995). 최근에는 사실혼을 '준혼관계'로 보아 법률혼에 대한 민법 규정 중 혼인신고와 관련된 것을 제외한 나머지 규정들을 준용하며(대판 1997.11.11. 97다34273), 사실혼의 부당한 파기에 대해서는 불법행위로 처리한다.

Ⅱ. 성립요건

[E-22]

1. 주관적 요건과 객관적 요건

사실혼이 성립하기 위해서는 ⅰ) 당사자 사이에 **주관적으로 혼인의사의 합치가 있고**, ⅱ) **객관적으로 부부공동생활이라고 인정할 만한 혼인생활의 실체가 존재하여야** 한다(대판 2001.4.13. 2000다52943등). 즉 단기간의 동거 또는 간헐적인 정교관계가 있는 것만으로는 혼인의 실체를 인정할 수 없다(대판 2001.1.30. 2000도4942).

2. 법률상 혼인 장애사유와 사실혼의 성부

(1) 일반론

위의 요건 외에 혼인의 장애사유(제807조 내지 810조)도 없어야 하는가에 관하여, 사실혼의 경우에는 혼인성립에 관한 실질적 요건(제807조 내지 810조)의 구비를 엄격히 요구할 수 없는 경우가 많으므로, 혼인의 실질적 요건을 구비하지 않은 것만으로 사실혼이 성립할 수 없는 것은 아니다. 따라서 혼인적령 미달자의 사실혼, 부모 등의 동의를 얻지 못한 사실혼 등은 '보호받을 수 있는 사실혼'이나 중혼적 사실혼(대판 1996.9.20. 96므530 ; 대판 2001.4.13. 2000다52943), 무효사유에 해당하는 근친 사이의 사실혼은 '보호받을 수 없는 사실혼'이다. 중혼적 사실혼에 대해서는 별도로 검토한다.

(2) 중혼적 사실혼

1) 의 의

중혼적 사실혼이란 법률상의 혼인관계에 있는 배우자의 일방이 제3자와 사실상의 혼인관계에 들어간 경우의 당해 사실혼관계를 지칭한다. 이러한 중혼적 사실혼은 일부일처제의 취지에 반한다고 할 수 있으나, 윤리도덕은 별문제로 하고, 법률혼주의를 채용하는 민법 아래서는 이러한 관계를 적극적으로 저지할 수 없다. 따라서 법적 보호를 받는 관계와 그렇지 않은 관계의 한계를 설정하는 것이 중요한바, 특히 중혼적 사실혼관계가 해소되는 경우에 경제적 약자인 사실혼의 처의 보호가 문제된다.

2) 중혼적 사실혼의 보호기준과 한계

判例[37]는 "법률상 배우자 있는 자는 그 **법률혼 관계가 사실상 이혼상태라는 등의 특별한 사정이 없는 한** 사실혼 관계에 있는 상대방에게 그와의 사실혼해소를 이유로 재산분할을 청구함은 허용되지 않는다"(대결 1995.7.3. 94스30)고 하고, "법률상의 혼인을 한 부부의 어느 한쪽이 집을 나가 장기간(20년) 돌아오지 아니하고 있는 상태에서, 부부의 다른 한쪽이 제3자와 혼인의 의사로 실질적인 혼인생활을 하고 있다고 하더라도, 특별한 사정이 없는 한, 이를 사실혼으로 인정하여 법률혼에 준하는 보호를 허여할 수는 없다"(대판 1995.9.26. 94므1638)고 하여 중혼적 사실혼에 관한 법적 보호에 소극적이다. 더구나 '사실상의 이혼상태'의 인정기준에 관하여서도 대체로 엄격하게 이해하고 있다.

> [관련판례] 다만 중혼적 사실혼이라도 도중에 법률혼이 이혼된 경우 그때부터 보호받을 수 있다고 보아, 법률혼 해소 이후에 취득한 재산에 대하여는 그 사실혼 해소시에 재산분할을 인정한 判例가 있다(대판 1995.9.26. 94므1638 참고). 또한 判例는 "사실상 이혼한 법률상의 처와 부양받던 여자가 있는 경우 부의 사망으로 인하여 지급되는 산업재해보상보험법상의 유족보상일시금의 수급권자는 사망당시 부양되고 있던 사실상 혼인관계에 있던 여자다"(대판 1977.12.27. 75다1098)라고 판시하여 사실혼 배우자에게 유족으로서의 권리를 인정한 것도 있다.

3) 중혼적 사실혼관계 해소시의 재산분할청구권

判例는 "법률상 배우자 있는 자는 그 **법률혼 관계가 사실상 이혼상태라는 등의 특별한 사정이 없는 한** 사실혼 관계에 있는 상대방에게 그와의 사실혼 해소를 이유로 재산분할을 청구함은 허용되지 않는다"(대결 1995.7.3. 94스30)고 하여 **재산분할청구권을 부정**하는 태도를 보이고 있다.[38]

Ⅲ. 사실혼의 효과 [16입법]

1. 혼인신고를 전제로 하는 효과

사실혼이 성립하여도 가족관계등록부의 변동이 일어나지 않으며, 사실혼의 배우자 및 그 혈족과의 사이에 친족관계도 생기지 않는다. 그리고 子는 혼인중의 출생자가 되지 못한다. 또한 사실혼관계에 있는 자가 다시 혼인하더라도 중혼이 되지 않는다. 그 밖에 배우자로서의 상속권도 인정되지 않는다(대판 1999.5.11. 99두1540 등). 다만 특별연고자의 재산분여청구는 가능하다(제1057조의2).

---

37) [학설] 학설은 중혼이 되는 사실혼은 원칙적으로 보호받을 수 없으나, 법률혼이 '사실상 이혼상태'에 있는 경우에는 그 사실혼은 보호를 받아야 한다는 입장이다(다수설). 그리고 중혼이 되는 사실혼의 경우에도 선의의 당사자 또는 제3자는 보호되어야 한다고 한다. 여기서 '사실상 이혼상태'란 혼인신고를 한 부부가 이혼의 합의를 하고 별거하여 양자 사이에 부부공동생활의 실체가 전연 존재하지 않으면서 이혼신고를 하지 않고 있는 상태를 말한다.

38) [판례평석] 재산분할청구는 부부공동재산관계의 청산 및 이혼 후 부양이라는 측면에서 인정되는 권리라는 점을 고려한다면 비록 중혼적 사실혼 그 자체는 바람직한 것이 아니라고 하더라도 중혼적 사실혼관계에서 형성한 재산의 '청산' 그 자체를 부정할 이유는 없다[최진갑, '중혼적 사실혼 배우자의 재산분할청구권', 판례연구 8집(부산판례연구회)]

그러나 사망한 사실혼 배우자에게 상속인이 1인이라도 있는 경우에는 특별연고자에 대한 상속재산 분여는 인정되지 않으므로 실제 사실혼 배우자가 위 민법 규정에 따라 피상속인의 재산을 분여받을 수 있는 경우는 적다.

2. 부부공동생활을 전제로 하는 효과

(1) 사실혼 부부 사이의 관계

동거 · 부양 · 협조의무(제826조), 정조의무, 혼인생활비용(제833조), 일상가사대리(제827조), 일상 가사채무의 연대책임(제832조), 법정재산제(제830조, 제831조), **재산분할청구권**(제839조의2)(대판 2021.5.27. 2020므15841)[39] 등은 사실혼에도 유추적용된다. 따라서 사실혼의 파탄에 있어 유책배우자는 상 대방에 대하여 손해배상책임을 진다(대판 1998.12.8. 98므961 등). 부부재산계약의 경우(제829조)는 긍정하 나 등기할 수 없으므로 제3자에게 대항할 수 없다는 견해가 유력하다.

(2) 제3자에 대한 관계

제3자가 사실혼의 배우자와 정교관계를 맺은 경우, 사실혼관계를 부당하게 간섭하여 파탄시킨 경우 등은 불법행위로 인한 손해배상책임을 진다(대판 1983.9.27. 83므26등). 또한 사실혼 배우자[인지되지 아니한 자녀도 포함된다(대판 1975.12.23. 75다413)]는 남편이나 생부가 타인의 불법행위로 사망한 경우 제752조의 규정에 따라 위자료를 청구할 수 있다(대판 1962.4.26. 62다72).

Ⅳ. 사실혼의 해소 [E-24]

1. 해소사유

사실혼은 당사자의 사망, 합의 또는 일방적 파기에 의하여 해소된다. 즉, 사실상의 혼인관계는 사실 상의 관계를 기초로 하여 존재하는 것이므로 당사자 일방의 의사에 의하여 해소될 수 있다.

2. 해소의 효과

(1) 손해배상청구권

정당한 사유없이 일방이 사실혼을 파기한 때에는 유책자가 상대방에 대하여 손해배상책임을 진다(대 판 1977.3.22. 75므28 ; 종래 判例는 이러한 책임을 혼인예약불이행책임이라 하였으나, 최근에는 채무불이행책임과 함께 불법행위책임도 인정하고 있다). 判例에 의하면 부정행위 · 악의의 유기 · 성기능 불완전 등은 정당한 사유 에 해당하나, 임신불능은 정당한 사유가 아니다.

(2) 재산분할청구권

① 判例에 의하면 부부재산의 청산의 의미를 갖는 재산분할에 관한 규정은 사실혼관계에도 준용 또는 유추적용할 수 있다고 한다(대판 1995.3.28. 94므1584). 그러나 앞서 검토한 바와 같이 判例는 중혼적 사실 혼의 경우에는 '특별한 사정이 없는 한' 이를 사실혼으로 인정하여 법률혼에 준하는 보호를 할 수 없으므로 재산분할청구권은 인정되지 않는다고 한다(대판 1996.9.20. 96므530).

---

39) "부부재산 청산의 의미를 갖는 재산분할 규정은 부부의 생활공동체라는 실질에 비추어 인정되는 것이므로 사실혼 관계에 유추적 용할 수 있다. 부부 일방이 혼인 중 제3자에게 부담한 채무는 일상가사에 관한 것 이외에는 원칙적으로 개인의 채무로서 청산 대 상이 되지 않으나 그것이 공동재산의 형성에 수반하여 부담한 채무인 경우에는 청산 대상이 된다. 따라서 사실혼 관계에 있는 부 부 일방이 혼인 중 공동재산의 형성에 수반하여 채무를 부담하였다가 사실혼이 종료된 후 채무를 변제한 경우 변제된 채무는 특별 한 사정이 없는 한 청산 대상이 된다"

② 한편 사실혼관계가 일방 당사자의 사망에 의하여 종료된 경우에는 생존한 배우자에게 상속권이 인정되지 않기 때문에 재산분할청구권이 인정될 필요성이 크지만, 대법원은 법률상 혼인관계가 일방 당사자의 사망으로 인하여 종료된 경우에도 생존 배우자에게 재산분할청구권이 인정되지 않으므로 이를 부정하였다(대판 2006.3.24. 2005두15595 : 4회 선택형).

즉 判例에 의하면 사실혼 배우자의 생명이 위독한 경우 다른 일방배우자는 사실혼을 일방적으로 파기하고 재산분할청구를 할 수 밖에 없는데 이는 사실혼 보호라는 관점에서 볼 때 문제가 많다. 다만 이러한 결과는 사실혼 배우자를 상속인에 포함시키지 않는 우리 법제에 기인한 것이므로 입법론은 별론으로 하고 해석론으로서는 어쩔 수 없는 것으로 판단된다.

(3) 子의 양육문제

사실혼이 해소된 후 자의 양육에 관하여 判例는 제837조의 유추적용을 부정하였다(대판 1975.5.8. 79므3). 즉 判例는 이혼·혼인무효·혼인취소의 경우에 한하여 양육자지정청구가 가능하다고 한다.

[판례검토] 그러나 이 判例는 혼인외의 출생자에 대해서는 부가 우선하여 친권자가 되도록 한 1990년 개정 전의 법률 하에서의 判例이며, 현재는 혼인외의 출생자에 대해서도 인지를 할 때 자의 양육에 관한 사항과 면접교섭권을 적용하는 규정(제864조의2)이 있으므로 현재는 제837조의 적용이 가능하다고 보아야 할 것이다.

V. 사실상혼인관계에 관한 존부 확인의 소

[E-25]

1. 의 의

객관적·외부적으로 혼인의 실체를 인정할 수 있는 상황이 존재함에도 불구하고 당사자 일방이 혼인신고에 협력하지 않는 경우에, 상대방 당사자는 조정을 거쳐 사실상혼인관계존재확인청구의 소를 제기할 수 있다(가사소송법 제2조 1항 나류 1호, 제50조).

2. 법적 성질(사실혼 계속 중 제3자와 한 혼인신고의 효력)

법률상 혼인관계를 창설하는 '형성의 소'로 이해하는 견해도 있으나, 다수설은 '확인의 소'로 보고 있다. 判例 또한 사실혼관계확인청구소송이 승소로 확정되었다고 하여도 그에 기인하여 혼인신고를 하지 아니한 이상 이로써 혼인관계가 형성되는 것은 아니라고 하여 '확인의 소'의 성질을 갖는다고 하고, 이에 기한 신고를 '창설적 신고'로 보고 있다(대판 1973.1.16. 72므25 ; 학설은 혼인신고를 일반적으로 보고적 신고로 본다).

따라서 判例는 청구인이 피청구인을 상대로 한 사실혼관계확인청구소송이 승소로 확정되었다고 하더라도, 그에 기하여 혼인신고를 하지 아니한 이상 제810조 소정의 중혼이 될 수 없고, 따라서 제816가 규정한 혼인취소사유도 되지 않는다고 한다(대판 1973.1.16. 72므25).

3. 실효성

당해 소에 의하여 당사자 사이의 실질적 결합을 강제할 수 없으므로, 결과적으로 확인판결에 의하여 혼인신고가 이루어지면 혼인 외의 자가 혼인 중의 출생자로 準正되는 것과 일방 배우자가 사망한 경우에 상대방 배우자가 상속권을 가진다는 점에 실익이 있을 뿐이다.

왜냐하면 당해 소가 제기되는 것은 부부의 일방은 사실혼의 해소를 원하는데 타방은 그렇지 않은 경우로서, 조정이 실패하여 재판이 이행되면 확인판결이 확정되어 그에 따른 혼인신고가 되더라도, 당사자 사이의 실질적 부부관계는 이미 파탄되어 있기 때문에 혼인신고와 동시에 이혼이 진행될 것이기 때문이다.

제1장 친족법 **49**

4. 혼인의사존부의 확인기준시

判例는 과거에 사실혼이 존재했더라도 현재 사실혼이 해소되어 사실혼이 존재하지 않는 경우에는 사실상혼인관계존재확인청구를 인용하지 않는다(대판 1977.3.22. 72므28). 이러한 견해에 따르면 혼인신고를 위한 사실상혼인관계존재확인의 소는 현재에도 혼인의사는 있으나 신고할 수 없는 사정이 있는 경우에만 인정되는 것으로 된다.[40]

5. 당사자가 사망한 후의 사실혼존재확인청구

判例는 '확인의 이익'이 있다면 가능하다는 입장인바(대판 1995.3.28. 94므1447), 예를 들어 '유족급여수급권'을 주장하는 사람이 검사를 상대방으로 하여 과거의 사실상혼인관계에 관한 존부 확인의 소를 제기하는 경우, 확인의 이익이 인정된다(대결 2022.3.31. 2019므10581). 그러나 단순히 사망한 사실혼 배우자와의 혼인신고를 목적으로 사실혼관계 존재 확인을 청구할 소의 이익은 없다고 한다(대결 1991.8.13. 91스6).

제4절 부모와 자

제1관 친생자

Ⅰ. 의 의
[E-26]

친생자는 혼인 중의 출생자(생래적 혼인중의 출생자와 준정에 의한 혼인중의 출생자가 있다)와 혼인외의 출생자로 나뉜다. 혼인외의 자로 출생하였으나 후에 부모가 혼인하면 부모가 혼인한 때부터 혼인 중의 출생자로 본다(제855조 2항).

Ⅱ. 혼인 중의 출생자
[E-27]

1. 의 의

혼인 중의 출생자(婚生子)는 혼인관계에 있는 부모 사이에서 태어난 자를 말한다. 혼생자로는 친생추정을 받는 子, 친생추정을 받지 않는 子 및 準正에 의한 혼생자가 있다.

2. 친생자 추정

① 포태와 분만이라는 자연적 사실에 의해 확정되는 모자관계와 달리 부자관계는 정확히 확정하기 곤란하다. 따라서 민법은 법률상 부자관계를 조기에 확정하여 부자관계를 둘러싼 분쟁을 안정적·객관적으로 처리하기 위해 친생자 추정규정을 두고 있다(제844조).

---

40) **[판례평석]** 그러나 당사자 일방이 종래에는 혼인의사를 가지고 있었으나 사실심 변론종결시에 혼인의사 없음을 이유로 이 소를 제기할 수 없다면, 재판에 의한 혼인신고제도의 실효성이 거의 없어지기 때문에 사실혼의 성립 당시를 기준으로 해야 한다.

② 제844조의 친생추정 규정에 따라 아내가 임신한 자녀를 남편의 자녀로 추정하는 것은 혼인 중 출생한 자녀가 남편의 자녀일 개연성이 높다는 점뿐만 아니라 실제로 그러한 관계를 기초로 실질적인 가족관계가 형성될 개연성이 높다는 점을 전제로 한다(대판 2019.10.23. 전합2016므2510 : 12회 선택형). 그러나 헌법이 보장하고 있는 혼인과 가족제도, 사생활의 비밀과 자유, 부부와 자녀의 법적 지위와 관련된 이익의 구체적인 비교 형량 등을 종합하면, 혼인 중 아내가 임신하여 출산한 자녀가 남편과 혈연관계가 없다는 점이 밝혀졌더라도 친생추정이 미치지 않는다고 볼 수 없다(대판 2019.10.23. 전합2016므2510 : 12회 선택형).

3. 친생자 추정의 요건

> **제844조 (남편의 친생자의 추정)** ① 아내가 혼인 중에 임신한 자녀는 남편의 자녀로 추정한다.
> ② 혼인이 성립한 날부터 200일 후에 출생한 자녀는 혼인 중에 임신한 것으로 추정한다.
> ③ 혼인관계가 종료된 날부터 300일 이내에 출생한 자녀는 혼인 중에 임신한 것으로 추정한다.
>
> [전문개정 2017.10.31. ; 시행일 2018.2.1]

* 구민법

구민법은 "혼인성립의 날로부터 200일 후 또는 혼인관계 종료의 날로부터 300일 내에 출생한 자는 혼인 중에 포태한 것으로 추정한다"(제844조 2항)고 규정하였으나 헌법재판소는 "혼인 종료 후 300일 이내에 출생한 자를 전남편의 친생자로 추정하는 민법(1958. 2. 22. 법률 제471호로 제정된 것) 제844조 제2항 중 "혼인관계종료의 날로부터 300일 내에 출생한 자"에 관한 부분(이하 '심판대상조항'이라 한다)이 母가 가정생활과 신분관계에서 누려야 할 인격권, 혼인과 가족생활에 관한 기본권을 침해"(헌재 2015.4.30. 2013헌마623)한다고 하여 잠정적용을 명하는 헌법불합치결정을 하였다.

* 개정민법

이에 개정민법은 2항과 3항을 구분하여 규정하였다. 한편, 구법상 친생추정이 경합하는 경우(출산이 전혼 종료 후 300일 내이지만 후혼 성립 후 200일 이후인 경우)에는 父를 정하는 소에 의해 해결된다(제845조). 그러나 신법에서는 친생부인의 허가를 받거나(제854조의2), 生父가 인지의 허가를 받아(제855조의2) '제844조 3항'(제844조 2항이 아님)의 추정이 미치지 못하도록 하였다. 즉, 이 경우 전혼 배우자의 자녀로 추정되는 것(제844조 3항)을 상대적으로 구민법보다 쉽게 번복할 수 있도록 있도록 하였다.

> **제854조의2 (친생부인의 허가 청구)** ① 어머니 또는 어머니의 전(前) 남편은 제844조제3항의 경우에 가정법원에 친생부인의 허가를 청구할 수 있다. 다만, 혼인 중의 자녀로 출생신고가 된 경우에는 그러하지 아니하다. ② 제1항의 청구가 있는 경우에 가정법원은 혈액채취에 의한 혈액형 검사, 유전인자의 검사 등 과학적 방법에 따른 검사결과 또는 장기간의 별거 등 그 밖의 사정을 고려하여 허가 여부를 정한다. ③ 제1항 및 제2항에 따른 허가를 받은 경우에는 제844조제1항 및 제3항의 추정이 미치지 아니한다. [전문개정 2017.10.31. ; 시행일 2018.2.1]
>
> **제855조의2 (인지의 허가 청구)** ① 생부(生父)는 제844조제3항의 경우에 가정법원에 인지의 허가를 청구할 수 있다. 다만, 혼인 중의 자녀로 출생신고가 된 경우에는 그러하지 아니하다. ② 제1항의 청구가 있는 경우에 가정법원은 혈액채취에 의한 혈액형 검사, 유전인자의 검사 등 과학적 방법에 따른 검사결과 또는 장기간의 별거 등 그 밖의 사정을 고려하여 허가 여부를 정한다. ③ 제1항 및 제2항에 따라 허가를 받은 생부가 '가족관계의 등록 등에 관한 법률' 제57조 제1항에 따른 신고를 하는 경우에는 제844조제1항 및 제3항의 추정이 미치지 아니한다. [전문개정 2017.10.31. ; 시행일 2018.2.1]

(1) 母가 父의 妻일 것

父와 母가 혼인관계에 있어야 하고, 母는 父의 妻이어야 한다.

(2) 혼인 중에 포태할 것

1) 친생자 추정을 받는 혼인 중의 출생자

친생자 추정에 관한 입법주의로는 출생주의와 포태주의가 있는데, 우리 민법은 포태주의를 취하고 있다. 친생자 추정을 받기 위해서는 혼인 중에 포태할 것을 요한다. 그리고 혼인성립의 날로부터 200일(최단 임신기간) 후에 출생한 자녀는 혼인 중에 임신한 것으로 추정하고(제844조 2항), 혼인관계 종료의 날로부터 300일(최장 임신기간) 이내에 출생한 자녀도 혼인 중에 임신한 것으로 추정한다(제844조 3항).

2) 사실혼의 경우

제844조 2항의 '혼인성립의 날'이란 본래 혼인신고를 한 날(사실혼관계존재확인청구에 의하는 경우에 그 신고를 보고적 신고로 보는 다수설의 입장에 따르면 조정 성립일 또는 판결 확정일)을 의미하나, 다수설 및 判例는 사실혼을 거쳐 법률혼으로 가는 실제의 관행을 고려하여 **사실혼 성립의 날도 포함**하는 것으로 해석한다(대판 1963.6.13. 63다228). 따라서 이에 의하면, 혼인신고일로부터 200일이 되기 전에 출생한 자라도 사실혼 성립일로부터 200일 후에 출생하였으면 친생자의 추정을 받게 된다. 아울러 200일 또는 300일의 기간은 날로 계산하며, 초일을 산입한다(제157조).

4. 친생자 추정의 제한(친생자 추정이 미치지 않는 자)

(1) 문제점

혼인 중의 출생자라 할지라도 妻가 夫의 子를 포태할 수 없는 것이 객관적으로 명백한 사정이 있는 경우에는 夫의 친생자로서의 추정이 미치지 않는다고 보아야 한다. 예를 들어 夫가 행방불명 또는 생사불명인 경우, 夫가 장기간 수감·입원·외국체류 등으로 부재중인 경우, 혼인관계가 파탄되어 사실상 이혼상태로 별거 중인 경우, 夫와 子간에 명백한 인종의 차이가 있는 경우이다. 즉, 이러한 경우에는 친생자 추정이 미치지 않는다는 점에 대해서는 다툼이 없다. 다만 구체적인 범위에서 학설의 대립이 있는바, 특히 **夫와 子의 혈액형이 배치되거나 夫가 생식불능인 경우**가 문제된다.

(2) 판 례[1]

① 처음에는 친생자 추정이 미치는 포태기간을 호적에 의하여 획일적·형식적으로 정하여야 한다는 입장이었으나(대판 1968.2.27. 67므34), ㉠ 현재의 判例는 **妻가 夫의 子를 포태할 수 없는 것이 객관적으로 명백한 사정이 있는 경우에는 夫의 친생자로서의 추정이 미치지 않는다는 외관설의 입장이다**(대판 1983.7.12. 전합82므59). 따라서 예컨대 처가 가출하여 부와 별거한지 약 2년 2개월 후에 자를 출산하였다면 제844조의 추정이 미치지 아니하여 부는 친생부인의 소에 의하지 않고 친자관계부존재확인소송을 제기할 수 있다(전합82므59 사실관계).
㉡ 즉, 제844조 1항의 친생추정은 반증을 허용하지 않는 강한 추정이므로, 이러한 예외적인 사유가 없는 한 누구라도 그 자가 부의 친생자가 아님을 주장할 수 없다(대판 2021.9.9. 2021므13293).

---

1) **[학설]** 친생추정의 한계에 관한 학설은 ① 외관상 동거의 결여가 객관적으로 명백한 경우에 한한다는 <u>외관설</u>(다수설), ② 夫의 생식불능 등 부자관계가 있을 수 없음이 증명되면 된다는 <u>혈연설</u>, ③ 동거의 결여라는 객관적 사정이 없더라도 이미 가정이 붕괴되었다면 원칙적으로 혈연진실주의를 우선하여 친생추정이 미치지 않는다는 <u>절충설</u>로 나뉘어 있다.

[판례검토] 가정의 평화를 유지한다는 친생자추정 및 부인제도의 취지에 비추어 비록 혈연진실주의에 반하더라도 포태기간 중의 동서(同棲)의 결여라는 외관상 객관적으로 명백한 사실이 존재하는 경우가 아니라면, 夫에 의한 포태가능성이 없음(가령 夫의 생식불능 또는 夫와 子의 혈액형의 상위와 같은 부부의 개인적인 내부사정)을 이유로 가령 친생자관계존부확인의 소에 의하여 친생을 부인할 수는 없다. 따라서 외관설이 타당하다.

② 아울러 전원합의체 판결은 ㉠ 아내가 혼인 중 남편이 아닌 제3자의 정자를 제공받아 인공수정으로 자녀를 출산한 경우에도 친생추정 규정을 적용하여 인공수정으로 출생한 자녀가 남편의 자녀로 추정되며, ㉡ 인공수정에 동의한 남편이 나중에 이를 번복하고 친생부인의 소를 제기하는 것은 원칙적으로 허용되지 않는다고 보았다.[2] ㉢ 또한 같은 취지에서 혼인 중 아내가 임신하여 출산한 자녀가 남편과 혈연관계가 없다는 점이 밝혀졌더라도 친생추정이 미친다고 보아 부자관계를 단절시킬 수 있는 기간을 제한시켰다(대판 2019.10.23. 전합2016므2510 : 11회,12회 선택형).

③ 이처럼 '혈연관계 유무'나 그에 대한 인식은 친생부인의 소를 이유 있게 하는 근거 또는 제소기간의 기산점 기준으로서 친생부인의 소를 통해 친생추정을 번복할 수 있도록 하는 사유이다. 이를 넘어서 '처음부터 친생추정이 미치지 않도록 하는 사유로서 친생부인의 소를 제기할 필요조차 없도록 하는 요소가 될 수는 없다.' 즉, 혈연관계가 없다는 점을 친생추정이 미치지 않는 전제사실로 보는 것은 원고적격과 제소기간의 제한을 두고 있는 친생부인의 소의 존재를 무의미하게 만드는 것으로 현행 민법의 해석상 받아들이기 어렵다(대판 2021.9.9. 2021므13293).

5. 효 과

(1) 친생자 추정을 받지 않는 혼인 중의 출생자의 경우

> 제865조(다른 사유를 원인으로 하는 친생관계존부확인의 소) ① 제845조, 제846조, 제848조, 제850조, 제851조, 제862조와 제863조의 규정에 의하여 소를 제기할 수 있는 자는 다른 사유를 원인으로 하여 친생자관계존부의 확인의 소를 제기할 수 있다. ② 제1항의 경우에 당사자 일방이 사망한 때에는 그 사망을 안 날로부터 2년 내에 검사를 상대로 하여 소를 제기할 수 있다.

1) 친생관계존부확인의 소의 제기

① 혼인이 성립한 날로부터 200일이 되기 전에 출생한 자, 혼인관계 종료의 날로부터 300일 이후에 출생한 자, 친생자 추정의 제한을 받는 경우 등이다. 이를 다툴 때에는 출소기간의 제한이 없는 '친생자관계 부존재확인의 소'에 의하여 부자관계를 부정할 수 있다(대판 1983.7.12. 전합82므59). 다만 당사자 일방이 사망한 때에는 그 사망을 안 날로부터 2년 내에 검사를 상대로 하여 소를 제기하여야 하고(제865조 2항), 제3자가 친생자관계존부확인의 소를 제기함에 있어 당사자 쌍방이 모두 사망한 경우 제소기간은 당사자 쌍방이 모두 사망한 사실을 안 날로부터 기산한다(대판 2004.2.12. 2003므2503 : 9회 선택형).

② 이러한 친생자관계 부존재확인의 소는 父를 정하는 소, 친생부인의 소, 인지에 대한 이의의 소, 인지청구의 소의 목적에 해당하지 않는 다른 사유를 원인으로 하여 가족관계등록부의 기록을 정정함으로써 신분관계를 명확히 할 필요가 있는 경우에 제기할 수 있다(제865조). 그리하여 이 소를 제기할 수 있는 경우는 대단히 많으며, 친생자 추정이 미치지 않는 자에 대하여도 그 소를 제기할 수 있는 것이다(5회 선택형).

---

2) "나아가 인공수정 동의와 관련된 현행법상 제도의 미비, 인공수정이 이루어지는 의료 현실, 민법 제852조에서 친생자임을 승인한 자의 친생부인을 제한하고 있는 취지 등에 비추어 이러한 동의가 명백히 밝혀지지 않았던 사정이 있다고 해서 곧바로 친자관계가 부정된다거나 친생부인의 소를 제기할 수 있다고 볼 것은 아니다"(12회 선택형)

判例에 따르면 "父가 혼인외의 자에 대하여 친생자 출생신고를 한 때에는 그 신고가 인지신고가 아니라 출생신고인 이상 그와 같은 신고로 인한 친자관계의 외관을 배제하고자 하는 때에도 인지에 관련된 소송이 아니라 친생자관계부존재확인의 소를 제기하여야 한다"(대판 1993.7.27. 91므306)[3)]고 한다.

2) 친생관계존부확인의 소의 원고적격

① "이해관계인은 이 사건 조항에 열거된 민법 제862조에 따라 다른 사유를 원인으로 하여 친생자관계존부확인의 소를 제기할 수 있다. 여기서 이해관계인은 다른 사람들 사이의 친생자관계가 존재하거나 존재하지 않는다는 내용의 판결이 확정됨으로써 일정한 권리를 얻거나 의무를 면하는 등 법률상 이해관계가 있는 제3자를 뜻한다. 따라서 다른 사람들 사이의 친생자관계존부가 판결로 확정됨에 따라 상속이나 부양 등에 관한 자신의 권리나 의무, 법적 지위에 구체적인 영향을 받게 되는 경우이어야 이해관계인으로서 친생자관계존부확인의 소를 제기할 수 있다"(대판 2020.6.18. 전합2015므8351 : 12회 선택형).

② 判例는 "친생자관계존부확인의 소를 제기할 수 있는 자를 구체적으로 특정하여 직접 규정하는 대신 소송목적이 유사한 다른 소송절차에 관한 규정들을 인용하면서 각 소의 제기권자에게 원고적격을 부여하고 그 사유만을 달리하게 한 점에 비추어 보면, 이 사건 조항이 정한 친생자관계존부확인의 소는 법적 친생자관계의 성립과 해소에 관한 다른 소송절차에 대하여 보충성을 가진다. 따라서 친생자관계존부확인의 소를 제기할 수 있는 자는 제865조에서 정한 제소권자로 한정된다"고 하여 원고적격의 구체적 범위에 대하여 ㉠ 친생자관계의 당사자로서 부, 모, 자녀, ㉡ 자녀의 직계비속과 그 법정대리인, ㉢ 성년후견인, 유언집행자, 부(夫) 또는 처(妻)의 직계존속이나 직계비속, ㉣ 이해관계인(제862조 : 인지에 대한 이의의 소)은 친생자관계존부확인의 소를 제기할 수 있다고 판시하였다(대판 2020.6.18. 전합2015므8351).

③ 과거 判例는 제777조에서 정한 친족이라는 사실만으로 당연히 친생자관계존부확인의 소를 제기할 수 있다고 하였으나, 그 입장을 변경하여 친생자관계존부의 판결이 확정됨에 따라 상속이나 부양 등에 관한 자신의 권리나 의무 등에 구체적인 영향을 받는 경우에 한하여 이해관계인에 해당하여 친생자관계존부확인의 소를 제기할 수 있을 뿐 제777조의 친족이라는 사실만 가지고는 원고적격이 인정될 수 없다고 보았다(대판 2020.6.18. 전합2015므8351).

3) 친생관계존부확인의 소의 피고적격

① "친생자관계존부 확인소송은 소송물이 일신전속적인 것이므로, 제3자가 친자 쌍방을 상대로 제기한 친생자관계 부존재확인소송이 계속되던 중 친자 중 어느 한편이 사망하였을 때에는 생존한 사람만 피고가 되고, 사망한 사람의 상속인이나 검사가 절차를 수계할 수 없다. 이 경우 사망한 사람에 대한 소송은 종료된다"(대판 2018.5.15. 2014므4963).

② "친생자관계존부 확인소송은 소송물이 일신전속적인 것이지만, 당사자 일방이 사망한 때에는 일정한 기간 내에 검사를 상대로 하여 그 소를 제기할 수 있으므로(제865조 2항), 당초에는 원래의 피고적격자를 상대로 친생자관계존부 확인소송을 제기하였으나 소송 계속 중 피고가 사망한 경우 원고의 수계신청이 있으면 '검사로 하여금 사망한 피고의 지위를 수계'하게 하여야 한다"(대판 2014.9.4. 2013므4201).

---

3) **[판례해설]** 父가 혼인외의 자녀에 대해 출생신고를 한 경우 그 신고는 인지의 효력이 있다(무효행위의 전환, 가족관계의 등록 등에 관한 법률 제57조). 그런데 이 경우 그 자녀가 실제 그 父의 친생자가 아닌 경우 학설은 무효행위 전환법리에 따라 인지의 효력이 발생한 이상 인지이의의 소로써 다투어야 하므로 인지이의의 소에 관한 제척기간이 적용된다는 견해가 있으나, 判例는 친생자관계부존재확인의 소로써 다투어야 한다고 판시하였다.

(2) 친생자 추정을 받는 혼인 중의 출생자의 경우

① 친생자 추정은 반증이 허용되지 않는 강한 추정이어서 그 추정을 번복하려는 父가 제846조 이하의 엄격한 요건의 '친생부인의 소'를 제기하여야 하고(제846조)[제847조 제1항에서 정한 친생부인의 소의 원고적 격이 있는 '父, 妻'는 子의 생모에 한정되고, 여기에 친생부인이 주장되는 대상자의 법률상 父와 '재혼한 처'는 포함되지 않는다(대판 2014.12.11. 2013므4591 : 9회 선택형)], 제865조에 의한 '친생자관계 부존재확인의 소'에 의할 수는 없다(대판 2000.8.22. 2000므292 : 9회 선택형).

② 따라서 친생자 추정을 받는 자에 대해서는 친생자관계부존재확인의 소, 인지청구, 임의인지 등을 할 수 없고 또한 별소에서 선결문제로 친생부인을 주장하는 것도 허용되지 않는다. 다만, 判例는 "부 적법한 '친생자관계 부존재확인의 소'의 청구일지라도 법원이 그 잘못을 간과하고 청구를 받아들여 친생자관계가 존재하지 않는다는 확인의 심판을 선고하고 그 심판이 확정된 이상 이 심판이 당연무 효라고 할 수는 없는 것이며, 위 확정심판의 기판력과 충돌되는 친생자로서의 추정의 효력은 소멸된 다"고 한다(대판 1992.7.24. 91므566).

> **[관련판례]** ＊ **친생자추정과 인지청구**
> 친생자 추정을 받는 혼인 중의 출생자에 대하여는 제3자에 의한 인지가 허용되지 않는다(대판 2000.8.22. 2000므292). 그러나 "민법 제844조의 친생추정을 받는 자는 친생부인의 소에 의하여 그 친생추정을 깨뜨리지 않고서는 다 른 사람을 상대로 인지청구를 할 수 없으나, 호적(가족관계등록부)상의 부모의 혼인 중의 자로 등재되어 있는 자라 하더라도 그의 생부모가 호적(가족관계등록부)상의 부모와 다른 사실이 객관적으로 명백한 경우에는 그 친생추정이 미치지 아니하므로, 그와 같은 경우에는 곧바로 생부모를 상대로 인지청구를 할 수 있다"(대결 2000.1.28. 99스1817).

┃ 핵심사례 E-01 ┠

┃ 친생자 추정과 제한
대판 1983.7.12. 전합82므59

> 대학시절부터 사랑하는 사이였던 甲·乙은 2002년 1월 곧 결혼하기로 하고 사실혼관계를 맺어 사 실혼부부로서 생활하였는데 갑작스런 甲의 독일 1년 근무발령에 따라 혼인을 미루어 오다 2003년 2월 혼인신고와 동시에 결혼식을 올리고 생활하였다. 그런데 2003년 6월 乙은 A를 출산하였고 이를 의아하게 여긴 甲이 혈액형조사를 하였는바, 혈액형이 배치되는 것으로 나타났다(甲: O형, 乙: A형, A: AB형). 사실을 조사해 본 甲은, A는 乙이 자신의 독일체류 중 丁을 통했던 丙의 아이 임을 알게 되었다. A가 甲의 子로 친생자 신고된 경우 甲의 친생부인방법은? (15점)

Ⅰ. A가 甲의 친생자로서 추정을 받는지 여부 : 원칙

A의 경우 ① 母가 甲의 처인 乙이고, ② 제844조 2항의 '혼인성립의 날'을 사실혼이 선행되는 경우 사실혼 성립의 날도 포함한다는 견해에 따를 때 A는 처인 乙이 혼인 중에 포태한 자로 원칙적으로 夫의 자로 추정 된다(설문상 A는 혼인신고 후 200일 전이나 사실혼성립 200일 이후에 출생하였다).

Ⅱ. A가 甲의 친생자로서 추정이 제한되는지 여부 : 예외

判例의 입장인 외관설에 따르면 甲의 장기독일체류로 인해 동침의 결여가 외관상 명백한 경우이고, 甲이 혈액형조사 등을 통해 자기의 자식이 아닌 A를 자기의 자식으로 인정하고자 하는 의사 없음을 명백히 한 경우로서 사안의 경우 이미 지켜야 할 가정이 붕괴되고 있고, 子인 A에게도 친생자 추정을 인정한다 하여 도 이익이 될 것이 없어 친생자추정이 제한될 필요가 있다. 따라서 甲은 친생부인의 소(제846조)가 아닌 친자 관계부존재확인의 소(제865조)에 의해 A와의 친자관계를 부인할 수 있다.

Ⅲ. 혼인 외의 출생자 [E-28]

1. 의 의

혼인 외의 출생자는 부모가 혼인하지 않은 상태에서 출생한 子이다. 예컨대, 사실혼 관계·무효혼관계(제855조 1항 후문)등으로부터 출생한 자, 혼인 중의 출생자 중 친생부인의 판결 또는 친생자관계부존재확인의 판결에 의하여 그 친생자가 아님이 확정된 자는 혼인 외의 출생자이다. 그러나 혼인이 취소된 경우에는 소급효가 없기 때문에(제824조), 그 子는 혼인 중의 출생자가 된다.

> [주의] 혼인 외의 출생자와 生父 사이의 부자관계는 부의 인지에 의해서만 생길 수 있는 반면(대판 1997.2.14. 96므738 ; 그 결과 인지가 있기 전에는 친권, 상속 등의 친자관계에 따른 법률효과가 발생하지 않는다), 生母와의 모자관계는 인지나 출생신고 등과 무관하게 자의 출생으로 당연히 발생한다(대판 1986.11.11. 86도1982).

2. 인 지

(1) 의 의

혼인 외의 출생자에 대하여 생부 또는 생모가 자기의 子라고 인정하거나(임의인지), 재판에 의하여 父 또는 母를 확인함으로써(강제인지), 그들 사이에 법률상의 친자관계를 형성하는 것을 認知라고 한다. 母의 인지는 출생확인이라는 사실적 요소가 강한 반면(기아, 영아절도 등의 경우) 父의 인지는 사실확인의 측면 이외에 법적 의사를 표시함으로써 부자관계를 형성하는 측면도 있다.

(2) 임의인지

1) 인지권자

임의인지는 생부 또는 생모만이 할 수 있다(제855조 1항). 그러나 사실 母子관계는 분만·해산이라고 하는 외형적인 사실에 의하여 객관적으로 확정될 수 있으므로 특별한 경우(기아, 영아절도 등의 경우)를 제외하고는 母子관계의 인지는 불필요하다.

2) 피인지자

인지될 수 있는 자는 혼인 외의 출생자이다. 그러나 타인의 친생자로 추정되고 있는 자에 대하여는 친생부인의 소의 확정판결에 의하여 친자관계가 부인되기 전에는 아무도 인지할 수 없다(대판 1987.10.13. 86므129). 물론 호적상의 부모의 혼인중의 자로 등재되어 있는 자라 하더라도 그의 생부모가 호적상의 부모와 다른 사실이 객관적으로 명백한 경우에는 그 친생추정이 미치지 아니하므로, 그와 같은 경우에는 곧바로 생부모를 상대로 인지청구를 할 수 있다(대판 2000.1.28. 99므1817 : 5회 선택형). 子가 사망한 후에는 원칙적으로 인지할 수 없으나, 子의 직계비속이 있는 때에는 인지할 수 있다(제857조). 그리고 父는 포태 중에 있는 子에 대하여도 인지할 수 있다(제858조).

> [관련판례] "생부의 인지 없이 생모에 의해 임의로 생부의 친생자로 출생신고 되었다는 것을 이유로 한 인지무효확인의 확정심판은 생부 스스로 子를 그의 친생자로 인정하여 출생신고를 한 바 없는데도 생모에 의해 그러한 행위를 한 것처럼 호적상 기재가 되어 있으니 그 출생신고에 의한 임의인지가 무효임을 확인한다는 것이 심판대상임이 명백하고, 따라서 그 기판력 역시 생부의 출생신고에 의한 임의인지가 무효라는 점에 한하여 발생할 뿐이며, 나아가 생부와 子사이에 친생자관계가 존재하는지의 여부에 대해서까지 그 확정심판의 효력이 미치는 것은 아니므로, 그 확정심판의 효력은 **子와 생부 사이에 친생자관계가 존재함을 전제로 하여 재판상 인지를 구하는 청구에는 미치지 아니한다**"(대판 1999.10.8. 98므1698).
>
> [판례해설] 인지는 인지권자 자신이 하여야 하며 母가 父의 인지신고(친생자 출생신고에 의한 인지를 포함)를 하면 이는 무효이다. 따라서 만약 甲의 사실혼 배우자 생모 丙이 丁을 甲의 출생자로 신고한 것은 甲이 丁의 生父라 하여도 인지로서 무효이다. 그리고 인지무효의 소의 당사자는 당사자(인지자, 피인지자), 그 법정대리인, 4촌 이내의 친족이 원고가 될 수 있는바(가사소송법 제28조 전단, 동법 제23조), 甲은 인지무효의

소를 제기할 수 있으나, 그 판결의 기판력은 임의인지의 무효사유가 있음을 확인하는 것에만 미칠 뿐 丁이 甲에 대해 재판상 인지를 청구하는 것에는 미치지 않는다.

(3) 강제인지(재판상 인지)

1) 의 의

① 부 또는 모가 임의인지를 하지 않고 있는 경우, 재판으로 인지를 강제할 수 있다(제863조). 그리고 부 또는 모, 양자 사망시에는 검사를 상대로 그 사망을 안 날로부터 2년 내에 인지에 대한 이의의 소 또는 인지청구의 소를 제기할 수 있다(제864조). 이를 '강제인지'라고 한다.

② 혼인 외 출생자의 경우 母子관계는 인지를 요하지 아니하고 법률상의 친자관계가 인정될 수 있지만, 父子관계는 父의 인지에 의하여서만 발생하는 것이므로, 父가 사망한 경우에는 그 사망을 안 날로부터 2년 이내에 검사를 상대로 인지청구의 소를 제기하여야 하고, ㉠ '혼인 외 출생자'는 검사를 상대로 사망한 부와 사이에 '친생자관계존재확인'을 구할 수 없고(대판 2021.12.30. 2017므14817),[1] ㉡ '생모나 친족 등 이해관계인'은 혼인 외 출생자를 상대로 혼인 외 출생자와 사망한 부 사이의 '친생자관계존재확인'을 구할 수 없다(대판 1997.2.14. 96므738 ; 대판 2021.12.30. 2017므14817 : 12회 선택형).

2) 법적성질

① 인지의 소는 가사소송법상 나류 가사소송사건으로서(가사소송법 제9조) 소에 의하여 선고된 판결은 제3자에 대하여 효력이 있다(가사소송법 제21조). 인지는 사실상 친자관계의 존재를 확인하여 판결로써 비로소 법률상의 친자관계를 창설하기 때문에 '형성의 소'로 보아야 하지만, 母에 대한 인지는 '확인의 소'이다(대판 1967.10.4. 67다1791). **[12입법]** 이러한 인지청구의 소는 당사자의 증명이 충분하지 못할 때에는 법원이 '직권'으로 사실조사와 증거조사를 하여야 한다(대판 2015.6.11. 2014므8217).

② 인지청구권은 '포기할 수 없는 권리'이다. 따라서 인지청구권을 포기하기로 하는 재판상 화해가 이루어 졌더라도 그 화해는 효력이 없으며, 친생자관계가 없음을 확인한다는 조정이 성립된 이후에 인지청구를 한다고 하여 금반언 원칙에 반한다거나 권리남용에 해당한다고 할 수 없다(대판 1999.10.8. 98므1698).

3) 제소기간

㉠ 父의 생존 중에는 언제든지 인지청구의 소를 제기할 수 있으나, ㉡ 부 또는 모, 양자 사망시에는 검사를 상대로 그 사망을 안 날로부터 2년 내에 소를 제기하여야 하는바, 이 때 '사망을 안 날'은 사망이라는 객관적 사실을 아는 것을 의미하고, 사망자와 친생자관계에 있다는 사실까지 알아야 하는 것은 아니다(대판 2015.2.12. 2014므4871).

(4) 인지의 효과

1) 법률상 친자관계 발생

① 임의인지이든 강제인지이든 인지는 혼외자와 생부 또는 생모 사이에 친자관계를 발생시켜 친권, 부양, 상속 등의 법률관계가 생긴다.

② 인지의 소의 확정판결에 의하여 일단 부와 자 사이에 친자관계가 창설된 이상, '재심의 소'로 다투는 것은 별론으로 하고, 확정판결에 반하여 '친생자관계부존재확인의 소'로써 당사자 사이에 친자관계가 존재하지 않는다고 다툴 수는 없고(대판 2015.6.11. 2014므8217 : 9회 선택형), '인지에 대한 이의의 소'로써도 다툴 수 없다(대판 1981.6.23. 80다109).

---

1) **[민사소송법 쟁점]** "혼인 외 출생자 등이 법률상 부자관계의 성립을 목적으로 친생자관계존재확인의 소를 제기한 경우에 법원은 친생자관계존재확인의 소의 보충성을 이유로 그대로 소를 각하할 것이 아니라 원고의 진정한 의사를 확인하여 그에 알맞은 청구취지와 청구원인으로 정리하도록 '석명'하여야 한다"(대판 2021.12.30. 2017므14817).

2) 소급효

임의인지의 경우에는 인지신고를 한 때, 강제인지의 경우에는 인지판결이 확정된 때 효력이 생기며, 그 효력은 출생시에 소급한다(제860조 본문). 그러나 인지의 소급효는 제3자가 이미 취득한 권리를 해하지 못한다(제860조 단서).

(5) 인지에 대한 이의

자 기타 이해관계인은 인지의 신고있음을 안 날로부터 1년 내에 인지에 대한 이의의 소를 제기할 수 있다(제862조). 만약 부 또는 모가 사망하였다면, 그 사망을 안 날로부터 2년 내에 검사를 상대로 하여 인지에 대한 이의 또는 인지청구의 소를 제기할 수 있다(제864조).

[쟁점 27] 인지의 소급효에 따른 문제점 ▼

Ⅰ. 과거의 양육비 청구(구상)에 관한 문제 [16사법]   [E27-1]

1. 문제점

과거의 양육비를 청구하는 청구인은 대부분 혼외자의 생모 혹은 이혼한 母이고 상대방은 혼외자의 생부 혹은 이혼한 父일 것이다. 따라서 과거의 양육비를 청구할 수 있느냐의 여부는 실천적으로는 일반적으로 경제적 약자인 母에게서 양육된 자의 보호여부가 문제되는 것이며, 논리적으로는 부모의 미성년 자녀에 대한 부양의무의 근거와 양육비채권의 발생시기가 문제되는 사안이다.

2. 부모의 미성년 자녀에 대한 부양의무의 근거

(1) 문제점

현행민법은 부부상호간의 부양(제826조)과 직계혈족 및 그 배우자 또는 생계를 같이 하는 친족간의 부양(제974조)에 관해서는 명확한 규정을 두고 있지만, 부양의무 중에서도 본질적인 것이라고도 할 수 있는 부모의 미성년 자녀에 대한 부양에 관해서는 명확한 규정을 두지 않아 그 근거를 둘러싸고 여러 의견들이 주장된다.

(2) 학설 및 판례의 검토

① 친권에 근거한다는 견해(제913조 참조), ② 친자간의 공동생활에서 근거한다는 견해가 있으나, ③ 친권의 유무, 子와의 공동생활 (동거)유무에 관계없이 혈연을 기초로 하는 친자관계의 본질에서 근거한다는 견해가 타당하다(다수설). ④ 判例도 기준을 친권 유무에 두고 있지 않은 점이 주류적 태도이므로 역시 친자관계의 본질이라는 점에서 부양의무의 근거를 찾고 있는 듯하다(대결 1993.5.13. 전합 92스21).

3. 양육비 채권의 발생시기

과거의 양육비 청구를 인정할 것인가와 관련하여 양육비채권이 언제 발생하는지 문제되나, 요부양자의 청구에 관계없이 부양의무자가 부양의무를 필요시에 이행하지 않으면 채무불이행에 빠지게 된다는 **부양요건성립시설**(다수설)이 타당하다. 判例도 "부모의 자녀양육의무는 특별한 사정이 없는 한 자녀의 출생과 동시에 발생하는 것"이라고 하여 부양요건성립시설의 입장을 취하고 있다.

4. 과거의 양육비 청구(구상)의 인정 여부

종래의 判例는 부정했으나, 태도를 변경하여 "어떠한 사정으로 인하여 부모 중 어느 한 쪽만이 자녀를 양육하게 된 경우에, 그와 같은 일방에 의한 양육이 그 양육자의 일방적이고 이기적인 목적이나 동기에서 비롯한 것이라거나 자녀의 이익을 위하여 도움이 되지 아니하거나 그 양육비를 상대방에게 부담시키는 것이 오히려 형평에 어긋나게 되는 등 특별한 사정이 있는 경우를 제외하고는, 양육하는 일방은 상대방에 대하여 현재 및 (성년이 될 때까지의) 장래에 있어서의 양육비 중 적정 금액의 분담을 청구할 수 있음은 물론이고, 부모의 자녀양육의무는 특별한 사정이 없는 한 자녀의 출생과 동시에 발생하는 것이므로 과거의 양육비에 대하여도 상대방이 분담함이 상당하다고 인정되는 경우에는 그 비용의 상환을 청구할 수 있다"(대결 1993.5.13. 전합92스21 : 11회 선택형)라고 판시하여 긍정하고 있다.

[판례검토] 부양의무자의 과거의 생활은 지나갔어도 그 생활을 위해 부담한 채무나 경제적 궁핍은 현재에도 계속될 수 있으며, 과거의 양육비에 관한 결정도 제837조 2항의 양육에 관한 처분에 해당한다는 점으로 보아 과거의 양육비를 자녀를 양육하지 아니한 일방에게 청구할 수 있다고 본다.

5. 과거의 양육비의 분담범위(구상범위)

"한 쪽의 양육자가 양육비를 청구하기 이전의 과거의 양육비 모두를 상대방에게 부담시키게 되면 상대방은 예상하지 못하였던 양육비를 일시에 부담하게 되어 지나치고 가혹하며 신의성실의 원칙이나 형평의 원칙에 어긋날 수도 있으므로, 이와 같은 경우에는 반드시 이행청구 이후의 양육비와 동일한 기준에서 정할 필요는 없고, 여러 사정을 고려하여 적절하다고 인정되는 분담의 범위를 정할 수 있다"(대결 1993.5.13. 전합92스21).

6. 소멸시효

"당사자의 협의 또는 가정법원의 심판에 의하여 구체적인 지급청구권으로서 성립하기 전에는 과거의 양육비에 관한 권리는 양육자가 그 권리를 행사할 수 있는 재산권에 해당한다고 할 수 없고, 따라서 이에 대하여는 소멸시효가 진행할 여지가 없다"(대결 2011.7.29. 2008스67).

■ ★ 부모의 자녀에 대한 과거의 양육비 청구 [16사법]

사실관계 | 甲과 乙은 2000. 1. 1. 혼인하였고 그 사이에서 丙이 2001. 1. 1. 출생하였다. 甲은 2001. 12. 31. 가출하여 乙과 별거하였다. 甲은 가출 이후 乙에게 재정적 지원을 일절 하지 않다가 2005. 1.부터 이혼할 때까지 양육비 명목으로 乙에게 매월 50만 원씩을 송금하였다. 乙은 2015. 3. 3. 甲과 협의이혼하였다. 乙은 2016. 6. 20. 甲을 상대로 법원에 2002. 1. 1.부터 2004. 12. 31.까지의 양육비 지급을 청구하였다. 이 청구는 받아들여질 수 있는가?

사안의 해결 | 위 判例에 따르면 乙은 甲을 상대로 2002. 1. 1.부터 2004. 12. 31까지의 과거의 양육비를 청구할 수 있으며, 당사자의 협의나 가정법원의 심판에 의하여 구체화된 바가 없기 때문에 소멸시효가 진행할 여지가 없다.

Ⅱ. 상속의 문제

[E27-2]

1. 상속재산 분할 후에 피인지자가 분할을 청구하는 경우

인지의 소급효 제한을 상속에 대하여 그대로 적용하면 인지청구를 인정한 실익이 거의 없어져 버린다. 그렇다고 하여 다른 상속인이 이미 분할 기타의 처분을 한 후에 그것을 무효로 하여 재분할을 한다는 것도 제3자에게 해를 줄 염려가 있고 또 번잡하므로, 민법은 피인지자에게 가액만의 지급청구를 인정하여 문제를 간단히 해결하고 있다(제1014조).

즉 제1014조에 의하면 피인지자도 상속재산의 분할을 청구할 수 있으나, **다른 공동상속인이 이미 분할 기타의 처분을 한 때에는 그 상속분에 상당한 가액의 지급만을 청구할 수 있다.** 이 경우 다른 공동상속인들은 자신들이 제860조 단서의 제3자에 해당한다는 점을 들어 피인지자의 청구를 거절할 수 없다. 그러나 **다른 공동상속인들로부터 재산을 양수한 제3자는 동조 단서의 제3자에 해당한다.**

2. 피인지자보다 후순위 상속인이 제860조 단서의 제3자에 해당하는지 여부 [12사법]

(1) 문제점

제1014조가 적용되는 것은 피인지자와 종전의 상속인이 공동상속인이 되는 경우인바, 피인지자가 단독상속인이 되는 경우에도 제1014조가 적용될 것인지 문제된다.

(2) 판례

判例는 **동순위 상속인조차** 인지되어 새로 상속인이 된 자가 있는 경우 가액반환의무(제1014조 참조)를 부담하는 점을 근거로 이와 균형상 **후순위 상속권자의 상속권은 제860조 단서에 의해 보호받는 제3자의 권리에 해당하지 않는다고 한다.**

즉, 判例는 "민법 제860조는 인지의 소급효는 제3자가 이미 취득한 권리에 의하여 제한받는다는 취지를 규정하면서 제1014조는 상속개시 후의 인지 또는 재판의 확정에 의하여 공동상속인이 된 자는 그 상속분에 상응한 가액의 지급을 청구할 권리가 있다고 규정하여 제860조 소정의 제3자의 범위를 제한하고 있는 취지에 비추어 볼 때 혼인 외의 출생자가 父의 사망 후에 인지의 소에 의하여 출생자로 인지받은 후 피인지자보다 **후순위상속인**인 피상속인의 직계존속 또는 형제자매 등은 피인지자의 출현과 함께 자신이 취득한 상속권을 소급적으로 잃게 되는 것으로 보아야 하고, 그것에 제860조 단서의 규정에 따라 인지의 소급효 제한에 의하여 보호받게 되는 제3자의 기득권에 포함된다고 볼 수 없다"(대판 1993.3.12. 92다48512 : 핵심사례 B-14.참고)고 한다.

[판례검토] 피인지자가 동순위의 상속인에 대하여는 가액지급에 의한 상환청구를 할 수 있으나(제1014조), 후순위의 상속인에 대하여는 전혀 아무런 청구를 할 수 없다는 것은 형평의 원칙에 어긋난다. 따라서 후순위 상속인은 인지에 의하여 소급하여 상속권을 상실하며, 피인지자가 단독상속인이 된다고 보는 것이 타당하다. 이에 의하면 후순위 상속인이 참가한 상속재산 분할은 무효로 되고, 선순위 상속권자는 후순위 상속인에 대하여 가액지급청구권이 아니고 상속회복청구권을 행사할 수 있게 된다.

■ ★ 제860조 단서와 구체적 상속분 [12사법]

사실관계 | 2010. 5. 사망한 A에게 유족으로는 처 甲과 직계혈족 乙이 있고, 상속재산으로는 A의 단독소유인 X주택(시가 3억 원 상당), 저축은행 Y에 예금 1억 원이 남았다. 사안에서 甲과 乙(A의 모라고 가정함)이 A의 재산을 공동상속하고 이미 재산분할까지 마친 상황에서 A의 내연녀인 B가 丁을 출산하여 A의 친자로 밝혀졌고, 2010. 10. 인지신고가 되었다. 이 경우 A의 최종 상속인은 누구이며, 그들의 구체적인 상속분(적극재산에서 소극재산을 제외한 상속재산은 2억 1천만 원으로 가정함)은 각각 얼마인가?

사안의 해결 | 위 判例(대판 1993.3.12. 92다48512)에 따르면 후순위상속인 乙은 丁의 인지와 동시에 상속권을 상실한다(제860조 본문). 결국 최종상속인은 배우자 甲과 직계비속 丁이다. 구체적 상속분은 ① 적극재산에서 소극재산을 제외한 상속재산이 2억 1천만원이라는 점에서 소극재산은 1억 9천만원임을 알 수 있다. 따라서 만약 소극재산 1억 9천만 원이 금전채무라면 이 중 3/5(1억 1,400만 원)는 甲에게 귀속되고

2/5(7,600만 원)은 丁에게 귀속되어 각 분할채무를 부담하게 된다(대판 1997.6.24. 97다8809참고). ② 적극재산 중 X주택은 甲이 3/5, 丁이 2/5지분으로 공유하고(제1006조), 예금 1억 원은 甲에게 3/5인 6,000만 원이 귀속되고, 丁에게 2/5인 4,00만 원이 귀속되어 각 분할채권을 취득한다(대결 2006.7.24. 2005스83 참고).

3. 모자관계에 제860조 단서가 (유추)적용되는지 여부 [10회 기록형]

"혼인 외의 출생자와 생모 사이에는 생모의 인지나 출생신고를 기다리지 아니하고 자의 출생으로 당연히 법률상의 친자관계가 생기고, 가족관계등록부의 기재나 법원의 친생자관계존재확인판결이 있어야만 이를 인정할 수 있는 것이 아니다. 따라서 인지를 요하지 아니하는 모자관계에는 인지의 소급효 제한에 관한 민법 제860조 단서가 적용 또는 유추적용되지 아니하며, 상속개시 후의 인지 또는 재판의 확정에 의하여 공동상속인이 된 자의 가액지급청구권을 규정한 민법 제1014조를 근거로 자가 모의 다른 공동상속인이 한 상속재산에 대한 분할 또는 처분의 효력을 부인하지 못한다고 볼 수도 없다. 이는 비록 다른 공동상속인이 이미 상속재산을 분할 또는 처분한 이후에 그 모자관계가 친생자관계존재확인판결의 확정 등으로 비로소 명백히 밝혀졌다 하더라도 마찬가지이다"(대판 2018.6.19. 2018다1049).[2)]

4. 상속채권의 채무자의 변제

제470조에 의하여 보호된다. 이와 관련해 判例는 "혼인외의 자의 생부가 사망한 경우, 혼인외의 출생자는 그가 인지청구의 소를 제기하였다고 하더라도 그 인지판결이 확정되기 전에는 상속인으로서의 권리를 행사할 수 없고, 그러한 인지판결이 확정되기 전의 정당한 상속인이 채무자에 대하여 소를 제기하고, 나아가 승소판결까지 받았다면, 채무자로서는 그 상속인이 장래 혼인외의 자에 대한 인지판결이 확정됨으로 인하여 소급하여 상속인으로서의 지위를 상실하게 될 수 있음을 들어 그 권리행사를 거부할 수 없으므로, 그러한 표현상속인에 대한 채무자의 변제는, 특별한 사정이 없는 한, 채무자가 표현상속인이 정당한 권리자라고 믿은 데에 과실이 있다 할 수 없으므로, 채권의 준점유자에 대한 변제로서 적법하다"(대판 1995.1.24. 93다32200 : 핵심사례 B-14.참고)라고 판시하고 있다.

▶ [쟁점 27] ─────────

---

2) **[사실관계]** 甲女가 乙男과 혼인하여 丙을 출산한 후, 乙과 이혼하고 丁男과 사실혼 관계를 유지하면서 원고 등을 출산하였는데, 甲의 사망 후 丙이 甲이 소유하던 부동산에 관하여 단독으로 상속등기를 마친 다음 戊에게 매도한 사안에서, <u>원고 등과 甲 사이에 친생자관계가 존재함을 확인하는 판결</u>이 丙의 부동산 처분 이후에 확정되었다 하더라도 丙, 戊에게는 원고 등의 상속지분에 해당하는 소유권이전등기를 말소할 의무가 있다는 이유로, 제1014조를 근거로 원고 등이 丙이 한 상속재산에 대한 처분의 효력을 부인하지 못한다고 본 원심판결을 파기한 사례

제2관 양 자

I. 서 설

1. 양 자

입양행위에 의하여 성립한 법률상의 자를 양자라고 한다. 양자도 파양을 할 수 있는 점을 제외하고는 친생자와 동일한 법률상의 지위를 갖는다.

2. 입 양

입양이란 양친이 될 자와 양자가 될 자와의 양친자관계를 발생시키는 형성적 신분행위이다. 민법은 입양요건으로 당사자 사이의 합의 외에 입양신고를 요하는 형식주의를 채택하고 있다(제878조).

> **✳ 2012년 2월 10일 개정민법**(2013년 7월 1일 시행)
>
> ① 미성년자 입양에 대한 가정법원의 허가제 도입 등(제867조 신설 및 제898조)
>
> 미성년자를 입양할 때에는 가정법원의 허가를 받도록 하고, 가정법원이 입양을 허가할 때에는 양부모가 될 사람의 양육능력, 입양의 동기 등을 심사하여 허가 여부를 결정하도록 하는 한편, 미성년자는 재판으로만 파양할 수 있도록 입양절차를 개선함.
>
> 양부모가 보험금을 수령할 목적으로 입양한 영아를 살해하거나 입양한 아동을 성폭행하는 등의 범죄가 연이어 발생하는 등 부적격자에 의한 입양이 심각한 사회문제가 되고 있다. 위 규정에 따라 입양과 파양에 국가기관이 후견적으로 개입할 수 있게 됨으로써 양자가 될 미성년자와 양자인 미성년자의 복리가 위태롭게 되는 것을 방지하는 데 도움이 될 것으로 기대된다.
>
> ② 부모의 동의 없이 양자가 될 수 있는 방안 마련(제870조, 제871조 및 제908조의2 제2항)
>
> 부모의 소재를 알 수 없는 등의 사유로 부모의 동의를 받을 수 없는 경우에는 그 동의가 없어도 가정법원이 입양을 허가할 수 있도록 하고, 부모가 3년 이상 자녀에 대한 부양의무를 이행하지 아니한 경우 등에는 부모가 동의를 거부하더라도 가정법원이 입양을 허가할 수 있도록 제도를 개선함. 종래에는 부모의 동의를 받아야만 양자가 될 수 있는데, 부모의 소재를 알 수 없는 경우에는 동의를 받을 수 없는 문제가 있고 최근에는 부모가 입양 동의를 조건으로 금전적 대가를 요구하는 사례도 있었다.
>
> ③ 친양자 입양 가능 연령 완화(제908조의2 제1항 제2호)
>
> 친양자 입양의 연령 제한을 완화하여 친양자가 될 사람이 미성년자이면 친양자 입양을 할 수 있도록 함. 종래에는 친양자가 될 사람은 15세 미만이어야 하나, 오랜 공동생활을 통해 계부모와 계자녀 사이에 사실상의 친자관계가 형성된 재혼 가정의 경우 연령 제한으로 인하여 친양자 입양을 하지 못하는 사례가 있었다. 위 규정에 따라 재혼 가정의 현실에 맞도록 친양자 입양 요건을 개선함으로써 재혼 가정의 화합을 촉진하고 자녀들의 복리를 증진시키는 데 도움이 될 것으로 기대된다.

Ⅱ. 입양의 성립요건

> 제866조(입양을 할 능력) 성년이 된 사람은 입양(入養)을 할 수 있다.
>
> ▸ **성년자를 입양하려는 사람은 가정법원의 허가를 받아야 한다(X)**
>
> 제867조(미성년자의 입양에 대한 가정법원의 허가) ① 미성년자를 입양하려는 사람은 **가정법원의 허가**를 받아야 한다. ②가정법원은 양자가 될 미성년자의 복리를 위하여 그 양육 상황, 입양의 동기, 양부모(養父母)의 양육능력, 그 밖의 사정을 고려하여 제1항에 따른 **입양의 허가를 하지 아니할 수 있다.**
>
> ★ 제869조(입양의 의사표시) ① 양자가 될 사람이 **13세 이상**의 미성년자인 경우에는 **법정대리인의 동의**를 받아 입양을 승낙한다.
>
> ② 양자가 될 사람이 **13세 미만**인 경우에는 **법정대리인이 그를 갈음하여 입양을 승낙**한다.
>
> ③ 가정법원은 다음 각 호의 어느 하나에 해당하는 경우에는 제1항에 따른 동의 또는 제2항에 따른 **승낙이 없더라도** 제867조 제1항에 따른 **입양의 허가를 할 수 있다.**
>
> 1. 법정대리인이 **정당한 이유 없이** 동의 또는 승낙을 거부하는 경우. 다만, 법정대리인이 친권자인 경우에는 제870조 제2항의 사유가 있어야 한다.
>
> 2. 법정대리인의 소재를 알 수 없는 등의 사유로 **동의 또는 승낙을 받을 수 없는 경우**
>
> ④ 제3항 제1호의 경우 가정법원은 법정대리인을 **심문하여야 한다.** (▸ **심문할 수 있다 X**)
>
> ▸ **법정대리인의 입양에 대한 동의 또는 대락은 가정법원의 입양 허가 있은 후에도 철회할 수 있다(X)**
>
> ⑤ 제1항에 따른 동의 또는 제2항에 따른 승낙은 제867조 제1항에 따른 **입양의 허가가 있기 전까지 철회할 수 있다.**

1. 실질적 요건

(1) 무효사유

① ⅰ) 당사자 사이에 입양의 합의가 있어야 한다(제883조 1호). 그런데 양자가 될 사람이 만13세 이상의 미성년자인 경우에 법정대리인의 동의를 받아 입양을 승낙하여야 하고, 양자가 될 사람이 만 13세 미만(종래에는 만 15세 미만)인 경우에는 법정대리인이 그를 갈음하여 입양을 승낙한다(제869조 1항, 2항). 다만 법정대리인이 정당한 이유 없이 동의 또는 승낙을 거부하는 경우 또는 법정대리인의 소재를 알 수 없는 등의 사유로 동의 또는 승낙을 받을 수 없는 경우에는 가정법원이 입양을 허가할 수 있다(제860조 3항). ⅱ) 양자는 양친의 존속 또는 연장자가 아니어야 한다(제877조 1항). ⅰ), ⅱ)요건이 흠결되면 입양은 무효이다(제869조 1항은 취소사유이고 2항은 무효사유이다).

② **[관련판례]** ㉠ 만 13세 미만의 자가 법정대리인의 승낙 없이 입양된 경우 그 입양은 무효이나, 양자가 만 13세 이상이 되어 입양이 무효인 점을 알고 추인하면 입양의 유효가 인정될 수 있다(대판 1997.7.11. 96므1151 : A-150. 참고) ㉡ 조부모와 손자녀 사이에는 이미 혈족관계가 존재하지만 부모·자녀 관계에 있는 것은 아니다. 민법은 입양의 요건으로 동의와 허가 등에 관하여 규정하고 있을 뿐이고 **존속을 제외하고는 혈족의 입양을 금지하고 있지 않다**(민법 제877조 참조). 따라서 '조부모가 손자녀를 입양'할 수 있다(대결 2021.12.23. 전합2018스5 : 이러한 다수의견에 대하여는 친생부모가 생존하는 경우 조부모의 손자녀 입양은 엄격한 기준에 따라 허가 여부를 판단하여야 하고, 그러한 기준에 따르면 입양을 불허해야 한다는 반대의견이 있었다. : 12회 선택형).

(2) 취소사유

① ⅲ) 양친이 되는 자는 성년이어야 한다(제866조). ⅳ) 양자가 될 자는 '원칙적'으로 부모 등의 동의를 얻어야 한다. 양자가 될 자가 성년인 경우에도 마찬가지이다. 다만 부모의 소재를 알 수 없는 등의

사유로 동의를 받을 수 없는 경우 그러하지 아니하다(제870조, 제871조). ⅴ) 배우자 있는 자가 양자를 할 때에는 배우자와 공동으로 하여야 하고, 배우자 있는 자가 양자가 될 때에는 다른 일방의 동의를 얻어야 한다(민법 제874조). ⅲ),ⅳ),ⅴ) 요건이 흠결되면 입양은 취소될 수 있다.

② **[관련판례]** 만약 처가 있는 자가 입양을 함에 있어 혼자만의 의사로 부부 쌍방 명의의 입양신고를 하여 수리된 경우 입양의 효력이 있는지와 관련하여 判例는 "부부의 공동입양의 경우에도 부부 각자에 대하여 별개의 입양행위가 존재하여 부부 각자와 양자 사이에 각각 양친자관계가 성립하는바, 먼저 '처와 양자 사이'에는 입양의 합의가 없어 '무효'이고, 다음으로 '처가 있는 자와 양자 사이'에는 입양의 일반 요건을 모두 갖추었다 하더라도 부부 공동입양의 요건을 갖추지 못하였으므로 처가 그 입양의 '취소를 청구'할 수 있으나, 그 취소가 이루어지지 않는 한 그들 사이의 입양은 유효하게 존속한다"(대판 1998.5.26. 97므25)고 판시하고 있다.

2. 형식적 요건

입양은 가족관계의 등록 등에 관한 법률이 정한 바에 의하여 신고함으로써 그 효력이 생긴다(제878조 1항 ; 창설적 신고). 이 신고는 당사자 쌍방과 성년자인 증인 2인의 연서한 서면으로 하여야 한다(제878조 2항).

★ **제870조(미성년자 입양에 대한 부모의 동의)** ① 양자가 될 미성년자는 **부모의 동의를 받아야** 한다. 다만, 다음 각 호의 어느 하나에 해당하는 경우에는 **그러하지 아니하다**.

　1. 부모가 **제869조 제1항에 따른** 동의를 하거나 같은 조 **제2항에 따른 승낙**을 한 경우

　2. 부모가 **친권상실의 선고**를 받은 경우

　3. 부모의 소재를 알 수 없는 등의 사유로 **동의를 받을 수 없는 경우**

　② 가정법원은 다음 각 호의 어느 하나에 해당하는 사유가 있는 경우에는 **부모가 동의를 거부하더라도** 제867조 제1항에 따른 **입양의 허가를 할 수 있다**. 이 경우 가정법원은 **부모를 심문하여야 한다**. (▸ 심문할 수 있다 X)

　1. 부모가 **3년 이상** 자녀에 대한 부양의무를 이행하지 아니한 경우

　2. 부모가 자녀를 **학대** 또는 **유기**(遺棄)하거나 그 밖에 자녀의 복리를 현저히 해친 경우

　③ 제1항에 따른 동의는 **제867조 제1항에 따른 입양의 허가가 있기 전까지 철회**할 수 있다.

★ **제871조(성년자 입양에 대한 부모의 동의)** ① 양자가 될 사람이 **성년**인 경우에는 **부모의 동의**를 받아야 한다. 다만, 부모의 소재를 알 수 없는 등의 사유로 동의를 받을 수 없는 경우에는 그러하지 아니하다.

　② 가정법원은 부모가 **정당한 이유 없이 동의를 거부**하는 경우에 **양부모가 될 사람이나 양자가 될 사람의 청구**에 따라 부모의 동의를 갈음하는 심판을 할 수 있다. 이 경우 가정법원은 **부모를 심문하여야 한다**(12회 선택형).

제873조(피성년후견인의 입양) ① 피성년후견인은 **성년후견인의 동의**를 받아 입양을 할 수 있고 양자가 될 수 있다.

　② 피성년후견인이 입양을 하거나 양자가 되는 경우에는 제867조를 준용한다.

　③ 가정법원은 성년후견인이 **정당한 이유 없이** 제1항에 따른 동의를 거부하거나 피성년후견인의 부모가 정당한 이유 없이 제871조 제1항에 따른 동의를 거부하는 경우에 **그 동의가 없어도 입양을 허가할 수 있다.** 이 경우 가정법원은 성년후견인 또는 부모를 **심문하여야** 한다.

> ‣ 연장자를 입양하기 위해서는 가정법원의 허가를 얻어야 한다(X)
>
> **제877조(입양의 금지)** 존속이나 **연장자를 입양할 수 없다.**
>
> ‣ 민법규정 그 밖의 법령을 위반하지 않은 입양 신고는 수리할 수 없다(X)
>
> **제881조(입양 신고의 심사)** 제866조, 제867조, 제869조부터 제871조까지, 제873조, 제874조, 제877조, 그 밖의 법령을 위반하지 아니한 입양 신고는 수리**하여야 한다.**
>
> ‣ 양자의 입양 전의 친족관계는 입양으로 소멸한다(X)
>
> **제882조의2(입양의 효력)** ① 양자는 **입양된 때부터 양부모의 친생자와 같은 지위**를 가진다. ② 양자의 입양 전의 친족관계는 존속한다.
>
> ‣ 법정대리인의 대락이 없이 13세 미만자를 입양한 경우 입양을 취소할 수 있다(X)
>
> **제883조(입양 무효의 원인)** 다음 각 호의 어느 하나에 해당하는 입양은 **무효**이다.
>
> 　1. 당사자 사이에 **입양의 합의가 없는 경우**
>
> 　2. 제867조 제1항(제873조 제2항에 따라 준용되는 경우를 포함한다), **제869조 제2항**, 제877조를 위반한 경우
>
> **제896조(입양 취소 청구권의 소멸)** 제884조 **제1항 제2호**에 해당하는 사유가 있는 입양은 양부모와 양자 중 어느 한 쪽이 그 사유가 있음을 안 날부터 **6개월**이 지나면 그 취소를 청구하지 못한다.
>
> **제902조(피성년후견인의 협의상 파양)** 피성년후견인인 양부모는 **성년후견인의 동의**를 받아 **파양**을 협의할 수 있다.
>
> ‣ 양부모가 모두 사망한 경우에는 양조부가 재판상 파양을 청구할 수 있다(X)
>
> **제905조(재판상 파양의 원인)** 양부모, 양자 또는 제906조에 따른 청구권자는 다음 각 호의 어느 하나에 해당하는 경우에는 가정법원에 파양을 청구할 수 있다.
>
> 　1. 양부모가 양자를 학대 또는 유기하거나 그 밖에 양자의 **복리를 현저히 해친 경우**
>
> 　2. 양부모가 **양자로부터 심히 부당한 대우**를 받은 경우
>
> 　3. **양부모나 양자**의 생사가 **3년 이상** 분명하지 아니한 경우
>
> 　4. 그 밖에 양친자관계를 계속하기 어려운 **중대한 사유**가 있는 경우
>
> ‣ 양자가 13세 미만인 경우에는 입양을 대락한 법정대리인이 **가정법원의 허가를 받아** 파양 청구를 할 수 있다(X)
>
> **제906조(파양 청구권자)** ① 양자가 **13세 미만**인 경우에는 제869조 제2항에 따른 **승낙을 한 사람**이 양자를 갈음하여 파양을 청구할 수 있다. 다만, 파양을 청구할 수 있는 사람이 없는 경우에는 제777조에 따른 양자의 **친족이나 이해관계인이 가정법원의 허가**를 받아 파양을 청구할 수 있다.
>
> 　② 양자가 13세 **이상의 미성년자**인 경우에는 제870조 제1항에 따른 **동의를 한 부모의 동의**를 받아 파양을 청구할 수 있다. 다만, 부모가 사망하거나 그 밖의 사유로 동의할 수 없는 경우에는 **동의 없이** 파양을 청구할 수 있다(12회 선택형).
>
> 　③ 양부모나 양자가 **피성년후견인**인 경우에는 **성년후견인의 동의**를 받아 파양을 청구할 수 있다.
>
> 　④ **검사**는 미성년자나 피성년후견인인 양자를 위하여 파양을 청구할 수 있다.

Ⅲ. 허위의 친생자출생신고와 입양
[E-31]

1. 허위의 친생자출생신고의 입양신고로서 효력 인정여부(입양의 형식적 요건)

(1) 문제점

혈연을 중시하는 우리나라에서는 입양을 하면서 입양 신고 대신에 친생자출생신고를 하는 경우가 많다. 즉 입양의 의사를 가지고, 입양신고 대신에 마치 친생자인 것처럼 출생신고를 한 경우 이를 입양신고로 볼 수 있는지 문제된다.

(2) 판 례

① 判例의 다수의견은 당사자 사이에 양친자관계를 창설하려는 명백한 의사가 있고 나아가 기타 입양의 성립 요건이 모두 구비된 경우에 입양신고 대신 친생자 출생신고가 있다면 형식에 다소 잘못이 있더라도 입양의 효력이 있다고 해석함이 타당하다고 한다. ② 이에 대해 判例의 소수의견은 사전 분쟁예방을 위하여 요식행위로 한 이유에 어긋나며, 인지와는 달리 입양은 합의에 의해 이루어지며, 어린 나이에 입양이 이루어지는 경우 사실상 파양권을 박탈당하고 친부모를 찾기 곤란한 비인도적 사태가 생길 수 있음을 이유로 이에 반대하였다(대판 1977.7.26. 전합77다492).[3]

[판례검토] 생각건대 소수의견 논지 또한 경청할 만하나, 현대에 있어서의 양자제도가 子의 복리를 위한 양자제도로 변해가고 있음을 고려할 때 친생부모와의 관계도 중요하지만 양자가 큰 충격 없이 성장해 나가는 것이 더욱 중요하므로 허위출생자신고에 입양의 효력을 인정하는 견해가 타당하다. 다만, 2012년에 개정된 민법에 의하면, 미성년자를 입양하려는 사람은 가정법원의 허가를 받아야 하는데(867조 1항), 미성년자를 입양할 의사로 출생신고를 하는 것은 이 규정을 회피하는 것이 된다. 따라서 이와 같은 규정이 있는 **현행법 아래에서는 적어도 미성년자에 관한 한 본 판결이 그대로 유지되기는 어려울 것이다.** 대법원도 2012. 2. 10.에 개정되기 전의 민법상 본 판결의 취지를 인정할 수 있다고 판시하였다(대판 2018.5.15. 2014므4963).[4]

2. 무효인 입양의 추인인정 여부(입양의 실질적 요건)

"친생자 출생신고 당시 입양의 실질적 요건을 갖추지 못하여 입양신고로서의 효력이 생기지 아니하였더라도 그 후에 '입양의 실질적 요건을 갖추게 된 경우'에는 무효인 친생자 출생신고는 '소급적으로' 입양신고로서의 효력을 갖게 된다. 다만 당사자 간에 무효인 신고행위에 상응하는 신분관계가 실질적으로 형성되어 있지 아니한 경우에는 무효인 신분행위에 대한 추인의 의사표시만으로 그 무효행위의 효력을 인정할 수 없다"(대판 2000.6.9. 99므1633 등).

3. 친생자관계부존재확인의 소제기의 적법 여부

(1) 문제점

허위 친생자신고가 입양신고로 인정되어 양친자관계가 형성된 경우, 친생자관계부존재확인청구가 가능한지 문제된다.

(2) 판 례

判例는 "당사자가 입양의 의사로 친생자출생신고를 하고 거기에 입양의 실질적 요건이 구비되어 법률상의 친자관계인 양친자관계가 형성되어 있다면 파양에 의하여 그 양친자관계를 해소할 필요가 있는 등 특별한 사정이 없는 한 친생자관계부존재확인청구는 허용될 수 없다 할 것"(대판 1988.2.23. 85므86)이라고 판시하여 **확인의 이익이 없는 것으로 부적법하다는 입장이다.**[5]

한편 위 85므86의 반대해석에 따라 判例는 재판상 파양 사유가 있어 양친자관계를 해소할 필요성이 있는 이른바 **재판상 파양에 갈음하는 친생자관계부존재확인청구를 긍정한다**(대판 2001.8.21. 99므2230).[6]

---

3) **[학설]** 무효행위의 전환의 법리(제138조)를 통해 허위친생자신고에 대하여 입양신고로서의 효력을 인정함이 대체적인 견해이다.

4) 송덕수·김병선, 민법 핵심판례 210선

5) **[판례검토]** 청구를 기각해야 한다는 견해도 있으나, 양친자관계나 친생자관계는 법적효과가 동일하다는 점과 소송요건의 선순위성에 비추어 判例와 같이 확인의 이익이 없는 것으로 각하해야 한다는 견해가 타당하다.

6) "민법 제874조 제1항은 '배우자 있는 자가 양자를 할 때에는 배우자와 공동으로 하여야 한다.'고 규정함으로써 부부의 공동입양원칙을 선언하고 있는바, 파양에 관하여는 별도의 규정을 두고 있지는 않고 있으나 부부의 공동입양원칙의 규정 취지에 비추어 보면 양친이

[관련판례] 입양의 의사로 친생자출생신고를 하고 입양의 실질적 요건이 구비된 경우, 입양의 효력이 인정되며, 이 경우 양부(乙)가 양모(甲)와 양자(丙)를 상대로 친생자관계 부존재확인을 구한 사안에서 대법원은 "甲과 丙 사이에 는 개별적인 입양의 실질적 요건이 모두 갖추어져 있고, 甲에게 乙과 공동으로 양부모가 되는 것이 아니라 면 단독으로는 양모도 되지 않았을 것이란 의사, 즉 乙과 丙 사이의 입양이 불성립, 무효, 취소, 혹은 파양되는 경 우에는 甲도 丙을 입양할 의사가 없었을 것이라고 볼 특별한 사정도 찾아볼 수 없으며, 입양 신고 대신 丙에 대한 친생자출생신고가 이루어진 후 호적제도가 폐지되고 가족관계등록제도가 시행됨으로써 甲의 가족관계등록 부에는 丙이 甲의 자녀로 기록되었고, 丙의 가족관계증명서에도 甲이 丙의 모로 기록되어 있는 점 등에 비 추어, 甲과 丙 사이에는 양친자관계가 성립할 수 없다고 본 원심판결에 법리오해의 잘못이 있다"(대판 2018.5.15. 2014 므4963)고 보았다.[7]

4. 양친자관계존부확인의 소

判例는 소송유형이 따로 규정되어 있지 아니하더라도 법률관계인 신분관계의 존부를 즉시 확정할 이익이 있는 경우라면 일반 소송법의 법리에 따라 그 신분관계존부확인의 소송을 제기할 수 있다는 입장에서 "양친자 중 일방이 원고로 되어 양친자관계존재확인의 소를 제기하는 경우에는 **친생자관계 존부확인소송의 경우에 준하여** 양친자 중 다른 일방을 피고로 하여야 할 것이고, 피고가 되어야 할 다른 일방이 이미 사망한 경우에는 역시 친생자관계존부확인소송의 경우를 유추하여 검사를 상대로 소를 제기할 수 있다"(대판 1993.7.16. 92므372)고 판시하였다.[8]

부부인 경우 파양을 할 때에도 부부가 공동으로 하여야 한다고 해석할 여지가 없지 아니하나(양자가 미성년자인 경우에는 양자제도를 둔 취지에 비추어 그와 같이 해석하여야 할 필요성이 크다), 그렇게 해석한다고 하더라도 양친 부부 중 일방이 사망하거나 또는 양친 이 이혼한 때에는 부부의 공동파양의 원칙이 적용될 여지가 없다고 할 것이고, 따라서 양부가 사망한 때에는 양모는 단독으로 양자와 협의상 또는 재판상 파양을 할 수 있으되 이는 양부와 양자 사이의 양친자관계에 영향을 미칠 수 없는 것이고, 또 양모가 사망한 양부에 갈 음하거나 또는 양부를 위하여 파양을 할 수는 없다고 할 것이며, 이는 친생자부존재확인을 구하는 청구에 있어서 입양의 효력은 있으나 재판상 파양 사유가 있어 양친자관계를 해소할 필요성이 있는 이른바 재판상 파양에 갈음하는 친생자관계부존재확인청구에 관하여도 마찬가지라고 할 것이다. 왜냐하면 양친자관계는 파양에 의하여 해소될 수 있는 점을 제외하고는 친생자관계와 똑같은 내용을 갖게 되는데, 진실에 부합하지 않는 친생자로서의 호적기재가 법률상의 친자관계인 양친자관계를 공시하는 효력을 갖게 되었고 사망한 양 부와 양자 사이의 이러한 양친자관계는 해소할 방법이 없으므로 그 호적기재 자체를 말소하여 법률상 친자관계를 부인하게 하는 친생자 관계존부확인청구는 허용될 수 없는 것이기 때문이다"(12회 선택형)

7) [사실관계] 甲과 乙이 부모를 알 수 없는 丙을 데려와 함께 키우며 丙을 乙의 호적에 입적시키고 출생신고를 하였는데(乙은 丁과 법률 혼관계였으며 1990. 12. 29.경 丙이 乙과 甲 사이에서 출생한 혼인 외의 자인 것처럼 출생신고를 하였다), 乙 등(乙과 丙의 동생 戊)이 丙을 상 대로 甲과 丙 사이에 친생자관계 부존재확인을 구한 사안

8) [비교] 위 92므372 사안은 합법적으로 양자가 된 자에 대해 제3자가 이를 부인하는 등으로 인하여 그 지위에 법적불안이 발생하고 있다면, 비록 양친자관계존부확인소송이 민법이나 가사소송법등에 규정된 바가 없다고 하더라도, 스스로 원고가 되어 양친자관계존 재확인의 소를 제기할 수 있다는 취지이다. 따라서 재판상파양의 사유가 있는 경우에만 입양에 대해 친생자관계부존재확인의 소제기 가 가능하다는 99므2230 사안과는 구별하여야 한다.

Ⅳ. **친양자** [3회 선택형]   [E-32]

> ▸ 친양자 입양시에는 반드시 가정법원의 허가를 받아야 한다(O)
>
> ★ 제908조의2(친양자 입양의 요건 등) ① 친양자(親養子)를 입양하려는 사람은 다음 각 호의 요건을
> 갖추어 **가정법원에** 친양자 입양을 **청구하여야** 한다.
>
>   1. 3년 이상 혼인 중인 부부로서 공동으로 입양할 것. 다만, 1년 이상 혼인 중인 **부부의 한쪽이** 그
> 배우자의 친생자를 친양자로 하는 경우에는 그러하지 아니하다.
>
>   2. 친양자가 될 사람이 **미성년자일** 것
>
>   3. 친양자가 될 사람의 **친생부모가** 친양자 입양에 **동의할** 것. 다만, 부모가 친권상실의 선고를 받
> 거나 소재를 알 수 없거나 그 밖의 사유로 동의할 수 없는 경우에는 그러하지 아니하다.
>
>   4. 친양자가 될 사람이 13세 **이상**인 경우에는 **법정대리인의 동의**를 받아 입양을 승낙할 것
>
>   5. 친양자가 될 사람이 13세 **미만**인 경우에는 **법정대리인이 그를 갈음하여 입양을 승낙할** 것
>
>   ② 가정법원은 다음 각 호의 어느 하나에 해당하는 경우에는 제1항제3호 · 제4호에 따른 동의 또는
> 같은 항 제5호에 따른 승낙이 **없어도 제1항의 청구를 인용**할 수 있다. 이 경우 가정법원은 동의권자
> 또는 승낙권자를 **심문하여야 한다**(▸ 할 수 있다 X)
>
>   1. 법정대리인이 **정당한 이유 없이** 동의 또는 승낙을 거부하는 경우. 다만, 법정대리인이 친권자인
> 경우에는 제2호 또는 제3호의 사유가 있어야 한다.
>
>   2. 친생부모가 자신에게 책임이 있는 사유로 **3년 이상 자녀에 대한 부양의무를 이행하지 아니하고**
> **면접교섭을 하지 아니한 경우**
>
>   3. 친생부모가 자녀를 **학대** 또는 유기하거나 그 밖에 자녀의 복리를 **현저히 해친** 경우
>
>   ③ 가정법원은 **친양자가 될 사람의 복리를 위하여** 그 양육상황, 친양자 입양의 동기, 양부모의 양
> 육능력, 그 밖의 사정을 고려하여 친양자 입양이 적당하지 아니하다고 인정하는 경우에는 제1항의 **청**
> **구를 기각할 수 있다.**
>
> ★ 제908조의3(친양자 입양의 효력) ① 친양자는 부부의 **혼인중 출생자**로 본다.
>
>   ② **친양자의 입양 전의 친족관계**는 제908조의2 제1항의 청구에 의한 **친양자 입양이 확정된 때에**
> **종료**한다. 다만, 부부의 일방이 그 배우자의 친생자를 단독으로 입양한 경우에 있어서의 배우자 및
> 그 친족과 친생자간의 친족관계는 그러하지 아니하다.

1. 서 설

(1) 의 의

친양자제도는 입양의 형식(가족관계등록부에 기재하는 형식)의 면이나 효과의 면에서 양자를 양부모의 친
생자와 동일하게 하고 생부모와의 관계가 단절되도록 하는 양자제도의 형태이다.

(2) 제도적 취지

양자임이 공개되지 않고 양자가 양부모의 성과 본을 따를 수 있는 입양제도를 마련할 필요성이 있어 친양자
제도를 입법화하였다.

기존의 민법상 입양제도는 이성양자의 성과 본에 대해 민법상 명문규정이 없어 양부모의 성과 본을
따를 수 없었고(입양촉진 및 절차에 관한 특례법에서는 양자는 양부모가 원하는 때에는 양부모의
성과 본을 따를 수 있도록 하고 있다), 양자라는 사실이 호적에 기재됨으로서 입양의 사실이 외부에
알려지지 않기를 바라는 양부모의 바람에 부합하지 못했던 결과 대다수가 입양을 하면서 입양신고
를 하지 않고 허위의 친생자출생신고를 하게 되는 등의 문제점이 있었다.

(3) 친양자제도의 특징(보통양자와의 차이점)[9]

1) 절차면에서 선고형 양자제도

보통양자는 양자와 양부모의 사적인 계약에 의해 성립되므로 국가기관이 양자의 복리를 확보하기 위한 심사절차가 미흡하였다. 그러나 친양자제도는 가정법원이 입양허용 여부를 결정할 수 있도록 하여 이른바 선고형 양자제도에 해당한다.

2) 효과면에서 완전양자제도

보통양자는 종래의 친족관계가 그대로 유지되고 원칙적으로 성은 변경되지 않음에 반하여, 친양자는 종전의 친족관계는 근친혼 제한규정을 제외하고는 완전히 소멸하며 양친의 성과 본을 따르고 가족관계등록부에도 양부모의 친생자로 기재하고 파양을 엄격히 제한하는 이른바 완전양자제도를 도입한 것이라 할 수 있다.

3) 기능면에서 자를 위한 양자제도

보통양자는 양자의 연령에 대한 제한을 두지 않음으로써 子를 위한 양자제도라기 보다는 전통적인 家의 승계를 위한 제도의 흔적이 많았으나, 양부모는 양자를 제대로 키워낼 수 있는 기본적 자질로서 일정기간 혼인생활을 한 부부일 것을 요건으로 하여 명실공히 子를 위한 양자제도라고 할 수 있다.

2. 친양자입양의 성립요건

(1) 3년 이상 혼인중인 부부로서 공동으로 입양할 것

여기서 혼인중이란 법률혼만을 의미하고 사실혼은 해당하지 않는다. 3년 이상 혼인중인 부부란 3년 이상 실질적인 혼인생활의 지속을 의미한다. 다만 1년 이상 혼인중인 부부의 일방이 그 배우자의 친생자를 친양자로 하는 경우에는 그러하지 아니하다(제908조의2 1항 1호 단서).

(2) 친양자로 될 자가 미성년자일 것(제908조의2 1항 2호)

친양자 입양을 청구할 당시 미성년자이어야 한다(3회 선택형).

(3) 친생부모의 동의

친양자로 될 자의 친생부모가 친양자 입양에 동의해야 하지만, 부모의 친권이 상실되거나 사망 그 밖의 사유로 동의할 수 없는 경우에는 그러하지 아니하다(제908조의2 1항 3호)(3회 선택형).

(4) 법정대리인의 승낙

친생부모가 법정대리인인 경우 부모의 동의는 결국 법정대리인으로서 양자에 갈음하여 승낙하는 것과 같은 것으로 보아야 한다. 친양자가 될 사람이 만 13세 이상인 경우에는 법정대리인의 동의를 받아 입양을 승낙해야 하고, 만 13세 미만인 경우에는 법정대리인이 그를 갈음하여 입양을 승낙해야 한다(제908조의2 1항 4호, 5호 ; 이에 대한 예외는 제908조의2 2항)(3회 선택형).

(5) 가정법원의 허락결정

가정법원은 친양자로 될 자의 복리를 위하여 그 양육상황, 친양자 입양의 동기, 양친의 양육능력 그 밖의 사정을 고려하여 친양자 입양이 적당하지 아니하다고 인정되는 경우에는 친양자 입양의 청구를 기각할 수 있다(제908조의2 3항).

---

9) 이하 권순한, 민법요해(친족·상속법 4판), p.206 참고

3. 친양자입양의 효력

(1) 혼인중의 출생자 신분 취득

친양자는 양친부모의 혼인중의 출생자신분을 갖게 되고(제908조의3 1항), 양부의 성과 본을 따르게 되며(제908조의8, 제781조 1항), 양친부모가 친양자의 친권자가 된다(제909조 1항).

(2) 입양전 친족관계의 종료

입양전 친족관계는 종료된다(제908조의3 2항). 다만, 부부일방이 그 배우자의 친생자를 단독으로 입양한 경우에 있어서의 배우자 및 그 친족과 친생자간의 친족관계는 그러하지 아니하다(제908조의3 2항 단서). 이러한 친족관계의 소멸은 장래에 향하여만 그 효력이 발생할 뿐, 출생시에 소급하여 종료하는 것이 아니다. 그러므로 입양 전의 상속이나 부양관계에는 영향이 없다. 그리고 생물학적인 혈족까지 소멸하는 것은 아니므로 종전의 혈족과의 근친혼금지는 여전히 유지된다.

4. 친양자입양의 취소 등

> 제908조의4(친양자 입양의 취소 등) ① 친양자로 될 사람의 **친생(親生)**의 아버지 또는 **어머니**는 자신에게 **책임이 없는** 사유로 인하여 제908조의2 제1항 제3호 단서에 따른 **동의를 할 수 없었던 경우**에 **친양자 입양의 사실을 안 날부터 6개월 안에** 가정법원에 친양자 입양의 취소를 청구할 수 있다.
>
> ▸ 입양 당시 양친자 일방에게 악질 기타 중대한 사유가 있음을 알지 못하고 친양자로 입양한 경우 그 취소를 청구할 수 있다 (X)
>
> ② 친양자 입양에 관하여는 제883조, 제884조를 적용하지 아니한다.
>
> ★ 제908조의7(친양자 입양의 취소·파양의 효력) ① 친양자 입양이 **취소되거나 파양**된 때에는 **친양자 관계는 소멸**하고 **입양 전의 친족관계는 부활**한다. ② 제1항의 경우에 친양자 입양의 취소의 효력은 **소급하지 아니한다.**

(1) 보통양자의 입양 무효·취소 규정의 배제

친양자는 가정법원의 심판에 의하기 때문에 보통양자의 입양 무효·취소에 관한 규정인 제883조 및 제884조의 규정은 친양자 입양에 대하여 적용되지 않는다(제908조의4 2항).

(2) 친생부모의 친양자 입양 취소 청구

친양자로 될 자의 친생의 부 또는 모는 자신에게 책임이 없는 사유로 인하여 친양자 입양의 동의를 할 수 없었던 경우에는 친양자 입양의 사실을 안 날부터 6개월 내에 가정법원에 친양자 입양의 취소를 청구할 수 있다(제908조의4 1항). 이는 子가 미아가 되거나 유괴된 경우 등의 경우 친생부모에게 취소권을 주기 위한 것이다. 그러나 가정법원은 입양취소사유가 존재하더라도 친양자로 될 자가 복리를 위하여 입양취소가 적당하지 아니하다고 인정되는 경우에는 입양취소청구를 기각할 수 있다(제908조의6, 제908조의2 2항).

(3) 취소의 효력

취소판결이 확정되면 친양자 관계는 소멸하고 입양 전의 친족관계는 부활한다(제908조의7 1항). 친양자 입양의 취소의 효력은 소급하지 아니한다(제908조의7 2항)(3회 선택형).

5. 친양자의 파양

> ▸ 일반 양자 입양은 파양이 가능하지만, **친양자 입양**의 경우에는 **파양을 할 수 없다(X)**
>
> **제908조의5(친양자의 파양)** ① 양친, 친양자, 친생의 부 또는 모나 검사는 다음 각호의 어느 하나의 사유가 있는 경우에는 **가정법원에 친양자의 파양(罷養)**을 청구할 수 있다.
>
>   1. 양친이 친양자를 **학대** 또는 **유기(遺棄)**하거나 그 밖에 **친양자의 복리를 현저히 해**하는 때
>
>   2. 친양자의 양친에 대한 **패륜(悖倫)행위**로 인하여 친양자관계를 유지시킬 수 없게된 때
>
> ② 제898조 및 제905조의 규정은 친양자의 파양에 관하여 이를 적용하지 아니한다.
>
> ★ 제908조의7(친양자 입양의 취소·파양의 효력) ① 친양자 입양이 **취소되거나 파양**된 때에는 **친양자 관계는 소멸**하고 **입양 전의 친족관계는 부활**한다. ② 제1항의 경우에 친양자 입양의 취소의 효력은 **소급하지 아니한다.**

(1) 보통양자 파양규정의 원칙적 배제

친양자란 마치 양부모의 친생자와 동일한 관계로 되므로 이러한 완전양자 제도하에서는 파양은 인정되지 않음이 원칙이다. 따라서 협의상 파양(제898조)과 재판상 파양(제905조)의 규정은 배제된다. 다만 다음과 같은 필요최소한의 예외가 있다.

(2) 친양자 파양원인

친양자 파양원인은 친양자를 위한 경우와 양부모를 위한 경우 두 가지가 있다. ① 양친이 친양자를 학대 또는 유기하거나 그 밖에 친양자의 복리를 현저히 해하는 때(제908조의5 1항 1호). ② 친양자의 양친에 대한 패륜행위로 인하여 친양자 관계를 유지시킬 수 없게 된 때(제908조의5 1항 2호)가 그것이다.

(3) 가정법원에 파양청구

친양자 파양은 재판상 파양만 허용된다. 즉 양친, 친양자, 친생의 부 또는 모, 검사의 가정법원에 대한 친양자 파양의 청구가 있고, 가정법원이 친양자의 복리를 위하여 파양을 결정하면 친양자 관계는 소멸된다. 그러나 ②의 파양사유(제908조의5 1항 2호)가 있더라도 가정법원은 친양자로 될 자의 복리를 위하여 그 양육상황, 친양자 입양의 동기, 양친의 양육능력 그 밖의 사정을 고려하여 친양자 파양이 적당하지 아니하다고 인정되는 경우에는 파양청구를 기각할 수 있다(제908조의6, 제908조의2 3항).

(4) 파양의 효력

가정법원의 파양 결정이 확정되면 친양자 관계는 소멸하고 입양전 친족관계가 부활한다(제908조의7 1항). 친양자 파양의 효력은 친양자 취소와 같다(제908조의7).

제3관 부 양

> ▸ 직계혈족간에는 동거하는 경우에는 서로 부양의 의무가 있다(X)
>
> **제974조(부양의무)** 다음 각호의 친족은 서로 부양의 의무가 있다.
>
>   1. **직계혈족 및 그 배우자간** (▸ 동거 불문 부양의무 O)　　 2. 삭제
>
>   3. **기타 친족간**(생계를 같이 하는 경우에 한한다(10회 선택형)
>
> ▸ 배우자 甲이 사망하였지만 재혼하지 않은 乙은 甲의 직계존속이 자기의 **자력 또는 근로에 의하여 생활을 유지할 수 없는 경우,**
> **생계를 같이 하는 경우**에 한하여 부양의무가 인정된다(O)
>
> **제975조(부양의무와 생활능력)** 부양의 의무는 부양을 받을 자가 **자기의 자력 또는 근로에 의하여 생활**
> **을 유지할 수 없는 경우**에 한하여 이를 이행할 책임이 있다.
>
> ▸ 부양의무자가 수인인 경우에는 부양을 할 자의 순위는 **최근친을 선순위로 하여 결정한다(X)**
>
> ★ **제976조(부양의 순위)** ① 부양의 의무있는 자가 수인인 경우에 부양을 할 자의 순위에 관하여 당사
> 자간에 **협정이 없는 때**에는 **법원은 당사자의 청구에 의하여 이를 정한다.** 부양을 받을 권리자가 수인
> 인 경우에 부양의무자의 자력이 그 전원을 부양할 수 없는 때에도 같다.
>
>   ② 전항의 경우에 법원은 **수인의 부양의무자 또는 권리자를 선정**할 수 있다.
>
> ★ **제978조(부양관계의 변경 또는 취소)** 부양을 할 자 또는 부양을 받을 자의 순위, 부양의 정도 또는
> 방법에 관한 당사자의 협정이나 법원의 판결이 있은 후 이에 관한 **사정변경이 있는 때에는** 법원은 당
> 사자의 **청구에 의하여**(▸ 직권으로 X) 그 협정이나 판결을 취소 또는 변경할 수 있다.
>
> **제979조(부양청구권처분의 금지)** 부양을 받을 권리는 이를 **처분하지 못한다.**

1. 성년의 자녀가 부모를 상대로 부양료를 청구할 수 있는 경우 및 범위(제2차 부양의무)

"성년의 자녀는 요부양상태, 즉 객관적으로 보아 생활비 수요가 자기의 자력 또는 근로에 의하여
충당할 수 없는 곤궁한 상태인 경우에 한하여, 부모를 상대로 그 부모가 부양할 수 있을 한도 내에서
생활부조로서 생활필요비에 해당하는 부양료를 청구할 수 있을 뿐이다. 나아가 이러한 부양료는 부
양을 받을 자의 생활정도와 부양의무자의 자력 기타 제반 사정을 참작하여 부양을 받을 자의 통상적
인 생활에 필요한 비용의 범위로 한정됨이 원칙이므로, 특별한 사정이 없는 한 통상적인 생활필요비라
고 보기 어려운 유학비용의 충당을 위해 성년의 자녀가 부모를 상대로 부양료를 청구할 수는 없다"(대결
2017.8.25. 2017스5 : 8회 선택형).

2. 자녀 중 1인이 부모에 대한 부양의무를 이행한 후 동순위 부양의무자인 형제들을 상대로 과거에 지출한 부양료에 대한 구상청구

"민법 제974조, 제975조에 따라 부양의 의무 있는 사람이 여러 사람인 경우에 그중 부양의무를 이행
한 1인은 다른 부양의무자를 상대로 하여 이미 지출한 과거의 부양료에 대해서도 상대방이 분담함이 상당
하다고 인정되는 범위에서 그 비용의 상환을 청구할 수 있다. 다만 부양의무를 이행하지 않은 부양의무자
가 부양의무를 이행한 사람에게 상환해야 할 과거 부양료의 액수는 그가 부양을 받을 사람에게 부담
해야 할 부양의무 중 그의 분담부분에 한정되므로 그 부양의무의 범위에 관하여 살펴볼 필요가 있
다. 부모와 성년의 자녀·그 배우자 사이에 민법 제974조 제1호, 제975조에 따라 부담하는 부양의무 중 과거
의 부양료에 관해서는 부양의무 이행청구에도 불구하고 그 부양의무자가 부양의무를 이행하지 않음으로써
'이행지체에 빠진 후'의 것이거나, 그렇지 않은 경우에는 부양의무의 성질이나 형평의 관념상 이를 허
용해야 할 특별한 사정이 있는 경우에 한하여 이행청구 이전의 과거 부양료를 청구할 수 있다"(대결
2022.8.25. 2018스542)

제4관 친 권

Ⅰ. 친권자 [E-33]

★ **제909조(친권자)** ① **부모는 미성년자인 자의 친권자가 된다.** 양자의 경우에는 **양부모(養父母)가** 친권자가 된다. ② 친권은 부모가 **혼인중인 때에는 부모가 공동으로 이를 행사한다.** 그러나 부모의 의견이 일치하지 아니하는 경우에는 **당사자의 청구에 의하여(▸ 직권으로 X) 가정법원이** 이를 정한다. ③ **부모의 일방이 친권을 행사할 수 없을 때에는 다른 일방이** 이를 행사한다.

▸ 자가 인지된 경우 가정법원이 직권으로 친권자를 정한다(X)

④ **혼인외의 자가 인지된 경우와 부모가 이혼하는 경우에는 부모의 협의로 친권자를 정하여야** 하고, **협의할 수 없거나 협의가 이루어지지 아니하는 경우에는 가정법원은 직권으로 또는 당사자의 청구에 따라 친권자를 지정하여야** 한다. 다만, 부모의 협의가 자(子)의 복리에 반하는 경우에는 가정법원은 보정을 명하거나 직권으로 친권자를 정한다. ⑤ 가정법원은 **혼인의 취소, 재판상 이혼 또는 인지청구의 소의 경우에는 직권으로(▸ 청구 없이도 O) 친권자를 정한다.**

▸ 자의 복리를 위하여 필요하다고 인정되는 경우에는 부모는 협의로 친권자를 다른 일방으로 변경할 수 있다(X)

⑥ **가정법원은 자의 복리를 위하여 필요하다고 인정되는 경우에는 자의 4촌 이내의 친족의 청구에** 의하여 정하여진 **친권자를 다른 일방으로 변경할 수 있다.**

제909조의2(친권자의 지정 등) ① 제909조 제4항부터 제6항까지의 규정에 따라 **단독 친권자로 정하여진 부모의 일방이 사망한 경우 생존하는 부 또는 모, 미성년자, 미성년자의 친족은 그 사실을 안 날부터 1개월, 사망한 날부터 6개월 내에 가정법원에 생존하는 부 또는 모를 친권자로 지정할 것을 청구할 수 있다.**

▸친양자의 양부모가 모두 사망한 경우 친생부모 일방 또는 쌍방, 미성년자, 미성년자의 친족은 가정법원에 친생부모 일방 또는 쌍방을 친권자로 지정할 것을 청구할 수 없다(O)

② **입양이 취소되거나 파양된 경우** 또는 양부모가 모두 사망한 경우 친생부모 일방 또는 쌍방, 미성년자, 미성년자의 친족은 그 사실을 안 날부터 1개월, 입양이 취소되거나 파양된 날 또는 양부모가 모두 사망한 날부터 6개월 내에 **가정법원에 친생부모 일방 또는 쌍방을 친권자로 지정할 것을 청구할 수 있다.** 다만, **친양자의 양부모가 사망한 경우에는 그러하지 아니하다.**

③ 제1항 또는 제2항의 기간 내에 친권자 지정의 **청구가 없을 때에는 가정법원은 직권으로** 또는 미성년자, 미성년자의 친족, 이해관계인, 검사, 지방자치단체의 장의 **청구에 의하여 미성년후견인을 선임할 수 있다.** 이 경우 생존하는 부 또는 모, 친생부모 일방 또는 쌍방의 소재를 모르거나 그가 정당한 사유 없이 소환에 응하지 아니하는 경우를 제외하고 그에게 **의견을 진술할 기회를 주어야** 한다.

④ 가정법원은 제1항 또는 제2항에 따른 친권자 지정 청구나 제3항에 따른 후견인 선임 청구가 생존하는 부 또는 모, 친생부모 일방 또는 쌍방의 양육의사 및 양육능력, 청구 동기, 미성년자의 의사, 그 밖의 사정을 고려하여 **미성년자의 복리를 위하여 적절하지 아니하다고 인정하면 청구를 기각할 수 있다.** 이 경우 가정법원은 **직권으로 미성년후견인을 선임하거나 생존하는 부 또는 모, 친생부모 일방 또는 쌍방을 친권자로 지정하여야** 한다.

⑤ 가정법원은 다음 각 호의 어느 하나에 해당하는 경우에 직권으로 또는 미성년자, 미성년자의 친족, 이해관계인, 검사, 지방자치단체의 장의 청구에 의하여 제1항부터 제4항까지의 규정에 따라 **친권자가 지정되거나 미성년후견인이 선임될 때까지 그 임무를 대행할 사람을 선임할 수 있다.** 이 경우 그 임무를 대행할 사람에 대하여는 **제25조 및 제954조를** 준용한다.

1. 단독 친권자가 **사망한 경우** 2. 입양이 **취소되거나 파양된 경우** 3. **양부모가 모두 사망한 경우**

⑥ 가정법원은 제3항 또는 제4항에 따라 **미성년후견인이 선임된 경우라도** 미성년후견 선임 후 양육상황이나 양육능력의 변동, 미성년자의 의사, 그 밖의 사정을 고려하여 **미성년자의 복리를 위하여 필요하면 생존하는 부 또는 모, 친생부모 일방 또는 쌍방, 미성년자의 청구에 의하여 후견을 종료하고 생존하는 부 또는 모, 친생부모 일방 또는 쌍방을 친권자로 지정할 수 있다.**

1. 부모가 혼인 중인 경우

부모가 공동으로 행사한다(제909조 2항).

2. 혼인 외의 출생자의 경우 또는 이혼 등으로 혼인이 해소된 경우(제909조 4항, 5항)

3. 부모의 이혼 후 단독친권 행사자가 사망한 경우 다른 일방의 친권이 부활하는지 여부

부모가 이혼 후 단독친권 행사자가 사망한 경우 다른 일방의 친권이 당연히 부활하는지(친권당연부활설) 아니면, 원칙적으로 후견이 개시되고 다만 미성년자 보호를 위해 필요한 때에는 다른 일방을 친권자로 변경할 수 있는지(후견개시설) 문제된다.

종래 判例는 다른 일방의 친권이 부활한다고 보았으나(대판 1994.4.29. 94다1302). 2013.7.1.부터 시행되는 민법은 이혼 등으로 단독 친권자로 정해진 부모의 일방이 사망하거나 친권을 상실하는 등 친권을 행사할 수 없는 경우에 '가정법원의 심리를 거쳐' 친권자로 정해지지 않았던 부모의 다른 일방을 친권자로 지정하거나 후견이 개시되도록 함으로써 부적격의 부 또는 모가 당연히 친권자가 됨으로써 미성년자의 복리에 악영향을 미치는 것을 방지하는 방안을 마련하였다(6회 선택형).

> **[단독친권 관련 민법개정**(2011.5.9. 개정, 2013.7.1.부터 시행)**]** 개정이유는 이혼 등으로 단독 친권자로 정해진 부모의 일방이 사망하거나 친권을 상실하는 등 친권을 행사할 수 없는 경우에 '가정법원의 심리'를 거쳐 친권자로 정해지지 않았던 부모의 다른 일방을 친권자로 지정하거나 후견이 개시되도록 하고, 입양이 취소되거나 파양된 경우 또는 양부모가 사망한 경우에도 '가정법원의 심리'를 거쳐 친생부모 또는 그 일방을 친권자로 지정하거나 후견이 개시되도록 하여 부적격의 부 또는 모가 당연히 친권자가 됨으로써 미성년자의 복리에 악영향을 미치는 것을 방지하고, 이혼 등으로 단독 친권자로 정해진 부모의 일방이 유언으로 미성년자의 후견인을 지정한 경우라도 미성년자의 복리를 위하여 필요하다고 인정되면 후견을 종료하고 친권자로 정해지지 않았던 부모의 다른 일방을 친권자로 지정할 수 있게 하여 미성년자의 복리를 증진시키려는 것이다(제909조의2, 제912조 2항, 제927조의2, 제931조 2항 신설).

4. 친권자의 변경

가정법원은 자의 복리를 위하여 필요하다고 인정되는 경우에는 자의 4촌 이내의 친족의 청구에 의하여 정하여진 친권자를 다른 일방으로 변경할 수 있다(제909조 6항).

Ⅱ. 친권의 내용　　　　　　　　　　　　　　　　　　　　　　　　　　　　[E-34]

1. 자의 신분에 관한 권리 및 의무

① 자의 보호·교양에 관한 권리 및 의무(제913조), ② 거소지정권(제914조), ③ 징계권(제915조)

제915조(징계권) '친권자는 그 자를 보호 또는 교양하기 위하여 필요한 징계를 할 수 있고 법원의 허가를 얻어 감화 또는 교정기관에 위탁할 수 있다.' 이 조항에서 말하는 '징계'의 범위에 물리적인 체벌이 포함되어 있는 것으로 오용될 수 있다는 우려 때문에 2021년 1월 26일부로 폐지되었다.

> ＊ **간통한 부녀 및 상간자가 부녀의 자녀에 대한 관계에서 불법행위책임을 부담하는지 여부**(소극)
> "배우자 있는 부녀와 간통행위를 하고, 이로 인하여 그 부녀가 배우자와 별거하거나 이혼하는 등으로 혼인관계를 파탄에 이르게 한 경우 그 부녀와 간통행위를 한 제3자(상간자)는 그 부녀의 배우자에 대하여 불법행위를 구성하고, 따라서 그로 인하여 그 부녀의 배우자가 입은 정신상의 고통을 위자할 의무가 있다고 할 것이나, 이러한 경우라도 간통행위를 한 부녀 자체가 그 자녀에 대하여 불법행위책임을 부담한다고 할 수는 없고, 또한 간통행위를 한 제3자(상간자) 역시 해의(害意)를 가지고 부녀의 그 자녀에 대한 양육이나 보호 내지 교양을 적극적으로 저지하는 등의 특별한 사정이 없는 한 그 자녀에 대한 관계에서 불법행위책임을 부담한다고 할 수는 없다"(대판 2005.5.13. 2004다1899)

2. 자의 재산에 관한 권리 및 의무

> **제912조(친권 행사와 친권자 지정의 기준)** ① 친권을 행사함에 있어서는 자의 복리를 우선적으로 고려하여야 한다.
>
> ‣ 가정법원은 친권자 지정시 전문가나 사회복지기관의 자문을 **받아야 한다(X)**
>
> ② 가정법원이 친권자를 지정함에 있어서는 자(子)의 복리를 우선적으로 고려하여야 한다. 이를 위하여 가정법원은 관련 분야의 전문가나 사회복지기관으로부터 자문을 **받을 수 있다.**
>
> **제918조(제3자가 무상으로 자에게 수여한 재산의 관리)** ① 무상으로 자에게 재산을 수여한 제3자가 친권자의 관리에 **반대하는 의사를** 표시한 때에는 친권자는 그 재산을 **관리하지 못한다.**
>
> ② 전항의 경우에 제3자가 그 재산관리인을 지정하지 아니한 때에는 법원은 재산의 수여를 받은 자 또는 제777조의 규정에 의한 친족의 청구에 의하여 관리인을 선임한다.
>
> ③ 제3자의 지정한 관리인의 권한이 소멸하거나 관리인을 개임할 필요있는 경우에 제3자가 다시 관리인을 지정하지 아니한 때에도 전항과 같다.
>
> ④ 제24조 제1항, 제2항, 제4항, 제25조 전단 및 제26조 제1항, 제2항의 규정은 전2항의 경우에 준용한다.
>
> ★ **제920조의2(공동친권자의 일방이 공동명의로 한 행위의 효력)** 부모가 공동으로 친권을 행사하는 경우 **부모의 일방이 공동명의로** 자를 대리하거나 자의 법률행위에 동의한 때에는 **다른 일방의 의사에 반하는 때에도 그 효력이 있다.** 그러나 상대방이 **악의인** 때에는 그러하지 아니한다.
>
> ‣ 친권자와 그 자사이에 이해상반되는 행위를 함에는 **법원이 직권으로** 특별대리인을 선임한다(X)
>
> ★ **제921조(친권자와 그 자간 또는 수인의 자간의 이해상반행위)** ① 법정대리인인 친권자와 그 자사이에 **이해상반되는 행위를** 함에는 친권자는 법원에 그 자의 **특별대리인의 선임을 청구**하여야 한다.
>
> ② 법정대리인인 친권자가 그 친권에 따르는 수인의 자 사이에 이해상반되는 행위를 함에는 법원에 그 자 일방의 **특별대리인의 선임을 청구**하여야 한다.
>
> ‣ 친권자가 자의 재산관리권을 행사할 때에는 **선량한 관리자의 주의를** 다하여야 한다(X)
>
> **제922조(친권자의 주의의무)** 친권자가 그 자에 대한 법률행위의 대리권 또는 재산관리권을 행사함에는 **자기의 재산에 관한 행위와 동일한 주의를** 하여야 한다.
>
> ‣지방자치단체의 장은 가정법원에 친권자의 동의를 갈음하는 재판을 청구하여 丙의 치료가 가능하도록 할 수 있는 조치를 취할 수 있다. 이 경우 친권자인 乙이 갖는 丙에 대한 거소지정권 또는 인도청구권의 행사가 제한된다(X)[10]
>
> **제922조의2(친권자의 동의를 갈음하는 재판)** 가정법원은 **친권자의 동의가 필요한 행위에** 대하여 친권자가 **정당한 이유 없이 동의하지 아니함**으로써 자녀의 생명, 신체 또는 재산에 **중대한 손해가 발생할 위험이 있는 경우**에는 자녀, 자녀의 친족, 검사 또는 지방자치단체의 장의 **청구에 의하여 친권자의 동의를 갈음하는 재판을** 할 수 있다.
>
> **제923조(재산관리의 계산)** ① 법정대리인인 친권자의 권한이 소멸한 때에는 그 자의 재산에 대한 관리의 계산을 하여야 한다.
>
> ② 전항의 경우에 그 자의 재산으로부터 **수취한 과실은** 그 자의 **양육, 재산관리의 비용과 상계한 것으로 본다.** 그러나 무상으로 자에게 재산을 수여한 제3자가 반대의 의사를 표시한 때에는 그 재산에 관하여는 그러하지 아니하다.

(1) 재산관리권(제916조)

① "친권자는 자녀가 그 명의로 취득한 특유재산을 관리할 권한이 있는데(제916조), 그 재산 관리 권한이 소멸하면 자녀의 재산에 대한 관리의 계산을 하여야 한다(제923조 제1항). 여기서 '관리의 계산'이

---

10) **[해설]** 이는 일정한 행위의 동의를 갈음하는 재판일 뿐 친권자의 친권을 상실 또는 정지시키는 것이 아니다. 따라서 이 경우에도 제924조에 따른 친권의 상실 또는 일시정지의 선고가 없는 한, 친권자인 乙이 갖는 丙에 대한 거소지정권 또는 인도청구권의 행사가 제한되지 않는다.

란 자녀의 재산을 관리하던 기간의 그 재산에 관한 수입과 지출을 명확히 결산하여 자녀에게 귀속되어야 할 재산과 그 액수를 확정하는 것을 말한다. 친권자의 위와 같은 재산 관리 권한이 소멸한 때에는 위임에 관한 민법 제683조, 제684조가 유추적용되므로, 친권자는 자녀 또는 그 법정대리인에게 위와 같은 계산 결과를 보고하고, 자녀에게 귀속되어야 할 재산을 인도하거나 이전할 의무가 있다"(대판 2022.11.17. 2018다294179)

② "친권자는 자녀에 대한 재산 관리 권한에 기하여 자녀에게 지급되어야 할 돈을 자녀 대신 수령한 경우 그 재산 관리 권한이 소멸하면 그 돈 중 재산 관리 권한 소멸 시까지 위와 같이 정당하게 지출한 부분을 공제한 나머지를 자녀 또는 그 법정대리인에게 반환할 의무가 있다. 이 경우 친권자가 자녀를 대신하여 수령한 돈을 정당하게 지출하였다는 점에 대한 증명책임은 친권자에게 있다"(대판 2022.11.17. 2018다294179)

③ "친권자의 위와 같은 반환의무는 민법 제923조 제1항의 계산의무 이행 여부를 불문하고 그 재산 관리 권한이 소멸한 때 발생한다고 봄이 타당하다. 이에 대응하는 **자녀의 친권자에 대한 위와 같은 반환청구권**은 재산적 권리로서 일신전속적인 권리라고 볼 수 없으므로, 자녀의 채권자가 그 반환청구권을 압류할 수 있다"(대판 2022.11.17. 2018다294179)

(2) 대리권(제920조)(민법총칙 참고)

(3) 이해상반행위(제921조)(민법총칙 참고)

Ⅲ. 친권의 상실, 일시정지 및 일부제한(2015.10.16.시행)   [E-35]

1. 친권의 상실, 일시정지 및 일부제한 등

> **제924조(친권의 상실 또는 일시 정지의 선고)** ① 가정법원은 부 또는 모가 친권을 남용하여 자녀의 복리를 현저히 해치거나 해칠 우려가 있는 경우에는 자녀, 자녀의 친족, 검사 또는 지방자치단체의 장의 청구에 의하여 그 **친권의 상실 또는 일시 정지를 선고할 수 있다.**
>
> ② 가정법원은 친권의 **일시 정지**를 선고할 때에는 자녀의 상태, 양육상황, 그 밖의 사정을 고려하여 그 기간을 정하여야 한다. 이 경우 그 기간은 **2년을 넘을 수 없다.**
>
> ③ 가정법원은 자녀의 복리를 위하여 친권의 일시 정지 기간의 연장이 필요하다고 인정하는 경우에는 자녀, 자녀의 친족, 검사, 지방자치단체의 장, 미성년후견인 또는 미성년후견감독인의 청구에 의하여 2년의 범위에서 그 기간을 한 차례만 연장**할 수 있다.**
>
> ★ **제924조의2(친권의 일부 제한의 선고)** 가정법원은 거소의 지정이나 징계, 그 밖의 신상에 관한 결정 등 특정한 사항에 관하여 친권자가 친권을 행사하는 것이 곤란하거나 부적당한 사유가 있어 자녀의 복리를 해치거나 해칠 우려가 있는 경우에는 자녀, 자녀의 친족, 검사 또는 지방자치단체의 장의 청구에 의하여 구체적인 범위를 정하여 친권의 일부 제한을 선고**할 수 있다**(▸ 하여야 한다 X)
> ▸ 친권상실선고가 있은 후에는 그 **회복이 불가능하다**(X)
> **제926조(실권 회복의 선고)** 가정법원은 **제924조**, 제924조의2 또는 제925조에 따른 선고의 원인이 소멸된 경우에는 본인, 자녀, 자녀의 친족, 검사 또는 지방자치단체의 장의 청구에 의하여 **실권(失權)의 회복을 선고할 수 있다.**
> **제927조(대리권, 관리권의 사퇴와 회복)** ① 법정대리인인 친권자는 정당한 사유가 있는 때에는 법원의 허가를 얻어 그 법률행위의 대리권과 재산관리권을 사퇴할 수 있다.

(1) 개정이유

현재는 부모의 학대나 개인적 신념 등으로 자녀의 생명·신체 등에 위해가 발생하는 경우에도 자녀의 보호를 위하여 친권의 상실 선고 외에는 활용할 수 있는 제도가 없으나, 친권을 일정한 기간 동안 제한하거나 친권의 일부만을 제한하는 제도 등을 마련함으로써 앞으로는 구체적인 사안별로 자녀의 생명 등을 보호하기 위하여 필요 최소한도의 친권 제한 조치가 가능하도록 하려는 것이다.

(2) 주요내용

1) 친권자의 동의를 갈음하는 법원의 재판 제도의 도입(제922조의2 신설)

가정법원은 친권자의 동의가 필요한 행위에 대하여 친권자가 정당한 이유 없이 동의하지 아니하여 자녀의 생명·신체 등에 중대한 손해가 발생할 위험이 있는 경우에는 자녀 또는 검사 등의 청구에 의하여 친권자의 동의를 갈음하는 재판을 할 수 있도록 하였다. 일정한 행위에 대한 친권자의 동의를 갈음하는 재판 제도를 도입함으로써 부모의 친권이 유지되도록 하면서도 자녀의 생명 등을 보호하기 위한 조치가 가능하여 질 것으로 기대된다.

2) 친권의 일시 정지 제도의 도입(제924조)

가정법원은 부모가 친권을 남용하여 자녀의 복리를 현저히 해치거나 해칠 우려가 있는 경우에는 자녀 또는 검사 등의 청구에 의하여 2년의 범위에서 친권의 일시 정지를 선고할 수 있도록 하였다. 친권을 일정한 기간 동안 일시적으로 제한하는 제도를 도입함으로써 친권 제한 사유가 단기간 내에 소멸할 개연성이 있는 경우에 자녀의 생명 등을 보호하기 위한 필요 최소한도의 친권 제한 조치로 친권을 일시 정지시키는 것이 가능하여 질 것으로 기대된다.

3) 친권의 일부 제한 제도의 도입(제924조의2 신설)

가정법원은 거소의 지정이나 징계, 그 밖의 신상에 관한 결정 등 특정한 사항에 관하여 친권자가 친권을 행사하는 것이 곤란하거나 부적당한 사유가 있어 자녀의 복리를 해치거나 해칠 우려가 있는 경우에는 자녀 또는 검사 등의 청구에 의하여 구체적인 범위를 정하여 친권의 제한을 선고할 수 있도록 하였다.

① 이와 관련하여 判例는 "민법 제924조 제1항에 따른 친권 상실 청구가 있으면 가정법원은 민법 제925조의2의 판단 기준을 참작하여 친권 상실사유에는 해당하지 않지만 자녀의 복리를 위하여 친권의 일부 제한이 필요하다고 볼 경우 청구취지에 구속되지 않고 친권의 일부 제한을 선고할 수 있다"(대결 2018.5.25. 2018스520)고 하며, ② "민법 제924조의2에 따른 친권의 일부 제한으로 미성년 자녀에 대한 양육권한을 갖게 된 미성년후견인도 민법 제837조를 유추적용하여 비양육친을 상대로 가사소송법 제2조 제1항 제2호 나목 3)에 따른 양육비심판을 청구할 수 있다"(대결 2021.5.27. 2019스621 : 미성년후견인인 외조부가 비양육친인 미성년자의 아버지에 대하여 미성년자의 양육비를 청구한 사안 : 12회 선택형)고 한다. 즉, 미성년자녀를 양육하게 된 **미성년후견인은 비양육친을 상대로**(미성년 자녀를 대리할 필요 없이) **직접 양육비심판을 청구할 수 있다.**

2. 대리권, 관리권의 상실(제925조)

제5관 후 견

Ⅰ. 후견인

1. 후견 일반

★ **제930조(후견인의 수와 자격)** ① 미성년후견인의 수(數)는 **한 명**으로 한다(7회 선택형).

② **성년후견인**은 피성년후견인의 신상과 재산에 관한 모든 사정을 고려하여 **여러 명을 둘 수 있다.**

▸ **법인도 미성년후견인**이 될 수 있다(X)

③ **법인도 성년후견인**이 될 수 있다.

▸ **미성년자도 법정대리인의 동의가 있으면 후견인이 될 수 있다(X)**

제937조(후견인의 결격사유) 다음 각 호의 어느 하나에 해당하는 자는 **후견인이 되지 못한다.**

1. **미성년자**
2. **피성년후견인, 피한정후견인, 피특정후견인, 피임의후견인**
3. 회생절차개시결정 또는 **파산선고를 받은 자**
4. 자격정지 이상의 **형**의 선고를 받고 그 형기(刑期) 중에 있는 사람
5. 법원에서 **해임된** 법정대리인
6. 법원에서 **해임된** 성년후견인, 한정후견인, 특정후견인, 임의후견인과 그 감독인
7. **행방이 불분명**한 사람
8. 피후견인을 상대로 **소송**을 하였거나 하고 있는 자 또는 그 배우자와 직계혈족

제938조(후견인의 대리권 등) ① 후견인은 피후견인의 **법정대리인**이 된다.

② 가정법원은 성년후견인이 제1항에 따라 가지는 **법정대리권의 범위**를 정할 수 있다.

③ 가정법원은 성년후견인이 피성년후견인의 **신상에 관하여 결정할 수 있는 권한의 범위를 정할 수 있다.**

④ 제2항 및 제3항에 따른 **법정대리인의 권한의 범위가 적절하지 아니하게 된 경우**에 가정법원은 본인, 배우자, 4촌 이내의 친족, 성년후견인, 성년후견감독인, 검사 또는 지방자치단체의 장의 **청구에 의하여**(▸ 직권으로 X) 그 범위를 변경할 수 있다.

▸ **법원이 직권으로 후견인을 변경할 수 는 없다(X)**

제940조(후견인의 변경) 가정법원은 피후견인의 복리를 위하여 후견인을 변경할 필요가 있다고 인정하면 **직권으로** 또는 피후견인, 친족, 후견감독인, 검사, 지방자치단체의 장의 **청구에 의하여** 후견인을 변경할 수 있다.

2. 성년후견

> **제929조(성년후견심판에 의한 후견의 개시)** 가정법원의 **성년후견개시심판**이 있는 경우에는 그 심판을 받은 사람의 **성년후견인을 두어야** 한다.
>
> **제936조(성년후견인의 선임)** ① 제929조에 따른 성년후견인은 가정법원이 **직권으로 선임**한다.
>
>   ② 가정법원은 성년후견인이 **사망, 결격, 그 밖의 사유로 없게 된 경우**에도 **직권으로** 또는 피성년후견인, 친족, 이해관계인, 검사, 지방자치단체의 장의 **청구**에 의하여 성년후견인을 **선임**한다.
>
>   ③ 가정법원은 성년후견인이 선임된 경우에도 필요하다고 인정하면 **직권으로** 또는 제2항의 청구권자나 성년후견인의 **청구**에 의하여 **추가로** 성년후견인을 선임할 수 있다.
>
> ▸가정법원은 성년후견개시의 심판을 할 때에는 본인의 의사를 고려하면 되지만, 한정후견 및 특정후견의 심판을 할 때에는 본인의 의사에 반하여 할 수 없다(X)[11]
>
>   ④ 가정법원이 성년후견인을 선임할 때에는 **피성년후견인의 의사를 존중**하여야 하며, **그 밖에** 피성년후견인의 건강, 생활관계, 재산상황, 성년후견인이 될 사람의 직업과 경험, 피성년후견인과의 이해관계의 유무(법인이 성년후견인이 될 때에는 사업의 종류와 내용, 법인이나 그 대표자와 피성년후견인 사이의 이해관계의 유무를 말한다) 등의 **사정도 고려**하여야 한다.
>
> ▸ **부모는** 유언으로 미성년후견인을 지정할 수 있다(X)
>
> **제949조의2(성년후견인이 여러 명인 경우 권한의 행사 등)** ① 가정법원은 **직권으로** 여러 명의 성년후견인이 공동으로 또는 사무를 분장하여 그 권한을 행사하도록 정할 수 있다(7회 선택형).
>
>   ② 가정법원은 **직권으로** 제1항에 따른 결정을 **변경**하거나 **취소**할 수 있다.
>
>   ③ **여러 명의 성년후견인이 공동으로 권한을 행사**하여야 하는 경우에 어느 성년후견인이 피성년후견인의 이익이 침해될 우려가 있음에도 법률행위의 대리 등 필요한 권한행사에 협력하지 아니할 때에는 가정법원은 피성년후견인, 성년후견인, 후견감독인 또는 이해관계인의 **청구에 의하여**(▸ 직권으로 X) 그 **성년후견인의 의사표시를 갈음하는 재판**을 할 수 있다.
>
> ▸가정법원은 성년후견감독인을 반드시 선임하여야 한다(X)
>
> **제940조의4(성년후견감독인의 선임)** ① 가정법원은 **필요하다고 인정하면 직권으로** 또는 피성년후견인, 친족, 성년후견인, 검사, 지방자치단체의 장의 **청구에 의하여 성년후견감독인**을 선임할 수 있다.
>
> ▸ **성년후견감독인이 없게 된 경우**에는 가정법원은 성년후견감독인을 선임하지 않을 수 있다(X)
>
> ② 가정법원은 **성년후견감독인이 사망, 결격, 그 밖의 사유로 없게 된 경우**에는 **직권으로** 또는 피성년후견인, 친족, 성년후견인, 검사, 지방자치단체의 장의 **청구에 의하여** 성년후견감독인을 **선임**한다.
>
> **제947조의2(피성년후견인의 신상결정 등)** ① 피성년후견인은 자신의 신상에 관하여 **그의 상태가 허락하는 범위에서 단독으로 결정**한다.
>
>   ② 성년후견인이 피성년후견인을 **치료 등의 목적으로 정신병원이나 그 밖의 다른 장소에 격리**하려는 경우에는 **가정법원의 허가**를 받아야 한다.
>
> ▸ 피성년후견인의 신체를 침해하는 의료행위에 대하여 피성년후견인이 동의할 수 없는 경우에는 **성년후견인이 가정법원의 허가를 얻어 대신하여 동의할 수 있다(X)**
>
>   ③ 피성년후견인의 **신체를 침해하는 의료행위**에 대하여 피성년후견인이 동의할 수 없는 경우에는 **성년후견인이 그를 대신하여 동의할 수 있다.**
>
>   ④ 제3항의 경우 피성년후견인이 **의료행위의 직접적인 결과로 사망하거나 상당한 장애를 입을 위험이 있을 때**에는 **가정법원의 허가를 받아야 한다.** 다만, 허가절차로 의료행위가 지체되어 피성년후견인의 생명에 위험을 초래하거나 심신상의 중대한 장애를 초래할 때에는 사후에 허가를 청구할 수 있다.
>
>   ⑤ **성년후견인이 피성년후견인을 대리하여 피성년후견인이 거주하고 있는 건물 또는 그 대지에 대하여 매도, 임대, 전세권 설정, 저당권 설정, 임대차의 해지, 전세권의 소멸, 그 밖에 이에 준하는 행위를 하는 경우에는 가정법원의 허가를 받아야 한다.**

---

11) **[해설]** 성년후견심판 및 한정후견심판을 할 때에는 <u>본인의 의사를 고려하여야</u> 하고(제9조 2항, 제12조 2항), 특정후견심판의 경우

3. 미성년후견

> ▸ 부모는 유언으로 미성년후견인을 지정할 수 있다(X)
>
> **제931조(유언에 의한 미성년후견인의 지정 등)** ① 미성년자에게 **친권을 행사하는 부모**는 유언으로 미성년후견인을 지정할 수 있다. 다만, 법률행위의 대리권과 재산관리권이 없는 친권자는 그러하지 아니하다(7회 선택형).
>
> ② 가정법원은 제1항에 따라 미성년후견인이 지정된 경우라도 **미성년자의 복리**를 위하여 필요하면 생존하는 부 또는 모, 미성년자의 **청구**에 의하여 **후견을 종료**하고 생존하는 부 또는 모를 친권자로 지정할 수 있다(7회 선택형).
>
> **제932조(미성년후견인의 선임)** ① 가정법원은 제931조에 따라 **지정된 미성년후견인이 없는 경우**에는 **직권**으로 또는 미성년자, 친족, 이해관계인, 검사, 지방자치단체의 장의 청구에 의하여 **미성년후견인을 선임**한다. **미성년후견인이 없게 된 경우에도 또한 같다**(7회 선택형).
>
> ② 가정법원은 제924조, 제924조의2 및 제925조에 따른 **친권의 상실, 일시 정지, 일부 제한의 선고 또는 법률행위의 대리권이나 재산관리권 상실의 선고에 따라 미성년후견인을 선임할 필요가 있는 경우에는 직권으로**(▸ 4촌이내의 친족의 청구가 있는 때에는 X) 미성년후견인을 선임한다.
>
> ③ 친권자가 대리권 및 재산관리권을 사퇴한 경우에는 **지체 없이** 가정법원에 미성년후견인의 선임을 청구**하여야 한다**(▸ 청구할 수 있다 X)

4. 한정후견, 특정후견, 임의후견

(1) 한정후견

> **제959조의3(한정후견인의 선임 등)** ① **제959조의2에 따른 한정후견인**은 가정법원이 **직권으로 선임**한다. ② 한정후견인에 대하여는 제930조 제2항·제3항, 제936조 제2항부터 제4항까지, 제937조, 제939조, 제940조 및(▸ 제941조 내지 944조 준용 X) 제949조의3을 준용한다.
>
> **제959조의5(한정후견감독인)** ① 가정법원은 필요하다고 인정하면 **직권**으로 또는 피한정후견인, 친족, 한정후견인, 검사, 지방자치단체의 장의 **청구**에 의하여 **한정후견감독인을 선임**할 수 있다.
>
> **제959조의6(한정후견사무)** 한정후견의 사무에 관하여는 제681조, 제920조 단서, 제947조, 제947조의2, 제949조, 제949조의2, 제949조의3, **제950조부터 제955까지** 및 제955조의2를 준용한다

(2) **특정후견**

> **제959조의10(특정후견감독인)** ① 가정법원은 필요하다고 인정하면 직권으로 또는 피특정후견인, 친족, 특정후견인, 검사, 지방자치단체의 장의 청구에 의하여 특정후견감독인을 선임할 수 있다.
>
> ② 특정후견감독인에 대하여는 제681조, 제691조, 제692조, 제930조 제2항·제3항, 제936조 제3항·제4항, 제937조, 제939조, 제940조, 제940조의5, 제940조의6, 제949조의2(▸ 제950조 내지 952조 준용 X), **제955조 및 제955조의2**를 준용한다.

본인의 의사에 반하여 할 수 없다(제14조의2 2항)(12회 선택형). 따라서 한정후견심판의 경우 본인의 의사에 반하여 할 수 없다는 지문은 틀렸다.

(3) 임의후견

제959조의14(후견계약의 의의와 체결방법 등) ① **후견계약**은 질병, 장애, 노령, 그 밖의 사유로 인한 정신적 제약으로 사무를 처리할 능력이 부족한 상황에 있거나 부족하게 될 상황에 대비하여 자신의 재산관리 및 신상보호에 관한 사무의 전부 또는 일부를 다른 자에게 **위탁**하고 그 위탁사무에 관하여 **대리권을 수여**하는 것을 내용으로 한다.

▸ 후견계약은 **요식행위이다**(O)

② 후견계약은 **공정증서로 체결하여야 한다**(10회 선택형).

③ 후견계약은 가정법원이 임의후견감독인을 선임한 때부터 효력이 발생한다(10회 선택형).

④ 가정법원, 임의후견인, 임의후견감독인 등은 후견계약을 이행·운영할 때 본인의 의사를 최대한 존중하여야 한다.

▸ 임의후견감독인의 **선임 전**에는 본인 또는 임의후견인은 **가정법원의 허가를 받아 후견계약의 의사표시를 철회할 수 있다**(X)

제959조의18(후견계약의 종료) ① 임의후견감독인의 **선임 전**에는 본인 또는 임의후견인은 **언제든지 공증인의 인증을 받은 서면으로 후견계약의 의사표시를 철회할 수 있다**(10회 선택형).

② 임의후견감독인의 선임 이후에는 본인 또는 임의후견인은 **정당한 사유**가 있는 때에만 가정법원의 허가를 받아 후견계약을 종료할 수 있다(10회 선택형).

▸ 후견계약은 본인이 **성년후견, 한정후견, 특정후견 개시의 심판을 받은 때에 종료된다**(X)

제959조의20(후견계약과 성년후견·한정후견·특정후견의 관계) ① 후견계약이 **등기**되어 있는 경우에는 가정법원은 본인의 이익을 위하여 **특별히 필요할 때에만** 임의후견인 또는 임의후견감독인의 **청구**에 의하여 **성년후견, 한정후견 또는 특정후견의 심판**을 할 수 있다. 이 경우 **후견계약은 본인이 성년후견 또는 한정후견 개시의 심판을 받은 때 종료**된다.

② 본인이 피성년후견인, 피한정후견인 또는 피특정후견인인 경우에 가정법원은 **임의후견감독인을 선임함에 있어서 종전의 성년후견, 한정후견 또는 특정후견의 종료 심판을 하여야 한다.** 다만, 성년후견 또는 한정후견 조치의 계속이 본인의 이익을 위하여 특별히 필요하다고 인정하면 가정법원은 임의후견감독인을 선임하지 아니한다.

5. 후견감독인

제940조의6(후견감독인의 직무) ① **후견감독인**은 후견인의 사무를 감독하며, **후견인이 없는 경우** 지체 없이 **가정법원에 후견인의 선임을 청구**하여야 한다.

② 후견감독인은 피후견인의 신상이나 재산에 대하여 **급박한 사정**이 있는 경우 그의 보호를 위하여 필요한 행위 또는 처분을 할 수 있다.

▸ 후견인과 피후견인 사이에 이해가 상반되는 행위에 관하여는 **후견감독인이 지체없이** 가정법원에 **특별대리인의 선임을 청구하여야 한다**(X)

③ 후견인과 피후견인 사이에 이해가 상반되는 행위에 관하여는 **후견감독인이 피후견인을 대리**한다.

6. 후견인의 권한, 의무

제941조(재산조사와 목록작성) ① **후견인**(▸ 미성년후견인·성년후견인 O, 한정후견인 X)은 지체 없이 피후견인의 재산을 조사하여 2개월 내에 그 목록을 작성하여야 한다. 다만, 정당한 사유가 있는 경우에는 **법원의 허가를 받아 그 기간을 연장할 수 있다.**

② 후견감독인이 있는 경우 제1항에 따른 재산조사와 목록작성은 **후견감독인의 참여가** 없으면 효력이 없다.

제949조(재산관리권과 대리권) ① 후견인은 **피후견인의 재산을 관리**하고 그 **재산에 관한 법률행위에 대하여 피후견인을 대리**한다.

② 제920조 단서의 규정은 전항의 법률행위에 준용한다.

제949조의3(이해상반행위) 후견인에 대하여는 제921조를 준용한다. 다만, **후견감독인이 있는 경우에는 그러하지 아니하다.**

★ 제950조(후견감독인의 동의를 필요로 하는 행위) ① 후견인이 피후견인을 대리하여 다음 각 호의 어느 하나에 해당하는 행위를 하거나 미성년자의 다음 각 호의 어느 하나에 해당하는 행위에 동의를 할 때는 **후견감독인이 있으면** 그의 **동의를 받아야** 한다.

1. **영업**에 관한 행위
2. **금전을 빌리는** 행위
3. **의무만을 부담하는** 행위
4. **부동산 또는 중요한 재산**에 관한 권리의 득실변경을 목적으로 하는 행위
5. **소송**행위
6. **상속**의 승인, 한정승인 또는 포기 및 상속재산의 분할에 관한 협의

② 후견감독인의 동의가 필요한 행위에 대하여 후견감독인이 피후견인의 이익이 침해될 우려가 있음에도 동의를 하지 아니하는 경우에는 가정법원은 후견인의 청구에 의하여 후견감독인의 동의를 갈음하는 허가를 할 수 있다.

▸ 후견감독인의 동의가 필요한 법률행위에 **동의가 없는 경우** 그 행위는 **효력이 없다(X)**

③ 후견감독인의 동의가 필요한 법률행위를 후견인이 후견감독인의 동의 없이 하였을 때에는 피후견인 또는 후견감독인이 그 행위를 **취소할 수 있다.**

▸甲에 대해 성년후견개시의 심판이 있었다고 해도 甲의 법정대리인이 甲이 단독으로 행한 법률행위를 **항상 취소할 수 있는 것은 아니다(O)**[12]

---

12) **[해설]** 피성년후견인의 행위는 취소할 수 있고(제10조 1항), 피성년후견인의 법정대리인은 취소권자에 해당한다(제140조). 그러나 가정법원은 취소할 수 없는 피성년후견인의 법률행위의 범위를 정할 수 있고(제10조 2항), 일용품의 구입 등 일상생활에 필요하고 그 대가가 과도하지 아니한 법률행위는 성년후견인이 취소할 수 없다(제10조 4항). 따라서 항상 취소할 수 있는 것은 아니라는 지문은 맞다.

제2장 상 속 법

제1절 상 속

제1관 총 설

Ⅰ. 상속의 의의　　　　　　　　　　　　　　　　　　　　　　　　　　　　　[E-36]

'상속'이란 피상속인이 사망한 경우에 그의 재산상의 권리·의무가 법률규정에 의하여 상속인에게 포괄적으로 승계되는 것을 말한다.

Ⅱ. 상속의 개시　　　　　　　　　　　　　　　　　　　　　　　　　　　　　[E-37]

1. 상속의 개시원인

민법은 피상속인의 사망을 상속의 개시원인으로 한다(제997조). 여기의 사망에는 실종선고와 인정사망 및 부재선고가 포함된다. 다만 **동시에 사망한 것으로 추정**(제30조)되는 수인들 사이에서는 상속이 **일어나지 않는다**(동시존재의 원칙)(7회 선택형).[1] 그러나 대습상속은 일어난다는 점을 유의하여야 한다(대판 2001.3.9. 99다13157 : 핵심사례 E–2 참고).

2. 상속개시의 시기

피상속인의 사망의 경우 실제로 사망한 때(제997조, 사망신고시가 아님), 실종선고의 경우 실종기간이 만료한 때(제28조), 인정사망의 경우 반증이 없는 한 등록부에 기재된 사망일시에 사망한 것으로 인정되어 그때를 기준으로 상속이 개시된다.

이러한 ① 상속개시의 시기는 상속인의 자격, 범위, 순위, 능력을 정하는 기준이 되고, ② 상속에 관한 권리의 제척기간 또는 소멸시효의 기산점이 되며(제1045조, 제1117조), ③ 상속의 효력발생, 상속재산 또는 유류분의 산정기준이 된다는 점에서 중요한 의미를 가진다.

> **[관련판례]** 서자(庶子)였던 피상속인 甲이 실종선고로 실종기간 만료일인 1955. 9. 9.경 사망한 것으로 본다고 하더라도 개정 민법이 시행된 후인 2008. 7. 31. 甲에 대하여 실종선고가 되었으므로, 개정 민법 부칙 제12조 제2항에 따라 그 상속에 관해서는 실종선고 시에 시행되던 법률인 개정 민법이 적용되어 甲의 생모인 乙만이 단독상속인이 되고, 구 관습상 甲의 적모인 丙에게는 상속권이 없다(대판 2017.12.22. 2017다360,377).

Ⅲ. 상속비용

상속에 관한 비용은 상속재산 중에서 지급한다(제998조의2).

---

1) 상속은 상속개시 당시의 권리·의무를 포괄적으로 승계하는 것이므로 피상속인과 상속인 사이의 권리·의무의 단절이 생겨서는 안된다. 따라서 상속인과 피상속인은 짧은 시간만이라도 동시에 권리능력자로서 생존하고 있어야 한다. 상속인이 피상속인보다 먼저 사망하거나 동시에 사망하면 그들 사이에는 상속이 인정되지 않는다. 이를 동시존재의 원칙이라 한다.

제2관 상속인

Ⅰ. 상속능력

① '권리능력'이 있으면 상속인이 될 수 있는 '상속능력'이 인정된다. 태아는 상속능력을 가지나(제1000조 3항), 법인은 상속능력을 가지지 못한다. 다만 법인은 포괄적 수증자가 될 수 있고, 포괄적 수증자는 상속인과 동일한 지위에 있으므로(제1078조) 실질적으로는 상속의 효과를 누릴 수 있다. ② 상속인으로서 상속을 받을 수 있기 위해서는 피상속인이 사망할 당시에 생존하고 있어야 한다.

Ⅱ. 상속인의 범위와 순위 [9회 사례형]

> ★ 제1000조(상속의 순위) ① 상속에 있어서는 다음 순위로 상속인이 된다.
>
> 1. 피상속인의 **직계비속**
> 2. 피상속인의 **직계존속**
> 3. 피상속인의 **형제자매**
> 4. 피상속인의 **4촌 이내의 방계혈족**
>
> ② 전항의 경우에 동순위의 상속인이 수인인 때에는 **최근친**을 선순위로 하고 **동친등**의 상속인이 수인인 때에는 **공동상속인**이 된다(7회 선택형).
>
> ③ 태아는 상속순위에 관하여는 **이미 출생한 것으로 본다.**
>
> ★ 제1001조(대습상속) 전조 제1항 제1호와 제3호의 규정에 의하여 **상속인이 될** 직계비속 또는 형제자매가 **상속개시전에 사망**하거나 **결격자**가 된 경우에 그 직계비속이 있는 때에는 그 직계비속이 사망하거나 결격된 자의 **순위에 갈음하여 상속인**이 된다.
>
> ★ 제1003조(배우자의 상속순위) ① 피상속인의 배우자는 제1000조 제1항 제1호와 제2호의 규정에 의한 상속인이 있는 경우에는 그 상속인과 동순위로 공동상속인이 되고 그 상속인이 없는 때에는 단독상속인이 된다. ② 제1001조의 경우에 상속개시전에 사망 또는 결격된 자의 배우자는 동조의 규정에 의한 상속인과 동순위로 공동상속인이 되고 그 상속인이 없는 때에는 단독상속인이 된다.

1. 혈족상속(제1000조 1항)

2. 배우자상속(제1003조 1항)

Ⅲ. 대습상속 [07사법]

1. 의 의

상속인이 될 직계비속 또는 형제자매가 '상속개시전'에 사망하거나 결격자가 된 경우에 그 직계비속이 있는 때에는 그 직계비속이 사망하거나 결격된 자의 순위에 갈음하여 상속인이 된다(제1001조). 그리고 이 경우 상속개시 전에 사망 또는 결격된 자의 배우자는 이에 의한 상속인과 동순위로 공동상속인이 되고 그 상속인이 없는 때에는 단독상속인이 된다(제1003조 2항).

2. 취 지

대습자의 상속에 대한 기대를 보호함으로써 공평을 기하기 위하여 인정되는 제도이다.

3. 법적 성질

대습자의 상속권은 피대습자를 대위하여 승계하는 것이 아니라 대습상속인 고유의 권리에서 나오는 것이라는 '고유권설'이 통설적 입장이다.

4. 요 건

대습상속의 요건으로는 ⅰ) 피대습자는 상속인이 될 직계비속 또는 형제자매로서, 상속개시 전에 피대습자가 사망하거나 결격되어야 하며(제1001조, 제1003조 2항), ⅱ) 대습상속인은 피대습자의 직계비속이나 배우자여야 한다(제1001조, 제1003조 2항). ⅲ) 아울러 대습상속자도 상속인인 이상 피상속인에 대하여 상속결격사유가 없어야 한다.

(1) 대습원인

1) 상속개시 전 피대습자의 사망

상속개시 전이란 피상속인이 사망하기 전을 의미한다. 한편 피상속인과 피대습자가 동시에 사망한 것으로 추정되는 경우(제30조 참조)에도 대습상속이 일어나는지 문제되는 바, 判例는 동시사망의 경우에도 대습상속이 인정된다고 한다(대판 2001.3.9. 99다13157 : 핵심사례 E-2 참고).

2) 피대습자의 결격

법문상 상속개시 전에 결격자가 되어야 한다고 해석할 여지가 있으나, 상속개시 후에 결격자가 되더라도 그 효과는 상속개시시로 소급하기 때문에 **결격은 상속개시 후에 일어나더라도 무방하다.** 따라서 법문상 '상속개시 전'이라는 문구는 '사망'만을 수식하고 '결격'은 수식하지 않는다고 보아야 한다(통설).

3) 상속포기

법문상 포함되지 않는다(제1001조). 그러므로 상속포기자의 직계비속이나 배우자가 대습상속을 할 수는 없다. 다만 자녀가 모두 상속포기를 하여 다음 순위자인 손자녀가 상속을 하는 것은 가능하나(대판 1995.4.7. 94다11835), 이 경우에는 손자녀가 본위상속을 하는 것일 뿐 대습상속을 하는 것은 아니다(11회 선택형)

(2) 피대습자에 관한 요건

피대습자는 상속인이 될 직계비속 또는 형제자매이다(제1001조). 따라서 "상속인이 될 자(사망자 또는 결격자)의 배우자는 제1003조에 기하여 대습자가 될 수는 있으나, 피대습자(사망자 또는 결격자)의 배우자가 대습상속의 상속개시 전에 사망하거나 결격자가 되었다면 그 배우자에게 다시 피대습자로서의 지위가 인정될 수는 없다"(대판 1999.7.9. 98다64318,64325 : 3회 선택형)

(3) 대습자에 관한 요건

대습상속인은 피대습자의 직계비속이나 배우자여야 한다(제1001조, 제1003조 2항).

(4) 재대습상속

재대습상속도 인정된다. 예컨대 조부, 부, 증조부 순으로 사망한 경우에, 조부의 사망에 따라 부가 증조부의 대습상속인이 되는데, 부 또한 증조부보다 먼저 사망하였기 때문에 결국 자가 증조부를 재대습상속하게 된다. 다만 判例는 대습자인 피대습자의 배우자가 대습상속 개시 전에 사망한 경우에 재대습상속을 부정하였다. 즉 "대습상속이 인정되는 경우는 상속인이 될 자(사망자 또는 결격자)가 피상속인의 직계비속 또는 형제자매인 경우에 한한다"(대판 1999.7.9. 98다64318,64325 : 3회 선택형)고 한다.

5. 효 과

(1) 원 칙

대습상속인은 피대습자가 받았을 상속분만큼 피상속인을 상속한다. 이 때 대습자가 수인인 경우에는 피대습자가 받았을 상속분을 대습자의 상속분의 비율에 따라 나눈 만큼 피상속인을 상속한다(제1010조 참조).

(2) 직계비속인 피대습자가 전부 사망한 경우

1) 문제점

직계비속인 피대습자가 전부 사망한 경우에 피대습자의 배우자가 있다면 피대습자의 배우자와 피대습자의 직계비속이 하는 상속은 대습상속이라는 점에는 이견이 없다. 그러나 피대습자의 배우자가 없는 경우에 직계비속인 피대습자의 직계비속이 하는 상속이 피상속인의 직계비속으로서 본위상속을 하는 것인지, 아니면 대습상속을 하는 것인지 문제된다. 예를 들어 피상속인의 자녀 A, B가 피상속인보다 먼저 사망하였고 A에게는 배우자 없이 C와 D, B에게는 배우자 없이 E라는 자녀가 있다고 가정해 보자. 어느 견해를 취하느냐에 따라 C, D, E의 상속분의 산정에 있어서 차이를 가져온다.

2) 학 설

① 손(孫)은 자(子)의 배우자가 있으면 대습상속을 하게 되나, 자의 배우자가 없는 때에는 본위상속을 하게 된다는 **본위상속설**(이에 따르면 C : D : E는 1 : 1 : 1의 비율로 상속한다)과, ② 손 이하의 직계비속은 언제나 대습하여서만 상속을 하게 된다는 **대습상속설**(이에 따르면 C : D : E는 1 : 1 : 2의 비율로 상속한다)의 대립이 있다.

3) 판 례

"피상속인의 자녀가 상속개시 전에 전부 사망한 경우 피상속인의 손자녀는 본위상속이 아니라 대습상속을 한다"(대판 2001.3.9. 99다13157)고 판시하여 **대습상속설**을 명백히 하였다.

4) 검 토

생각건대, 대습상속의 인정이유는 상속에 대한 기대를 보호하는 것인데 만일 본위상속설에 따르면 위의 경우에 C와 D는 A가 살아서 상속을 받았던 경우보다 오히려 더 많은 상속을 받게 되는 문제가 있다(사안에서 A가 살았더라면 A와 B가 1:1의 비율로 상속을 하게 되고, 그 후 A가 사망하면 C와 D는 A가 상속받은 것을 다시 1:1의 비율로 상속하게 된다). 따라서 대습상속의 취지를 고려할 때 대습상속설이 타당하다.

| 핵심사례 E-02 |

■ ★ 상속회복청구권(제척기간)·대습상속(동시사망)　　　　대판 2001.3.9. 99다13157

甲에게는 딸 乙과 동생 A가 있고, 또한 乙은 丙과 혼인하여 丁을 출산하였다. 그런데, 甲·乙·丁은 1985.9.20. 괌으로 향하는 비행기를 타던 중 추락하여 사망하였는데 누가 먼저 사망하였는지에 관하여 확증은 없어서 모두 동시에 사망한 것으로 추정이 되었다. 당시 甲에게는 X부동산이 있었으나 X부동산에 대하여 상속등기가 이루어지지 않고 있던 중 2000.1.10. 호적부에 A 자신이 단독상속인으로 기재되어 있음을 보고 자신이 甲의 단독상속인이라 믿고 자신의 명의로 상속을 원인으로 하는 이전등기를 경료하였다. 그리고 A는 2000.11.5. B와 X부동산에 대한 매매계약을 체결하여 2001.1.20. B앞으로 소유권이전등기를 경료하여 주었다. 이러한 사실을 뒤늦게 알게 된 丙은 2001.6.25. 자신이 甲을 대습상속하여 X부동산을 단독으로 상속하였음을 이유로, B를 상대로 X부동산에 대한 소유권이전등기의 말소를 청구하였다.

1. 丙의 청구는 적법한 것인가? (15점)
2. 그리고 만약 적법하다면 丙의 청구는 인용가능한가? (15점)

Ⅰ. 丙의 B에 대한 소유권이전등기말소청구의 소가 적법한 것인지 여부

1. 丙의 청구가 제999조 2항의 제척기간의 적용을 받는지 여부(상속회복청구권의 법적 성질)

(1) 판례

(2) 사안의 경우

丙의 청구원인은 비록 소유권에 기한 물권적 청구권이나 상속을 원인으로 소유권을 주장하고 있으므로 '실질적으로 상속회복청구권'에 해당하여 제999조 2항의 단기의 제척기간에 걸린다고 보아야 한다. 사안에서 丙의 청구는 비록 상속이 개시된 날부터는 10년이 경과되었으나, 2002년 1월 14일 개정된 민법에 의하면 상속권의 침해행위가 있은 날인 2000.1.10.로 부터 아직 10년이 경과되지 않았으므로 丙의 청구에 제척기간 도과의 위법은 없다.

2. 참칭상속인으로부터 목적물을 취득한 제3자에 대한 청구도 상속회복청구에 해당하는지 여부

判例가 판시하는 바와 같이 "상속회복청구의 단기의 제척기간이 참칭상속인에만 적용되고 참칭상속인으로부터 양수한 제3자에게는 인정되지 않는다면 거래관계의 조기안정을 의도하는 단기의 제척기간이 무의미하게 될 수 있으므로, 참칭상속인으로부터 권리를 이전받은 제3자와 참칭상속인의 상속인도 상속회복청구의 상대방이 된다"(대판 1981.1.27. 전합79다854).

따라서 사안의 경우 丙의 B에 대한 청구 역시 상속회복청구에 해당한다.

3. 사안의 해결

丙의 B에 대한 소유권이전등기말소청구의 소는 적법하다.

Ⅱ. 丙의 B에 대한 청구가 인용될 수 있는지 여부

1. 문제점

이는 배우자의 대습상속권(丙)과 방계혈족의 상속권(A) 간의 우열판단에 관한 문제라 할 것이다. 일단 A가 甲의 3순위 상속인이라는 것은 의심의 여지가 없으나(제1000조 1항 3호), 丙이 배우자의 대습상속권을 취득하는지 여부와 관련하여서 민법 제1003조 2항의 '상속개시 전'의 의미에 사안과 같이 피상속인과 피대습자가 동시에 사망한 것으로 추정되는 경우도 포함되는지 먼저 검토해 보아야 한다. 그리고 나서 제1순위 상속인인 직계자녀의 배우자의 대습상속권과 제3순위 상속인인 형제자매의 상속권이 충돌하는 경우 누가 우선하는지 검토해 보기로 한다.

2. 丙에게 대습상속권이 인정되는지 여부

(1) 대습상속의 요건

(2) 동시사망의 추정과 대습상속

상속개시 전이란 피상속인이 사망하기 전을 의미한다. 한편 피상속인과 피대습자가 동시에 사망한 경우(제30조 참조)에도 대습상속이 일어나는지 문제되는 바, 判例는 이에 대해 "대습자는 피대습자가 상속개시 전에 사망한 경우에는 대습상속을 하고, 피대습자가 상속개시 후에 사망한 경우에는 피대습자를 거쳐 피상속인의 재산을 본위상속을 하므로 두 경우 모두 상속을 하는데, 만일 피대습자가 피상속인의 사망, 즉 상속개시와 동시에 사망한 것으로 추정되는 경우에만 그 직계비속 또는 배우자가 본위상속과 대습상속의 어느 쪽도 하지 못하게 된다면 동시사망 추정 이외의 경우에 비하여 현저히 불공평하고 불합리한 것이라 할 것"(대판 2001.3.9. 99다13157)이라고 판시함으로써 동시사망의 경우에도 대습상속이 인정된다고 한다. 따라서 丙은 乙을 피대습자로 하여 대습상속을 할 수 있다.

3. 배우자의 대습상속권(丙)과 방계혈족의 상속권(A) 간의 우열판단의 문제

혈연상속의 관습과 대립되는 배우자의 대습상속권이 인정되는바, 우리법상 이러한 배우자의 대습상속권이 형제자매의 상속권을 배제할 수 있는지 문제된다. 민법에서 형제자매는 제3순위 상속인으로 규정하고, 배우자는 1순위 또는 2순위 상속인인 직계비속 또는 직계존속과 공동상속인이 되며 이들이 없을 때는 단독상속인이 됨을 규정하고 있다. 따라서 직계비속의 배우자가 있는 경우에는 형제자매는 공동상속조차 할 수 없다는 것이 법문에는 반하지 않는다고 본다. 또한 判例는 이러한 민법 규정이 위헌이라고 할 수 없다고 판시하고 있다(대판 2001.3.9. 99다13157).

4. 사안의 해결

민법 제1003조 2항의 '상속개시 전'의 의미와 관련하여 피상속인과 피대습자가 동시에 사망한 것으로 추정되는 경우(제30조 참조)도 포함되기 때문에 丙은 배우자의 대습상속권을 취득하고, 이러한 배우자의 대습상속권은 형제자매의 상속권보다 우선하므로 丙이 X부동산의 소유권을 취득하게 되고, A명의의 등기는 원인무효가 된다. 따라서 무권리자인 A로부터 경료받은 B의 등기 역시 원인무효가 되어 丙의 B에 대한 소유권이전등기의 말소청구는 인용가능하다.

IV. 상속결격   [E-41]

> 제1004조(상속인의 결격사유) 다음 각 호의 어느 하나에 해당한 자는 상속인이 되지 못한다.
> 1. **고의**로 직계존속, 피상속인, 그 배우자 또는 상속의 **선순위나 동순위에 있는 자**를 **살해**하거나 **살해하려한** 자
> 2. **고의**로 직계존속, 피상속인과 그 배우자에게 **상해**를 가하여 **사망에 이르게** 한 자
> 3. **사기** 또는 **강박**으로 피상속인의 상속에 관한 **유언** 또는 유언의 **철회를 방해**한 자
> 4. **사기** 또는 **강박**으로 피상속인의 상속에 관한 **유언을 하게** 한 자
> 5. 피상속인의 상속에 관한 **유언서를 위조·변조·파기** 또는 **은닉**한 자

1. 의 의

상속결격이란 상속인에게 법이 정한 일정한 사유가 있는 때에는 당연히 상속자격이 박탈되는 것을 말한다(제1004조).

2. 상속결격사유

(1) 살인 또는 살인미수 [07·12사법, 3회 사례형]

고의로 직계존속, 피상속인, 그 배우자 또는 상속의 선순위나 동순위에 있는 자를 살해하거나 살해

하려고 한 경우이다(제1004조 1호).

1) 낙태가 제1004조 1호의 살해에 해당하는지 여부

비록 형법상으로 태아는 살인죄의 객체가 되지 못하지만, 제1004조의 취지상 낙태와 살인을 달리 평가할 것은 아니므로 判例와 같이 낙태를 제1004조 1호의 상속의 동순위에 있는 자를 '살해'한 것으로 보아 상속결격이 된다고 보는 것이 타당하다(대판 1992.5.22. 92다2127).

2) 상속결격이 되기 위해서 상속에 유리하다는 인식을 요하는지 여부

判例는 " i) 제1004조 1호는 '고의'만을 규정하고 있을 뿐 별도로 '상속에 유리하다는 인식'을 요구하고 있지 않으며 ii) 제1004조 2호는 '상해의 고의'만 있었던 경우에도 상속결격을 인정하므로 이 경우 상속에 유리하다는 인식이 필요 없음은 당연하다"(대판 1992.5.22. 92다2127)고 한다. **[3회 사례형]**

[판례검토] 제1004조 1호는 '직계존속'을 살해하거나 살해하려고 한 경우에도 상속결격을 인정하고 있는바, 가해자가 피상속인의 직계존속보다 선순위인 경우에도 상속결격을 인정하고 있는 것은 상속결격의 요건으로서 상속에 유리하다는 인식을 별도로 요구하지 않는 것으로 볼 수 있다는 점에서 '상속에 유리하다는 인식'은 필요 없다고 보는 것이 타당하다.

3) 행위의 시기

判例는 피상속인이 사망하여 '상속이 개시된 후' 피상속인의 처가 낙태한 사안에서 처의 상속결격을 인정한 바 있다(대판 1992.5.22. 92다2127).[1]

(2) 상해치사(제1004조 2호)

(3) 유언에 대한 부정행위(제1004조 3호 내지 5호)

상속인의 결격사유의 하나로 규정하고 있는 제1004조 제5호 소정의 '상속에 관한 유언서를 은닉한 자'라 함은 유언서의 소재를 불명하게 하여 그 발견을 방해하는 일체의 행위를 한 자를 의미하는 것이므로, 단지 공동상속인들 사이에 그 내용이 널리 알려진 유언서에 관하여 피상속인이 사망한지 6개월이 경과한 시점에서 비로소 그 존재를 주장하였다고 하여 이를 두고 유언서의 은닉에 해당한다고 볼 수 없다(대판 1998.6.12. 97다38510).

3. 효 과

(1) 상속인의 자격 상실

상속결격자는 소급적으로 상속인의 자격을 상실하므로 이미 상속받은 재산이라도 반환해야 하며, 그의 처분행위는 무효이다.

(2) 수증결격

상속결격자는 유증의 수증결격자로도 된다(제1064조, 제1004조). 따라서 상속결격자에게 한 유증은 무효이다.

(3) 대습상속 사유

상속결격자는 상속을 받을 수 없으나 이는 대습상속 사유가 되므로(제1001조), 그의 직계비속이나 배우자가 대습상속을 할 수는 있다.

---

1) ① 소급적으로 상속결격을 인정하게 되면 그 자를 상속인으로 믿고 거래한 선의의 제3자에게 피해를 줄 수 있기 때문에 제1004조 1호가 정한 행위는 '상속개시 전'에 행하여져야 한다는 견해가 있으나, ② 거래안전은 상속회복청구권의 제척기간으로 어느 정도 해소될 수 있다는 점에서, <u>행위의 시기는 문제되지 않는다</u>고 봄이 타당하다.

제3관 상속회복청구권 [08 · 10사법]

I. 의 의 [E-42]

★ **제999조 (상속회복청구권)** ① 상속권이 참칭상속권자로 인하여 침해된 때에는 상속권자 또는 그 법정대리인은 상속회복의 소를 제기할 수 있다. ② 제1항의 상속회복청구권은 그 침해를 안 날부터 3년, 상속권의 침해행위가 있은 날부터 10년을 경과하면 소멸된다.

진정한 상속인이 참칭상속인이나 전득자에 대하여 자기의 상속권에 기한 재산의 회복을 소송으로써 구할 수 있는 실체법상의 권리이다(제999조 1항).

II. 입법취지 [E-43]

1. 문제점

피상속인의 사망과 동시에 등기 · 인도 등을 불문하고 상속재산의 소유권은 진정한 상속인에게 이전된다(제1005조, 제187조). 따라서 진정한 상속인은 개개의 물건에 대하여 소유권에 기한 물권적 청구권 등을 행사할 수 있음에도(그 외에도 부당이득반환청구권, 불법행위로 인한 손해배상청구권 등의 구제수단이 있다), 민법이 이와 별도로 상속회복청구권을 규정한 취지가 무엇인지 문제된다.

2. 상속회복청구권의 취지

그 이유로는 ⅰ) 상속재산을 일괄적으로 회복할 수 있다는 점, ⅱ) 개별적인 권리로서 청구할 때에는 그 목적물에 대한 피상속인의 권원까지 입증해야 하지만, 상속회복청구권을 행사할 때에는 자신이 상속권자라는 사실과 목적물이 상속개시 당시에 피상속인의 점유에 속하고 있었다는 사실만 입증하면 족하다는 점(입증책임의 경감), ⅲ) 단기의 제척기간을 정함으로써 권리관계의 조속한 안정을 기한다는 점 등을 들 수 있다(대판 1994.10.21. 94다18249).

III. 법적 성질 [E-44]

1. 문제점

이행의 소라는 것이 통설이며 이행의 소로 볼 경우 제999조 2항의 단기의 제척기간과 관련해 개별 물권적 청구권과의 관계가 문제된다.

2. 학 설

① 상속회복청구권은 상속재산 전체의 회복을 구하는 상속법상의 고유한 포괄적 청구권으로서 상속을 청구원인으로 하므로 소유권 등에 기한 물권적 청구권과 같은 개별적 청구권과는 다르다는 **독립청구권설**(포괄적 청구권설)과(따라서 본 청구권이 제척기간에 걸린 후에도 개별적 청구권은 행사할 수 있다) ② 상속회복청구권은 개별적 청구권의 집합에 불과하므로, 상속재산의 회복을 위한 소는 포괄적으로 행해지든 개별적 청구권에 기해 행해지든 상속회복청구권이라는 **집합권리설**(개별적 청구권설)로 나뉜다(따라서 제999조의 제척기간이 경과한 후에는 개별적 청구권에 기한 상속재산회복도 불허된다).

3. 판 례

"참칭상속인 또는 자기들만이 재산상속을 하였다는 일부 공동상속인들을 상대로 그 소유권 또는 지분권이 귀속되었다는 주장이 상속을 원인으로 하는 것인 이상 그 청구원인(예를 들어 제213조, 제214조, 제741조, 제750조) 여하에 불구하고 민법 제999조의 단기 제척기간의 적용을 받는 상속회복의 소로 보아야 한다"(대판 1991.12.24. 전합90다5740)라고 판시하였는바, 일반적으로 **집합권리설**(개별적 청구권설)을 취하고 있는 것으로 해석되고 있다.

4. 검 토

독립청구권설은 ⅰ) 단기의 제척기간을 정함으로써 권리관계의 조속한 안정을 취하려는 제999조의 입법취지와 맞지 않으며, ⅱ) 청구원인에 따라 제척기간의 적용 여부가 달라지게 되어 형평성을 잃게 된다는 문제점이 있다. 따라서 현행 민법규정의 해석으로는 집합권리설이 타당하다(다수설).

🔵 **자기의 상속권을 주장하지 않고 별도의 취득원인**(가령 매매나 증여)에 기한, 상속재산에 대한 권리를 주장하는 경우 '상속회복청구'라고 볼 수 있는지 여부(소극)

이러한 경우는 일반적 재산권 침해에 해당할 뿐이고 이러한 자에게까지 단기제척기간에 의한 보호를 할 이유가 없으므로 判例(대판 1982.1.26. 81다851등 이하 판례)와 같이 **부정하는 것이 타당하다.**

㉠ 피상속인 사망 후 공동상속인 중 1인이 다른 공동상속인에게 자신의 상속지분을 중간생략등기 방식으로 명의신탁하였다가 그 명의신탁이 '부동산실명법이 정한 유예기간(1996.6.30.)의 도과로 무효가 되었음을 이유'로 명의수탁자를 상대로 상속지분의 반환을 구하는 경우, 그러한 청구는 상속으로 인한 재산권의 귀속을 주장하는 것이라고 볼 수 없으므로 상속회복청구에 해당하지 않는다고 한다(대판 2010.2.11. 2008다16899).

㉡ 원고가 피고를 상대로 '피고 명의의 소유권이전등기가 참칭상속인에 의한 것이어서 무효임'을 이유로 하지 않고 '후행 보존등기 자체가 무효임'을 이유로 하여 피고 명의의 소유권이전등기의 말소를 청구하는 경우에는 이는 상속회복청구의 소에 해당하지 않는다고 한다(대판 2011.7.14. 2010다107064).

㉢ 일단 적법하게 '공동상속등기'가 마쳐진 부동산에 관하여 상속인 중 1인이 자기 단독명의로 '소유권이전등기'를 한 경우, 다른 상속인들이 그 이전등기가 원인 없이 마쳐진 것이라 하여 말소를 구하는 소는 상속권이 침해되었음을 이유로 그 회복을 구하는 것이 아니라 상속으로 일단 취득한 소유권이 그 후 위법하게 침해되었다는 이유로 소유권의 회복을 구하는 것이기 때문에 상속회복청구의 소에 해당하지 않는다고 한다(대판 2011.9.29. 2009다78801 : 5회 선택형).

> **[기타]** ㉣ "상속인인 원고가 소외인이 피상속인의 생전에 그로부터 토지를 매수한 사실이 없는데도 그러한 사유가 있는 것처럼 등기서류를 위조하여 그 앞으로 소유권이전등기를 경료하였음을 이유로 그로부터 토지를 전전매수한 피고 명의의 소유권이전등기가 원인무효라고 주장하면서 피고를 상대로 진정 명의의 회복을 원인으로 한 소유권이전등기절차의 이행을 구하는 경우, 이는 상속회복청구의 소에 해당하지 않는다"(대판 1998.10.27. 97다38176). ㉤ "등기부상 등기원인이 매매나 증여로 기재된 이상 재산상속인임을 신뢰케 하는 외관을 갖추었다고 볼 수 없다. 따라서 공동상속인 중 1인이 피상속인의 생전에 그로부터 토지를 매수하거나 증여받은 사실이 없음에도 불구하고 구 부동산 소유권이전등기 등에 관한 특별조치법(이하 '특별조치법'이라고 한다)에 의하여 매매 또는 증여를 원인으로 한 이전등기를 경료한 경우 그 이전등기가 무효라는 이유로 다른 공동상속인이 그 등기의 말소(또는 진정명의 회복을 위한 등기의 이전)를 청구하는 소는 **상속회복청구의 소에 해당한다고 볼 수 없다**"(대판 2008.6.26. 2007다7898).

Ⅳ. 당사자

1. 회복청구권자

(1) 상속권자 기타 포괄승계인

상속권자 또는 그 법정대리인(제999조 1항), 진정상속인으로부터 상속분을 양도받은 포괄승계인(제 1011조), 포괄수유자(대판 2001.10.12. 2000다22942) 등이 청구권자가 될 수 있다. 상속개시된 후 인지된 자도 여기의 청구권자가 될 수 있다. 그러나 상속인의 특정승계인은 청구권자가 아니다.

또한 상속재산분할이 이루어지기 전에 민사소송에서 특별수익에 기한 구체적 상속분을 주장하면서 법정상속분에 따라 마쳐진 공동상속인 명의의 소유권이전등기에 관하여 상속회복청구의 소를 제기할 수 없다(대판 2023.4.27. 2020다292626).

(2) 상속회복청구권의 상속가능 여부

상속회복청구권은 각 상속인의 상속권에서 파생하는 각 상속인의 고유의 권리이므로 그의 상속인에게 상속되지 않고, 상속인의 상속인은 '자기의 상속권'이 침해되었음을 이유로 '자신의 상속이 개시된 때'를 기산점으로(상속긍정설에 따르면 '당초의 상속이 개시된 때'를 그 기산점으로 보게 된다) 제999조 2항의 기간 내에 회복을 청구할 수 있다고 보는 견해가 타당하다(다수설).

2. 상대방

(1) 참칭상속인

상속권이 없음에도 불구하고 상속인인 것 같은 외관을 갖거나 상속인이라고 사칭하는 자이다(대판 1991.2.22. 90다카19470). 따라서 상속인으로서의 외관이 없는 자는 자신이 상속인이라고 주장하였더라도 참칭상속인이 아니며(대판 1992.5.22. 92다9755), 또한 상속권의 침해가 없다면 참칭상속인이라고 할 수 없다(대판 1994.11.18. 92다33701 : 5회 선택형).

> **[관련판례]** "소유권이전등기에 의하여 재산상속임을 신뢰케 하는 외관을 갖추었는지의 여부는 권리관계를 외부에 공시하는 등기부의 기재에 의하여 판단하여야 하므로, 비록 등기의 기초가 된 보증서 및 확인서에 취득원인이 상속으로 기재되어 있다 하더라도 등기부상 등기원인이 매매로 기재된 이상 재산상속인임을 신뢰케 하는 외관을 갖추었다고 볼 수 없다"(대판 1997.1.21. 96다4688).

(2) 다른 상속인의 상속분을 침해하는 공동상속인(원칙적 적극) [9회 사례형]

① **[긍정]** 단기의 제척기간을 정함으로써 권리관계의 조속한 안정을 취하려는 제999조의 입법취지상 상속인이 다른 공동상속인의 상속권을 무시하고 상속재산을 점유 또는 등기한 경우에도 상속회복청구권을 행사할 수 있다(대판 1991.12.24. 전합90다5740). 그리고 공동상속인 중 1인이 상속등기에 갈음하여 구 부동산소유권 이전등기 등에 관한 특별조치법에 따라 그 명의의 소유권이전등기를 경료한 경우, 다른 공동상속인이 그 등기의 말소를 청구하는 소는 상속회복청구의 소에 해당한다(대판 2010.1.14. 2009다41199).

② **[긍정]** 상속재산분할 후에 피인지된 자의 상속재산분할청구권(공동상속인에 대한 가액반환청구권인 제1014조 포함)도 상속회복청구권이라 할 수 있으므로 단기제척기간이 적용된다(대판 1993.8.24. 93다12). 특히 이 경우 상속회복청구권의 제척기간과 관련하여 '침해를 안 날부터 3년'의 기산점은 그 인지판결이 확정된 날로부터 기산한다(대판 1978.2.14. 77므21).

③ **[부정]** "상속을 원인으로 하는 등기가 명의인의 의사에 기하지 않고 제3자에 의하여 상속 참칭의 의도와 무관하게 이루어진 것일 때에는 위 등기명의인을 상속회복청구의 소에서 말하는 참칭상속인이라고 할 수 없다. 그리고 수인의 상속인이 부동산을 공동으로 상속하는 경우 그와 같이 공동상속을 받은 사람 중 한 사람이 공유물의 보존행위로서 공동상속인 모두를 위하여 상속등기를 신청하는 것도 가능하므로, 부동산에 관한 상속등기의 명의인에 상속을 포기한 공동상속인이 포함되어 있다고 하더라도 상속을 포기한 공동상속인 명의의 지분등기가 그의 신청에 기한 것으로서 상속 참칭의 의도를 가지고 한 것이라고 쉽게 단정하여서는 아니 된다"(대판 2012.5.24. 2010다33392).

(3) 참칭상속인으로부터의 제3취득자(적극)

상속회복청구의 단기의 제척기간이 참칭상속인에만 적용되고 참칭상속인으로부터 양수한 제3자에게는 인정되지 않는다면 거래관계의 조기안정을 의도하는 단기의 제척기간이 무의미하게 될 수 있으므로, 참칭상속인으로부터 권리를 이전받은 제3자와 참칭상속인의 상속인도 상속회복청구의 상대방이 된다(대판 1981.1.27. 전합79다854).

(4) 피상속인을 달리하는 경우

상속회복청구권은 진정상속인과 참칭상속인이 주장하는 피상속인이 동일인임을 전제로 하므로, 상속재산을 점유하고 있는 자가 상속을 원인으로 주장하지만 피상속인이 다른 사람이라면, 상속회복청구의 상대방이 아니다(대판 1994.4.15. 94다798).

Ⅴ. 상속회복청구권의 행사 [E-46]

1. 행사방법

특별한 제한이 없으므로 반드시 재판상 행사할 필요는 없고 재판외 청구도 가능하다(통설).[2] 그러나 判例는 재판상으로 행사하여야 한다는 입장에 있는 것으로 보인다(대판 1993.2.26. 92다3083).

2. 행사의 효과

(1) 상속재산의 반환

진정상속인은 자기에게 속하는 재산을 반환 받을 수 있다. 청구의 상대방은 목적물을 진정상속인에게 인도하거나 자기명의의 부실등기를 말소해야 한다. 제3취득자의 경우에는 선의인 전득자는 동산의 경우에는 선의취득으로 보호받을 수 있지만, 부동산인 경우에는 보호받지 못하므로 진정상속인에게 반환하여야 한다.

다만, 제3자가 공동상속인으로부터 상속재산을 양수한 경우에, 공동상속인은 완전한 무권리자가 아니므로 그 공동상속인의 '상속지분의 범위 내'에서 유효하게 권리를 취득한다.

(2) 반환의 범위

점유자가 진정상속인에게 물건을 반환할 때에는 점유자와 회복자의 관계에 관한 제201조 이하를 유추하여 반환범위를 정하되, 다만 상속재산의 과실은 상속재산에 속한다고 하여야 하므로 **참칭상속인이 선의라도 과실은 반환해야 한다**(다수설).

---

2) 증명책임과 관련해서는 증명책임이 완화되어 청구권자는 자신이 상속권자라는 점과 목적물이 상속개시 당시 피상속인의 점유에 속한 사실만 입증하면 족하며, 피상속인에게 소유권 등의 본권이 있었음을 입증할 필요는 없다. 청구권자의 청구를 배척하려는 상대방이 상속재산에 대하여 특정의 권원을 가짐을 증명해야 한다.

VI. 상속회복청구권의 소멸 [E-47]

1. 상속회복청구권의 포기

상속회복청구권은 포기할 수 있으며, 이를 포기하면 더 이상 상속회복청구를 할 수 없다. 그러나 이 포기는 상속개시 후에만 허용되며, 상속개시 전에 미리 포기하는 것은 효력이 없다.

2. 제척기간의 경과 [6회 기록형]

상속회복청구권은 상속인 또는 그 법정대리인이 침해를 안 날부터 3년, 상속권의 침해행위가 있는 날부터 10년이 경과하면 소멸한다(제999조 2항). 이 기간은 제척기간이다(대판 1978.12.13. 78다1811).

> **[종전 민법]** 종전에는 "상속이 개시된 날로부터 10년"으로 되어 있었으나, 헌법재판소는 지나치게 단기의 행사기간을 정함으로써 상속인의 재산권, 재판청구권 등을 침해한다고 하여 위헌결정을 내린바 있다(헌재결 2001.7.19. 99헌바9 등). 이에 개정 민법은 진정한 상속인의 보호를 위하여 그 소멸시기를 '상속권 침해를 안 날로부터 3년, 상속권 침해가 있는 날로부터 10년 경과'로 규정하였다.

(1) 상속권의 침해를 안 날부터 3년

'상속권의 침해를 안 날'이라 함은 자기가 진정한 상속인임을 알고 또 자기가 상속에서 제외된 사실을 안 때를 가리키는 것으로서, 단순히 상속권 침해의 추정이나 의문만으로는 충분하지 않다(대판 2007.10.25. 2007다36223 : 3회 선택형).

(2) 상속권의 침해행위가 있은 날부터 10년

'상속권의 침해행위가 있은 날'이라 함은 참칭상속인이 상속재산의 전부 또는 일부를 점유하거나 상속재산인 부동산에 관하여 소유권이전등기를 마치는 등의 방법에 의하여 진정한 상속인의 상속권을 침해하는 행위를 한 날을 의미한다(대판 2009.10.15. 2009다42321).

① 제척기간의 준수 여부는 상속회복청구의 상대방별로 각각 판단하여야 할 것이어서, ㉠ '진정한 상속인이 참칭상속인으로부터 상속재산에 관한 권리를 취득한 제3자를 상대로 제척기간 내에 상속회복청구의 소를 제기한 이상' 그 제3자에 대하여는 제999조에서 정하는 상속회복청구권의 기간이 준수되었으므로, 참칭상속인에 대하여 그 기간 내에 상속회복청구권을 행사한 일이 없다고 하더라도 그것이 진정한 상속인의 제3자에 대한 권리행사에 장애가 될 수는 없다(대판 2009.10.15. 2009다42321). ㉡ 그러나 참칭상속인의 최초 침해행위가 있은 날로부터 10년이 경과한 이후에는 비록 제3자가 참칭상속인으로부터 상속재산에 관한 권리를 취득하는 등의 새로운 침해행위가 '최초 침해행위시'로부터 10년이 경과한 후에 이루어졌다 하더라도 상속회복청구권은 제척기간의 경과로 소멸되어 진정상속인은 더 이상 제3자를 상대로 그 등기의 말소 등을 구할 수 없다 할 것이며, 이는 '진정상속인이 참칭상속인을 상대로 제척기간 내에 상속회복청구의 소를 제기하여 승소의 확정판결을 받았다'고 하여 달리 볼 것은 아니라 할 것이다(대판 2006.9.8. 2006다26694).

② 상속재산의 일부에 대한 상속회복청구의 제소기간을 준수하였다고 하여 그로써 다른 상속재산에 대한 소송에 그 기간준수의 효력이 생기지 아니한다(대판 1981.6.9. 80므84 : 5회 선택형).

③ 전원합의체 판결에 따르면 "피상속인인 남한주민으로부터 상속을 받지 못한 북한주민의 경우에도, '남한에 입국한 때부터 3년 내'가 아니라 '상속권이 침해된 날부터 10년'이 경과하면 민법 제999조 제2항에 따라 상속회복청구권이 소멸한다"(대판 2016.10.19. 전합2014다46648)고 한다. 물론 상속권이 침해를 안 날로부터 3년 내의 요건도 충족해야 한다.

3. 소멸의 효과

기존 법률관계가 절대적으로 확정되어 진정상속인은 소유권 주장이 불가능하게 되고 점유자는 정당한 권원을 획득하게 된다. 判例는 상속회복청구권 소멸의 '반사적 효과'로서 참칭상속인의 지위는 확정되어 참칭상속인이 상속개시일로부터 소급하여 상속인으로서의 지위를 취득한 것으로 봄이 상당하므로, 상속재산은 '상속개시일로 소급하여 참칭상속인의 소유'로 된다고 한다(대판 1998.3.27. 96다37398 : 3회,5회 선택형).

┃ 핵심사례 E-03 ┠

■ ★ 상속회복청구권 핵심판례

A남과 甲녀 부부 사이에는 친생자 乙이 있었다. 乙이 성년이 된 후, 취직한 회사사정으로 1997년부터 일본에서 근무를 하게 되었는데, 1992. 4. 1. A가 지병으로 사망할 당시 A의 재산으로는 X아파트 한 채가 전부였다. 그러나 甲녀는 乙과 아무런 상의 없이 1993. 5. 6.에 X아파트의 등기명의를 A로부터 자신에게 이전한 후, 다음 날 이러한 사정을 모르는 丙에게 X아파트를 매각, 인도하고 매매대금 수령과 함께 등기명의도 넘겨 주었다. 그 후 乙이 귀국하였고 2002. 6. 30.에 乙은 X아파트의 등기명의가 丙 앞으로 되어 있고 사용 · 수익도 丙이 하고 있는 것을 확인하였다.
2002. 6. 30. 현재 X아파트와 관련한 乙의 실체법상의 구제수단을 논하라. (35점)

I. 논점의 정리

乙은 A의 직계비속으로서 甲은 A의 배우자로서 A의 공동상속인이 된다(제1000조 1호, 제1003조 1항). 따라서 상속재산인 X아파트의 소유권을 甲과 乙이 공동상속인으로서 등기 없이 취득하게 되고(제187조) X아파트는 甲과 乙의 공유로 된다(제1006조). 이러한 상태에서 甲이 X아파트를 자신의 단독소유인 것처럼 등기명의를 자신 앞으로 이전하여 丙에게 매도 · 이전등기를 하였는바, X아파트에 대하여 지분권이 있는 乙은 공동상속인 甲과 전득자 丙에게 어떠한 권리를 행사할 수 있는지 문제된다.

II. 乙의 丙에 대한 구제수단

1. 문제점

甲은 X아파트를 乙과 공동으로 상속하였음에도 X아파트의 소유권을 단독으로 丙에게 이전하였는바, 甲의 지분의 범위 내에서는 丙은 유효하게 소유권을 취득하나(제263조), 乙의 지분의 범위 내에서 甲의 처분은 무권리자의 처분이 되어 乙이 추인하지 않는 한 무효가 된다(제264조). 따라서 X아파트의 소유권은 丙과 乙이 3:2 지분의 비율로 공유하는 것이 된다. 그런데 X아파트는 丙의 단독명의로 등기되어 있는바 乙은 자신의 지분권회복을 위해 상속회복청구권이나 물권적청구권을 행사할 수 있는지 문제되고, 만약 물권적 청구권을 행사할 수 있다면 그 본질을 상속회복청구권과 다르게 보아 양 권리를 경합적으로 청구할 수 있는지 문제된다.

2. 상속회복청구권의 법적 성질

(1) 판 례(개별적 청구권설 : 집합권리설)

(2) 검토 및 사안의 경우

2002.6.30.현재는 상속권의 침해가 있는 날(1993.5.6.)로부터 10년이 경과되지 않았고, 상속권의 침해를 안 날이 2002.6.30.이므로 乙은 자신의 지분권(2/5)회복을 위해 상속회복청구권이나 물권적청구권을 행사할 수 있다.

3. 참칭상속인으로부터 목적물을 취득한 제3자에 대한 청구도 상속회복청구에 해당하는지 여부

(1) 판 례(적극)

(2) 검토 및 사안의 경우

따라서 乙의 丙에 대한 청구 역시 상속을 원인으로 하는 것인 이상 그 청구원인 여하에 불구하고 민법 제999조의 단기 제척기간의 적용을 받는 상속회복의 소로 보아야 한다.

4. 乙의 丙에 대한 구체적 권리(상속회복청구권의 구체적 내용)

(1) X아파트의 등기명의 경정 청구

甲명의의 소유권이전등기는 甲의 상속지분인 3/5지분에 관하여는 실체적 권리관계에 부합하여 유효하나, 乙의 상속지분인 2/5지분에 관하여는 원인무효의 등기이다. 그러나 우리 민법은 등기의 공신력을 인정하고 있지 않기 때문에 丙명의의 소유권이전등기 또한 乙의 상속지분인 2/5지분에 관하여는 원인무효의 등기이다. 따라서 判例에 따르면 乙은 丙 단독명의로 되어 있는 X아파트의 소유권등기명의를 자신의 지분권(2/5)을 근거로 乙·丙의 공유의 등기명의로 경정할 것을 丙에게 청구할 수 있다. 다만, 경정등기는 전후등기의 동일성이 유지되어야 하므로 오히려 丙에게 2/5지분에 대한 진명명의회복을 원인으로 하는 소유권이전등기가 타당할 것으로 보인다(통설).

(2) 지분권에 기초한 X아파트의 반환청구 가부[3]

과반수지분권자가 공유물을 배타적으로 사용, 수익하는 경우 그 사용, 수익의 방법이 관리행위의 한계를 벗어나지 않는다면,[4] 이는 관리행위로서 적법하다(제265조 본문). 따라서 丙의 점유는 과반수지분권자인 甲의 의사에 의한 경우이므로 소수지분권자인 乙은 丙에게 공유물 전체의 인도를 청구할 수 없다.

(3) 乙의 丙에 대한 기타의 권리

乙은 丙에 대하여 乙이 X아파트를 사용·수익하도록 허용할 것을 청구하거나, 자신의 지분(2/5)의 비율에 따른 사용, 수익을 못한데 대하여 부당이득의 반환을 청구할 수 있다(제741조). 그러나 자신의 지분권침해로 인한 손해배상청구는 丙에게 고의나 과실이 있다고 할 수는 없으므로 부정되어야 할 것이다(제750조).

Ⅲ. 乙의 甲에 대한 구제수단

1. 공동상속인 甲에게 상속회복청구권을 행사할 수 있는지 여부

(1) 문제점

甲과 乙은 공동상속인임에도 甲이 X아파트의 등기명의를 자신 앞으로 이전한 다음 丙에게 매각하여 단독으로 매매대금을 취득하였는바, 이 매매대금은 상속재산 그 자체는 아니나 상속재산의 변형물이므로 상속재산에 준하는 것이다. 따라서, 공동상속인에 대한 상속회복청구권행사 가부의 논의는 이러한 적용에도 적용된다고 본다(대판 1993.8.24. 93다12 참고).

(2) 공동상속인도 참칭상속인이 될 수 있는지 여부(적극)

2. 乙의 甲에 대한 부당이득반환청구권

甲이 자신 앞으로 X아파트를 상속등기하고 이를 매각하여 아파트의 매각대금을 단독으로 취득한 것은 乙의 상속권을 침해하는 행위라 할 수 있으므로, 乙은 공동상속인 甲에 대하여 상속회복청구권을 행사함으로써 甲이 취득한 매매대금 중 자신의 지분(2/5)에 해당하는 금액을 반환청구할 수 있다고 할 것이다(제741조). 물론 이는 丙에 대한 경정등기청구 등과 중첩적으로 행사될 수는 없을 것이다.

3. 乙의 甲에 대한 손해배상청구권

甲은 X아파트에 대한 乙의 지분권을 침해한다는 것을 알면서 X아파트를 丙에게 처분하였고 이로 인해 乙에게 지분권이 침해되는 손해가 발생하였으므로 고의·위법성·손해발생과의 인과관계도 인정된다. 따라서 甲은 乙에게 불법행위책임을 부담한다(제750조). 물론 이는 丙에 대한 경정등기청구 등과 중첩적으로 행사될 수는 없을 것이다.

제4관 상속의 효과

Ⅰ. 상속재산의 포괄적 승계

[E-48]

> 제1005조(상속과 포괄적 권리의무의 승계) 상속인은 **상속개시된 때**로부터 피상속인의 재산에 관한 **포괄적 권리의무를 승계**한다. 그러나 피상속인의 일신에 전속한 것은 그러하지 아니하다.

1. 의 의

상속인은 상속이 개시된 때부터 피상속인의 재산에 관한 포괄적 권리·의무를 승계한다(제1005조 본문). 이러한 효과는 상속개시사실에 대한 상속인의 지·부지 또는 이전절차의 구비여부와 무관하게 법률상 당연히 발생한다.

2. 내 용

상속의 대상이 되는 것은 피상속인의 재산상의 권리·의무이다. 나아가 구체적인 권리·의무뿐만 아니라 조건부 권리(제149조 참조)나 형성중인 법률관계, 즉 아직 권리 또는 의무로 구체화되지 않은 재산상의 법률관계 내지 법적 지위[예컨대 선의·악의와 같은 법적 지위도 승계한다(대판 1996.9.20. 96다 25319)]도 포함된다. 결국 상속에 의하여 상속인은 **피상속인의 재산법상의 지위를 포괄적으로 승계**한다.

3. 예 외

인격권이나 친족법상의 권리 등 비재산권은 상속의 대상이 아니어서 권리자의 사망으로 소멸한다. 한편 재산상의 권리·의무라도 피상속인의 일신에 전속하는 것은 상속되지 않는다(제1005조 단서 : 귀속상의 일신전속권). 그 밖에 제사용 재산도 상속과 별도로 승계된다(제1008조의3). 이하에서는 문제되는 권리 및 지위를 개별적으로 검토하겠다.

Ⅱ. 상속재산의 범위

[E-49]

현행 민법은 상속재산에 관하여 아무런 구별을 하지 않고서 그 전부를 포괄적으로 상속인에게 이전하는 '일반상속' 제도를 취하고 있다. 다만 제사용 재산에 한하여 '특별상속'을 인정하고 있다(제1008 조의3).

1. 일반상속재산의 범위

[E-49a]

(1) 물 권

1) 소유권 등 물권

물권은 원칙적으로 전부 상속된다.[5] 그러나 합유부동산의 경우 합유지분은 상속이 되지 않는다(대판 1996.12.10. 96다23238).[6]

---

3) 甲의 丙에 대한 X아파트 처분은 공유물의 처분행위이다(제264조). 다만 이러한 처분행위도 甲의 지분 범위(3/5)에서는 유효하다. 따라서 乙과 丙은 X아파트를 2:3으로 공유하는 관계인데, 丙이 단독으로 점유하고 있으므로 이것이 적법한 관리행위이냐가 문제되는 것이다.

4) 공유지인 나대지 위에 건물을 지어 공유지를 사용, 수익하는 것은 공유물의 현상을 변경하는 것에 해당하여 관리행위의 한계를 벗어난 것이 된다(대판 2001.11.27. 2000다33638,33645).

5) 그리고 상속으로 인한 부동산물권의 취득은 등기를 요하지 않는다. 동산물권도 인도를 요하지 않고 당연히 상속인에게 이전되는 것으로 보아야 하는데, 제193조에 의해서도 같은 결론에 이를 수 있다. 한편 <u>피상속인이 제3자에게 부동산을 양도하고 등기하지 않고 있는 동안에 상속이 개시되면, 그 제3자에 대한 피상속인의 등기의무를 상속인이 승계한다(부동산 등기법 제47조).</u>

2) 점유권의 상속

점유권은 상속인에게 이전된다(제193조). 그리고 상속인이 수인인 경우에는 이들은 단순히 공동으로 목적물을 점유할 뿐(공동점유), 상속인에게 이전되는 **점유권에 관하여 민법 제1009조 이하의 상속분에 관한 규정은 적용되지 않는다**(대판 1962.10.12. 62다460).

> [관련판례] 부동산을 소유의 의사로 점유하고 있던 자가 사망하고 그 점유를 '상속인 중 일부만이 승계하여 점유를 계속한 때'에도 다른 특별한 사정이 없는 한 그 '점유를 승계한 상속인들 전부'가 그 부동산 전체를 소유의 의사로 점유한 것으로 보아야 할 것이고 그 점유가 계속되어 민법 제245조 제1항의 기간이 만료되면 그들은 등기를 함으로써 그 부동산의 소유권을 취득하게 된다(대판 1990.2.13. 89재다카89).

(2) 채권 및 채권법상의 지위

1) 일반론

① 채권 및 채무는 일반적으로 상속의 대상이 된다(제449조 1항 본문 참조).[7] ② 그러나 채무의 이행이 피상속인의 인격과 결합되거나 채권자가 변경됨으로써 급부의 내용이 달라지는 경우에는 채무 또는 채권은 상속의 대상이 아니다(일신전속권, 제1005조 단서).[8]

2) 보증채무

계속적 보증의 경우에는, 주채무자와 보증인 사이에 깊은 신뢰관계 내지 정의관계를 기초로 하고 있는데 반해 주채무자와 보증인의 상속인 사이에는 이러한 신뢰관계가 존재하지 않는 것이 보통이므로 반드시 그 상속성을 인정할 필요는 없을 것이다.

따라서 보증기간이나 보증한도액이 정해져 있지 않은 경우에는 그 상속성이 부정되어야 할 것이지만 보증기간이나 보증한도액이 정해져 있는 경우에는 그 상속성을 인정해도 좋을 것이다. 그래서 判例는 보증한도액을 정한 '한정근보증'의 경우에는, 특별한 사정이 없는 한 상속인이 보증인의 지위를 승계하는 것으로 해석한다(대판 1999.6.22. 99다19322). 다만 상속이 개시되기 전에 이미 그 보증채무가 구체화된 경우에는 상속인에게 상속되는 것은 당연하다.

3) 계약상의 지위

당사자의 신뢰에 기초한 계속적 법률관계에서 피상속인의 계약상 지위가 상속되지 않기도 하지만[위임계약에서의 당사자 지위(제690조), 정기증여에서 증여자 또는 수증자의 지위(제560조)], 그렇지 않은 경우에 계약상의 지위가 상속된다. 가령 **임대차에서 임대인의 지위나 임차인의 지위는 당연히 상속된다**(대판 1966.9.20. 66다1203). 주택 임차권에 관하여는 특별규정이 있다. 임차인이 사망한 경우에 사망 당시 상속권자가 그 주택에서 가정공동생활을 하고 있지 아니한 때에는 그 주택에서 가정공동생활을 하던 사실상의 혼인관계에 있는 자와 2촌 이내의 친족은 공동으로 임차인의 권리와 의무를 승계한다(주택임대차보호법 제9조 2항). 임대차관계에서 생긴 채권(임차보증금반환채권 등), 채무 또한 마찬가지이다(동법 제9조 4항).

---

6) "부동산의 합유자 중 일부가 사망한 경우 합유자 사이에 특별한 약정이 없는 한 사망한 합유자의 상속인은 합유자로서의 지위를 승계하지 못하므로, 해당 부동산은 잔존 합유자가 2인 이상일 경우에는 잔존 합유자의 합유로 귀속되고 잔존 합유자가 1인인 경우에는 잔존 합유자의 단독소유로 귀속된다"

7) 특히 상속재산을 구성하는 소극재산으로서의 채무는 '하는 채무'이든 '주는 채무'이든, 사법상의 채무이든 공법상의 채무이든 가리지 않고 상속의 대상이 된다. 그리고 상속인은 상속의 포기나 한정승인을 하지 않은 한 상속채무에 대하여 무한책임을 진다.

8) 나아가 개인적 신뢰를 기초로 하는 계속적 법률관계에서 발생하는 채권·채무, 가령 위임계약에서의 당사자 지위(제690조), 정기증여에서 증여자 또는 수증자의 지위(제560조)도 상속되지 않으며, 고용계약에서 사용자의 지위는 승계되지만, 근로자의 지위는 승계되지 않는다고 할 것이다.

4) 조합원의 지위

민법상 조합의 조합원의 지위는 상속되지 않는다(조합원의 사망은 당연탈퇴사유이다. 제717조 1호).

5) 손해배상청구권

통상의 손해배상청구권이 상속의 대상이 되는 것은 당연하다. ① 생명침해로 인한 위자료청구권에 관하여는 견해의 대립이 있지만 통설 및 判例(대판 1966.10.18. 66다1335)[9]는 생전에 청구의 의사표시가 있었는지 여부와 상관없이 상속성을 인정한다. ② 그 밖에 가족법상의 원인(이혼, 약혼해제, 파양 등)으로 인한 위자료 청구권은 원칙적으로 일신전속권으로 보아야 하는바, 당사자간에 이미 그 배상에 관한 계약이 성립하거나 소를 제기한 경우가 아니면 상속되지 않는다(제806조 3항 단서). 判例의 입장도 같다(대판 1993.5.27. 92므143 : 1회 선택형). ③ 나아가 신체·자유의 침해로 인한 위자료청구권도 이미 청구의 의사표시가 행하여져 재산권으로 된 것은 상속된다.

6) 이혼에 따른 재산분할청구권(쟁점 26. E26-4.참고)

7) 보험금청구권

① 보험계약자인 피상속인이 자기를 동시에 피보험자 및 보험수익자(수령자)로 한 경우에 判例에 따르면 해당 보험금청구권은 상속재산에 속하며 상속의 대상이 된다고 본다(대판 2002.2.8. 2000다64502). 따라서 이때에는 상속인이 보험금을 수령한 것은 상속재산에 대한 처분행위(제1026조 1호)를 한 것이 되어 법정단순승인 사유로 될 수 있다.

[판례검토] 이 경우 피상속인의 보험수익자의 지위를 상속인이 상속하고 따라서 보험금청구권은 상속재산에 속한다고 보는 것이 타당하다.

② 그러나 생명보험의 보험계약자가 스스로를 피보험자로 하면서, 수익자는 만기까지 자신이 생존할 경우에는 자기 자신을, 자신이 사망한 경우에는 '상속인'이라고만 지정하고 그 피보험자가 사망하여 보험사고가 발생한 경우, 보험금청구권은 상속인들의 고유재산으로 보아야 할 것이고, 이를 상속재산이라 할 수 없다고 한다(대판 2001.12.28. 2000다31502).[10] 나아가 判例는 상해의 결과로 사망한 때에 사망보험금이 지급되는 상해보험에 있어서 보험계약자가 보험수익자를 지정하기 전에 보험사고 발생하여 피보험자의 상속인이 보험수익자가 되는 경우에도 이는 상속재산이 아니라 상속인 고유의 권리라고 한다(대판 2004.7.9. 2003다29463).[11]

[판례검토] 이 경우 보험금청구권은 피상속인의 사망으로 인하여 비로소 생기는 것이기 때문에 判例는 타당하다.

8) 퇴직금·유족급여 등

퇴직금은 상속의 대상이지만, 수급권자의 범위 및 순위를 민법이 정하는 상속인의 그것과 별도로 독자적으로 규정하는 유족급여는 수급권자의 고유의 권리이고 상속재산으로 볼 것은 아니다(대판 2000.9.26. 98다50340). 이 점은 특별수익으로 고려될 수 있다.

9) 기 타

특정한 신분을 전제로 하는 권리는 일반적으로 일신전속권이다(재판상 이혼청구권에 관한 대판 1994.10.28.

---

9) "정신적 손해에 대한 배상(위자료)청구권은 피해자가 이를 포기하거나 면제했다고 볼 수 있는 특별한 사정이 없는 한 생전에 청구의 의사를 표시할 필요없이 원칙적으로 상속되는 것이라고 해석함이 상당하다"

10) 참고로 피상속인이 자기를 피보험자로 하고 상속인 외의 제3자를 수익자로 지정한 경우에, 수익자가 보험사고의 발생 전에 사망하였는데 보험계약자가 다시 수익자를 지정하지 않고 사망하였다면 보험수익자의 상속인이 수익자로 된다(상법 제733조 3항).

11) **[사실관계]** 상속인이 자동차상해보험의 사망보험금을 수령한 행위는 제1026조 1호에 정한 '상속인이 상속재산에 대하여 처분행위를 한 때'에 해당하지 않으므로 이는 법정단순승인 사유로 되지 않고 따라서 그 후에 한 상속포기신고는 적법하다고 본 사례이다.

94므246,253). 그러나 특정신분을 전제로 하는 경우에도 재산적 성질이 강한 것은 상속된다(예컨대 상속의 포기 또는 승인을 하는 권리). 부양청구권이나 부양의무는 일신전속적인 것이므로 상속되지 않는다. 유효한 부동산명의신탁에서 명의수탁자가 사망하면, 명의신탁관계는 수탁자의 상속인과의 사이에서 존속한다(대판 1996.5.31. 94다35985).

2. 제사용 재산의 특별승계   [E-49b]

(1) 의 의

분묘에 속한 1정보(3,000평) 이내의 금양임야와 600평 이내의 묘토인 농지, 족보와 제구의 소유권은 상속인 중 '제사를 주재하는 자'가 승계한다(제1008조의 3). 이처럼 "금양임야 등 제사용 재산을 일반 상속의 대상에서 제외하여 특별상속에 의하도록 하고 있는 이유는 제사용 재산을 공동상속하게 하거나 평등분할하도록 하는 것은 조상 숭배나 가통의 계승을 중시하는 우리의 습속이나 국민감정에 반하는 것이므로 일반상속재산과는 구별하여 달리 취급하기 위한 것"(대판 1997.11.28. 96누18069)이다. 제사용 재산은 특별재산이므로 상속분이나 유류분의 산정에서 상속재산에 포함되지 않으며[따라서 그 승계는 취득자의 상속분에 영향을 미치지 않는다. 다만 判例는 특별상속재산으로 본다(대판 2006.7.4. 2005다45452)]. 상속을 포기한 자도 승계할 수 있고, 한정승인이나 상속재산 분리청구가 있더라도 책임재산에서 제외된다.

> [심화] 민법 제1008조의3의 규정에 의한 제사용 재산의 승계는 본질적으로 상속에 속하는 것으로서 일가의 제사를 계속할 수 있게 하기 위하여 상속의 한 특례를 규정한 것으로 보는 것이 타당하다. 따라서 상속회복청구권의 단기제척기간제도의 적용이 있고(대판 2006.7.4. 2005다45452) 제사주재자와 제3자 사이에 제사용 재산의 소유권 등에 관한 다툼이 있는 경우 이는 공동상속인들 사이의 민법 제1008조의3에 의한 제사용 재산의 승계 내지 그 기초가 되는 제사주재자 지위에 관한 다툼이 아니라 일반적인 재산 관련 다툼에 지나지 않으므로, 제사주재자로서는 제3자를 상대로 민법 제1008조의3에서 규정하는 제사주재자 지위 확인을 구할 것이 아니라 제3자를 상대로 직접 이행청구나 권리관계 확인청구를 하여야 한다(대판 2012.9.13. 2010다88699).

(2) 제사용 재산의 범위

1) 분묘에 속한 1정보 이내의 금양임야

금양임야(禁養林野)란 '선조의 분묘를 보호하기 위해 벌목을 금지하고 나무를 기르는 임야'를 말한다. 그런데 금양임야가 수호하는 분묘의 기지가 제3자에게 이전된 경우에도 그 분묘를 사실상 이전하기 전까지 그 임야는 여전히 금양임야로서의 성질을 지니고 있으므로, 금양임야가 수호하던 분묘의 기지가 포함된 토지가 토지수용으로 인하여 소유권이 이전된 후에도 미처 분묘를 이장하지 못하고 있던 중 피상속인이 사망하였다면 위 임야는 여전히 금양임야로서의 성질을 지닌다(대판 1997.11.28. 96누18069). 반면 임야의 일부에 분묘가 있을 뿐 그 일대가 개발되어 도로에 면해 있고 주변에는 인가와 공장이 들어섰으며 자손들이 원래 식재되어 있던 나무들을 베고 유실수를 심었다면, 임야의 현황과 관리상태에 비추어 위 임야가 전체적으로 선조의 분묘를 수호하기 위하여 벌목을 금지하고 나무를 기르는 임야로서 위 조문에 의한 금양임야라고 보기 어렵다(대판 2004.1.16. 2001다7903).

2) 600평 이내의 묘토인 농지

묘토인 농지는 '그 수익으로서 분묘관리와 제사의 비용에 충당되는 농지'를 말하는 것으로, 단지 그 토지상에 분묘가 설치되어 있다는 사정만으로 이를 묘토인 농지에 해당한다고 할 수는 없다(대판 2006.7.4. 2005다45452). 그리고 제1008조의3에 따라 망인 소유의 묘토인 농지를 제사주재자(또는 구민법상의 호주상속인)로 단독으로 승계하였음을 주장하는 자는 피승계인의 사망 이전부터 당해 토지가 농지로서 거기에서 경작한 결과 얻은 수익으로 인접한 조상의 분묘의 수호 및 관리와 제사의 비용을 충당하여 왔음을 입증하여야 한다(대판 2006.7.4. 2005다45452).

600평은 분묘 1기당을 기준으로 하며(대판 1996.3.22. 93누19269), 상속개시 당시에 이미 묘토이어야 한다(대판 1996.9.24. 95누17236). 그런데 '묘토인 농지'는 그 경작하여 얻은 수확으로 분묘의 수호, 관리비용이나 제사의 비용을 조달하는 자원인 농토이어야 하고, 그 중 제사의 비용을 조달하는 것이 중요한 판단요소임은 분명하나 반드시 이에 한정되는 것은 아니다(대판 1997.5.30. 97누4838).

3) 족보 · 제구

4) 유해, 유골

" i) 사람의 유체 · 유골은 매장 · 관리 · 제사 · 공양의 대상이 될 수 있는 유체물로서, 분묘에 안치되어 있는 선조의 유체 · 유골은 민법 제1008조의3 소정의 제사용 재산인 분묘와 함께 그 제사주재자에게 승계되고, 피상속인 자신의 유체 · 유골 역시 위 제사용 재산에 준하여 그 제사주재자에게 승계된다(4회 선택형). ii) 피상속인이 생전행위 또는 유언으로 자신의 유체 · 유골을 처분하거나 매장장소를 지정한 경우에, 선량한 풍속 기타 사회질서에 반하지 않는 이상 그 의사는 존중되어야 하고 이는 제사주재자로서도 마찬가지이지만, 피상속인의 의사를 존중해야 하는 의무는 도의적인 것에 그치고, 제사주재자가 무조건 이에 구속되어야 하는 법률적 의무까지 부담한다고 볼 수는 없다"(대판 2008.11.20. 전합2007다27670).

(3) 제사를 주재하는 자

判例에 따르면 "2008.11.20. 선고 2007다27670 전원합의체 판결은 피상속인의 유체 · 유해가 민법 제1008조의3 소정의 제사용 재산에 준해서 제사주재자에게 승계되고, 제사주재자는 우선적으로 공동상속인들 사이의 협의에 의해 정하되, 협의가 이루어지지 않는 경우에는 그 지위를 유지할 수 없는 특별한 사정이 있지 않는 한 장남 또는 장손자 등 남성 상속인이 제사주재자라고 판시하였다. 그러나 공동상속인들 사이에 협의가 이루어지지 않는 경우 제사주재자 결정방법에 관한 2008년 전원합의체 판결의 법리는 더 이상 조리에 부합한다고 보기 어려워 유지될 수 없다. 따라서 공동상속인들 사이에 협의가 이루어지지 않는 경우에는 제사주재자의 지위를 인정할 수 없는 특별한 사정이 있지 않는 한 피상속인의 직계비속 중 남녀, 적서를 불문하고 최근친의 연장자가 제사주재자로 우선한다고 보는 것이 가장 조리에 부합한다"(대판 2023.5.11. 전합2018다248626).고 한다. 이러한 새로운 법리는 그 '판결 선고 이후'에 제사용 재산의 승계가 이루어지는 경우에만 적용된다대판 2023.6.29. 2022다302039).

Ⅲ. 공동상속   [E-50]

1. 의 의

공동상속의 경우에 상속인은 각자의 상속분에 따라 피상속인의 권리 · 의무를 승계한다(제1007조). 이러한 승계는 피상속인의 사망시에 발생하는데, 공동상속인들 사이에 상속분에 따라 상속재산이 분할할 때까지 잠정적으로 공동상속인들이 상속재산을 공유한다(제1006조).

2. 공유의 의미 [08 · 10사법]

상속인이 수인인 때에는 상속재산은 그 공유로 한다(제1006조). 여기서 말하는 '공유'의 성질을 ① 공동상속인들을 혈연에 의하여 결합된 조합체로 보는 합유설도 있으나, ② 민법이 명문으로 공유라고 규정한 것을 합유라고 해석하는 것은 명문의 규정에 반하는 해석이며, 합유설에 의하면 공동상속인 각자의 재산권 행사를 어렵게 하므로(제273조 1항) 상속지분의 신속한 거래와 거래안전의 측면에 비추어 공유설¹²⁾이 타당하다(다수설). 判例도 일관되게 공유설을 취하고 있다(대판 1996.2.9. 94다61649).¹³⁾ **[1회 기록형]**

3. 채권·채무의 공동상속

(1) 채 권

1) 불가분채권

상속채권이 불가분채권인 경우(예컨대 특정한 물건의 인도청구권) 그 채권은 공동상속인 전원에게 **불가분적으로 귀속된다.** 따라서 공동상속인의 1인이 전부에 관하여 청구할 수 있고, 채무자도 그 공동상속인의 1인에게 전부의 이행을 하면 채무가 소멸한다(제409조).

2) 가분채권

상속채권이 가분채권인 경우(예컨대 금전채권) ① 채무자가 공동상속인 중 1인에게 초과변제를 할 위험이 있으므로 **불가분채권**으로 취급하여야 한다는 견해가 있으나, ② 초과변제의 위험은 제470조를 통해 보호받을 수 있으며,[14] 제408조에 의해 분할채권이 원칙이므로 **분할채권설**이 타당하다.

③ 判例도 "손해배상청구권을 상속한 공동상속인들의 청구를 인정함에 있어서 각자의 상속분이 법정되어 있음에도 불구하고 배상의무자에 대하여 전액에 대한 연대지급을 명한 것은 위법이다"(대판 1962.5.3. 4294민상1105)라고 판시하여 분할채권으로 본다.

(2) 채 무

1) 불가분채무

상속채무가 불가분채무인 경우 그 채무는 공동상속인 전원에게 **불가분적으로 귀속된다.** 따라서 공동상속인 각자가 그 채무 전부에 대한 이행책임을 진다(제411조). 다만 判例는 불가분채무인 건물철거의무(대판 1980.6.24. 80다756)나 소유권이전등기의무(대판 1979.2.27. 78다2281)[15]를 공동상속한 경우에, 상속인들은 각자 자기 지분의 범위 안에서 목적물 전체에 대한 의무를 부담한다고 하여 가분채무와 마찬가지로 처리한다.

2) 가분채무 [13사법, 3회 사례형]

상속채무가 가분채무인 경우(예컨대 금전채권) ① 채권자를 보호하기 위하여 공동상속인이 **불가분채무**를 부담한다고 보는 견해도 있으나,[16] ② 상속이라는 것은 피상속인의 사망으로 인한 부득이한 채무자 변경이라는 점, 불가분채무로 본다면 공동상속인 1인의 무자력 위험을 그 채무를 이행한 상속인이 부당하게 되어 부당하다는 등을 고려하면 가분채무로 보는 것이 타당하다.

③ 判例도 "금전채무와 같이 급부의 내용이 가분인 채무가 공동상속된 경우, 이는 상속 개시와 동시에 당연히 법정상속분에 따라 공동상속인에게 분할되어 귀속되는 것이므로, 상속재산 분할의 대상이 될 여지가 없다"(대판 1997.6.24. 97다8809 : 3회,5회,8회,9회 선택형)고 한다.

---

12) 이 견해에 의하면, 공동상속인 각자는 개개의 상속재산에 대하여 상속분에 따른 물권적 지분을 가지고(제262조), 상속재산 분할 전이라도 그 지분을 단독으로 자유로이 처분할 수 있다고 한다(제263조).

13) "공동상속재산은 상속인들의 공유이고, 또 부동산의 공유자인 한 사람은 그 공유물에 대한 보존행위로서 그 공유물에 관한 원인무효의 등기 전부의 말소를 구할 수 있다"

14) 불가분채권설에 따르면 1인의 상속인이 채권 전액을 청구할 수 있게 되어 다른 상속인에게 불리한 경우가 생길 수 있다.

15) 소유권이전등기의무가 불가분채무인지 가분채무인지에 대해서는 학설이 대립하나 일반적으로 판례의 결론에 맞추어 가분채무로 해석한다(김병선, 소유권이전등기의무의 공동상속에 관한 판례의 태도 -대판 1979.2.27. 78다2281 및 대판 1991.8.27. 90다8237을 중심으로- p.66 ; 김종화, 민사판례연구 5권, p.9).

16) 즉 분할채무설에 의하면 상속채권자는 상속개시에 의하여 자기의 의사와 무관하게 자기의 채권이 분할되는 불이익을 입게 되므로 이는 부당하다고 주장한다.

(3) 연대채무 [13사법]

① 연대채무는 그 채무가 불가분임을 본질로 하기 때문에 불가분채무와 마찬가지로 각 공동상속인은 당연히 본래의 연대채무를 그대로 부담하는 것으로 보아야 한다는 견해[17]와, ② 연대채무도 통상의 금전채무와 마찬가지로 분할승계된다고 보아 상속인은 피상속인이 부담하던 채무액 중 상속분에 따른 채무액(부담부분)에 대하여만 책임을 지고 그 금액의 범위에서 본래의 연대채무자와는 연대관계에 서지만 상속인 상호간에는 연대관계를 부정하는 것이 타당하다는 견해[18] 등이 주장되고 있다. 이에 대해 명시적인 입장을 밝힌 대법원판결을 발견하기 어렵다. 다만 하급심 실무에서는 통상적으로 후자의 견해인 '가분채무설'에 따라 해결하고 있다.[19]

4. 공동상속재산의 관리 및 처분

공동상속재산이 분할되기 전에는 공동관리된다고 할 수밖에 없으며, 이러한 단계에서는 공유에 관한 규정을 적용할 것이다(공유설). 구체적으로 상속재산에 대한 소유권 등은 공동상속인들에게 공유의 형태로 귀속되고, 각 상속인은 상속개시와 동시에 공유지분을 취득한다.

IV. 상속분

[E-51]

> ★ **제1009조(법정상속분)** ① **동순위**의 상속인이 수인인 때에는 그 상속분은 **균분**으로 한다.
>
> ② 피상속인의 **배우자**의 상속분은 직계비속과 공동으로 상속하는 때에는 직계비속의 **상속분의 5할을 가산**하고, 직계존속과 공동으로 상속하는 때에는 직계존속의 **상속분의 5할을 가산**한다.
>
> ★ **제1010조(대습상속)** ① 제1001조의 규정에 의하여 사망 또는 결격된 자에 갈음하여 상속인이 된 자의 상속분은 **사망 또는 결격된 자의 상속분에** 의한다.
>
> ② 전항의 경우에 사망 또는 결격된 자의 직계비속이 수인인 때에는 그 상속분은 **사망 또는 결격된 자의 상속분의 한도에서 제1009조의 규정에 의하여 이를 정한다.** 제1003조 제2항의 경우에도 또한 같다.
>
> ★ **제1008조(특별수익자의 상속분)** 공동상속인 중에 피상속인으로부터 재산의 증여 또는 유증을 받은 자가 있는 경우에 그 수증재산이 자기의 상속분에 달하지 못한 때에는 **그 부족한 부분의 한도에서** 상속분이 있다.

1. 의 의

상속분이란 각 공동상속인이 소극재산을 포함하는 포괄적인 상속재산에 대하여 가지는 권리·의무의 비율(제1007조 참조)을 말하는데, 각 상속인이 받을 구체적인 상속재산가액은 적극·소극의 전 상속재산에 각자의 상속분을 곱하여 산정된다.

2. 법정상속분(제1009조, 제1010조)

---

17) 김주수, 친족상속법, p.533 ; 이경희, 가족법, p.376 ; 이은영, 개정판 민법(II), p.771
18) 김운호, 채무상속, 상속법의 제문제(재판자료 제78집), p.704 ; 차한성, 민법주해 제10권, p.94
19) [13년 사법2차 사례] 만약 피상속인 甲이 乙에 대한 1억 4천만 원의 금전채무를 丙과 함께 연대채무를 부담하고 있었는데, 甲이 사망하고 甲의 상속인이 자녀 B, C인 경우 ①설에 의하면 乙은 B와 C에게 각각 1억 4천만원 전부를 청구할 수 있다. 반면 ②설에 의하면 乙은 B와 C에게 그 상속분에 상응하여 각 7천만원 씩만 청구할 수 있으므로, 7천만원 범위에서 일부인용된다. 생각건대, 공동상속재산이 가분채무인 경우 분할채무원칙상 각 상속인은 그 상속분에 따라 이를 승계한다고 봄이 상당하다. 본래의 채무가 연대채무라고 하더라도 이는 丙과의 관계가 연대채무라는 것에 불과하며, 甲이 단독채무를 지고 있었던 경우에도 상속에 의해 상속인들의 분할채무로 되는 것을 고려하면 채권자에게 불측의 손해를 끼치는 것도 아니다. 따라서 乙의 청구는 B와 C에 대해 각 7천만원 범위에서 일부인용된다.

3. 특별수익자의 상속분(제1008조)   [E-51a]

(1) 의 의

공동상속인 중에 피상속인으로부터 재산의 증여 또는 유증을 받은 자가 있는 경우에 그 재산가액을 공제한 나머지 상속분에 달하지 못하는 부분에 대해서만 상속을 받게 하는 것이다. 이러한 증여나 유증을 특별수익이라 한다.

(2) 특별수익자

1) 공동상속인 중 증여 또는 유증을 받은 자

가) 원 칙

특별수익의 반환의무를 부담하는 수증자는 상속을 승인한 공동상속인이다.

㉠ 상속을 포기한 자는 다른 공동상속인의 유류분을 침해하지 않는 한 반환의무를 지지 않는다.

㉡ 또한 상속결격사유가 발생한 이후에 결격된 자가 피상속인에게서 직접 증여를 받은 경우, 그 수익은 상속인의 지위에서 받은 것이 아니어서 원칙적으로 상속분의 선급으로 볼 수 없다. 따라서 결격된 자의 수익은 특별한 사정이 없는 한 특별수익에 해당하지 않는다(대결 2015.7.17. 2014스206,207).

㉢ 그리고 대습상속인이 대습원인의 발생 이전에 피상속인으로부터 증여를 받은 경우, 대습상속인의 위와 같은 수익이 특별수익에 해당하는 것은 아니다(대판 2014.5.29. 2012다31802 ; 피상속인 甲이 사망하기 이전에 甲의 자녀들 중 乙 등이 먼저 사망하였는데, 甲이 乙 사망 전에 乙의 자녀인 丙에게 임야를 증여한 사안에서, 丙이 甲으로부터 임야를 증여받은 것은 상속인의 지위에서 받은 것이 아니므로 상속분의 선급으로 볼 수 없어 특별수익에 해당하지 아니하여 유류분 산정을 위한 기초재산에 포함되지 않는다). **[판례검토]** 만약 이를 상속분의 선급으로 보게 되면, 피대습인이 사망하기 전에 피상속인이 먼저 사망하여 상속이 이루어진 경우에는 특별수익에 해당하지 아니하던 것이 피대습인이 피상속인보다 먼저 사망하였다는 우연한 사정으로 인하여 특별수익으로 되는 불합리한 결과가 발생하므로 判例의 태도는 타당하다(위 2012다31802판시내용)

나) 예 외

다만 예외적으로 상속인의 직계비속, 배우자, 직계존속 등에게 이루어진 증여나 유증이 실질적으로 피상속인으로부터 상속인에게 직접 증여된 것과 다르지 않다고 인정되는 경우에는 특별수익으로서 이를 고려할 수 있다(대결 2007.8.28. 2006스3,4).

2) 포괄수유자

상속인이 포괄적 유증을 받으면 특별수익자로 될 것이나, 상속인 아닌 제3자가 포괄적 유증을 받으면 특별수익이 문제되지 않는다. 단 이 경우 유류분 반환청구의 대상이 될 수 있다.

(3) 특별수익

증여나 유증은 사전상속의 의미가 있는 것을 말한다. 혼수자금, 주택구입 자금, 생명보험금(보험금수령액이 아닌 해약반환금 기준) 등은 특별수익에 포함된다. 다만 기여의 대가로 지급한 것이나, 상속과 관계없는 애정에 의한 증여(처에게 선물로 준 것 등)는 특별수익에서 제외된다(아래 2010다66644).

> **[관련판례]** "생전 증여를 받은 상속인이 배우자로서 일생 동안 피상속인의 반려가 되어 그와 함께 가정공동체를 형성하고 이를 토대로 서로 헌신하며 가족의 경제적 기반인 재산을 획득·유지하고 자녀들에게 양육과 지원을 계속해 온 경우, 생전 증여에는 위와 같은 배우자의 기여나 노력에 대한 보상 내지 평가, 실질적 공동재산의 청산, 배우자 여생에 대한 부양의무 이행 등의 의미도 함께 담겨 있다고 봄이 타당하므로 그러한 한도 내에서는 생전 증여를 특별수익에서 제외하더라도 자녀인 공동상속인들과의 관계에서 공평을 해친다고 말할 수 없다"(대판 2011.12.8. 2010다66644).

(4) 구체적 상속분의 산정

① 각 상속인의 상속재산 분배액=(현존상속재산가액 + 생전증여의 가액)×법정상속분 − 특별수익 (이미 받은 생전증여 및 받을 유증의 가액) ② 상속이익=각 상속인의 상속재산 분배액 + 이미 받은 생전증여 및 받을 유증

> **[관련판례]** "공동상속인 중 피상속인으로부터 재산의 증여 또는 유증을 받은 자는 그 수증재산이 자기의 상속분에 부족한 한도 내에서만 상속분이 있으므로(민법 제1008조 : 특별수익자의 상속분), 공동상속인 중에 특별수익자가 있는 경우에는 이러한 특별수익을 고려하여 상속인별로 고유의 법정상속분을 수정하여 구체적인 상속분을 산정하게 되는데, 이러한 구체적 상속분을 산정함에 있어서는 피상속인이 상속개시 당시에 가지고 있던 재산의 가액에 생전 증여의 가액을 가산한 후 이 가액에 각 공동상속인별로 법정상속분율을 곱하여 산출된 상속분 가액으로부터 특별수익자의 수증재산인 증여 또는 유증의 가액을 공제하는 계산방법에 의하여야한다"(대판 1995.3.10. 94다16571, 대판 2014.7.10. 2012다26633).

1) 소극재산을 상속재산에 포함시킬 것인지 여부

구체적 상속분의 산정을 위한 계산의 기초가 되는 '피상속인이 상속개시 당시에 가지고 있던 재산의 가액'은 상속재산 가운데 적극재산의 전액을 가리킨다(대판 1995.3.10. 94다16571). 즉 제1008조는 적극재산에 대해서만 적용되며, 특별수익자가 있더라도 상속채무는 원칙적으로 공동상속인간에 법정상속분(제1009조)에 따라 승계된다(이는 유류분산정의 경우와 다르다). 만일 소극재산을 공제한다면, 자기의 법정상속분을 초과하여 특별이익을 받은 초과특별수익자는 상속채무를 전혀 부담하지 않는 불공평한 결과를 초래할 수 있기 때문이다.

2) 특별수익(증여 또는 유증가액)의 산정시기

상속재산과 특별수익재산 가액의 산정기준시기는 상속개시시이다. 그러나 대금으로 정산하는 경우 구체적 정산액 산정은 분할시를 기준으로 한다(대결 1997.3.21. 96스62 : 3회 선택형).[20]

3) 산정의 기준

가) 특별수익이 본래의 법정상속분에 미달한 경우

부족 부분의 한도에서 상속을 할 수 있다. 부족분이 상속분이 된다(제1008조). 특별수익 자체는 상속분이 아니다[기여상속인의 기여분(제1008조의2)은 상속분이 된다].

나) 특별수익이 본래의 법정상속분을 초과하는 경우

초과부분을 반환해야 하는가에 대하여 ① 반환하여야 한다는 견해, ② 반환할 필요가 없다는 견해가 있으나 ③ 과거에 있던 초과부분 반환금지규정이 유류분제도가 신설되면서 삭제된 점을 고려할 때 **공동상속인의 유류분을 침해한 경우에만 반환하여야 한다**는 견해가 타당하다(다수설).

---

20) "공동상속인 중에 피상속인으로부터 재산의 증여 또는 유증 등의 특별수익을 받은 자가 있는 경우에는 이러한 특별수익을 고려하여 상속인별로 고유의 법정상속분을 수정하여 구체적인 상속분을 산정하게 되는데, 이러한 구체적 상속분을 산정함에 있어서는 상속개시시를 기준으로 상속재산과 특별수익재산을 평가하여 이를 기초로 하여야 할 것이고, 다만 법원이 실제로 상속재산분할을 함에 있어 분할의 대상이 된 상속재산 중 특정의 재산을 1인 및 수인의 상속인의 소유로 하고 그의 상속분과 그 특정의 재산의 가액과의 차액을 현금으로 정산할 것을 명하는 방법(소위 대상분할의 방법)을 취하는 경우에는, 분할의 대상이 되는 재산을 그 분할시를 기준으로 하여 재평가하여 그 평가액에 의하여 정산을 하여야 한다"

4. 기여분 [E-51b]

> ‣ 피상속인이 **유언**으로 **기여분**을 **지정**한 경우, 그 상속인의 구체적인 상속분은 **고유의 상속분**에 **기여분**을 **더한 금액**으로 된다. (X)[21]
>
> ★ **제1008조의2(기여분)** ① **공동상속인 중에** 상당한 기간 동거·간호 그 밖의 방법으로 피상속인을 **특별히 부양**하거나 피상속인의 재산의 유지 또는 증가에 **특별히 기여**한 자가 있을 때에는 상속개시 당시의 피상속인의 재산가액에서 공동상속인의 **협의**로 정한 그 자의 **기여분**을 공제한 것을 상속재산으로 보고 **제1009조 및 제1010조에 의하여** 산정한 상속분에 기여분을 가산한 액으로써 그 자의 상속분으로 한다.
>
> ② 제1항의 협의가 되지 아니하거나 협의할 수 없는 때에는 **가정법원**은 제1항에 규정된 **기여자의 청구에 의하여** 기여의 시기·방법 및 정도와 상속재산의 액 기타의 사정을 참작하여 **기여분**을 정한다.
>
> ③ 기여분은 상속이 개시된 때의 **피상속인의 재산가액에서 유증의 가액을 공제한 액을 넘지 못한다.**
>
> ‣ 상속재산분할 청구가 없는 때에도 **유류분 청구가 있으면 기여분결정청구를 할 수 있다(X)**
>
> ④ 제2항의 규정에 의한 청구는 **제1013조 제2항의 규정에 의한 청구가 있을 경우** 또는 **제1014조에 규정하는 경우에 할 수 있다.**

(1) 의 의

공동상속인 중에서 상당한 기간 동거·간호 그 밖의 방법으로 피상속인을 '특별히 부양'하거나 피상속인의 재산의 유지 또는 증가에 관하여 '특별히 기여'한 자가 있을 때에 이를 상속분의 산정에 그러한 특별한 기여나 부양을 고려하는 제도이다(제1008조의2).

(2) 입법취지

제1008조의 특별수익자의 상속분을 감하는 것과 같이 **공동상속인간의 실질적인 공평**을 도모하기 위해서 1990년 민법개정시에 신설되었고, 2005년에 개정된바 성립요건을 보다 명확히 하였다.

(3) 요 건

1) 기여분권리자의 범위

① **공동상속인에 한하므로**(제1008조의2 1항) 사실혼의 배우자, 포괄적 수증자(제1078조), 상속결격자(제1004조), 상속포기(제1041조 이하)를 한 자는 기여분의 권리를 주장할 수 없다. ② 대습상속인은 그 자신이 기여한 경우이든 피대습자가 기여한 경우이든 언제나 기여분을 주장할 수 있다.

2) 기여의 내용

가) 피상속인에 대한 특별한 부양

피상속인을 요양·간호하여 피상속인이 직업적 간호인에게 지급했어야 할 비용이 지출되지 않음으로써, 피상속인의 재산이 감소되지 않고 유지된 경우와 같이 '특별한 부양'을 한 경우이어야 한다. 당해 요건은 이른바 부양상속분의 기능을 수행한다.

判例는 ① **성년인 딸이** 장기간(30년간) 부모와 동거하면서 생계유지의 수준을 넘는 부양자 자신과 같은 생활 수준을 유지하는 부양을 한 경우, 제1008조의2 소정의 특별부양자에 해당한다고 하였으나(대판 1998.12.8. 97므513,520),[22] ② 망인이 공무원으로 종사하면서 적으나마 월급을 받아 왔고, 교통사고를 당하여 치료를 받

---

21) **[해설]** 기여분의 지정은 유언사항이 아니다.

22) "원고는 결혼 전은 물론 이후에도 계속 부모를 모시고 지냈으며 원고의 아버지 조상선이 1967. 8. 20. 사망한 후에는 홀로된 어머니, 미혼인 피고 조정열, 조정희와 함께 생활하였는데 특히 원고의 부(夫) 소외 2이 독자적으로 아모레 화장품 특약점을 경영하기에 이른 1974. 1.경부터는 소외 1의 나이가 61세를 넘어 육체적으로 노약해졌으므로 원고 소유의 주택에서 모시고 생활하면서 소외 1의 유일한 수입원인 임대주택의 수리 등 관리를 계속하였고 1977. 7.경 막내딸인 피고 3를 끝으로 딸들이 모두 혼인 분가한 이후에도 소외 1을

으면서 처로부터 간병을 받았다고 하더라도 이는 부부간의 부양의무 이행의 일환일 뿐, 망인의 상속재산 취득에 특별히 기여한 것으로 볼 수 없다고 하였다(대결 1996.7.10. 95스30.31). ③ 그리고 피상속인의 배우자가 상당한 기간 투병 중인 피상속인과 동거하면서 간호하는 방법으로 피상속인을 부양한 경우 그러한 사정만으로 배우자에게 기여분을 인정할 수 없다고 판시하였다(대결 2014.1.8. 전합2014스44,2014스45).

나) 피상속인 재산의 유지 또는 증가에 대한 특별한 기여

본래의 상속분에 따른 분할이 기여자에게 명백하게 불공평한 경우이어야 한다. 특별성을 결정하기 위한 비교대상은 통상의 관행이 아니라, 다른 공동상속인의 행태이다. 예를 들어 수인의 자녀중 일인이 부의 사업을 위하여 장기간 노무를 제공한 경우와 같이 '재산증가 등에 관한 특별한 기여'를 한 경우를 의미한다.

(4) 기여분의 결정

1) 기여분의 결정절차

가) 협 의

기여분은 먼저 공동상속인의 협의로 정한다(제1008조의2 1항). 그런데 기여분의 산정이 과다하여 다른 공동상속인의 채권자를 해할 경우에, 사해행위로 평가될 수 있고 채권자는 제406조에 따라 그 협의를 취소할 수도 있다.

나) 심 판

협의가 되지 않거나 협의할 수 없는 때에는 가정법원이 기여자의 청구에 의하여 정한다(제1008조의2 2항). 기여분은 상속재산분할의 전제문제로서의 성격을 갖는 것이므로 상속재산분할의 청구나 조정신청이 있는 경우에 한하여 기여분결정청구를 할 수 있고(제1008조의2 4항), 다만 예외적으로 상속재산분할 후에라도 피인지자나 재판의 확정에 의하여 공동상속인이 된 자의 상속분에 상당한 가액의 지급청구가 있는 경우에는 기여분의 결정청구를 할 수 있다(대결 1999.8.24. 99스28).

따라서 상속재산분할의 심판청구가 없음에도 단지 유류분반환청구가 있다는 사유만으로는 기여분결정청구가 허용된다고 볼 것은 아니다(대결 1999.8.24. 99스28 : 3회 선택형). 한편 이러한 방법으로 기여분이 결정되기 전에는 다른 소송에서 항변으로 기여분을 주장할 수 없다(대판 1994.10.14. 94다8334 참고[23] : 3회 선택형). 기여분의 결정은 가정법원의 조정사항이며 원칙적으로 상속재산 분할 전에 이루어져야 한다. 따라서 상속재산분할 심판의 계속 중에 기여분결정의 심판청구를 별도로 할 수도 있고, 상속재산분할의 심판청구와 기여분결정의 심판청구를 동시에 할 수도 있다.

2) 산정방법

가) 고려사항

고려할 사항은 산정의 시기·방법 및 정도와 상속재산의 액 기타의 사정을 참작해야 한다(제1008조의2 2항).

계속 부양하여 그의 가사를 도맡아 하면서 아버지 조상선의 제사를 계속 모셔왔고, 소외 1이 81세되는 1993. 8. 경부터 병환으로 입원 치료를 받거나 집에서 요양하는 동안 치료비를 체당·선납하고 간호를 계속하는 등으로 전체 부양기간을 통하여 노무의 제공 또는 재산상의 급여를 해 온 사실을 알 수 있다. 이와 같은 원고의 소외 1에 대한 부양은 장기간의 부양, 동거부양, 동등한 생활수준의 부양 등 그 부양의 기간, 방법, 정도상의 특징을 가짐으로써 부양능력을 갖춘 여러 명의 출가한 딸과 친모 사이의 통상 예상되는 부양의무 이행의 범위를 넘는 특별한 부양이 되어 이 사건 상속재산의 유지 증가에 특별히 기여한 것이라고 보아야 할 것이다"

23) **[관련판례]** 기여분이 결정되지 않은 이상 유류분반환청구소송에서 자신의 기여분을 주장할 수 없음은 물론이거니와(대판 1994.10.14. 94다8334 판결 참조), 설령 공동상속인의 협의 또는 가정법원의 심판으로 기여분이 결정되었다고 하더라도 유류분을 산정함에 있어 기여분을 공제할 수 없고, 기여분으로 인하여 유류분에 부족이 생겼다고 하여 기여분에 대하여 반환을 청구할 수도 없다"(대판 2015.10.29. 2013다60753)(E-51.참고).

나) 유증의 공제

기여분은 상속이 개시된 때의 피상속인의 재산 가액에서 유증의 가액을 공제한 액을 넘지 못한다(제1008조의2 2항). 기여분보다는 유증을 우선시키기 위한 것이다.

다) 기여분이 있는 경우 상속분의 산정

상속재산의 가액에서 기여분을 공제한 것을 상속재산으로 보고, 법정상속분 및 대습상속분의 규정에 의해 산정한 상속분에 기여분을 가산한 가액을 기여상속인의 상속분으로 한다(제1008조의2 1항). 상속채무는 기여분에 의해 영향을 받지 않고 법정상속분에 의해 분담된다.

(5) 기여분의 승계 및 포기

1) 양도·상속

공동상속인의 협의 또는 가정법원의 심판에 의해 결정된 후면 양도하는 것이 가능하다. 그러나 기여분이 구체적으로 결정되기 전에는 상속분과 분리하여 기여분만을 양도할 수 없다고 할 것이다. 다만 상속은 법원의 결정 전에도 가능하다.

2) 포 기

명문의 규정이 없으나 상속개시 후에 상속포기가 가능한 것에 비추어 볼 때(제1019조 1항) 기여분의 포기도 가능하다고 본다.

(6) 기여분의 효력

기여분의 결정은 원래 의미의 상속분을 처음부터 수정하는 것이 아니라 구체적 상속분이 증가한다는 의미이다. 결국 상속재산 분할의 기준이 된다.

(7) 다른 제도와의 관계

1) 유류분과의 관계

유증은 기여분에 우선하고(제1008의2 3항) 유류분은 유증에 우선한다(제1115조). 그러나 기여분과 유류분은 아무 관계가 없다. 즉 기여분은 공동상속인간의 실질적 공평을 실현하기 위한 제도이므로 기여분이 아무리 커도 유류분을 침해하는 것이 아니다. 따라서 "설령 공동상속인의 협의 또는 가정법원의 심판으로 기여분이 결정되었다고 하더라도 유류분을 산정함에 있어 기여분을 공제할 수 없고, 기여분으로 인하여 유류분에 부족이 생겼다고 하여 기여분에 대하여 반환을 청구할 수도 없다"(대판 2015.10.29. 2013다60753 : 6회 선택형). 다만 실제 기여분 산정에 있어서는 다른 공동상속인의 유류분을 참작하여 결정한다.

2) 유언과의 관계

기여분의 결정방법은 공동상속인간의 협의·가정법원의 심판뿐이며, 기여분은 유언사항으로 규정되어 있지 않으므로 유언에 의한 기여분의 지정은 법률상 효력이 없다.

5. 상속분의 양도와 양수

> ▸ **포괄유증의 수유자는** 상속분 양수권을 갖는다(X)
> 제1011조(공동상속분의 양수) ① **공동상속인 중에** 그 상속분을 제3자에게 양도한 자가 있는 때에는 **다른 공동상속인은** 그 가액과 양도비용을 상환하고 **그 상속분을 양수할 수 있다.** ② 전항의 권리는 그 사유를 **안 날로부터 3월,** 그 사유있은 **날로부터 1년내에** 행사하여야 한다.

공동상속의 경우 상속재산분할 전이라도 상속인은 상속채권 및 상속채무를 포함하여 '상속분을 포괄적'으로 제3자에게 양도할 수 있고(상속인 지위의 양도), 이 때 다른 공동상속인이 '그 가액과 양도비용'

을 상환하고 그 상속분을 양수할 수 있다(제1011조 1항). 따라서 상속인이 '개별재산에 대한 지분'을 양도하는 것은 상속분 양도가 아니므로 상속분양수의 대상이 되지 않는다(대판 2006다3.24. 2006다2719 : 4회 선택형).

Ⅴ. 상속재산의 분할   [E-52]

제1012조(유언에 의한 분할방법의 지정, 분할금지) 피상속인은 **유언으로** 상속재산의 분할방법을 정하거나 이를 정할 것을 제3자에게 위탁할 수 있고 상속개시의 날로부터 **5년을 초과하지 아니하는 기간내**의 그 **분할을 금지**할 수 있다.

제1013조(협의에 의한 분할) ① 전조의 경우외에는 공동상속인은 **언제든지 그 협의에 의하여** 상속재산을 분할할 수 있다. ② 제269조의 규정은 전항의 상속재산의 분할에 준용한다.

▸ 상속재산 분할협의가 있은 후, 사후인지가 있은 경우 피인지자가 참여하지 않은 상속재산 분할협의는 무효이다(X)

★ 제1014조(분할후의 피인지자 등의 청구권) 상속개시후의 인지 또는 재판의 확정에 의하여 공동상속인이 된 자가 상속재산의 분할을 청구할 경우에 다른 공동상속인이 **이미 분할 기타 처분을 한 때**에는 그 상속분에 상당한 가액의 지급을 청구할 권리가 있다.

▸ 상속재산 분할은 상속개시된 때로 소급하나 선의의 제3자에게 대항하지 못한다(X)

★ 제1015조(분할의 소급효) 상속재산의 분할은 **상속개시된 때에 소급**하여 그 효력이 있다. 그러나 제3자의 권리를 해하지 못한다.

▸ 상속재산 분할협의 이후에 분할한 재산에 하자가 있더라도 다른 공동상속인에게 담보책임을 물을 수 없다(X)

★ 제1016조(공동상속인의 담보책임) 공동상속인은 다른 공동상속인이 분할로 인하여 취득한 재산에 대하여 그 상속분에 응하여 매도인과 같은 담보책임이 있다.

▸ 공동상속인은 다른 상속인이 분할로 인하여 취득한 채권에 대하여 변제기 당시의 채무자의 자력을 담보한다(X)

★ 제1017조(상속채무자의 자력에 대한 담보책임) ① 공동상속인은 다른 상속인이 **분할로 인하여 취득한 채권**에 대하여 분할당시의 채무자의 자력을 담보한다.

② 변제기에 달하지 아니한 채권이나 **정지조건있는 채권**에 대하여는 **변제를 청구할 수 있는 때의 채무자의 자력을 담보**한다.

1. 의 의

상속재산분할은 상속개시로 인하여 생긴 공동상속인 사이에 있어서의 상속재산의 공유관계를 종료시키고 상속분에 따라 이를 배분하여 각자의 단독소유로 확정하기 위한 포괄적 분배절차를 가리킨다(상속재산분할자유의 원칙, 제1013조 1항).

2. 요 건

ⅰ) 상속재산에 대하여 공유관계가 존재하여야 하며, ⅱ) 공동상속인이 확정되어야 하며, ⅲ) 분할의 금지가 없어야 한다(제1012조).

3. 분할의 당사자

(1) 분할청구권자

상속을 승인한 공동상속인, 그의 상속인, 포괄적 수증자, 상속분 양수인 등이 분할청구권자가 된다. 상속재산분할청구권은 채권자대위권의 객체가 되므로 상속인의 채권자는 그 상속인의 분할청구권을 대위행사할 수 있다(상속재산분할청구권은 일신전속권이 아니다).

[관련판례] "상속재산분할청구 절차를 통하여 분할의 대상이 되는 상속재산의 범위를 한꺼번에 확정하는 것이 상속채권자의 보호나 청산절차의 신속한 진행을 위하여 필요하다는 점 등을 고려하면, 한정승인에 따른 청산절차가 종료되지 않은 경우에도 상속재산분할청구가 가능하다"(대결 2014.7.25. 2011스226 : 6회,9회 선택형).

(2) 상속인의 확정

1) 상속인 지위의 소멸이 다투어지고 있는 경우(혼인무효의 소·친생자관계부존재확인의 소·친생부인의소 등이 진행 중인 경우)

이 경우에는 상속인의 지위가 확정된 후에 분할함이 타당하겠지만, 그 전에 분할한다면 상속인으로서 분할에 참가시켜야 할 것이다. 다만 그 자가 나중에 자격상실자로 확정되면 그 분할협의는 무효로 한다.

2) 상속인 지위의 발생이 다투어지고 있는 경우(인지청구나 친생자관계존재확인청구 중인 경우)

이 경우에는 일단 그를 제외하고 분할한다. 후에 친족관계가 확정되어 그가 상속권이 있는 것으로 되면 분할 후의 가액지급의 문제로 다루어 그 상속재산분할은 유효하고 다만 가액지급을 구할 수 있게 하면 될 것이다(제1014조).

3) 태 아

논리적으로는 태아의 법적 지위에 관하여 정지조건설을 따르면 태아는 태아인 동안에는 권리능력을 인정받지 못하므로 태아를 제외하고 상속재산분할을 하고 후에 태아가 출생하면 제1014조를 유추적용하여 가액지급을 청구하는 것으로 해결하고, 해제조건설에 따르면 태아도 상속재산분할에 참가시켜야 한다고 한다. 그러나 구체적으로는 어느 학설에 의하든 결국에는 태아가 출생할 때까지 기다려야 한다고 하므로 실질적으로 크게 차이가 나지는 않는다.

4. 분할의 대상

(1) 분할의 대상이 되는 재산

피상속인이 남긴 재산 전부가 분할의 대상이 된다. "상속개시 당시에는 상속재산을 구성하던 재산이 그 후 처분되거나 멸실·훼손되는 등으로 상속재산분할 당시 상속재산을 구성하지 아니하게 되었다면 그 재산은 상속재산분할의 대상이 될 수 없다. 다만 상속인이 그 대가로 처분대금, 보험금, 보상금 등 대상재산(代償財産)을 취득하게 된 경우에는, 그 대상재산이 상속재산분할의 대상으로 될 수는 있을 것이다"(대결 2016.5.4. 2014스122 : 9회 선택형). 이하에서는 문제되는 경우만 살펴본다.

(2) 가분채권

1) 원 칙

"금전채권과 같이 급부의 내용이 가분인 채권은 공동상속되는 경우 상속개시와 동시에 당연히 법정상속분에 따라 공동상속인들에게 분할되어 귀속되므로 상속재산분할의 대상이 될 수 없는 것이 원칙이다"(대결 2006.7.24. 2005스83).

2) 예 외

그러나 "가분채권을 일률적으로 상속재산분할의 대상에서 제외하면 부당한 결과가 발생할 수 있다. 예를 들어 ㉠ 공동상속인들 중에 초과특별수익자가 있는 경우 초과특별수익자는 초과분을 반환하지 아니하면서도 가분채권은 법정상속분대로 상속받게 되는 부당한 결과가 나타난다. ㉡ 그 외에도 특별수익이 존재하거나 기여분이 인정되어 구체적인 상속분이 법정상속분과 달라질 수 있는 상황에서 상속재산으로 가분채권만이 있는 경우에는 모든 상속재산이 법정상속분에 따라 승계되므로 수증재산과 기여분을 참작한 구체적 상속분에 따라 상속을 받도록 함으로써 공동상속인들 사이의 공평을 도모하려는 민법 제1008조, 제1008조의2의 취지에 어긋나게 된다. 따라서 이와 같은 특별한 사정이 있는 때는 상속재산분할을 통하여 공동상속인들 사이에 형평을 기할 필요가 있으므로 가분채권도 예외적으로 상속재산분할의 대상이 될 수 있다고 봄이 타당하다"(대결 2016.5.4. 2014스122).

■ ★ **가분채권의 상속재산분할** [2019년 2차 법전협모의 제1문]

사실관계 ┃ 丙은 2017. 4. 1. 사망하였고, 丙의 상속인으로 그의 자(子) 甲과 丁이 있다. 丙 사망 당시 상속재산으로 A은행에 대한 1억 원의 예금채권이 전부였고, 甲에게 6,000만 원의 특별수익분이 있었다. **丁은 甲에 대하여 위 예금채권에 관한 상속재산 분할협의를 제안하였고, 甲은 가분채권은 분할협의의 대상이 되지 않는다고 하면서 이를 거절하였다. 누구의 주장이 타당한가? (10점)**

사안의 해결 ┃ 특별수익자의 상속재산 분배액은 (현존상속재산가액 + 생전증여의 가액)×법정상속분 − 특별수익(이미 받은 생전증여 및 받을 유증의 가액)이므로 甲의 구체적 상속분은 2천만 원이고[(1억 + 6천만 원)×1/2 − 6천만 원], 丁의 구체적 상속분은 8천만 원이다. 그럼에도 위 **예금채권이 법정상속분에 따라 공동상속인에게 분할적으로 귀속된다고 하면** 甲은 총 1억 1천만 원(=1억 원의 예금채권 중 법정상속분 5천 + 특별수익 6천), 丁은 5천만 원(=1억 원의 예금채권 중 법정상속분 5천)을 상속받게 되어 丁에게 매우 불리하게 된다. 따라서 丙의 A에 대한 예금채권은 상속재산분할의 대상이 될 수 있으므로, 丁의 주장이 타당하다.

(3) 채 무

1) 가분채무인 경우 [13사법, 3회·9회·11회 사례형]

금전채무와 같이 급부의 내용이 가분인 채무가 공동상속된 경우, 이는 상속 개시와 동시에 당연히 법정상속분에 따라 공동상속인에게 분할되어 귀속되는 것이므로, **상속재산 분할의 대상이 될 여지가 없다**(대판 1997.6.24. 97다8809 : 3회,5회,8회,9회,11회 선택형).

따라서 상속재산 분할의 대상이 될 수 없는 상속채무에 관하여 공동상속인들 사이에 분할의 협의가 있는 경우라면 이러한 협의는 민법 제1013조에서 말하는 상속재산의 협의분할에 해당하는 것은 아니지만, 위 분할의 협의에 따라 공동상속인 중의 1인이 법정상속분을 초과하여 채무를 부담하기로 하는 약정은 '면책적 채무인수'의 실질을 가진다고 할 것이어서, 채권자에 대한 관계에서 위 약정에 의하여 다른 공동상속인이 법정상속분에 따른 채무의 일부 또는 전부를 면하기 위하여는 민법 제454조의 규정에 따른 '채권자의 승낙'을 필요로 하고, 여기에 상속재산 분할의 소급효를 규정하고 있는 민법 제1015조가 적용될 여지는 전혀 없다(同 判例 : 3회 선택형).

■ ★ **상속재산의 협의분할과 면책적 채무인수** [3회 사례형]

사실관계 ┃ 乙은 2009. 2. 1. F가 야기한 교통사고로 사망하였는데, 사망 당시 상속인으로는 배우자인 C와 망인의 父 D, 母 E가 있었고, 상속채무로 甲에 대한 1억 원의 의류대금채무가 있었으며 C, D, E는 이러한 상속재산의 현황을 잘 알고 있었다. D, E는 2009. 6. 1. C에게 'C가 망인의 채무를 포함한 재산 전부를 상속하는 것에 대해 이의를 제기하지 않겠다'는 취지의 각서를 작성해 주었다. 이러한 사실을 알게 된 甲은 2009. 7. 1. C를 상대로 의류대금 1억 원 전액의 지급을 구하는 소를 제기하였다.

사안의 해결 ┃ 判例에 따르면 ① 乙의 금전채무를 C가 단독으로 부담하기로 한 합의는 '상속재산 분할 협의'로서의 효력은 없다. ② 그러나 위 상속인 간의 합의는 '면책적 채무인수'에 해당할 수 있는바(대판 1997.6.24. 97다8809), ③ 사안에서 채권자 甲이 채무인수의 사실을 알고 인수인인 C에 대해 인수채무금 전액의 지급을 청구하였다면 이는 '묵시적으로 채무인수에 대한 승낙'이 있었다고 볼 수 있다(대판 1989.11.14. 88 다카29962). 따라서 甲은 C에 대해 상속채무 전액을 청구할 수 있다.

2) 불가분채무

불가분채무는 분할의 대상이 되지만, 채무의 분할은 실질적으로 '면책적 채무인수'에 해당하므로 상속 채권자가 이를 승낙하여야 한다(제454조). 따라서 상속채권자의 동의 없이 행하여진 상속채무의 면 책적 인수는 상속채권자에게 대항할 수 없다. 공동상속인 중 1인이 단독으로 이행하기로 하는 분할 협의가 이루어졌더라도 이는 그들 사이의 내부문제일 뿐이고, 따라서 채권자는 공동상속인에 대하 여 법정상속분의 비율에 따라 이행을 구할 수 있다.

> ✴ **부동산의 소유권이전등기의무**
>
> 예컨대 甲이 乙에게 자기 소유 부동산을 매도하고 아직 소유권이전등기를 마쳐주기 전에 사망하여 A, B, C가 각 1/3의 비율로 甲을 공동상속한 경우, 判例의 취지에 따르면 A, B, C는 각 1/3 지분 범 위에서 소유권이전의무를 부담하는 것이 원칙이지만, 그들이 상속재산 분할협의를 하여 그 부동산 소유권 및 소유권이전등기의무를 A가 단독으로 상속하기로 합의하였다면 분할의 소급효에 따라 이 에 대한 乙의 승낙이 없더라도 A가 단독으로 그 부동산 전부에 관한 소유권이전의무를 부담한다고 한다(대판 1991.8.27. 90다8237 참고).[24]
>
> [판례평석] 이에 대해 공동상속인들 사이에 그 중 1인이 소유권이전의무를 단독으로 전부 이행하기로 하는 분할협의를 하였더라도 매수인이 이를 승낙한 때에만 매수인에게 대항할 수 있다고 해석하여야 한다는 비판이 유력하다.

5. 상속재산분할의 방법

(1) 지정분할

피상속인은 '유언'으로 상속재산의 분할방법을 정하거나 이를 정할 것을 제3자에게 위탁할 수 있고, 상속개시의 날부터 5년을 경과하지 아니하는 기간 내에 그 분할을 금지할 수 있다(제1012조). 다만 피상속인이 '생전행위'로 분할방법을 정한 것은 효력이 없어 상속인들은 피상속인의 의사에 구속되 지 않는다(대판 2001.6.29. 2001다28299).

(2) 협의분할

1) 의 의

유언에 의한 분할지정이 없거나 무효인 경우에, 공동상속인은 언제든지 협의에 의하여 상속재산을 분할할 수 있다(제1013조 1항). 이에는 공유물분할에 관한 제269조가 준용된다(동법 2항).

2) 협의의 절차

공동상속인 전원이 참가하여야 한다. 따라서 일부상속인만으로 한 협의분할(대판 1995.4.7. 93다54736)[25] 또

---

24) "부동산소유권이전등기의무자는 특별한 사정이 없는 한 등기부상의 명의인이라고 할 것인 바, 피상속인으로부터 매수한 부동산에 관하여 그 공동상속인들의 협의분할에 의하여 그 중 1인만이 단독으로 그 상속등기까지 마쳤다면 협의분할의 소급효에 의하여 나 머지 공동상속인들은 이 사건 부동산을 상속한 것이 아니라 할 것이고 현재 등기부상의 등기명의자가 아니어서 등기의무자가 될 수도 없다 할 것이므로 그에 대한 지분소유권이전등기절차를 이행할 의무가 없다"

25) [관련판례] 그러므로 피상속인이 상속재산분할방법에 관하여 자필증서에 의한 유언을 하였으나 거기에 유언자의 날인 내지 무인이 없어 유언으로서의 효력이 없는 경우, 공동상속인의 1인을 제외한 나머지 공동상속인들이 유언장의 내용에 따르기로 합의하였더 라도 그 합의는 상속재산분할협의로서의 효력이 없다(대판 2010.2.25. 2008다96963,96970).

는 공동상속인 중 일부의 동의가 없거나 그 의사표시에 대리권의 흠결이 있다면 분할은 무효이다(대판 2001.6.9. 2001다28299 : 5회 선택형). **[6회 기록형]** 그런데 반드시 협의가 한 자리에서 이루어져야 하는 것은 아니고 순차적으로 이루어질 수도 있으며(대판 2001.11.27. 2000두9731). 따라서 상속포기 신고가 법원에 수리되지 않고 있는 동안 포기자를 제외한 나머지 공동상속인들 사이에 상속재산 분할협의를 한 경우, 그 후 상속포기 신고가 적법하게 수리되면 기존의 분할협의는 소급하여 유효하게 된다(대판 2011.6.9. 2011다29307). 상속인 중 한사람이 만든 분할 원안을 다른 상속인이 후에 돌아가며 승인하여도 무방하다(대판 2004.10.28. 2003다65438,65445). 나아가 상속재산의 일부에 대한 선분할도 가능하다.

한편 공동상속인 중에 미성년자와 친권자가 있는 경우에, 분할협의시 그들 사이에 이해관계가 상반되므로 미성년자를 위한 특별대리인이 선임되어야 한다(제921조).

■ 상속재산분할협의와 이해상반행위, 상속회복청구권   대판 2011.3.10. 2007다17482

사실관계 | 甲이 사망하여 상속인으로 자녀인 乙, 丙, 丁, 戊가 있었다. 그 후 戊가 사망하고 戊에게는 배우자 A 및 미성년의 자녀 B, C, D가 있다. 그 후 甲소유 X부동산에 대해 乙, 丙, 丁 그리고 A가 B, C, D의 법정대리인으로서 이들을 대리하여 합의를 통해 丁과 B, C, D가 각 1/4씩 상속받기로 상속재산 분할협의를 한 다음 그 협의에 따라 상속을 원인으로 丁과 B, C, D에게 각 1/4지분등기를 한 후 B, C, D의 지분에 대하여 丁 앞으로 매매를 원인으로 소유권이전등기가 경료되었다.

1. ① 만약 乙이 상속재산분할협의가 무효라는 이유로 丁을 상대로 자신의 상속분에 해당하는 1/4지분등기의 말소등기를 청구하는 것이 상속회복청구인가? ② 또한 상속재산분할협의에 참가한 乙이 그 분할의 무효를 주장하는 것이 신의칙(금반언)에 해당하는 것은 아닌가?

2. ① A가 B, C, D의 법정대리인으로서 한 상속재산분할협의가 유효한가? ② 또한 상속재산분할협의가 무효라면 A와 B, C, D사이에서만 무효인가 아니면 乙, 丙, 丁을 포함한 전원에 대한 관계에서 무효인가?

설문 1.의 판례의 태도 | "① 공동상속인 중 1인이 협의분할에 의한 상속을 원인으로 하여 상속부동산에 관한 소유권이전등기를 마친 경우에, 협의분할이 다른 공동상속인의 동의 없이 이루어진 것이어서 무효라는 이유로 다른 공동상속인이 위 등기의 말소를 청구하는 소는 상속회복청구의 소에 해당한다(9회 선택형). ② 강행법규를 위반한 자가 스스로 강행법규에 위배된 약정의 무효를 주장하는 것이 신의칙에 위반되는 권리의 행사라는 이유로 그 주장을 배척한다면, 이는 오히려 강행법규에 의하여 배제하려는 결과를 실현시키는 셈이 되어 입법 취지를 완전히 몰각하게 되므로 달리 특별한 사정이 없는 한 위와 같은 주장은 신의칙에 반하는 것이라고 할 수 없다"(대판 2011.3.10. 2007다17482 : 9회 선택형).

설문 2.의 판례의 태도 | "① 상속재산에 대하여 소유의 범위를 정하는 내용의 공동상속재산 분할협의는 그 행위의 객관적 성질상 상속인 상호간 이해의 대립이 생길 우려가 없다고 볼만한 특별한 사정이 없는 한 민법 제921조의 이해상반되는 행위에 해당한다. 그리고 피상속인의 사망으로 인하여 1차 상속이 개시되고 그 1차 상속인 중 1인이 다시 사망하여 2차 상속이 개시된 후 1차 상속의 상속인들과 2차 상속의 상속인들이 1차 상속의 상속재산에 관하여 분할협의를 하는 경우에 2차 상속인 중에 수인의 미성년자가 있다면 이들 미성년자 '각자마다' 특별대리인을 선임하여 각 특별대리인이 각 미성년자를 대리하여 상속재산 분할협의를 하여야 하고, 만약 2차 상속의 공동상속인인 친권자가 수인의 미성년자 법정대리인으로서 상속재산 분할협의를 한다면 이는 민법 제921조에 위배되는 것이며, ② 이러한 대리행위에 의하여 성립된 상속재산 분할협의는 피대리자 전원에 의한 추인이 없는 한 전체가 무효이다"(대판 2011.3.10. 2007다17482 : 5회 선택형). **[4회 기록형]**

---

3) 협의의 방식

협의의 방식에는 제한이 없다. 공동상속인 전원의 약정에 의하여 일부상속인에게 상속지분을 양도하는 것도 협의분할의 취지로 한 것으로 볼 수 있고(대판 1995.9.15. 94다23067), 상속재산 전부를 상속인 중 1인에게 상속시키기 위하여 나머지 상속인들이 법원에 상속포기신고를 하였으나 그 신고가 법정기간 도과 후의 것이어서 상속포기로서의 효력이 없더라도 **무효행위의 전환법리가** 적용되어 그러한 내용의 분할협 의가 이루어진 것으로 해석할 것이다(대판 1996.3.26. 95다45545,45552,45569 : 1회 선택형). **[7회 사례형]**

4) 협의의 내용

협의분할은 공동상속인 전원의 합의에 기한 것이므로, 분할로 인하여 각자가 취득할 가액이 어떤 비율로 되든 상관없고, 어떤 상속인의 상속분을 '0'으로 하는 협의도 가능하다(대판 1996.3.26. 95다 45545,45552,45569 참고). 분할의 방법에는 제한이 없고, 공동상속인들이 자유롭게 정할 수 있다. 즉 현물 분할은 물론이고 그 밖에 대상분할이나 경매분할의 방법에 의하든 아니면 이를 병용하든 문제되지 않는다.

5) 분할협의의 무효·취소·해제

가) 무 효

무자격자가 분할협의에 참여한 경우, 공동상속인 중 일부가 협의에서 제외된 경우, 무권대리인이 분할협의에 참가한 경우에는 분할협의가 무효이다.

나) 취 소

착오, 사기, 강박 등이 있는 경우 일반 규정에 따라 취소할 수 있다. 협의분할은 그 성질상 재산권을 목적으로 하는 법률행위이므로, 채무초과상태에 있는 채무자가 상속재산의 분할협의를 하면서 상속재 산에 관한 권리를 전부 또는 일부 포기하여 재산분할의 결과가 구체적 상속분에 상당하는 정도에 미달 하는 과소한 것이라면 채권자취소권의 대상으로 될 수 있다(대판 2001.2.9. 2000다51797 : 5회,8회 선택형).

> **[관련판례]** "금전채무와 같이 급부의 내용이 가분인 채무가 공동상속된 경우 이는 상속개시와 동시에 당 연히 법정상속분에 따라 공동상속인에게 분할되어 귀속되는 것이므로 상속재산 분할의 대상이 될 여지가 없다(대판 1997.6.24. 97다8809 판결 참조). 따라서 특별수익자인 채무자의 상속재산 분할협의가 사해행위에 해당하 는지를 판단함에 있어서도 위와 같은 방법으로 계산한 구체적 상속분을 기준으로 그 재산분할결과가 일반 채권자의 공동담보를 감소하게 하였는지 평가하여야 하고, 채무자가 상속한 금전채무를 구체적 상속분 산정에 포함할 것은 아 니다"(대판 2014.7.10. 2012다26633).

다) 해 제 **[9회 사례형]**

합의해제가 가능하다는 것이 判例의 태도이다. 아울러 判例는 "**상속재산 분할협의는 공동상속인들 사** **이에 이루어지는 일종의 계약으로서, 공동상속인들은 이미 이루어진 상속재산 분할협의의 전부 또는** **일부를 전원의 합의에 의하여 해제한 다음 다시 새로운 분할협의를 할 수 있다**(9회 선택형). 상속재산 분할 협의가 합의해제되면 그 협의에 따른 이행으로 변동이 생겼던 물권은 당연히 그 분할협의가 없었던 원상태로 복귀하지만, 민법 제548조 제1항 단서의 규정상 이러한 합의해제를 가지고서는, 그 해제 전의 분 할협의로부터 생긴 법률효과를 기초로 하여 새로운 이해관계를 가지게 되고 등기·인도 등으로 완전한 권리 를 취득한 제3자의 권리를 해하지 못한다"(대판 2004.7.8. 2002다73203)고 판시하여 거래의 안전을 도모하고 있다.

(3) 조정 또는 심판에 의한 분할

공동상속인 사이에 분할의 협의가 성립되지 아니한 때에는 각 공동상속인은 가정법원에 그 분할을 청구할 수 있다(가사소송법 제2조 1항 마류비송사건). 우선 조정을 신청하여야 하고, 조정이 성립되지 않으면 심판을 청구할 수 있다. 주의할 점은 공동상속인이 상속재산의 분할에 관하여 공동상속인 사이 에 협의가 성립되지 아니하거나 협의할 수 없는 경우, **상속재산에 속하는 개별 재산에 관하여 제268조의** **규정에 따라 공유물분할청구의 소를 제기할 수 없다**는 점이다(대판 2015.8.13. 2015다18367 : 7회,8회 선택형).

6. 상속재산분할의 효과

(1) 소급효 [9회 사례형, 15사법]

1) 원 칙

상속재산의 분할은 상속이 개시된 때에 소급하여 그 효력이 생긴다(제1015조). 즉 상속재산을 피상속인으로부터 상속인들 각자가 직접 상속하는 것이 되어 그 재산에 대해서 상속인들의 공유상태는 존재하지 않았던 것으로 된다[26](이는 물권법상의 공유물분할에 소급효가 없는 것과 구별된다). 判例는 공동상속인 중의 1인이 상속부동산을 타인에게 매도한 후 등기 전에 다른 상속인이 매도인의 배임행위에 적극가담하는 형태로 상속재산을 협의분할하여 받은 경우, 상속재산 협의분할 중 그 매도인의 법정상속분에 관한 부분은 반사회적 법률행위로서 무효라고 한다(제137조 단서의 일부무효 ; 대판 1996.4.26. 95다54426,54433).[27]

2) 예 외

① 상속재산분할의 소급효는 제3자의 권리를 침해할 수 없다(제1015조 단서). 제3자는 상속재산분할 전에 이해관계를 맺은 '특별승계인'으로서 '권리변동의 효력발생요건'(제186조·제188조)을 갖추어야 한다. 즉, 민법 제1015조 단서에서 말하는 제3자는 일반적으로 상속재산분할의 대상이 된 상속재산에 관하여 상속재산분할 전에 새로운 이해관계를 가졌을 뿐만 아니라 등기, 인도 등으로 권리를 취득한 사람을 말하고, 判例에 따르면 '상속재산분할심판에 대해 선의'이어야 한다고 한다(아래 2019다249312판결).

② 즉, "상속재산인 부동산의 분할 귀속을 내용으로 하는 상속재산분할심판이 확정되면 민법 제187조에 의하여 상속재산분할심판에 따른 등기 없이도 해당 부동산에 관한 물권변동의 효력이 발생한다. 다만 민법 제1015조 단서의 내용과 입법취지 등을 고려하면, '상속재산분할심판에 따른 등기'가 이루어지기 전에 상속재산분할의 효력과 양립하지 않는 법률상 이해관계를 갖고 등기를 마쳤으나 상속재산분할심판이 있었음을 알지 못한 제3자에 대하여는 상속재산분할의 효력을 주장할 수 없다. 이 경우 제3자가 상속재산분할심판이 있었음을 알았다는 점에 관한 주장·증명책임은 상속재산분할심판의 효력을 주장하는 자에게 있다"(대판 2020.8.13. 2019다249312).

(2) 분할 후의 피인지자 등의 청구 [10사법]

1) 의 의

상속개시후의 인지 또는 재판의 확정에 의하여 공동상속인이 된 자는 상속재산분할을 청구하여 분할에 참가할 수 있다. 그러나 다른 공동상속인들이 이미 상속재산의 분할 기타 처분을 한 때에는 상속인들의 분할이나 처분행위의 무효를 주장할 수 없으나, 다만 다른 공동상속인에게 그 상속분에 상당한 가액의 지급을 청구할 권리가 있다(제1014조). 이는 거래의 안전을 보호하면서도 판결에 의해 상속인이 된 상속인의 실질적인 상속권도 보호하기 위한 것이다.

---

26) "공동상속인 상호간에 상속재산에 관하여 협의분할이 이루어짐으로써 공동상속인 중 일부가 고유의 상속분을 초과하는 재산을 취득하게 되었다고 하여도 이는 상속개시 당시에 소급하여 피상속인으로부터 승계받은 것으로 보아야 하고 다른 공동상속인으로부터 증여받은 것으로 볼 수 없다"(대판 2002.7.12. 2001두441).

27) "공동상속인 중 1인이 제3자에게 상속 부동산을 매도한 뒤 그 앞으로 소유권이전등기가 경료되기 전에 그 매도인과 다른 공동상속인들 간에 그 부동산을 매도인 외의 다른 상속인 1인의 소유로 하는 내용의 상속재산 협의분할이 이루어져 그 앞으로 소유권이전등기를 한 경우에, 그 상속재산 협의분할은 상속개시된 때에 소급하여 효력이 발생하고 등기를 경료하지 아니한 제3자는 민법 제1015조 단서 소정의 소급효가 제한되는 제3자에 해당하지 아니하는바, 이 경우 상속재산 협의분할로 부동산을 단독으로 상속한 자가 협의분할 이전에 공동상속인 중 1인이 그 부동산을 제3자에게 매도한 사실을 알면서도 상속재산 협의분할을 하였을 뿐 아니라, 그 매도인의 배임행위(또는 배신행위)를 유인, 교사하거나 이에 협력하는 등 적극적으로 가담한 경우에는 그 상속재산 협의분할 중 그 매도인의 법정상속분에 관한 부분은 민법 제103조 소정의 반사회질서의 법률행위에 해당한다"

2) 가액청구의 요건

ⅰ) 제1014조에 기한 청구권자는 상속개시 후 인지 또는 재판의 확정에 의하여 공동상속인이 된 자이어야 하며, ⅱ) 인지자 등이 재산분할을 청구할 당시 이미 다른 공동상속인이 분할 기타 처분을 하였어야 한다. ⅲ) 아울러 위 가액청구권은 상속회복청구권의 실질이 있으므로 상속회복청구권의 단기제척기간이 적용된다(대판 1993.8.24. 93다12 : 3회 선택형). 특히 이 경우 상속회복청구권의 제척기간과 관련하여 '침해를 안 날부터 3년'의 기산점은 그 인지판결이 확정된 날로부터 기산한다(대판 1978.2.14. 77므21 : 3회 선택형).

3) 청구의 성질

제1014조의 가액청구권이 부당이득반환청구권의 일종인지 문제되나, 통설은 제1014조의 가액청구권을 상속회복청구권으로 보아 상속회복청구권의 소멸에 관한 단기제척기간(제999조)이 적용된다고 한다. 判例도 상속회복청구권의 일종으로 보고, 그 가액의 범위에 관하여 부당이득반환의 범위에 관한 민법규정을 유추적용할 수 없고, 다른 공동상속인들이 분할 기타의 처분시에 피인지자의 존재를 알았는지 여부에 의하여 그 지급할 가액의 범위가 달라지는 것도 아니라고 하였다(대판 1993.8.24. 93다12).

4) 청구의 내용

피인지자 등은 그의 상속분에 상당하는 가액을 청구할 수 있는데, 여기서의 상속분은 적극재산만에 대한 것을 의미한다. 가액은 피인지자 등에게 현실로 지급하는 때[소송에서라면 상속재산을 실제처분한 가액 또는 처분한 때의 시가가 아니라 사실심 변론종결시의 시가를 의미한다(대판 1993.8.24. 93다12)]의 시가로 평가하고, 이에 대한 자기 상속분을 산출한 후 이것을 각 공동상속인에게 안분한 것이다. 상속재산의 과실은 제1014조에 따른 상속분 상당 가액청구에서 가액산정의 대상에 포함되지 않으며, 따라서 이에 대한 부당이득반환청구는 허용되지 않는다(대판 2007.7.26. 2006므2757,2764 : 5회 선택형).[28]

> [관련판례] "상속개시 후 상속재산분할이 완료되기 전까지 상속재산으로부터 발생하는 과실(이하 '상속재산 과실'이라 한다)은 상속개시 당시에는 존재하지 않았던 것이다. 상속재산분할심판에서 이러한 상속재산 과실을 고려하지 않은 채, 분할의 대상이 된 상속재산 중 특정 상속재산을 상속인 중 1인의 단독소유로 하고 그의 구체적 상속분과 특정 상속재산의 가액과의 차액을 현금으로 정산하는 방법(이른바 대상분할의 방법)으로 상속재산을 분할한 경우, 그 특정 상속재산을 분할받은 상속인은 민법 제1015조 본문에 따라 상속개시된 때에 소급하여 이를 단독소유한 것으로 보게 되지만, 상속재산 과실까지도 소급하여 상속인이 단독으로 차지하게 된다고 볼 수는 없다. 이러한 경우 상속재산 과실은 특별한 사정이 없는 한, 공동상속인들이 수증재산과 기여분 등을 참작하여 상속개시 당시를 기준으로 산정되는 '구체적 상속분'의 비율에 따라, 이를 취득한다고 보는 것이 타당하다"(대판 2018.8.30. 2015다27132,27149).

(3) 담보책임

1) 매도인과 동일한 담보책임(제1016조)

2) 상속채무자의 자력에 대한 담보책임(제1017조)

3) 무자력 공동상속인의 담보책임의 분담(제1018조)

---

28) "인지 전에 공동상속인들에 의해 이미 분할되거나 처분된 상속재산은 이를 분할받은 공동상속인이나 공동상속인들의 처분행위에 의해 이를 양수한 자에게 그 소유권이 확정적으로 귀속되는 것이며, 그 후 그 상속재산으로부터 발생하는 과실은 상속개시 당시 존재하지 않았던 것이어서 이를 상속재산에 해당한다 할 수 없고, 상속재산의 소유권을 취득한 자(분할받은 공동상속인 또는 공동상속인들로부터 양수한 자)가 민법 제102조에 따라 그 과실을 수취할 권능도 보유한다고 할 것이며, 민법 제1014조도 '이미 분할 내지 처분된 상속재산' 중 피인지자의 상속분에 상당한 가액의 지급청구권만을 규정하고 있을 뿐 '이미 분할 내지 처분된 상속재산으로부터 발생한 과실'에 대해서는 별도의 규정을 두지 않고 있으므로, 결국 민법 제1014조에 의한 상속분상당가액지급청구에 있어 상속재산으로부터 발생한 과실은 그 가액산정 대상에 포함된다고 할 수 없다"

Ⅵ. 상속의 승인과 포기

[E-53]

> ‣ 상속인이 상속재산을 타인에게 매도한 때에도 상속포기를 할 수 있다(X)
>
> ★ **제1026조(법정단순승인)** 다음 각호의 사유가 있는 경우에는 상속인이 **단순승인을 한 것으로 본다.**
>
> 1. 상속인이 **상속재산에 대한 처분행위를 한 때**
>
> 2. 상속인이 제1019조 제1항의 기간 내에 **한정승인 또는 포기를 하지 아니한 때**
>
> 3. 상속인이 한정승인 또는 포기를 한 후에 상속재산을 **은닉**하거나 **부정소비**하거나 고의로 재산목록에 기입하지 아니한 때
>
> ★ **제1019조(승인, 포기의 기간)** ① 상속인은 **상속개시 있음을 안 날로부터 3월내에** 단순승인이나 **한정승인 또는 포기를 할 수 있다.** 그러나 그 기간은 이해관계인 또는 검사의 청구에 의하여 가정법원이 이를 **연장**할 수 있다. ② 상속인은 제1항의 승인 또는 포기를 하기 전에 **상속재산을 조사할 수 있다.**
>
> ③ 제1항의 규정에 불구하고 상속인은 상속채무가 상속재산을 초과하는 사실을 **중대한 과실없이** 제1항의 기간내에 알지 못하고 **단순승인**(제1026조 제1호 및 제2호의 규정에 의하여 단순승인한 것으로 보는 경우를 포함한다)을 한 경우에는 **그 사실을 안 날부터 3월내에 한정승인을** 할 수 있다.
>
> ‣ 상속의 승인은 상속개시있음을 안 날로부터 3월 내에는 **취소할 수 있다(X)**
>
> 제1024조(승인, 포기의 취소금지) ① 상속의 승인이나 포기는 제1019조 제1항의 **기간내에도 이를 취소하지 못한다.** ② 전항의 규정은 총칙편의 규정에 의한 취소에 영향을 미치지 아니한다. 그러나 그 취소권은 추인할 수 있는 날로부터 3월, 승인 또는 포기한 날로부터 1년내에 행사하지 아니하면 시효로 인하여 소멸된다.

1. 서 설

[E-53a]

(1) 의 의

① '상속의 승인'이란 상속개시에 의하여 피상속인에 속하였던 재산상의 모든 권리·의무가 상속인에게 귀속되는 효과(제1005조)를 거부하지 않을 것을 상속인 스스로 선언하는 것을 말하는바, 이에는 단순승인과 한정승인이 있다. ② '상속의 포기'란 상속개시에 의하여 발생하는 권리·의무의 승계를 상속개시시에 소급하여 소멸시키는 상속인의 의사표시를 말한다.

(2) 승인·포기의 성질

상속의 승인 또는 포기는 상대방 없는 단독행위이고, 따라서 조건이나 기한을 붙이지 못한다. 그런데 한정승인 또는 포기를 하려면 가정법원에 신고하여야 하므로(제1030조 1항, 제1041조) 요식행위인 반면, 단순승인은 불요식행위이다.

(3) 승인·포기의 요건

① 상속인만이 상속의 승인 또는 포기를 할 수 있다. 그리고 상속의 승인이나 포기는 모두 재산법상의 행위이므로 행위능력이 있어야 하는바, 상속인이 제한능력자라면 법정대리인이 이에 갈음할 수 있다(제1020조 참조). 임의대리인도 위임에 의하여 상속인을 대리하여 승인 또는 포기할 수 있다(대결 1965.5.31. 64스10). ② 그러나 승인 또는 포기는 일신전속적인 것이므로 채권자대위권의 목적이 될 수 없으며, 채권자취소권(제406조)의 목적이 될 수 있는지에 관하여는 다툼이 있으나, 최근 判例는 상속포기에 대한 사해행위 취소를 부정하고 있다(대판 2011.6.9. 2011다29307 : 9회,10회 선택형).[29] **[11입법]**

---

29) 대법원은 "상속의 포기는 비록 포기자의 재산에 영향을 미치는 바가 없지 아니하나 상속인으로서의 지위 자체를 소멸하게 하는 행위로서 순전한 재산법적 행위와 같이 볼 것이 아니다. 오히려 상속의 포기는 1차적으로 피상속인 또는 후순위상속인을 포함하여 다른 상속인 등과의 인격적 관계를 전체적으로 판단하여 행하여지는 '인적 결단'으로서의 성질을 가진다"고 보아 상속의 포기는 사해행위취소의 대상이 되지 못한다고 한다.

③ 상속의 한정승인 또는 포기는 상속개시 후 일정한 기간 내에 일정한 절차와 방식을 갖추어야 하므로, 상속개시 전의 승인이나 포기는 허용되지 않는다. ④ 상속에 의하여 피상속인의 권리·의무가 포괄적으로 승계되므로, 그 승인 또는 포기도 상속재산에 대하여 포괄적으로 이루어져야 하고, 상속재산의 일부에 대하여 또는 특정재산에 대하여 선택적으로 할 수는 없다.

(4) 승인·포기의 기간

1) 의 의

상속인은 '상속개시 있음을 안 날'로부터 3월내에 단순승인이나 한정승인 또는 포기를 할 수 있고(제1019조 1항 본문), 상속인이 이 기간 내에 승인이나 포기를 하지 않으면 단순승인을 한 것으로 의제된다(제1026조 2호).

2) 기산점

숙려기간의 기산점은 상속개시 있음을 안 날이다.[30] 여기서 '상속개시 있음을 안 날'의 의미에 대하여 判例는 상속인이 상속개시의 사실과 상속인이 된 사실을 인식한 날이란 뜻이며, '상속재산 또는 상속채무의 존재'를 알거나 '상속포기제도의 존재'까지 알 것은 요하지 않는다고 한다(대결 1986.4.22. 86스10 ; 대결 1988.8.25. 88스10,11,12,13).[31]

통상적인 상속의 경우에는 상속인이 상속개시의 원인사실을 앎으로써 그가 상속인이 된 사실까지도 알았다고 보는 것이 합리적이나, 피상속인의 처와 자녀가 상속을 포기한 경우 피상속인의 손자녀가 이로써 자신들이 상속인이 되었다는 사실까지 안다는 것은 오히려 이례에 속한다고 할 것이고, 따라서 이와 같은 과정에 의해 피상속인의 손자녀가 상속인이 된 경우에는 상속인이 상속개시의 원인사실을 아는 것만으로 자신이 상속인이 된 사실을 알기 어려운 특별한 사정이 있다고 볼 것이다(대판 2005.7.22. 2003다43681 ; 즉, 2순위 상속인의 고려기간은 제1순위자 전원이 포기하여 자기가 상속인이 되었음을 안날부터 기산한다).

3) 승인·포기 기간의 예외 : 특별한정승인

① 상속인은 상속채무가 상속재산을 초과하는 사실을 '중대한 과실없이' 상속개시 있음을 안날부터 3월내에 알지 못하고 단순승인(제1026조 제1호 및 제2호의 규정에 의하여 단순승인한 것으로 보는 경우를 포함한다)을 한 경우에는 그 사실을 안 날부터 3월내에 한정승인을 할 수 있다(제1019조 3항). 따라서 判例도 "상속인들이 상속재산 협의분할을 통해 이미 상속재산을 처분한 바 있다고 하더라도 상속인들은 여전히 민법 제1019조 제3항의 규정에 의하여 한정승인을 할 수 있다고 할 것이고, 따라서 위 협의분할 때문에 이 사건 심판이 한정승인으로서 효력이 없다고 할 수는 없다"(대판 2006.1.26. 2003다29562)고 판시하였다. 다만, 중대한 과실 없이 민법 제1019조 제1항의 기간 내에 상속채무가 상속재산을 초과하는 사실을 알지 못하였다는 점에 대한 입증책임은 상속인에게 인정된다(대판 2003.9.26. 2003다30517).

> **[관련판례]** "민법 제1019조 제3항이 신설된 후 상속인이 단순승인을 하거나 단순승인한 것으로 간주된 후에 한정승인 신고를 하고 가정법원이 특별한정승인의 요건을 갖추었다는 취지에서 수리심판을 하였다면 상속인이 특별한정승인을 한 것으로 보아야 한다"(대판 2021.2.25. 2017다289651).
> **[사실관계]** 피상속인이 범죄로 사망하였고 그로부터 약 7개월 후 상속인들이 가해자로부터 형사 합의금을 수령하였으며, 그 무렵 상속채권자가 상속채권에 관한 소를 제기하자 피상속인들이 한정승인 신고를 한 사안에서, 대법원은 상속

---

30) **[관련조문]** 상속인이 제한능력자라면 그 법정대리인이 상속개시 있음을 안 날부터 기산한다(제1020조). 그리고 상속이나 승인이나 포기를 하지 않고 위 3월의 기간 내에 사망한 경우에, 그의 상속인이 자기의 상속개시 있음을 안 날부터 3월을 기산한다(제1021조).

31) **[판례검토]** ① 위의 판례의 태도에 대해서는 상속인에게 가혹하지 않게 하기 위하여 상속개시의 사실과 자기가 상속인으로 되었다는 사실 외에 상속재산의 전부 또는 일부의 존재를 인식한 때부터 진행한다고 새기는 견해가 있으나(곽윤직), ② 제1019조 2항 및 1항 단서의 취지에 비추어 볼 때 상속포기에 관한 규정은 상속인에게 일종의 상속재산 조사의무를 부여하고, 고려기간 내에 이러한 의무를 제대로 이행하지 아니한 경우에 내리는 제재의 성질을 가지고 있다고 볼 수 있으므로 判例의 태도가 타당하다(통설).

인들에게는 신설된 민법 제1019조 제3항이 적용되고 상속인들이 한정승인 신고를 하였으므로, 원심은 위 한정승인이 민법 제1019조 제3항의 요건을 갖춘 특별한정승인으로서 유효한지 여부를 심리·판단하였어야 함에도, 위 한정승인신고가 단순승인 간주 후에 이루어졌다는 이유만으로 효력이 없다고 본 것은 잘못이라는 이유로 원심을 파기하였다.

② 한편 개정 민법(22.12.13.시행)에 따르면 ㉠ 미성년 상속인은 상속채무가 상속재산을 초과하는 상속을 성년이 되기 전에 법정대리인이 단순승인(의제)한 경우 미성년 시기의 법정대리인의 인식 여부와 관계없이 성년이 된 후 본인이 상속의 상속채무 초과사실을 안 날부터 3개월 내에 한정승인을 할 수 있고(제1019조 제4항 전단 신설), ㉡ 현행 제1019조 제3항의 특별한정승인의 요건을 충족하지 못하거나, 해당 요건에 해당하지만 그에 따라 한정승인을 하지 아니하는 경우에도 제1019조 제4항에 따라 신설되는 특별한정승인 규정이 적용된다는 것을 명확히 하였다(제1019조제4항 후단 신설).

> [관련판례] 상속인이 미성년인 경우 제1019조 3항이나 그 소급 적용에 관한 민법 부칙에서 정한 '상속채무 초과사실을 안 날' 등을 판단할 때에는 법정대리인의 인식을 기준으로 해야 하므로, 법정대리인의 인식을 기준으로 하여 특별한정승인이 불가능하다면, 상속인이 성년에 이른 뒤에 본인 스스로의 인식을 기준으로 새롭게 특별한정승인을 할 수는 없다(대판 2020.11.19. 전합2019다232918)는 판례는 위 최근 민법 개정으로 의미를 상실하였다.

2. 단순승인
[E-53b]

(1) 의 의

권리·의무의 승계를 전면적으로 승인하는 것을 말한다.

(2) 요 건

원칙적으로 단순승인은 불요식의 의사표시로서 별도의 신고를 요하지 않고 무방식의 의사표시로 가능하며, 묵시적 승인도 가능하다.

(3) 법정단순승인

다음의 사유가 있는 경우에 상속인이 단순승인한 것으로 본다.

1) 상속인이 상속재산에 대한 처분행위를 한 경우(제1026조 1호)

가) 처분의 의의

여기서 처분행위는 상속재산의 일부에 대한 것이든 전부에 대한 것이든, 사실행위이든 법률행위이든 문제되지 않지만, 상속인의 의사에 기한 것이어야 한다. 그런데 상속인은 승인 또는 포기를 할 때까지 상속재산을 관리할 의무를 부담하므로, 여기서의 처분은 관리행위의 범위를 넘는 것을 말한다. 判例에 따르면 상속인이 피상속인의 채권을 추심하여 변제받는 것(대판 2010.4.29. 2009다84936 : 9회,10회 선택형), **[3회 사례형]** 공동상속인들이 상속재산분할을 하는 행위(대판 1983.6.28. 82도2421)도 법정단순승인 사유로서의 처분에 해당한다고 한다.

나) 처분의 시점

여기서의 처분은 한정승인이나 상속포기 전의 처분행위를 지칭한다. 한정승인이나 상속포기를 한 후의 처분은 당연히 법정단순승인사유는 아니고, 그것이 부정소비(제1026조 3호)에 해당하는 때에 한하여 법정단순승인사유로 된다(대판 2004.3.12. 2003다63586).

한편 "상속의 한정승인이나 포기는 상속인의 의사표시만으로 효력이 발생하는 것이 아니라 가정법원에 신고를 하여 가정법원의 심판을 받아야 하며, 그 심판은 당사자가 이를 고지받음으로써 효력이 발생한다(대판 2004.6.25. 2004다20401). 따라서 상속인이 가정법원에 상속포기의 신고를 하였다고 하더라도 이를 수리하는 가정법원의 심판이 고지되기 이전에 상속재산을 처분하였다면, 이는 상속 포기의 효력 발생 전에 처분행위를 한 것에 해당하므로 제1026조 1호에 따라 상속의 단순승인을 한 것으로 보아야 한다"(대판 2016.12.29. 2013다73520 : 9회,10회 선택형) **[17사법]**

■ **상속포기의 효력발생시기** [17사법]

사실관계 | Y건물의 소유자 丁은 2017. 5. 2. 교통사고로 사망하였고, 그 단독상속인인 己는 가정법원에 상속포기신고를 한 다음 Y건물을 A에게 양도하였으며, 그 후에 상속포기신고를 수리하는 심판이 고지되었다. 그러자 丁의 사망 전에 丁에게 1억 원을 대여한 庚은 그 변제기가 도래하자 己에게 1억 원의 지급을 청구하였다. **己는 庚의 청구에 응하여야 하는가?** (20점)

판례에 따른 해결 | 상속인이 가정법원에 상속포기의 신고를 하였더라도 이를 수리하는 가정법원의 심판이 고지되기 이전에 상속재산을 처분하였다면, 이는 상속포기의 효력 발생 전에 처분행위를 한 것이므로 제1026조 1호에 따라 상속의 단순승인을 한 것으로 보아야 한다(대판 2016.12.29. 2013다73520). 그리고 단순승인으로 간주된 이후에 한 상속포기는 효력이 없다(대판 2010.4.29. 2009다84936). 결국 己는 단순승인을 한 단독상속인이므로 庚의 1억원 지급 청구에 응하여야 한다.

---

2) **상속인이 승인 또는 포기를 하여야 할 기간 내에 한정승인 또는 포기를 하지 않은 경우**(제1026조 2호)

3) **상속인이 한정승인 또는 포기를 한 후에 상속재산을 은닉하거나 부정소비하거나 고의로 재산목록에 기입하지 아니한 경우**(제1026조 3호)

① '상속재산의 은닉'이라 함은 상속재산의 존재를 쉽게 알 수 없게 만드는 것을 의미하는바, 判例는 "피상속인에 대해 매매대금채무를 부담하고 있던 채무자가 그 대금의 일부인 1천만 원을 이미 상속포기를 한 공동상속인의 1인의 예금계좌에 입금을 하자 그 상속인이 그 1천만 원을 한정승인을 한 다른 상속인의 예금계좌로 입금한 행위는 상속재산을 관리한 것일 뿐 이것이 상속재산의 가치를 상실시켰다거나 고의로 상속재산을 은닉한 경우에 해당한다고는 볼 수 없다"고 보아 그 상속포기는 여전히 유효하다고 보았다(대판 2010.4.29. 2009다84936).

② '상속재산의 부정소비'라 함은 정당한 사유 없이 상속재산을 써서 없앰으로써 그 재산적 가치를 상실시키는 것을 의미하는바, 判例는 i) 상속재산을 처분하여 그 대금을 전액 상속채무의 변제에 사용한 경우(대판 2004.3.12. 2003다63586 : 9회 선택형). ii) 책임재산의 가치가 없는 재산을 상속재산협의분할 하는 경우(대판 2004.12.9. 2004다52095). iii) 상속재산에 관하여 제3자에게 소유권을 이전해 주거나 저당권 등의 담보권을 설정해 주는 경우(대판 2010.3.18. 전합2007다77781 참고)는 '부정소비'라고 할 수 없다고 한다.

③ '고의로 재산목록에 기입하지 아니한 때'라 함은 한정승인을 함에 있어 상속재산을 은닉하여 '상속채권자를 사해할 의사'로써 상속재산을 재산목록에 기입하지 않는 것을 의미하는바, 이러한 사정은 이를 주장하는 측에서 증명하여야 하며(대판 2022.7.28. 2019다29853), 判例는 "합리적인 금액 범위 내에서 지출한 장례비용은 상속비용으로 보아야 하며, 이를 한정승인신고서 목록에 기재하지 않은 것은 법정단순승인사유에 해당하지 않는다"고 한다(대판 2003.11.14. 2003다30968).

(4) 효 과

상속채무전액에 대해 상속인 고유재산으로도 책임을 지며, 공동상속의 경우에 상속인은 상속분에 따른 채무의 부담부분에 대해 상속인 고유재산으로도 책임을 진다(제1025조). 상속재산과 고유재산은 혼동이 된다(한정승인을 하거나 재산분리를 한 경우에는 혼동이 생기지 않는다).

3. 한정승인

> ‣ 공동상속인은 **공동으로만 한정승인을** 할 수 있다(X)
>
> **제1029조(공동상속인의 한정승인)** 상속인이 수인인 때에는 **각 상속인은 그 상속분에 응하여** 취득할 재산의 한도에서 그 상속분에 의한 피상속인의 채무와 유증을 변제할 것을 조건으로 상속을 승인할 수 있다.
>
> ‣ 상속인이 한정승인을 한 때에는 상속인의 피상속인에 대한 채권은 **혼동에 의해 소멸**한다(X)
>
> **제1031조(한정승인과 재산상 권리의무의 불소멸)** 상속인이 한정승인을 한 때에는 피상속인에 대한 상속인의 재산상 권리의무는 소멸하지 아니한다.
>
> **제1034조(배당변제)** ① 한정승인자는 제1032조 제1항의 기간만료후에 상속재산으로서 그 **기간 내에 신고한 채권자와 한정승인자가 알고 있는 채권자**에 대하여 각 채권액의 비율로 변제하여야 한다. 그러나 우선권있는 채권자의 권리를 해하지 못한다.
>
> ② 제1019조 제3항의 규정에 의하여 한정승인을 한 경우에는 그 **상속인은 상속재산 중에서 남아있는 상속재산과 함께 이미 처분한 재산의 가액을 합하여 제1항의 변제를** 하여야 한다. 다만, **한정승인을 하기 전에 상속채권자나 유증받은 자에 대하여 변제한 가액은** 이미 처분한 재산의 가액에서 **제외**한다.
>
> ‣ 상속개시 있은 후 상속채권자에게 상속재산으로 변제한 상속인이 상속채무가 상속재산을 초과하는 사실을 **과실 없이 알지 못한 경우,** 그로 인해 **그** 후에 있었던 위 상속인의 **한정승인으로 말미암아 변제받지 못한 상속채권자**는 그 상속인에게 손해배상을 청구할 수 있다(X)
>
> **제1038조(부당변제 등으로 인한 책임)** ① 한정승인자가 제1032조의 규정에 의한 **공고나 최고를 해태**하거나 제1033조 내지 제1036조의 규정에 위반하여 **어느 상속채권자나 유증받은 자에게 변제**함으로 인하여 다른 상속채권자나 유증받은 자에 대하여 변제할 수 없게 된 때에는 한정승인자는 그 **손해를 배상**하여야 한다. 제1019조 제3항의 규정에 의하여 **한정승인을 한 경우 그 이전**에 상속채무가 상속재산을 초과함을 알지 못한 데 **과실이 있는 상속인**이 상속채권자나 유증받은 **자에게 변제**한 때에도 **또한 같다.**
>
> ② 제1항 전단의 경우에 **변제를 받지 못한** 상속채권자나 유증받은 자는 그 사정을 **알고** 변제를 받은 상속채권자나 유증받은 자에 대하여 **구상권**을 행사할 수 있다. 제1019조 제3항의 규정에 의하여 한정승인을 한 경우 그 이전에 상속채무가 상속재산을 초과함을 **알고** 변제받은 **상속채권자나 유증받은 자가 있는 때에도 또한 같다.**
>
> ③ **제766조의 규정**은 제1항 및 제2항의 경우에 준용한다.

(1) 의 의

한정승인이란 승인을 하지만 피상속인의 채무와 유증에 의한 채무는 상속재산의 한도에서 변제하고 상속인의 고유재산으로 책임을 지지 않는 것을 말한다. 상속인이 한정승인을 한 경우 상속채무는 전부 승계되지만, 책임은 상속채무의 범위 내에서만 진다(유한책임). 따라서 상속채권자는 특별한 사정이 없는 한 '상속인의 고유재산'에 대하여 강제집행을 할 수 없으며 '상속재산'으로부터만 채권의 만족을 받을 수 있다(대판 2016.5.24. 2015다250574).

(2) 효 과

1) 채무와 책임의 분리

상속채무는 전부 승계된다. 다만 책임은 상속재산의 범위 내에서만 진다. 따라서 피상속인의 채무에 대한 보증채무 등에는 영향이 없다. 그러나 상속채권자가 상속인의 고유재산에 대하여 강제집행을 하는 것은 위법하므로, 이 경우 상속인은 제3자 이의의 소 등을 제기할 수 있다.

> ＊ **A가 재산 600만원과 甲에 대한 금전채무 3,000만원**(연대보증인 乙이 있다고 가정한다)**을 남기고 사망한 경우 상속인 B, C, D 중에서 B가 혼자 한정승인을 한 경우의 법률관계**
>
> 일부상속인만이 한정승인하는 것도 가능하다. 일부상속인만이라도 한정승인을 하면 한정승인에 따른 청산절차를 거쳐야 한다. 청산절차를 거쳐 상속채권자 甲이 상속재산에서 600만원을 변제받으면, 나머지 변제되지 않은 2,400만원은 별도의 합의 없이도 당연히 B, C, D가 800만원씩의 분할채무를 부담한다(대판 1997.6.24. 97다8809).[32]
>
> ☞ 채권자 甲은 C, D에게 각각 800만원씩 청구 및 집행할 수도 있고 연대보증인 乙에게 2,400만원을 전액 청구할 수 있으나, 한정승인을 한 B는 채무는 있으나 책임이 없으므로 B가 스스로 변제하지 않는 한 甲이 B의 고유재산에 대해 소구는 가능하지만, 강제집행을 할 수는 없다. 연대보증인 乙은 채무 2,400만원에 대해 책임이 있으며, 乙이 변제하면 C, D에게는 각각 800만원씩 구상하며 강제집행도 가능하나, B에게는 800만원의 구상권에 대해 소구는 가능하지만 강제집행을 할 수는 없다.

2) 상속재산과 고유재산의 분리

① 상속재산과 상속인의 고유재산은 분리·유지된다. 그리하여 피상속인에 대한 상속인의 재산상의 권리나 의무는 소멸하지 아니한다(제1031조)(즉 혼동에 의해 소멸하게 되는 것이 아니다).

② 상속채권자가 상속이 개시된 후 한정승인 이전에 피상속인에 대한 채권을 자동채권으로 하여 상속인에 대한 채무에 대하여 상계하였더라도, 그 이후 상속인이 한정승인을 하는 경우에는 민법 제1031조의 취지에 따라 상계가 소급하여 효력을 상실하고, 상계의 자동채권인 상속채권자의 피상속인에 대한 채권과 수동채권인 상속인에 대한 채무는 모두 부활한다(대판 2022.10.27. 2022다254154,254161).[33]

3) 상속재산의 관리

상속인은 그 고유재산에 대하는 것과 동일한 주의로 상속재산을 관리하여야 한다(제1022조).

4) 청산절차(제1032조 내지 제1039조)

① 한정승인자는 한정승인을 한 날로부터 5일 내에 일반상속채권자와 유증받은 자에 대하여 한정승인의 사실과 일정한 기간 내에(2월 이상)에 그 채권 또는 수증을 신고할 것을 공고하여야 하고, 알고 있는 채권자에게는 각각 그 채권신고를 최고하여야 한다(민법 제1032조 제1항, 제2항, 제89조). 신고기간이 만료된 후 한정승인자는 상속재산으로서 그 기간 내에 신고한 채권자와 '한정승인자가 알고 있는 채권자'에 대하여 각 채권액의 비율로 변제하여야 한다(민법 제1034조 제1항 본문).

반면 신고기간 내에 신고하지 아니한 상속채권자 및 유증받은 자로서 '한정승인자가 알지 못한 자'는 상속재산의 잔여가 있는 경우에 한하여 변제를 받을 수 있다(민법 제1039조 본문).

② "여기서 민법 제1034조 제1항에 따라 배당변제를 받을 수 있는 '한정승인자가 알고 있는 채권자'에 해당하는지 여부는 한정승인자가 채권신고의 최고를 하는 시점이 아니라 배당변제를 하는 시점을 기준으로 판단하여야 한다. 따라서 한정승인자가 채권신고의 최고를 하는 시점에는 알지 못했더라도 그 이후 실제로 배당변제를 하기 전까지 알게 된 채권자가 있다면 그 채권자는 민법 제1034조 제1항에 따라 배당변제를 받을 수 있는 '한정승인자가 알고 있는 채권자'에 해당한다"(아래 대판 2018.11.9. 2015다75308).

---

32) "금전채무와 같이 급부의 내용이 가분인 채무가 공동상속된 경우, 이는 상속 개시와 동시에 당연히 법정상속분에 따라 공동상속인에게 분할되어 귀속되는 것이므로, 상속재산 분할의 대상이 될 여지가 없다"

33) "상속채권자가 피상속인에 대하여는 채권을 보유하면서 상속인에 대하여는 채무를 부담하는 경우, 상속이 개시되면 위 채권 및 채무가 모두 상속인에게 귀속되어 상계적상이 생기지만, 상속인이 한정승인을 하면 상속이 개시된 때부터 민법 제1031조에 따라 피상속인의 상속재산과 상속인의 고유재산이 분리되는 결과가 발생하므로, 상속채권자의 피상속인에 대한 채권과 상속인에 대한 채무 사이의 상계는 제3자의 상계에 해당하여 허용될 수 없다"

> ✻ 채무자가 사망하자 상속인 A가 법원에 한정승인신고를 하며 상속채권의 채권자들에게 채권신고를 최고하였는데, 한정승인신고서에 첨부된 재산목록에 기재되지 않은 상속채권을 가진 B가 A의 배당변제 이전에 A를 대위하여 다른 상속채권자 C에 대해 시효완성주장을 하며 상속재산에 대한 근저당권등기 말소청구를 하자, A가 C에 대해 채무승인을 한 경우의 법률관계
>
> 원고 B는 원심에서 채무승인의 의사표시에 대한 사해행위취소 및 원상회복청구를 추가적으로 병합하였다. 원심은 원고 B가 제1039조 본문에 따라 상속재산의 잔여가 있는 경우에 한하여 변제를 받을 수 있는 '한정승인자가 알지 못한 자'에 해당하고, 상속채무가 상속재산을 초과하여, 이 사건 근저당권등기가 말소되어도 상속재산으로 원고의 채권을 변제받을 수 없으므로, 이 사건 채무승인은 원고에 대한 관계에서 공동담보의 감소를 초래하는 사해행위에 해당된다고 할 수 없다는 이유로 원고의 사해행위취소 등 청구를 배척하였다.
>
> 그러나 대법원은 상속인 A가 배당변제를 실시하기 전에 원고 B가 A를 대위하여 피고 C를 상대로 이 사건 근저당권등기의 말소를 구하는 소송을 제기하고 소송 중 A가 피고 C에게 채무승인서를 작성, 교부하기까지 하였으므로 늦어도 그 시점에는 A가 원고 B의 상속채권의 존재를 알게 되었다고 봄이 타당하므로 원고 B는 제1034조 제1항에 따라 배당변제를 받을 수 있는 '한정승인자가 알고 있는 채권자'에 해당한다고 보아야 한다고 판시하였다(대판 2018.11.9. 2015다75308).
>
> ☞ A는 채권신고 최고시에는 B의 존재를 몰랐으나, 배당변제 전에는 알았으므로 B는 배당변제 후 상속재산에 잔여재산이 있는 경우에만 변제를 받을 수 있는 자(제1039조 본문)가 아니라 자신의 상속채권액의 비율로 변제를 받을 수 있는 자(제1034조 제1항)이다. 따라서 A의 C에 대한 채무승인은 사해행위에 해당할 수 있다.
>
> 한편, A의 C에 대한 채무승인은 제405조 2항에 따라 B에게는 대항할 수 없으나 변론주의 원칙상 원심이 원고 B에게 이에 대한 주장 · 증명을 촉구하지도 않았다고 하여 석명의무를 다하지 아니하는 등의 잘못이 있다고 할 수 없다.

5) 상속채권자와 상속인의 고유채권자의 우열관계

가) 일반적인 관계

한정승인을 하면 일단 상속재산과 상속인의 고유재산이 분리되는 효과가 발생하고, 상속채권자는 청산절차에서 변제를 받으며 남은 상속재산이 있으면 이는 한정승인한 상속인도 상속하여 그 상속인 고유의 채권자가 그 재산으로부터 변제를 받거나 집행할 수 있다. 그러한 범위 내에서는 상속채권자는 상속재산에 대해 한정승인한 상속인의 고유채권자보다 우선한다고 할 수 있다.

따라서 아래에서 검토하는 바와 같이 "상속재산에 관하여 담보권을 취득하였다는 등 사정이 없는 이상, 한정승인자의 고유채권자는 상속채권자가 상속재산으로부터 그 채권의 만족을 받지 못한 상태에서 상속재산을 고유채권에 대한 책임재산으로 삼아 이에 대하여 강제집행을 할 수 없다고 보는 것이 형평의 원칙이나 한정승인제도의 취지에 부합하며, 이는 한정승인자의 고유채무가 조세채무인 경우에도 그것이 상속재산 자체에 대하여 부과된 조세나 가산금, 즉 당해세에 관한 것이 아니라면 마찬가지이다"(대판 2016.5.24. 2015다250574판결은 상속재산의 매각대금을 한정승인자의 고유채권자로서 그 상속재산에 관하여 담보권을 취득한 바 없는 조세채권자에게 상속채권자보다 우선하여 배당한 경매법원의 조치는 위법하다고 보았다)

나) 한정승인자가 자신의 고유채권자를 위해 상속재산에 담보권을 설정한 경우

① **[담보권 설정의 유효성]** 민법은 한정승인자에 관하여 그가 상속재산을 은닉하거나 부정소비한 경우 단순승인을 한 것으로 간주하는 것(제1026조 3호)[34] 외에는 상속재산의 처분행위 자체를 직접적으로

---

34) 상속인이 상속재산에 대한 처분행위를 한 때에는 법정단순승인사유에 해당한다(제1026조 1호). 그러나 이는 '상속인이 상속포기 또는 한정승인을 하기 전에 상속재산을 처분한 경우'에 한하여 적용되고 한정승인 이후에 처분행위를 한 경우에는 그 처분행위가 '부정소비'에 해당하는 경우(제1026조 3호)에만 단순승인한 것으로 간주된다(대판 2004.3.12. 2003다63586). 그러나 '상속재산의 부정소비'라 함은 정당한 사유 없이 상속재산을 써서 없앰으로써 그 재산적 가치를 상실시키는 것을 의미하는바, 判例는 상속재산에

제한하는 규정을 두고 있지 않기 때문에, 한정승인으로 발생하는 위와 같은 책임제한 효과로 인하여 한정승인자의 상속재산 처분행위가 당연히 제한된다고 할 수는 없다. 따라서 **한정승인자가 상속재산에 관하여 제3자에게 소유권을 이전해 주거나 저당권 등의 담보권을 설정해 주더라도 그 자체는 법률상 유효하다**(대판 2010.3.18. 전합2007다77781).

② **[우열관계]** 최근 전원합의체 판결을 통해 대법원은 "한정승인자로부터 상속재산에 관하여 저당권 등의 담보권을 취득한 사람과 상속채권자 사이의 우열관계는 '민법상의 일반원칙'에 따라야 하고, 상속채권자가 한정승인의 사유만으로 우선적 지위를 주장할 수는 없다. 그리고 이러한 이치는 한정승인자가 그 저당권 등의 피담보채무를 상속개시 전부터 부담하고 있었다고 하여 달리 볼 것이 아니다"(대판 2010.3.18. 전합2007다77781 : 2회, 6회, 10회 선택형)라고 판시하여 이때에는 **일반상속채권자가 담보권자에 우선할 수 없다**고 보았다.[35]

[판례검토] 한정승인만으로 상속채권자에게 상속재산에 관하여 한정승인자로부터 물권을 취득한 제3자에 대하여 우선적 지위를 부여하는 규정은 없으며, 현행법상 한정승인을 하더라도 그러한 사실이 등기 등에 의하여 공시되지 않는다(전합2007다77781판시내용). 따라서 상속인과 거래를 하는 자의 신뢰를 보호할 필요가 있다는 상황을 고려할 경우 담보물권을 설정한 상속인의 고유채권자에게 우선변제권을 인정하는 것이 타당하다.

■ 한정승인자가 자신의 고유채권자를 위해 상속재산에 담보권을 설정한 경우   전합2007다77781

사실관계 ┃ 甲의 단독상속인인 乙은 甲이 2010. 2. 1. 사망하자 적법하게 한정승인 신고를 하여 2010. 4. 30. 수리되었으며, 乙은 2010. 5. 31. 유일한 상속재산인 X부동산에 대해 상속을 원인으로 하는 소유권이전등기를 마쳤다. 乙은 丙에 대해 상속개시 전부터 3억 원의 금전채무를 부담하고 있었는데, 위와 같이 상속등기를 마친 후 丙에 대한 위 채무를 담보하기 위하여 X부동산에 대해 근저당권설정등기(채권최고액 3억 원)를 마쳐 주었다. 한편 丁은 甲의 생전에 甲에게 3억 원을 대여하였으나 전혀 받지 못하였고 乙은 이러한 사실을 알고 있었다. 丁이 2011. 9.경 X부동산에 대한 강제경매를 신청하여 3억 원에 매각되었는데, 丙은 위 근저당권에 기하여 청구채권 3억 원의 배당을 요구하였다.

판례에 따른 해결 ┃ 위 전합2007다77781 판결에 따르면 한정승인자가 상속재산에 관하여 제3자에게 소유권을 이전해 주거나 저당권 등의 담보권을 설정해 주더라도 그 자체는 법률상 유효하며, 이때에는 일반상속채권자가 담보권자에 우선할 수 없다. 따라서 사안에서 상속인 乙이 한정승인을 한 경우이므로 상속채권자 丁은 상속인의 재산(고유재산)에는 강제집행을 할 수 없고, 상속재산인 X에만 강제집행을 할 수 있다. 그리고 위 경매절차에서 丙, 丁 이외에 다른 이해관계인이 없다면, X부동산의 매각대금 3억 원 중에서 근저당권자인 丙이 먼저 3억 원 전액을 배당받고 상속채권자 丁은 한 푼도 배당받지 못한다.

---

6) 한정승인과 관련한 절차법적 문제들 [민소법 쟁점]

가) 상속채무 이행의 소에서 채무자(상속인)가 '한정승인' 사실을 주장한 경우

채권자가 제기한 상속채무 이행의 소에서 채무자가 한정승인의 주장을 한 경우, 법원은 상속재산이 없거나 그 상속재산이 상속채무의 변제에 부족하더라도 **상속채무 전부에 대한 이행판결을 선고하여야 하고, 다만, 집행력을 제한하기 위하여 이행판결의 주문에 상속재산의 한도에서만 집행할 수 있다는 취지를 명시하여야 한다**[36](대판 2003.11.14. 2003다30968 : 2회, 6회 선택형).

관하여 제3자에게 소유권을 이전해 주거나 저당권 등의 담보권을 설정해 주는 경우(위 전합2007다77781 참고)는 '부정소비'라고 할 수 없다고 한다.

35) 다만 "상속부동산에 관하여 민사집행법 제274조 제1항에 따른 형식적 경매절차가 진행된 것이 아니라 담보권 실행을 위한 경매절차가 진행된 경우에는 비록 한정승인 절차에서 상속채권자로 신고한 자라고 하더라도 집행권원을 얻어 그 경매절차에서 배당요구를 함으로써 일반채권자로서 배당받을 수 있다"(대판 2010.6.24. 2010다14599 : 6회 선택형).

위와 같이 집행권원인 확정판결에 한정승인의 취지가 반영되었음에도 불구하고, 그 집행권원에 기초하여 채무자의 '고유재산에 대하여 집행'이 행하여질 경우, 채무자는 그 집행에 대하여 제3자이의의 소(민사집행법 제48조)를 제기할 수 있을 뿐(채권압류 및 전부명령의 경우는 그 자체에 대한 즉시항고), 상속인의 고유재산에 관하여는 이러한 판결의 기판력·집행력이 미치지 않기 때문에 한정승인을 이유로 청구이의의 소(민사집행법 제44조)[37]를 제기할 수는 없다(대판 2005.12.19. 2005그128).

나) 상속채무 이행의 소에서 채무자(상속인)가 '한정승인' 사실을 주장하지 않은 경우

채권자가 채무자를 상대로 그 상속채무의 이행을 구하여 제기한 소송에서 채무자가 한정승인 사실을 주장하지 않아 '책임재산의 유보 없는 판결'이 확정된 경우, 채무자가 자기 '고유재산에 대한 집행'에 대하여 위 한정승인의 사실을 내세워 청구이의의 소를 제기할 수 있는지가 문제된다.

이에 대해 判例는 "채무자가 한정승인 사실을 주장하지 않으면 **책임의 범위는 현실적인 심판대상으로 등장하지 아니하여 주문에서는 물론 이유에서도 판단되지 않으므로 그에 관하여 기판력이 미치지 않는다.** 그러므로 채무자가 한정승인을 하고도 채권자가 제기한 소송의 사실심 변론종결시까지 그 사실을 주장하지 아니하여 책임의 범위에 관한 유보가 없는 판결이 선고되어 확정되었다고 하더라도, **채무자는 그 후 위 한정승인 사실을 내세워 청구에 관한 이의의 소를 제기할 수 있다**"(대판 2006.10.13. 2006다23138 : 2회,4회 선택형)고 판시하였다.

> **[비교판례]** 그러나 상속포기의 경우에는 다르다. 즉 判例는 "한정승인 사안에서 판시한 기판력에 의한 실권효 제한의 법리는 채무의 상속에 따른 책임의 제한 여부만이 문제되는 한정승인과 달리 상속에 의한 채무의 존재 자체가 문제되어 그에 관한 확정판결의 주문에 당연히 기판력이 미치게 되는 상속포기의 경우에는 적용될 수 없다"(대판 2009.5.28. 2008다79876 : 2회,10회 선택형)고 판시하였는데, 이에 따르면 채무자는 위 상속포기의 사실을 내세워 청구이의의 소를 제기할 수 없다.

4. 상속포기 [3회·7회 사례형, 10·17사법]   [E-53d]

> ▸ 상속인은 상속개시있음을 안 날로부터 3월, **상속개시있은 날로부터 1년내에 상속포기**를 할 수 있다(X)
> **제1041조(포기의 방식)** 상속인이 상속을 포기할 때에는 **제1019조 제1항의 기간내에** 가정법원에 포기의 신고를 하여야 한다.
> ▸ 상속포기의 효과는 **상속포기시부터 발생**한다(X)
> **제1042조(포기의 소급효)** 상속의 포기는 **상속개시된 때**에 소급하여 그 효력이 있다.

(1) 의 의

상속의 포기란 상속으로 인하여 생기는 모든 권리·의무의 승계를 부인하고 처음부터 상속인이 아니었던 것으로 하려는 상속인의 단독의 의사표시를 말한다.

(2) 방 식

1) 상속포기의 효력이 발생하는 경우

상속개시 있음을 안 날부터 3월내에 가정법원에 포기의 신고를 하여야 한다(제1041조). 상속의 (한정승인이나) 포기는 상속인의 의사표시만으로 효력이 발생하는 것이 아니라 가정법원에 신고를 하여 가정법원의 심판을 받아야 하며, 그 심판은 당사자가 이를 고지받음으로써 효력이 발생한다(대판 2016.12.29. 2013다73520).

---

36) 예를 들어 판결주문은 "원고에게, 피고는 금 얼마를 소외 상속인으로부터 상속받은 재산의 한도에서 지급하라"는 형태가 된다.

37) 청구에 관한 이의의 소는 채무자가 집행권원의 내용인 사법상의 청구권이 현재의 실체상태와 일치하지 않는 것을 주장하여 그 집행권원이 가지는 '집행력의 배제'를 구하는 소이다(민사집행법 제44조). 이는 집행권원의 성립절차와 집행절차를 분리하고 있는 제도에서 실체적 권리상태를 제대로 반영하지 않는 집행권원의 집행력을 배제하여 집행을 막는 구제방법이다.

2) 상속포기의 효력이 발생하지 않는 경우

① **[포기기간 내 단순승인 간주]** 상속포기 기간 안에 단순승인으로 간주되는 행위를 하였다면 그 뒤에는 상속포기를 할 수 없다. 예컨대 상속재산 분할협의를 하였다면 이는 상속재산에 대한 처분행위에 해당하기 때문에(제1026조), 그 후에는 상속포기를 할 수 없다.

② **[상속개시 전의 상속포기]** 상속의 포기는 상속이 개시된 후 일정한 기간 내에만 가능하므로, 상속개시 전에 한 상속포기약정은 효력이 없다. 따라서 상속인 중의 1인이 피상속인의 생존시에 피상속인에 대하여 유류분을 포함한 상속을 포기하기로 약정하였다고 하더라도, 상속개시 후 민법이 정하는 절차와 방식에 따라 상속포기를 하지 아니한 이상, 상속개시 후에 자신의 상속권을 주장하는 것은 정당한 권리행사로서 권리남용에 해당하거나 또는 신의칙(금반언)에 반하는 권리의 행사라고 할 수 없다(대판 1998.7.24. 98다9021 : 9회 선택형).

③ **[포기기간 경과 후 포기신고]** 반대로 포기기간 경과 후의 포기신고는 상속포기로서는 효력이 없으나, 그 취지에 따라서는 무효행위의 전환법리(제138조)가 적용되어 상속재산분할의 협의로 될 수는 있다(대판 1996.3.26. 95다45545,45552,45569 : 1회 선택형). **[3회·7회 사례형, 17사법]**

④ **[상대적·조건부·일부 포기]** 특정인을 위하여 포기한다는 상대적 포기[이는 상속분의 양도(제1011조)로 해결할 수 있다]나 조건부 포기 및 일부의 포기는 허용되지 않는다.

(3) 효 과

1) 소급효

상속포기는 소급효가 있다. 따라서 처음부터 상속인이 아닌 것으로 된다(제1042조). 다만 상속인이 상속포기를 한 후에 상속재산을 은닉하거나 부정소비하거나 고의로 재산목록에 기입하지 아니한 때에는 상속인이 단순승인을 한 것으로 본다(제1026조 3호).

2) 포기한 상속분의 귀속

공동상속인의 일부가 상속을 포기한 경우 포기자의 상속분은 혈족이나 배우자 구별 없이 다른 공동상속인에게 귀속한다(제1043조).

① 공동상속인 전원이 상속을 포기하면 다음 순위자에게 상속이 되는데, 선순위 상속인인 처와 자가 모두 상속포기를 한 경우 후순위 상속인이 없다면 손자가 '**본위상속**'한다(대판 1995.9.26. 95다27769 : 11회 선택형).

② 만약 선순위 상속인인 처와 자가 모두 상속포기를 한 후 후순위 상속인인 피상속인의 직계존속이 사망하여 '대습상속'이 개시되었으나, 대습상속인이 한정승인이나 상속포기를 하지 않은 경우, 처와 자가 '종전에 한 상속포기의 효력이 대습상속의 포기에까지 미치는 것은 아니므로' 단순승인을 한 것으로 간주되어 결국 종전 피상속인의 채권자는 대습상속인을 상대로 채무의 이행을 청구할 수 있다(대판 2017.1.12. 2014다39824 : 9회 선택형).

> **[②의 구체적 예]** 피상속인 A의 상속인 B(A의 처), C(A의 자녀)가 상속을 포기하여 A의 모(母) D가 차순위 상속인으로 재산을 상속하고, 이후 D가 사망하여 B, C가 대습상속을 받은 경우 B, C가 종전에 한 상속포기의 효력이 대습상속의 포기에까지 미치는 것은 아니다. 이는 D에게 위 상속재산 외에 고유재산이 없는 경우에도 그러하다. 따라서 상속인인 배우자 B와 자녀 C가 상속포기를 한 후 피상속인 A의 직계존속 D가 사망하여 대습상속이 개시되었으나 대습상속인인 B와 C가 한정승인이나 상속포기를 하지 않은 경우, 단순승인을 한 것으로 간주되므로 종전 피상속인 A의 채권자는 대습상속인 B와 C를 상대로 채무의 이행을 청구할 수 있다(대판 2017.1.12. 2014다39824사실관계)

③ 아울러 직계비속과 배우자가 공동상속인인데 직계비속이 모두 상속을 포기하면 배우자가 단독상속하는지, 후순위 혈족상속인과 배우자가 공동상속하는지 문제되는바, 바뀐 判例에 따르면 당사자들의 의사와 사회 일반의 법감정을 고려할 때 피상속인의 배우자와 손자녀 또는 직계존속이 공동상속인이 되지 않고 '배우자가 단독상속인'이 된다고 한다(대판 2023.3.23. 전합2020그42).

  [③의 구체적 예] 甲남은 2018. 8. 6. 사망하였고, 유족으로 배우자 乙녀와 자녀 丙, 丁이 있었으며, 父 戊가 생존해 있었고, 母는 이전에 사망하였다. 위 가족들은 모두 甲의 사망을 당일 알았다. 丙과 丁은 한 달이 지난 2018. 9. 27. 법원에 甲남에 대한 상속포기 신고를 하여 그 신고가 2018. 9. 30. 수리되었다. 丙은 미혼으로 자녀가 없었으나, 丁은 2016. 6. 12. 丁2와 혼인하여 2017. 6. 1. 출산하여 쌍둥이 자녀인 丁3과 丁4를 두었다. 이 경우 피상속인의 직계비속 丙, 丁은 전부 상속을 포기하였으므로, 피상속인의 배우자 乙녀가 甲남의 재산을 단독으로 상속하고, 乙과 丁의 직계비속인 丁3과 丁4는 甲남의 재산을 상속하지 않는다.

3) 포기한 상속재산의 관리계속의무(제1044조)

① 상속인은 상속포기를 할 때까지는 그 '고유재산에 대하는 것과 동일한 주의'로 상속재산을 관리하여야 한다(제1022조). 아울러 상속을 포기한 자는 그 포기로 인하여 상속인이 된 자가 상속재산을 관리할 수 있을 때까지 그 고유재산에 대하는 것과 동일한 주의로 그 재산의 관리를 '계속'하여야 한다(제1044조).

② "이와 같이 상속인은 아직 상속 승인, 포기 등으로 '상속관계가 확정되지 않은 동안'에도 잠정적으로나마 피상속인의 재산을 당연 취득하고 상속재산을 관리할 의무가 있으므로, 상속채권자는 그 기간 동안 상속인을 상대로 상속재산에 관한 가압류결정을 받아 이를 집행할 수 있다. 그 후 상속인이 상속 포기로 인하여 상속인의 지위를 소급하여 상실한다고 하더라도 이미 발생한 가압류의 효력에 영향을 미치지 않는다"(대판 2021.9.15. 2021다224446).

Ⅶ. 재산의 분리(제1045조 내지 제1052조) [E-54]

> ▶상속인이 단순승인을 한 후, 재산분리의 명령이 있는 때에는 상속인은 상속재산에 대하여 **선량한 관리자의 주의**로 관리하여야 한다(X)
>
> 제1048조(분리후의 상속인의 관리의무) ① 상속인이 **단순승인**을 한 후에도 **재산분리의 명령**이 있는 때에는 상속재산에 대하여 **자기의 고유재산과 동일한 주의**로 관리하여야 한다. ② 제683조 내지 제685조 및 제688조 제1항, 제2항의 규정은 전항의 재산관리에 준용한다.
>
> 제1050조(재산분리와 권리의무의 불소멸) 재산분리의 명령이 있는 때에는 **피상속인에 대한 상속인의 재산상 권리의무는 소멸하지 아니한다.**
>
> 제1052조(고유재산으로부터의 변제) ① 전조의 규정에 의한 **상속채권자와 유증받은 자**는 상속재산으로써 전액의 변제를 받을 수 없는 경우에 한하여 상속인의 고유재산으로부터 그 변제를 받을 수 있다. ② 전항의 경우에 **상속인의 채권자**는 상속인의 고유재산으로부터 **우선변제를 받을 권리**가 있다.

Ⅷ. 상속재산의 부존재(제1053조 내지 제1059조) [E-55]

제2절 유언 및 유류분

제1관 유 언

▸ 만17세의 미성년자는 **법정대리인의 동의를 얻어** 유증을 할 수 있다(X)[1]

제1061조(유언적령) 만17세에 달하지 못한 자는 유언을 하지 못한다.

▸ 유언자가 자필유언서에 년월을 기재하고 **일을 기재하지 않았다면** 자필증서에 의한 유언의 효력이 없다(O)

★ **제1066조(자필증서에 의한 유언)** ① 자필증서에 의한 유언은 유언자가 그 **전문과 연월일**, 주소, 성명을 자서하고 날인하여야 한다.

② 전항의 증서에 문자의 삽입, 삭제 또는 변경을 함에는 **유언자가 이를 자서하고 날인하여야 한다.**

제1068조(공정증서에 의한 유언) 공정증서에 의한 유언은 유언자가 증인 2인이 참여한 **공증인의 면전**에서 유언의 취지를 **구수**하고 공증인이 이를 **필기낭독**하여 유언자와 증인이 그 정확함을 **승인**한 후 **각자** 서명 또는 기명날인하여야 한다.

▸ 자필증서나 공정증서에 의한 유언이 가능한 경우에도 구수증서에 의한 유언을 할 수 있다(X)

★ **제1070조(구수증서에 의한 유언)** ① 구수증서에 의한 유언은 질병 기타 급박한 사유로 인하여 전4조의 방식에 의할 수 없는 경우에 유언자가 2인 이상의 증인의 참여로 그 1인에게 유언의 취지를 구수하고 그 구수를 받은 자가 이를 필기낭독하여 **유언자의 증인이** 그 **정확함을 승인**한 후 **각자 서명 또는 기명날인**하여야 한다.

② 전항의 방식에 의한 유언은 그 증인 또는 이해관계인이 급박한 사유의 종료한 날로부터 7일내에 법원에 그 검인을 신청하여야 한다(7회 선택형).

▸ 피성년후견인이 구수증서에 의한 유언을 하는 경우 의사가 심신회복 상태를 유언서에 부기하고 서명날인 하여야 한다(X)

③ **제1063조 제2항의 규정은** 구수증서에 의한 유언에 **적용하지 아니한다.**

제1071조(비밀증서에 의한 유언의 전환) 비밀증서에 의한 유언이 그 방식에 흠결이 있는 경우에 그 증서가 **자필증서의** 방식에 적합한 때에는 자필증서에 의한 유언으로 본다.

▸ **피성년후견인은** 의사능력을 회복한 때에는 증인이 될 수 있다(X)
▸ **파산선고를 받은 자**는 유언에 참여하는 증인이 될 수 있다(O)

★ **제1072조(증인의 결격사유)** ① 다음 각 호의 어느 하나에 해당하는 사람은 유언에 참여하는 증인이 **되지 못한다.**

1. **미성년자**

2. **피성년후견인과 피한정후견인**

3. 유언으로 **이익을 받을 사람**, 그의 배우자와 직계혈족

② 공정증서에 의한 유언에는 「공증인법」에 따른 결격자는 증인이 되지 못한다.

▸ 공정증서에 의한 유언에 있어서는 2인 이상의 증인이 참여하여야 하는데, 유언에 참여할 수 없는 증인결격자의 하나로 민법 제1072조 제1항 제3호가 규정하고 있는 '유언에 의하여 이익을 받을 자'라 함은 유언자의 상속인으로 될 자 또는 유증을 받게 될 수증자 등을 말하는 것이므로, **유언집행자는 증인결격자에 해당한다고 볼 수 없다**(대판 1999.11.26. 97다57733)

★ **제1073조(유언의 효력발생시기)** ① 유언은 유언자가 **사망한 때로부터** 그 효력이 생긴다.

② 유언에 **정지조건이** 있는 경우에 그 조건이 유언자의 **사망후에** 성취한 때에는 그 **조건성취한 때로부터** 유언의 효력이 생긴다.

★ **제1091조(유언증서, 녹음의 검인)** ① 유언의 증서나 녹음을 보관한 자 또는 이를 발견한 자는 유언자의 **사망후 지체없이** 법원에 제출하여 그 **검인**을 청구하여야 한다.

▸ **공정증서에 의한 유언증서**를 보관한 자는 유언자의 사망 후 지체 없이 법원에 제출하여 그 검인을 **청구**하여야 한다(X)

② 전항의 규정은 **공정증서나 구수증서에** 의한 유언에 **적용하지 아니한다.**

Ⅰ. 서 설

1. 유언의 의의

유언이란 유언자의 사망에 의하여 일정한 법률효과를 발생시킬 것을 목적으로 일정한 방식에 따라 행하는 법률행위로서 상대방 없는 단독행위이다.

2. 유언의 성질

유언은 '사인행위'로서 유언자가 사망하여야 효력이 발생하며, '상대방 없는 단독행위'이다. 그리고 유언은 '요식행위'이며(제1060조), 유언은 유언자가 사망하기 전까지는 언제든지 '철회'할 수 있다(제1108조). 참고로 이러한 철회규정은 사인증여에도 준용될 수 있다(대판 2022.7.28. 2017다245330).

3. 유언의 자유와 그 제한

사적자치의 한 내용인 소유권 존중의 원칙에 따라 각 개인은 자기 재산을 임의로 처분할 수 있는바, 이러한 처분의 자유는 그의 사후에 미친다. 즉 사적자치의 한 내용으로 유언의 자유가 인정된다. 따라서 법정상속분을 변경하는 내용의 유언도 허용된다(11회 선택형). 다만 유언은 '일정한 방식'으로 '법정사항'(재단법인의 설립, 친생부인, 인지, 후견인지정, 상속재산분할방법의 지정 또는 위탁, 상속재산분할금지, 유언집행자의 지정 또는 위탁, 유증 등)에 한하여 할 수 있다.

4. 유언능력

만 17세에 달한 자이어야 한다(제1061조). 만 17세 이상이면 제한능력자도 스스로 유언을 할 수 있다(제1062조). 다만 피성년후견인은 그 의사능력이 회복된 때에 한하여 유언을 할 수 있고, 이 경우 구수증서에 의한 유언을 제외하고는(제1070조 3항) 의사가 심신회복의 상태를 유언서에 부기하고 서명날인 하여야 한다(제1063조).

Ⅱ. 유언의 방식

1. 유언의 요식성

유언은 민법에 정한 방식에 의하지 아니하면 효력이 생기지 아니한다(제1060조). 유언의 요식성은 유언의 존부 및 내용을 명확히 하여 유언자의 사후에 다툼을 방지하고, 유언자에게 신중하게 유언을 하도록 하기 위하여 요구된다. 그러나 유언의 자유는 헌법상 보장되는 기본권이라 할 것이므로 형식적 엄격주의의 취지에 비추어 그에 반하지 않는다면 엄격성을 완화하기 위하여 요식조항의 해석에 탄력성을 도입할 필요가 없지 않다.

2. 유언방식의 종류

(1) 의 의

민법은 유언방식으로 5가지를 한정하는 '법정방식주의'를 채택하고 있다(유언의 방식은 자필증서, 녹음, 공정증서, 비밀증서와 구수증서의 5종으로 한다. 제1065조). 법정된 요건과 방식에 어긋난 유언은 그것이 유언자의 진정한 의사에 합치하더라도 무효이다(대판 2006.3.9. 2005다57899).

---

1) 해설 : 법정대리인의 동의 없이 가능

(2) 자필증서에 의한 유언

1) 의 의

자필증서에 의한 유언은 유언자가 그 전문과 년월일, 주소, 성명을 자서하고 날인하여야 한다. 그 증서에 문자의 삽입, 삭제 또는 변경을 함에는 유언자가 이를 자서하고 날인하여야 한다(제1066조)(11회 선택형).

2) 요 건

가) 전문의 자서(自書)

전문의 자서를 요한다. 타인이 필기한 것, 전자복사기를 이용하여 작성한 복사본은 자필에 해당하지 않는다(대판 1998.6.12. 97다38510).

나) 연월일의 기재

연월일은 유언능력, 유언의 선·후를 결정하는 기준이므로 그 작성일을 특정할 수 있게 기재하여야 한다. 따라서 연·월만 기재하고 일의 기재가 없는 자필유언증서는 그 작성일을 특정할 수 없으므로 효력이 **없다**(대판 2009.5.14. 2009다9768).

다) 주소의 기재

주소를 쓴 자리가 반드시 유언 전문 및 성명이 기재된 지편이어야 하는 것은 아니고 유언서의 일부로 볼 수 있는 이상 그 전문을 담은 봉투에 기재하더라도 무방하다(대판 1998.6.12. 97다38510). 다만, 유언자가 주소를 자서하지 않았다면 이는 법정된 요건과 방식에 어긋난 유언으로서 효력을 부정하지 않을 수 없으며, 유언자의 특정에 지장이 없다고 하여 달리 볼 수 없다. 여기서 자서가 필요한 주소는 반드시 주민등록법에 의하여 등록된 곳일 필요는 없으나, 적어도 제18조에서 정한 생활의 근거되는 곳으로서 다른 장소와 구별되는 정도의 표시를 갖추어야 한다(대판 2014.9.26. 2012다71688 : 11회 선택형).

라) 성명의 자서와 날인

성명은 자서를 하여야 하나, 날인은 타인이 하여도 무방하며, 날인은 인장 대신에 무인에 의한 경우에도 유효하다(11회 선택형). 다만 **성명의 자서 외에 날인도 갖추어야 하는가**에 대해 ① 날인은 유언자의 동일성과 그의 진의를 확인하기 위한 것인데 이는 성명의 자서에 의해 확인될 수 있으므로 성명의 자서가 있다면 날인은 없더라도 유언은 유효하다는 견해가 있으나(다수설), ② 자필증서유언에 날인을 요구하고 있는 것은 그것이 단순히 유언의 초안에 불과한 것이 아니고 확정적인 유언임을 담보하는 의미가 있기 때문이므로, 날인이 누락된 자필증서유언의 효력을 부정하는 것이 타당하다. ③ 判例도 **성명을 자서하였더라도 날인이 없으면 자필증서에 의한 유언은 무효**라고 한다(대판 2006.9.8. 2006다25103,25110). 헌법재판소는 자필유언증서의 요건으로 날인을 요구하는 것은 헌법에 위배되지 않는다고 한다(헌법재판소 2008.12.26. 2007헌바128).

마) 문자의 삽입, 삭제 또는 변경

문자의 삽입, 삭제 또는 변경을 함에는 유언자가 이를 자서하고 날인하여야 한다(제1066조 2항). 그러나 자필증서 중 증서의 기재 자체에 의하더라도 명백한 오기를 정정한 것에 지나지 않는다면 설령 그 수정 방식이 위 법조항에 위배된다고 할지라도 유언자의 의사를 용이하게 확인할 수 있으므로 이러한 방식의 위배는 유언의 효력에 영향을 미치지 아니한다(대판 1998.6.12. 97다38510 : 11회 선택형).

(3) 녹음에 의한 유언

녹음에 의한 유언은 유언자가 유언의 취지, 그 성명과 년월일을 구술하고 이에 참여한 증인이 유언의 정확함과 그 성명을 구술하여야 한다(제1067조). 피성년후견인이 그 의사능력이 회복되어 녹음에 의

한 유언을 할 때에는 의사는 심신회복의 상태를 녹음기에 구술하는 방법으로 확인하여야 한다(통설). 그리고 녹음에 의한 유언이 성립한 후에 녹음테이프나 녹음파일 등이 멸실 또는 분실된 경우 녹음의 내용을 증명하여 유언의 유효를 주장할 수 있다(대판 2010.2.25. 2009다96403).

(4) 공정증서에 의한 유언

1) 의 의

공정증서에 의한 유언은 유언자가 증인 2인이 참여한 공증인의 면전에서 유언의 취지를 구수하고 공증인이 이를 필기낭독하여 유언자와 증인이 그 정확함을 승인한 후 각자 서명 또는 기명날인 하여야 한다(제1068조).

2) 유언취지의 구수

'유언취지의 구수'라고 함은 말로써 유언의 내용을 상대방에게 전달하는 것을 뜻하는 것이므로 이를 엄격하게 제한하여 해석하여야 한다. 그러므로 어떠한 형태이든 유언자의 구수는 존재하여야 하나, ⅰ) 공증인이 유언자의 의사에 따라 유언의 취지를 작성하고 ⅱ) 그 서면에 따라 유언자에게 질문을 하여 유언자의 진의를 확인한 다음 ⅲ) 유언자에게 필기된 서면을 낭독하여 주었고, ⅳ) 유언자가 유언의 취지를 정확히 이해할 의사식별능력이 있고 ⅴ) 유언의 내용이나 유언경위로 보아 유언 자체가 유언자의 진정한 의사에 기한 것으로 인정할 수 있는 경우에는, 위와 같은 '유언취지의 구수' 요건을 갖추었다고 보아야 한다(대판 2007.10.25. 2007다51550,51567).

> **[서명 또는 기명날인]** "민법 제1068조 소정의 '공정증서에 의한 유언'은 유언자가 증인 2인이 참여한 공증인의 면전에서 유언의 취지를 구수하고 공증인이 이를 필기낭독하여 유언자와 증인이 그 정확함을 승인한 후 각자 서명 또는 기명날인하여야 하는데, 유언자의 기명날인은 유언자의 의사에 따라 기명날인한 것으로 볼 수 있는 경우 반드시 유언자 자신이 할 필요는 없다"(대판 2016.6.23. 2015다231511).[2]

(5) 비밀증서에 의한 유언

비밀증서에 의한 유언은 유언자가 필자의 성명을 기입한 증서를 엄봉날인하고 이를 2인이상의 증인의 면전에 제출하여 자기의 유언서임을 표시한 후 그 봉서표면에 제출 년월일을 기재하고 유언자와 증인이 각자 서명 또는 기명날인 하여야 한다. 이 유언봉서는 그 표면에 기재된 날로부터 5일내에 공증인 또는 법원서기에게 제출하여 그 봉인상에 확정일자인을 받아야 한다(제1069조).

비밀증서에 의한 유언이 그 방식에 흠결이 있는 경우에 그 증서가 자필증서의 방식에 적합한 때에는 자필증서에 의한 유언으로 본다(제1071조)(1회 선택형).

(6) 구수증서에 의한 유언

1) 의 의

구수증서에 의한 유언은 질병 기타 급박한 사유로 인하여 위 네 가지 방식에 의할 수 없는 경우에 유언자가 2인이상의 증인의 참여로 그 1인에게 유언의 취지를 구수하고 그 구수를 받은 자가 이를 필기낭독하여 유언자의 증인이 그 정확함을 승인한 후 각자 서명 또는 기명날인하여야 한다. 이 유언은 그 증인 또는 이해관계인이 급박한 사유의 종료한 날로부터 7일내에 법원에 그 검인을 신청하여야 한다(제1070조).

---

2) **[사실관계]** A가 사망하기 전 "망인은 별지 목록 기재 각 부동산을 장남인 F에게 유증한다."는 내용의 유언공정증서가 작성되었다. 위 공정증서에 의하면, A는 자필서명이 어려워 공증인 K와 증인들이 그 사유를 부기하고 공증인이 대신 서명, 날인한 것으로 되어 있다. 이에 A의 처인 B와 자녀인 C, D, E는 F를 상대로 유언자의 서명 또는 기명날인이 없었으므로 민법 제1068조에 규정된 방식에 위반하여 이 사건 유언은 무효라고 주장하였으나 대법원은 "유언자의 기명날인은 유언자의 의사에 따라 기명날인한 것으로 볼 수 있는 경우 반드시 유언자 자신이 할 필요는 없다"고 판시하였다.

2) 급박한 사유

유언자가 질병 기타 급박한 사유에 있는지 여부를 판단함에 있어서는 유언자의 진의를 존중하기 위하여 유언자의 주관적 입장을 고려할 필요가 있을지 모르지만, **자필증서, 녹음, 공정증서 및 비밀증서의 방식에 의한 유언이 객관적으로 가능한 경우까지 구수증서에 의한 유언을 허용하여야 하는 것은 아니다**(대판 1999.9.3. 98다17800).

3) 유언취지의 구수

'유언취지의 구수'라 함은 말로써 유언의 내용을 상대방에게 전달하는 것을 뜻하는 것이므로, 증인이 제3자에 의하여 미리 작성된, 유언의 취지가 적혀 있는 서면에 따라 유언자에게 질문을 하고 유언자가 동작이나 간략한 답변으로 긍정하는 방식은, 유언 당시 유언자의 의사능력이나 유언에 이르게 된 경위 등에 비추어 그 서면이 유언자의 진의에 따라 작성되었음이 분명하다고 인정되는 등의 특별한 사정이 없는 한 민법 제1070조 소정의 유언취지의 구수에 해당한다고 볼 수 없다(대판 2006.3.9. 2005다57899).[3]

Ⅲ. 유언의 일반적 효력 [E-58]

1. 유언의 효력발생시기(7회 선택형)

유언은 유언자가 사망한 때로부터 그 효력이 생긴다(제1073조). 따라서 적법한 유언은 검인(제1091조)이나 개봉절차(제1092조)를 거치지 않더라도 유언자의 사망에 의하여 곧바로 그 효력이 생기는 것이며, 검인이나 개봉절차의 유무에 의하여 유언의 효력이 영향을 받지 아니한다(대판 1998.6.12. 97다38510).

2. 유언인지(제859조 2항)

3. 유언의 철회(제1108조 내지 제1110조)

> **제1108조(유언의 철회)** ① 유언자는 언제든지 **유언** 또는 **생전행위**로써 유언의 전부나 일부를 철회할 수 있다. ② 유언자는 그 **유언을 철회할 권리를 포기하지 못한다.**
> ▸전후의 유언이 저촉되는 때에는 **나중에 한 유언이 유효한 것으로 본다(O)**
> **제1109조(유언의 저촉)** 전후의 유언이 저촉되거나 **유언후의 생전행위가 유언과 저촉**되는 경우에는 그 저촉된 부분의 **전유언**은 이를 **철회**한 것으로 본다.
> ★ **제1110조(파훼로 인한 유언의 철회)** 유언자가 **고의로** 유언증서 또는 유증의 목적물을 파훼한 때에는 **그 파훼한 부분에 관한 유언**은 이를 철회한 것으로 본다.
> **제1111조(부담있는 유언의 취소)** 부담있는 유증을 받은 자가 그 부담의무를 이행하지 아니한 때에는 **상속인 또는 유언집행자는 상당한 기간을 정하여** 이행할 것을 최고하고 그 기간내에 이행하지 아니한 때에는 **법원에 유언의 취소를 청구**할 수 있다. 그러나 제3자의 이익을 해하지 못한다.

"유언자가 유언을 철회한 것으로 볼 수 없는 이상, 유언증서가 그 성립 후에 멸실되거나 분실되었다는 사유만으로 유언이 실효되는 것은 아니고 이해관계인은 유언증서의 내용을 입증하여 유언의 유효를 주장할 수 있다"(대판 1996.9.20. 96다21119). 또한 "망인이 유언증서를 작성한 후 재혼하였다거나, 유언증서에서 유증하기로 한 일부 재산을 처분한 사실이 있다고 하여 다른 재산에 관한 유언을 철회한 것으로 볼 수 없다"(대판 1998.5.29. 97다38503).

---

3) **[사실관계]** 유언 당시에 자신의 의사를 제대로 말로 표현할 수 없는 유언자가 유언취지의 확인을 구하는 변호사의 질문에 대하여 고개를 끄덕이거나 "음", "어"라고 말한 것만으로는 민법 제1070조가 정한 유언의 취지를 구수한 것으로 볼 수 없다고 한 사례이다.

Ⅳ. 유언집행자

> ▶유언집행자가 없게 된 때에는 법원은 **직권으로** 유언집행자를 선임하여야 한다(X)
>
> **제1096조(법원에 의한 유언집행자의 선임)** ① 유언집행자가 없거나 사망, 결격 기타 사유로 인하여 없게 된 때에는 법원은 이해관계인의 **청구에** 의하여 유언집행자를 선임하여야 한다.
> ② 법원이 유언집행자를 선임한 경우에는 그 **임무에 관하여 필요한 처분**을 명할 수 있다.
>
> **제1097조(유언집행자의 승낙, 사퇴)** ① 지정에 의한 유언집행자는 유언자의 사망후 **지체없이** 이를 승낙하거나 사퇴할 것을 상속인에게 **통지**하여야 한다. ② 선임에 의한 유언집행자는 선임의 통지를 받은 후 **지체없이 이를 승낙하거나 사퇴할 것**을 법원에 **통지**하여야 한다.
> ★ ③ 상속인 기타 이해관계인은 **상당한 기간을 정하여** 그 기간내에 승낙여부를 확답할 것을 지정 또는 선임에 의한 유언집행자에게 **최고**할 수 있다. 그 기간내에 최고에 대한 확답을 받지 못한 때에는 유언집행자가 그 취임을 **승낙한 것으로 본다.**
>
> **제1098조 (유언집행자의 결격사유)** 제한능력자와 파산선고를 받은 자는 유언집행자가 되지 못한다(7회 선택형).
>
> **제1103조(유언집행자의 지위)** ① 지정 또는 선임에 의한 유언집행자는 **상속인의 대리인**으로 본다.
> ② 제681조 내지 제685조, 제687조, 제691조와 제692조의 규정은 유언집행자에 준용한다.

1. 유언집행자의 선임

"유언집행자가 2인인 경우 그 중 1인이 나머지 유언집행자의 찬성 내지 의견을 청취하지 아니하고도 단독으로 법원에 공동유언집행자의 추가선임을 신청할 수 있다"(대결 1987.9.29. 86스11).

> **[관련판례]** "민법 제1093조는 유언자가 유언으로 유언집행자를 지정할 수 있고 그 지정을 제3자에게 위탁할 수도 있다고 규정하고 있고, 제1094조는 위탁을 받은 제3자가 유언집행자를 지정하는 절차 등에 관하여 규정하고 있다. 제1095조는 제1093조와 제1094조에 의하여 지정된 유언집행자가 없는 때에는 상속인이 유언집행자가 된다고 규정하고 있다. 제1096조 제1항은 유언집행자가 없거나 사망, 결격 기타 사유로 인하여 없게 된 때에는 법원은 이해관계인의 청구에 의하여 유언집행자를 선임하여야 한다고 규정하고 있다.
>
> 이러한 민법 규정들의 내용 및 그 취지, 유언은 유언자가 사망한 때로부터 그 효력이 생긴다는 점(제1073조 제1항) 등을 종합적으로 고려해 보면, 유언집행자가 유언자의 사망 전에 먼저 사망한 경우와 같이 유언의 효력 발생 이전에 지정된 유언집행자가 그 자격을 상실한 경우에는 '지정된 유언집행자가 없는 때'에 해당하므로, 특별한 사정이 없는 한 제1095조가 적용되어 상속인이 유언집행자가 된다. 이러한 경우 상속인이 존재함에도 불구하고 법원이 제1096조 제1항에 따라 유언집행자를 선임할 수는 없다"(대판 2018.3.29. 2014스73)

2. 유언집행자와 상속인의 관계

"유언집행자는 유증의 목적인 재산의 관리 기타 유언의 집행에 필요한 모든 행위를 할 권리의무가 있으므로, 유증 목적물에 관하여 마쳐진, 유언의 집행에 방해가 되는 다른 등기의 말소를 구하는 소송에 있어서는 유언집행자가 이른바 법정소송담당으로서 원고적격을 가진다고 할 것이고, 유언집행자는 유언의 집행에 필요한 범위 내에서는 상속인과 이해상반되는 사항에 관하여도 중립적 입장에서 직무를 수행하여야 하므로, 유언집행자가 있는 경우 그의 유언집행에 필요한 한도에서 상속인의 상속재산에 대한 처분권은 제한되며 그 제한 범위 내에서 상속인은 원고적격이 없다"(대판 2010.10.28. 2009다20840 : 7회 선택형).

V. 유 증

> **제1078조(포괄적 수증자의 권리의무)** 포괄적 유증을 받은 자는 상속인과 동일한 권리의무가 있다.
>
> **제1079조(수증자의 과실취득권)** 수증자는 유증의 이행을 청구할 수 있는 때로부터 그 목적물의 과실을 취득한다. 그러나 유언자가 유언으로 다른 의사를 표시한 때에는 그 의사에 의한다.
>
> **제1080조(과실수취비용의 상환청구권)** 유증의무자가 유언자의 사망후에 그 목적물의 과실을 수취하기 위하여 **필요비를 지출한 때**에는 그 과실의 가액의 한도에서 과실을 취득한 수증자에게 상환을 청구할 수 있다(12회 선택형).
>
> **제1084조(채권의 유증의 물상대위성)** ① 채권을 유증의 목적으로 한 경우에 유언자가 그 변제를 받은 물건이 상속재산 중에 있는 때에는 그 물건을 유증의 목적으로 한 것으로 본다.
>
> ② 전항의 채권이 금전을 목적으로 한 경우에는 그 변제받은 채권액에 **상당한 금전이 상속재산중에 없는 때에도 그 금액**을 유증의 목적으로 한 것으로 본다.
>
> ▸ 유언자의 사망 당시에 유증의 목적인 부동산 위에 제3자의 저당권이 설정되어 있는 경우, 유언자가 유언으로 위 저당권을 소멸시키라는 의사를 표시하지 않았다 하더라도 수증자는 유증의무자에 대하여 저당권을 소멸시켜 위 부동산에 아무런 제한이나 부담이 없는 완전한 소유권을 이전해 줄 것을 청구할 수 있다(X)
>
> **제1085조(제3자의 권리의 목적인 물건 또는 권리의 유증)** 유증의 목적인 물건이나 권리가 유언자의 사망 당시에 제3자의 권리의 목적인 경우에는 수증자는 유증의무자에 대하여 그 제3자의 권리를 소멸시킬 것을 청구하지 못한다.
>
> **제1086조(유언자가 다른 의사표시를 한 경우)** 전3조의 경우에 **유언자가 유언으로 다른 의사를 표시한 때에는 그 의사에** 의한다.
>
> ▸ 포괄적 유증을 받은 자가 유증자보다 먼저 사망한 경우 대습상속에 관한 규정이 유추적용되어 포괄적 수증자의 직계비속 또는 배우자가 수증자가 된다(X)
>
> **제1089조(유증효력발생전의 수증자의 사망)** ① 유증은 **유언자의 사망전에 수증자가 사망**한 때에는 그 **효력이 생기지 아니한다.**
>
> ② **정지조건있는 유증**은 수증자가 그 **조건성취전에 사망한 때**에는 그 **효력이 생기지 아니한다.**

1. 유증의 의의 및 사인증여와의 구별

유증은 유언자가 유언으로 자기의 재산을 수증자에게 사후에 무상으로 증여하는 단독행위이다. 유증은 단독행위라는 점에서 계약인 사인증여와는 구별되지만, 사인행위라는 점에서 사인증여와 유사하므로 유증에 관한 규정이 사인증여에도 준용된다(제562조). 다만, 유증에 관한 규정 중 능력·방식, 승인과 포기 등에 관한 규정은 사인증여에 준용되지 않는다.

2. 유증의 당사자(제1064조)

3. 포괄유증

(1) 의 의

포괄적 유증은 상속재산의 전부 또는 일정한 비율을 유증하는 것이다.

(2) 효 력

1) 포괄적 수증자의 지위

상속인과 동일한 권리의무가 있다(제1078조). 따라서 유언자의 일신전속적 권리를 제외하고는 유언자의 권리의무를 포괄적으로 승계한다(제1005조). 포괄적 유증에서는 유증이행의무자가 없다. 포괄수증자는 상속재산분할에 참가하여 분할을 받게 되므로 포괄유증의 이행은 상속재산분할의 문제가 된다. 포괄수증자는 상속채무도 지분비율에 응하여 승계한다.

> **[관련판례]** "포괄적 사인증여에 민법 제1078조가 준용된다면 양자의 효과는 동일하게 되므로, 결과적으로 포괄적 유증에 엄격한 방식을 요하는 요식행위로 규정한 조항들은 무의미하게 된다. 따라서 민법 제1078조가 포괄적 사인증여에 준용된다고 하는 것은 사인증여의 성질에 반하므로 준용되지 아니한다고 해석함이 상당하다"(대판 1996.4.12. 94다37714,37721).

2) 포괄수유자와 상속인의 비교

포괄적 유증은 유증일 뿐 상속은 아니다. 즉 포괄적 수증자는 상속인과 동일한 권리의무가 있을 뿐 상속인이 되는 것은 아니다. ① 상속은 자연인만이 할 수 있다. 그러나 유증의 경우에 수증자는 권리능력자이면 족하므로 상속과 같이 자연인에 한정되지 않고 상속능력이 없는 법인도 수증능력은 갖는다. ② 상속인은 유류분권이 있다. 그러나 **포괄적 수증자에게는 유류분권이 없다.** 따라서 유류분반환청구권을 행사할 수 없으므로 특정유증은 포괄적 유증에 우선한다. ③ 포괄적 유증에는 대습상속규정이 적용되지 않는다. 따라서 포괄적 수증자가 유언자보다 먼저 사망하면 포괄적 유증은 무효가 된다(제1089조 1항).

4. 특정유증

(1) 의 의

특정적 유증이란 구체적인 재산을 목적으로 하는 유증이다. 특정적 수증자는 특정의 재산권에 관하여 증여계약에 있어서의 수증자와 동일한 지위에 있다. 따라서 부동산의 경우에 등기해야 소유권을 취득한다.

(2) 효력(제1079조 내지 제1087조)

① "민법 제1085조는 '유증의 목적인 물건이나 권리가 유언자의 사망 당시에 제3자의 권리의 목적인 경우에는 수증자는 유증의무자에 대하여 그 제3자의 권리를 소멸시킬 것을 청구하지 못한다.'라고 규정하고 있다. 이는 유언자가 다른 의사를 표시하지 않는 한 유증의 목적물을 유언의 효력발생 당시의 상태대로 수증자에게 주는 것이 유언자의 의사라는 점을 고려하여 수증자 역시 유증의 목적물을 유언의 효력발생 당시의 상태대로 취득하는 것이 원칙임을 확인한 것이다. 그러므로 유증의 목적물이 유언자의 사망 당시에 '제3자의 권리의 목적인 경우'에는 그와 같은 제3자의 권리는 특별한 사정이 없는 한 유증의 목적물이 수증자에게 귀속된 후에도 그대로 존속하는 것으로 보아야 한다"(대판 2018.7.26. 2017다289040 : 12회 선택형).

따라서 예컨대 甲이 자신 소유 X부동산을 乙에게 특정유증하기 前 A와 사용대차 계약을 체결하고 사망한 경우, 乙은 유언의 효력 발생 후 A에게 X부동산의 인도 청구 및 이에 대한 차임 상당 부당이득 반환을 청구할 수 없다.

② "포괄적 유증을 받은 자는 제187조에 의하여 법률상 당연히 유증받은 부동산의 소유권을 취득하게 되나, 특정유증을 받은 자는 유증의무자에게 유증을 이행할 것을 청구할 수 있는 채권을 취득할 뿐이므로, 특정유증을 받은 자는 유증받은 부동산의 소유권자가 아니어서 직접 진정한 등기명의의 회복을 원인으로 하는 소유권이전등기를 구할 수 없다"(대판 2003.5.27. 2000다43445 : 12회 선택형)

(3) 특정적 유증의 승인 · 포기(제1074조 내지 제1077조, 제1090조)

5. 부담부 유증(제1088조, 제111조)

제2관 유류분 [15사법]

> 제1112조(유류분의 권리자와 유류분) 상속인의 유류분은 다음 각호에 의한다.
>
> 1. 피상속인의 **직계비속**은 그 법정상속분의 2분의 1
>
> 2. 피상속인의 **배우자**는 그 법정상속분의 2분의 1
>
> 3. 피상속인의 **직계존속**은 그 법정상속분의 3분의 1
>
> 4. 피상속인의 **형제자매**는 그 법정상속분의 3분의 1
>
> ★ 제1113조(유류분의 산정) ① 유류분은 피상속인의 **상속개시시**에 있어서 **가진 재산의 가액에 증여재산의 가액을 가산**하고 **채무의 전액을 공제**하여 이를 산정한다.
>
> ② 조건부의 권리 또는 존속기간이 불확정한 권리는 가정법원이 선임한 감정인의 평가에 의하여 그 가격을 정한다.
>
> ▸피상속인과 수증자가 유류분권리자에 손해를 가할 것을 알고 증여를 한 때에는 **상속개시전의 1년간에 행하여진 경우에 한하여** 유류분 산정에 가산한다(X)
>
> ★ 제1114조(산입될 증여) 증여는 **상속개시전의 1년간에 행한 것에 한하여** 제1113조의 규정에 의하여 그 가액을 산정한다. 당사자 쌍방이 유류분권리자에 손해를 가할 것을 알고 증여를 한 때에는 1년전에 한 것도 같다.
>
> 제1115조(유류분의 보전) ① 유류분권리자가 피상속인의 제1114조에 규정된 증여 및 유증으로 인하여 그 유류분에 부족이 생긴 때에는 **부족한 한도**에서 그 재산의 반환을 청구할 수 있다.
>
> ② 제1항의 경우에 **증여 및 유증을 받은 자가 수인인 때**에는 각자가 얻은 **유증가액의 비례로 반환**하여야 한다.
>
> 제1116조(반환의 순서) 증여에 대하여는 유증을 반환받은 후가 아니면 이것을 **청구**할 수 없다.
>
> 제1117조(소멸시효) 반환의 청구권은 유류분권리자가 **상속의 개시와 반환하여야 할 증여 또는 유증을 한 사실을 안 때로부터 1년내**에 하지 아니하면 시효에 의하여 소멸한다. **상속이 개시한 때로부터 10년**을 경과한 때도 같다.
>
> ▸대습상속인도 피대습자의 상속분의 범위 내에서 유류분권을 가진다(O)
>
> ★ 제1118조(준용규정) 제1001조, 제1008조, 제1010조의 규정은 유류분에 이를 **준용**한다.

Ⅰ. 서 설

[E-60]

1. 의 의

유류분제도란 피상속인의 상속인 중 일정한 근친자에게 법정상속분에 대한 일정비율의 상속재산을 확보하여 주는 제도를 말한다. 이는 유류분을 침해하는 정도의 피상속인의 생전증여나 유증을 제한하여 상속인에게 최소한의 권리를 확보하기 위한 것이다.

결국 상속인 또는 제3자에 의한 상속권 침해시 상속회복청구권을 행사할 수 있고, 피상속인에 의한 상속권의 침해시는 유류분반환청구권을 행사할 수 있다.

2. 성 질

(1) 반환청구권

유류분권이 존재하더라도 이에 의하여 유류분을 침해하는 증여나 유언 자체를 막을 수는 없고, 그러한 증여나 유증이 당연무효가 되는 것도 아니다. 즉 상속개시 후에 비로소 유류분반환청구가 가능할 뿐이다. 따라서 **상속개시 전에는 일종의 기대권으로서 추상적이고 잠재적인 권리에 불과**하다.

(2) 유류분권의 포기

유류분권은 사전포기는 불가하고 사후포기만 가능하다(통설). 유류분권을 포기하더라도 상속포기를 하지 않는 한 상속인의 지위는 잃지 않는다. 유류분권을 포기하면 처음부터 그 유류분권리자는 없었던 것으로 하여 유류분액을 다시 산정해야 한다.

Ⅱ. 유류분권

[E-61]

1. 유류분권자

유류분권리자는 법정상속인, 즉 직계비속·배우자·직계존속·형제자매이다(제1112조). 태아도 살아서 출생하면 유류분권을 갖는다. 대습상속인도 피대습자의 상속분의 범위 내에서 유류분권을 갖는다(제1118조, 제1001조, 제1010조). 상속 결격·포기자는 유류분권도 없다.

2. 유류분의 비율

피상속인의 직계비속, 배우자는 그 법정상속분의 1/2이고(제1112조 1호, 2호), 피상속인의 직계존속, 형제자매는 그 법정상속분의 1/3이다(제1112조 3호, 4호).

3. 유류분액 산정의 기초가 되는 재산(제1113조 1항)

> 제1113조(유류분의 산정) ① 유류분은 피상속인의 상속개시시에 있어서 가진 재산의 가액에 증여재산의 가액을 가산하고 채무의 전액을 공제하여 이를 산정한다.
>
> 제1114조(산입될 증여) 증여는 상속개시전의 1년간에 행한 것에 한하여 제1113조의 규정에 의하여 그 가액을 산정한다. 당사자 쌍방이 유류분권리자에 손해를 가할 것을 알고 증여를 한 때에는 1년전에 한 것도 같다.

유류분 산정의 기초가 되는 재산 = 상속개시시 적극재산의 가액 + 생전증여재산의 가액(1년 내의 생전증여액 + 1년 전의 쌍방 악의의 생전증여액 + 공동상속인에게 한 생전증여) - 채무전액

(1) 피상속인이 상속개시시에 가진 재산의 가액

① 상속재산은 적극재산만을 의미한다. 상속재산에는 유증 재산이 포함되고 유증 규정이 준용되는 사인증여도 포함된다(대판 2001.11.30. 2001다6947).

② 제1113조 1항은 '상속개시시에 있어서 가진 재산의 가액'이라고 규정하고 있을 뿐이므로, 상속개시시에 원물로 보유하고 있지 않은 증여재산에 대해서까지 그 재산 자체의 상속개시 당시 교환가치로 평가하라는 취지로 해석하여야 하는 것은 아니다. 따라서 **상속개시 전에 증여재산이 처분되거나 수용된 경우 그 상태대로 재산에 편입시켜 유류분을 반환하도록 하는 것이 타당하다.** 따라서 피상속인이 상속개시 전에 재산을 증여하여 그 재산이 유류분반환청구의 대상이 된 경우, 수증자가 증여받은 재산을 상속개시 전에 처분하였거나 수용되었다면 민법 제1113조 제1항에 따라 유류분을 산정함에 있어서 그 증여재산의 가액은 증여재산의 현실 가치인 **'처분 당시의 가액'**(상속개시시가 아님)을 기준으로 상속개시까지 사이의 물가변동률을 반영하는 방법으로 산정하여야 한다(대판 2023.5.18. 2019다222867).

③ 유류분반환청구권자가 유류분 제도 시행(1979. 1. 1. 시행) 전에 피상속인으로부터 재산을 증여받아 이행이 완료된 경우, 그 재산은 유류분 산정을 위한 기초재산에는 포함되지 않으나 유류분반환청구권자의 유류분 부족액 산정시 특별수익으로 공제되어야 한다(대판 2018.7.12. 2017다278422).

(2) 증여재산

증여재산은 '상속개시시'를 기준으로 산정하여야 하므로, 수증자가 증여재산을 상속개시시까지 그대로 보유하고 있는 경우에는 그 재산의 상속개시 당시 시가를 증여재산의 가액으로 평가할 수 있다(대판 2023.5.18. 2019다222867).

1) 상속개시전의 1년간 증여

① 증여계약이 체결된 때를 기준(증여계약의 이행시가 아님)으로 상속개시전의 1년간 증여는 모두 산입된다(제1114조 본문). 判例는 상속개시 전에 이미 증여계약이 이행되어 소유권이 수증자에게 이전된 재산을 의미한다고 한다. 증여계약이 이행되지 아니하여 소유권이 피상속인에게 남아 있는 상태에서 상속이 개시된 재산은 당연히 '피상속인의 상속개시시에 있어서 가진 재산'에 포함되기 때문이라고 한다(대판 1996.8.20. 96다13682).

② "피상속인으로부터 특별수익인 생전 증여를 받은 '공동상속인이 상속을 포기한 경우'에는 민법 제1114조가 적용되므로, 그 증여가 상속개시 전 1년간에 행한 것이거나 당사자 쌍방이 유류분권리자에 손해를 가할 것을 알고 한 경우에만 유류분 산정을 위한 기초재산에 산입된다고 보아야 한다. 상속포기자는 처음부터 상속인이 아니었던 것이 되므로, 상속포기자에게는 민법 제1008조(특별수익)가 적용될 여지가 없기 때문이다. 이러한 법리는 피대습인이 대습원인의 발생 이전에 피상속인으로부터 생전 증여로 특별수익을 받은 이후 '대습상속인이 피상속인에 대한 대습상속을 포기한 경우'에도 그대로 적용된다"(대판 2022.3.17. 2020다267620).

2) 상속개시 1년 이전의 증여

① 당사자 쌍방이 유류분권리자에 손해를 가할 것을 알고 증여를 한 때에는 상속개시 1년 이전의 증여라도 반환을 청구할 수 있다(제1114조 후단). 이때 쌍방의 가해의 인식은 '증여당시'를 기준으로 판단하여야 한다(대판 2012.5.24. 2010다50809).

② 공동상속인에 있어서는 상속 개시 1년 전에 증여받은 것이라도 모두 산입대상이 된다(대판 1996.2.9. 95다17885 : 8회,10회 선택형). 이러한 '특별수익'은 상속재산을 선급받은 것이므로 공동상속인간의 공평한 분배를 위하여 산입되어야 한다. 다만, 피상속인으로부터 생전 증여를 받은 상속인이 피상속인을 특별히 부양하였거나 피상속인의 재산의 유지 또는 증가에 특별히 기여하였고, 피상속인의 생전 증여에 상속인의 특별한 부양 내지 기여에 대한 대가의 의미가 포함되어 있는 경우와 같이 상속인이 증여받은 재산을 상속분의 선급으로 취급한다면 오히려 공동상속인들 사이의 실질적인 형평을 해치는 결과가 초래되는 경우에는 그러한 한도 내에서 **생전 증여를 특별수익에서 제외할 수 있다**(대판 2022.3.17. 2021다230083,2021다230090 : 여기서 피상속인이 한 생전 증여에 상속인의 특별한 부양 내지 기여에 대한 대가의 의미가 포함되어 있는지 여부는 당사자들의 의사에 따라 판단하되, 피상속인의 생전 증여를 만연히 특별수익에서 제외하여 유류분제도를 형해화시키지 않도록 신중하게 판단하여야 한다 ; 12회 선택형).

③ 判例는 피상속인이 공동상속인 중 1인에게 '무상으로 상속분을 양도'한 것도 유류분에 관한 민법 제1008조의 증여(특별수익)에 해당하므로, 그 상속분은 피상속인의 사망으로 인한 상속에서 유류분 산정을 위한 기초재산에 산입된다고 한다(대판 2017.1.15. 2016다210498 : 12회 선택형). 위와 같은 법리는 상속재산 분할협의의 실질적 내용이 어느 공동상속인이 다른 공동상속인에게 자신의 상속분을 무상으로 양도하는 것과 같은 때에도 마찬가지로 적용된다. 따라서 '상속재산 분할협의에 따라 무상으로 양도된 것으로 볼 수 있는 상속분'은 양도인의 사망으로 인한 상속에서 유류분 산정을 위한 기초재산에 포함된다(대판 2021.8.19. 2017다230338).

(3) 공제되어야 할 채무

① 여기서 채무란 상속채무를 말한다. 상속재산에 관한 비용, 유언집행에 관한 비용, 상속세 및 상속재산의 관리·보존을 위한 소송비용(대판 2015.5.14. 2012다21720) 등은 공제되어야 할 채무에 포함되지 않는다.

② "유언자가 자신의 재산 전부 또는 전 재산의 비율적 일부가 아니라 일부 재산을 특정하여 유증한 **'특정유증'**의 경우에는, 유증 목적인 재산은 일단 상속재산으로서 상속인에게 귀속되고 유증을 받은 자는 유증의무자에 대하여 유증을 이행할 것을 청구할 수 있는 '채권'을 취득하게 된다. 유언자가 임차권 또는 근저당권이 설정된 목적물을 특정유증하면서 유증을 받은 자가 그 임대차보증금반환채무 또는 피담보채무를 인수할 것을 부담으로 정한 경우에도 상속인이 상속개시 시에 유증 목적물과 그에 관한 임대차보증금반환채무 또는 피담보채무를 상속하므로 이를 전제로 유류분 산정의 기초가 되는 재산액을 확정하여 유류분액을 산정하여야 한다"(대판 2022.1.27. 2017다265884).

(4) 평가액 산정 기준시

① 유류분액을 산정함에 있어 반환의무자가 증여받은 재산의 시가는 **상속개시 당시를 기준**으로 산정해야 하고(대판 1996.2.9. 95다17885), 당해 반환의무자에 대하여 반환해야 할 재산의 범위를 확정한 다음 그 원물반환이 불가능하여 가액반환을 명하는 경우에는 그 가액은 **사실심 변론종결시를 기준**으로 산정해야 한다(대판 2005.6.23. 2004다51887 : 6회, 10회 선택형).

② 判例에 따르면 "증여받은 재산이 금전일 경우에는 그 증여받은 금액을 상속개시 당시의 화폐가치로 환산하여 이를 증여재산의 가액으로 봄이 상당하고, 그러한 화폐가치의 환산은 증여 당시부터 상속개시 당시까지 사이의 물가변동률을 반영하는 방법으로 산정하는 것이 합리적"이라고 하며(대판 2009.7.23. 2006다28126 : 6회 선택형), "증여 이후 수증자나 수증자에게서 증여재산을 양수한 사람이 자기 비용으로 증여재산의 성상(性狀) 등을 변경하여 상속개시 당시 가액이 증가되어 있는 경우, 변경된 성상 등을 기준으로 상속개시 당시의 가액을 산정하면 유류분권리자에게 부당한 이익을 주게 되므로, 이러한 경우에는 그와 같은 변경을 고려하지 않고 증여 당시의 성상 등을 기준으로 상속개시 당시의 가액을 산정하여야 한다"고 한다(대판 2015.11.12. 2010다104768).

Ⅲ. 유류분반환청구권
[E-62]

1. 법적 성질

(1) 문제점

유류분권리자가 유류분 반환의 의사표시를 하는 경우 목적물의 소유권귀속 및 전득자에게도 반환청구가 가능한지와 관련하여 그 법적성질이 문제된다.

(2) 판 례

청구권설[4]과 형성권설(물권적 효과설)[5]의 대립이 있으나, 判例는 "유류분반환청구권의 행사에 의하

---

4) **[청구권설]**은 유류분반환청구권을 행사하더라도 피상속인이 행한 유증 또는 증여는 유효하고, 유류분권리자에게 이미 이행된 경우 채권적인 반환청구권이 인정되고, 미이행된 부분에 대하여는 이행거절권이 발생한다고 보는 견해인바, 청구권설에 의하면 전득자는 소유권을 취득하고, 유류분권자는 제3자 이의의 소를 제기할 수 없으며, 거래안전이 보호된다.

5) **[형성권설]**은 유류분반환청구권은 유증, 증여의 효력을 소급적으로 소멸시키는 형성권으로 유류분반환청구에 의하여 목적물에 대한 권리가 당연히 유류분권리자에게 복귀한다는 견해인바, 형성권설에 의하면 유류분권리자는 증여나 유증이 이미 이행되었을 때에는 물권적 청구권에 기한 목적물반환을 청구할 수 있고, 아직 이행되지 아니한 경우에는 상대방의 이행청구를 거절할 수 있다. 따라서 전득자는 소유권을 취득하지 못하고, 유류분권리자는 제3자이의의 소를 제기할 수 있으며, 유류분권리자가 두텁게 보호된다.

여 반환되어야 할 유증 또는 증여의 목적이 된 재산이 타인에게 양도된 경우 그 양수인이 양도 당시 유류분권리자를 해함을 안 때에는 양수인에 대하여도 그 재산의 반환을 청구할 수 있다"(대판 2002.4.26. 2000다8878 : 10회 선택형)고 판시하여 **제3자에 대한 반환청구권을 인정하고 있는 것으로 보아 형성 권설을 따르고 있는 것으로 보인다.**[6]

2. 유류분반환청구권의 범위

유류분권리자가 피상속인의 제1114조에 규정된 증여 및 유증으로 인하여 그 '유류분에 부족이 생긴 때'에는 부족한 한도에서 그 재산의 반환을 청구할 수 있다(제1115조 1항).

(1) 유류분액

유류분 산정의 기초가 되는 재산 × 유류분율

(2) 상속으로 인해 취득한 이익

① "유류분제도의 입법 취지와 민법 제1008조의 내용 등에 비추어 보면, 공동상속인 중 특별수익을 받은 유류분권리자의 유류분 부족액을 산정할 때에는 유류분액에서 특별수익액과 순상속분액을 공제 하여야 하고, 이때 공제할 순상속분액은 당해 유류분권리자의 특별수익을 고려한 구체적인 상속분에 기초하여 산정하여야 한다"(대판 2021.8.19. 2017다235791 : 12회 선택형). 이때 "유류분권리자의 구체적인 상속분보다 유류분권리자가 부담하는 상속채무가 더 많은 경우, 그 초과분을 유류분액에 가산하여 유류분 부족액을 산정하여야 한다"(대판 2022.1.27. 2017다265884 : 12회 선택형).

② 그리고 判例에 따르면 "금전채무와 같이 급부의 내용이 가분인 채무가 공동상속된 경우, 이는 상속 개시와 동시에 당연히 공동상속인들에게 법정상속분에 따라 상속된 것으로 봄이 타당하므로, 법정상 속분 상당의 금전채무는 유류분권리자의 유류분 부족액을 산정할 때 고려하여야 할 것이나, 공동상속인 중 1 인이 자신의 법정상속분 상당의 상속채무 분담액을 초과하여 유류분권리자의 상속채무 분담액까지 변제한 경 우에는 유류분권리자를 상대로 별도로 구상권을 행사하여 지급받거나 상계를 하는 등의 방법으로 만족을 얻는 것은 별론으로 하고, 그러한 사정을 유류분권리자의 유류분 부족액 산정시 고려할 것은 아니 다"라고 한다(대판 2013.3.14. 2010다42624 : 6회,8회 선택형).

(3) 유류분 침해액

유류분 침해액 = 유류분액(유류분 산정의 기초가 되는 재산 × 유류분율) **− 상속으로 인해 취득한 이익**(유류분권리 자가 받은 특별수익과 순상속분액)

"유류분권리자가 반환을 청구할 수 있는 '유류분 부족액'은 '유류분액'에서 유류분권리자가 받은 특별 수익액과 순상속분액을 공제하는 방법으로 산정하는데, 유류분액에서 공제할 순상속분액은 특별수 익을 고려한 구체적인 상속분에서 유류분권리자가 부담하는 상속채무를 공제하여 산정한다. 그리고 유류분권리자의 구체적인 상속분보다 그가 부담하는 상속채무가 더 많은 경우라도 유류분권리자가 한정승인을 한 때에는 순상속분액을 0으로 보아 유류분 부족액을 산정하여야 한다.[7] 또한 상속채권 자로서는 피상속인의 유증 또는 증여로 피상속인이 채무초과상태가 되거나 그러한 상태가 더 나빠 지게 되었다면 수증자를 상대로 채권자취소권을 행사할 수 있다"(대판 2022.8.11. 2020다247428).

---

6) **[검토]** 유류분권리자의 보호라는 유류분제도의 취지에 비추어 형성권설을 따르되, 구체적인 경우 거래안전을 위하여 선의의 전득자는 보호하는 내용으로 수정해석하는 것이 타당하다.

7) **[판결이유]** "유류분권리자인 상속인이 한정승인을 하였으면 상속채무에 대한 한정승인자의 책임은 상속재산으로 한정되는데, 상속채 무 초과분이 있다고 해서 그 초과분을 유류분액에 가산하게 되면 법정상속을 통해 어떠한 손해도 입지 않은 유류분권리자가 유류분액 을 넘는 재산을 반환받게 되는 결과가 되기 때문이다"

3. 유류분반환청구권의 행사

(1) 청구권자

유류분반환청구권은 귀속상 일신전속권으로 볼 수 없으므로, 유류분권자 뿐만 아니라 유류분권의 승계인도 행사할 수 있다. 다만 判例에 따르면 유류분반환청구권은 행사상 일신전속권으로서 채권자대위권의 목적이 될 수 없다고 한다(대판 2010.5.27. 2009다93992).

(2) 상대방

수증자, 수유자 및 그 포괄승계인이다. 判例는 악의의 특정승계인을 포함시킨다(대판 2002.4.26. 2000다8878).

(3) 행사방법

재판상 또는 재판 외의 방법으로 행사할 수 있다. 判例는 "그 의사표시는 침해를 받은 유증 또는 증여행위를 지정하여 이에 대한 반환청구의 의사를 표시하면 그것으로 족하며, 그로 인하여 생긴 목적물의 이전등기청구권이나 인도청구권 등을 행사하는 것과는 달리 그 목적물을 구체적으로 특정하여야 하는 것은 아니고, 민법 제1117조에 정한 소멸시효의 진행도 그 의사표시로 중단된다"(대판 2002.4.26. 2000다8878 : 6회 선택형)고 한다.

(4) 행사순서

1) 유증 우선 반환청구

증여에 대하여는 유증을 반환받은 후가 아니면 청구할 수 없다(제1116조).

2) 수유자 또는 수증자가 수인인 경우

유증 및 증여를 받은 자가 수인인 때에는 각자가 얻은 가액에 비례하여 반환하여야 한다(제1115조 2항). 이는 수인의 '수유자'에 대해 각자의 수유가액에 비례하여 반환을 청구하고 그것으로써도 유류분에 부족한 때에 한하여 그 부족한 한도 내에서 수인의 '수증자'에 대해 각자의 수증가액에 비례하여 반환을 청구하여야 한다는 것을 의미한다.

3) 수유자 또는 수증자 중에 공동상속인이 있는 경우

① 判例는 "유류분권리자가 유류분반환청구를 하는 경우에 증여 또는 유증을 받은 다른 공동상속인이 수인일 때에는, 민법이 정한 유류분 제도의 목적과 같은법 제1115조 제2항의 규정취지에 비추어 다른 공동상속인들 중 증여 또는 유증을 받은 재산의 가액이 자기 고유의 유류분액을 초과하는 상속인을 상대로 하여 그 유류분액을 초과한 금액의 비율에 따라 반환청구를 할 수 있다고 보아야 할 것이고, 공동상속인과 공동상속인이 아닌 제3자가 있는 경우에는 그 제3자에게는 유류분이라는 것이 없으므로 공동상속인은 자기 고유의 유류분액을 초과한 금액을 기준으로 하여, 제3자는 그 수증가액을 기준으로 하여 각 그 금액의 비율에 따라 반환청구를 할 수 있다고 하여야 한다"(대판 2006.11.10. 2006다46346)는 입장이다.

② 判例는 유류분반환청구에서 수인의 공동상속인이 유증받은 재산의 총 가액이 유류분권리자의 유류분 부족액을 초과하는 경우에는 유류분 부족액의 범위 내에서 각자의 '수유재산'을 반환하면 되는 것이지 이를 놓아두고 '수증재산'을 반환할 것은 아니라고 한다(아래 2010다42624판결 참고).

> **[관련판례]** ＊ **수유재산과 수증재산 사이의 반환순서**
> "증여 또는 유증을 받은 재산 등의 가액이 자기 고유의 유류분액을 초과하는 수인의 공동상속인이 유류분권리자에게 반환하여야 할 재산과 범위를 정할 때에, 수인의 공동상속인이 유증받은 재산의 총 가액이 유류분권리자의 유류분 부족액을 초과하는 경우에는 유류분 부족액의 범위 내에서 각자의 '수유재산'을 반환하면 되는 것

이지 이를 놓아두고 '수증재산'을 반환할 것은 아니다(제1116조 참조 ; 필자주). 이 경우 수인의 공동상속인이 유류분권리자의 유류분 부족액을 각자의 수유재산으로 반환할 때 분담하여야 할 액은 각자 증여 또는 유증을 받은 재산 등의 가액이 자기 고유의 유류분액을 초과하는 가액의 비율에 따라 안분하여 정하되, 그 중 어느 공동상속인의 수유재산의 가액이 그의 분담액에 미치지 못하여 분담액 부족분이 발생하더라도 이를 그의 수증재산으로 반환할 것이 아니라, 자신의 수유재산의 가액이 자신의 분담액을 초과하는 다른 공동상속인들이 위 분담액 부족분을 위 비율에 따라 다시 안분하여 그들의 수유재산으로 반환하여야 한다. 나아가 어느 공동상속인 1인이 수개의 재산을 유증받아 각 수유재산으로 유류분권리자에게 반환하여야 할 분담액을 반환하는 경우, 반환하여야 할 각 수유재산의 범위는 특별한 사정이 없는 한 민법 제1115조 제2항을 유추적용하여 각 수유재산의 가액에 비례하여 안분하는 방법으로 정함이 타당하다"(대판 2013.3.14. 2010다42624).

4) 공동상속인 1인이 특별수익으로서 여러 부동산을 증여받은 경우

"어느 공동상속인 1인이 특별수익으로서 여러 부동산을 증여받아 그 증여재산으로 유류분권리자에게 유류분 부족액을 반환하는 경우 반환해야 할 증여재산의 범위는 특별한 사정이 없는 한 민법 제1115조 제2항을 유추적용하여 증여재산의 가액에 비례하여 안분하는 방법으로 정함이 타당하다. 따라서 유류분반환 의무자는 증여받은 모든 부동산에 대하여 각각 일정 지분을 반환해야 하는데, 그 지분은 모두 증여재산의 상속개시 당시 총가액에 대한 유류분 부족액의 비율이 된다.

다만 증여 이후 수증자나 수증자로부터 증여재산을 양수받은 사람이 자기의 비용으로 증여재산의 성상(性狀) 등을 변경하여 상속개시 당시 그 가액이 증가되어 있는 경우, 유류분 부족액을 산정할 때 기준이 되는 증여재산의 가액에 관해서는 위와 같이 변경된 성상 등을 기준으로 증여재산의 상속개시 당시 가액을 산정하면 유류분권리자에게 부당한 이익을 주게 되므로, 그와 같은 변경이 있기 전 증여 당시의 성상 등을 기준으로 상속개시 당시 가액을 산정해야 한다.

반면 유류분 부족액 확정 후 증여재산별로 반환 지분을 산정할 때 기준이 되는 증여재산의 총가액에 관해서는 상속개시 당시의 성상 등을 기준으로 상속개시 당시의 가액을 산정함이 타당하다. 이 단계에서는 현재 존재하는 증여재산에 관한 반환 지분의 범위를 정하는 것이므로 이와 같이 산정하지 않을 경우 유류분권리자에게 증여재산 중 성상 등이 변경된 부분까지도 반환되는 셈이 되어 유류분권리자에게 부당한 이익을 주게 되기 때문이다"(대판 2022.2.10. 2020다250783).[8]

(5) 반환방법

1) 원칙적 원물반환

① "민법은 유류분의 반환방법에 관하여 별도의 규정을 두지 않는바, 반환의무자는 통상적으로 증여 또는 유증대상인 재산 그 자체를 반환하면 될 것이다(제1115조 1항 참조, 예컨대 수증자 또는 수유자가 아직 목적물을 소유하고 있거나, 목적물을 양수한 제3자가 악의인 경우). 만약 원물반환이 불가능한 경우(예컨대 수증자 또는 수유자가 선의의 제3자에게 양도한 경우)에는 그 가액 상당액을 반환할 수밖에 없다. 특히 원물반환의 경우 목적물이 부동산인 때에는 유류분이 비율로 정해져 있으므로 공유지분의 이전등기를 청구하는 형태가 될 것이다"(대판 2013.3.14. 2010다42624).

② 이와 관련하여 "증여나 유증 후 그 목적물에 관하여 제3자가 저당권이나 지상권 등의 권리를 취득한 경우에는 원물반환이 불가능하거나 현저히 곤란하므로, 반환의무자가 목적물을 저당권 등의 제한이 없는 상태로 회복하여 이전해 줄 수 있다는 등의 예외적인 사정이 없는 한 유류분권리자는 반환의무자를 상대로 원물반환 대신 그 가액의 반환을 구할 수 있다. 그러나 그렇다고 해서 유류분권리자가 스스로

---

8) **[사실관계]** 유류분권리자로 자녀 A와 B가 있고, 피상속인이 자녀 A에게만 10억 원의 부동산을 증여하고, 자녀 A가 자신의 비용으로 성상을 변경하여 그 가액이 20억 원이 되었으며, 상속재산과 상속채무는 없고, 자녀 B가 자녀 A를 상대로 유류분반환을 청구하는 경우(모든 가액은 상속개시시로 산정된 것임). ① 자녀 A의 유류분 부족액은 '10억 원 × 1/4 = 2억 5,000만 원'이라고 산정해야 하고 ② 자녀 B가 반환해야 할 부동산 지분은 '2억 5,000만 원 / 20억 원 = 2.5/20 지분'이라고 산정해야 한다.

위험이나 불이익을 감수하면서 원물반환을 구하는 것까지 허용되지 않는다고 볼 것은 아니므로, 그 경우에도 법원은 유류분권리자가 청구하는 방법에 따라 원물반환을 명하여야 한다"(대판 2022.2.10. 2020다250783).

③ 그리고 "원물반환이 가능하더라도 유류분권리자와 반환의무자 사이에 가액으로 이를 반환하기로 협의가 이루어지거나 유류분권리자의 가액반환청구에 대하여 반환의무자가 이를 다투지 않은 경우에는 법원은 가액반환을 명할 수 있지만, 유류분권리자의 가액반환청구에 대하여 반환의무자가 원물반환을 주장하며 가액반환에 반대하는 의사를 표시한 경우에는 반환의무자의 의사에 반하여 원물반환이 가능한 재산에 대하여 가액반환을 명할 수 없다"(대판 2013.3.14. 2010다42624 : 8회,10회 선택형).

2) 예외적 가액반환

유류분액을 산정함에 있어 반환의무자가 증여받은 재산의 시가는 '상속개시 당시를 기준'으로 산정해야 하고(대판 1996.2.9. 95다17885), 당해 반환의무자에 대하여 반환해야 할 재산의 범위를 확정한 다음 그 원물반환이 불가능하여 가액반환을 명하는 경우에는 그 가액은 '사실심 변론종결시'를 기준으로 산정해야 한다(대판 2005.6.23. 2004다51887).

(6) 반환청구권 행사의 효과

① 유류분반환청구권의 행사로 인하여 생기는 원물반환의무 또는 가액반환의무는 이행기한의 정함이 없는 채무이므로, 반환의무자는 '상속개시일부터가 아니라' 그 의무에 대한 '이행청구를 받은 때'에 비로소 지체책임을 진다(대판 2013.3.14. 2010다42624).

② 반환의무자가 유증을 받은 부동산을 임대하여 차임 상당의 수익을 얻은 경우, 그 반환의무자의 선의 내지 악의에 따라 과실의 수취 여부가 달라진다(아래 2010다42624판결).

> **[관련판례]** ✻ 유류분권리자의 유류분반환청구권 행사에 의하여 그의 유류분을 침해하는 증여 또는 유증이 소급적으로 실효된 경우, 반환의무자가 부당이득으로 반환하여야 하는 목적물 사용이익의 범위
> "유류분권리자가 반환의무자를 상대로 유류분반환청구권을 행사하는 경우 그의 유류분을 침해하는 증여 또는 유증은 소급적으로 효력을 상실하므로, 반환의무자는 유류분권리자의 유류분을 침해하는 범위 내에서 그와 같이 실효된 증여 또는 유증의 목적물을 사용·수익할 권리를 상실하게 되고, 유류분권리자의 목적물에 대한 사용·수익권은 상속개시의 시점에 소급하여 반환의무자에 의하여 침해당한 것이 된다. 그러나 민법 제201조 제1항은 '선의의 점유자는 점유물의 과실을 취득한다.'고 규정하고 있고, 점유자는 민법 제197조에 의하여 선의로 점유한 것으로 추정되므로, 반환의무자가 악의의 점유자라는 사정이 증명되지 않는 한 반환의무자는 목적물에 대하여 과실수취권이 있다고 할 것이어서 유류분권리자에게 목적물의 사용이익 중 유류분권리자에게 귀속되었어야 할 부분을 부당이득으로 반환할 의무가 없다. 다만 민법 제197조 제2항은 '선의의 점유자라도 본권에 관한 소에 패소한 때에는 그 소가 제기된 때로부터 악의의 점유자로 본다.'고 규정하고 있고, 민법 제201조 제2항은 '악의의 점유자는 수취한 과실을 반환하여야 하며 소비하였거나 과실로 인하여 훼손 또는 수취하지 못한 경우에는 그 과실의 대가를 보상하여야 한다.'고 규정하고 있으므로, 반환의무자가 악의의 점유자라는 점이 증명된 경우에는 악의의 점유자로 인정된 시점부터, 그렇지 않다고 하더라도 본권에 관한 소에서 종국판결에 의하여 패소로 확정된 경우에는 소가 제기된 때로부터 악의의 점유자로 의제되어 각 그때부터 유류분권리자에게 목적물의 사용이익 중 유류분권리자에게 귀속되었어야 할 부분을 부당이득으로 반환할 의무가 있다"(대판 2013.3.14. 2010다42624).

Ⅳ. 유류분반환청구권의 소멸
[E-63]

① 유류분반환청구권은 유류분권리자가 상속의 개시와 반환하여야 할 증여 또는 유증을 한 사실을 안 때로부터 1년내 에 하지 아니하면 시효에 의하여 소멸하고, 상속이 개시(증여한 때가 아님)한 때로부터 10년을 경과한 때도 같다(제1117조). 이러한 법리는 상속재산의 증여에 따른 소유권이전등기가 이루어지지 아니한 경우에도 마찬가지이다(대판 2008.7.10. 2007다9719).

② 특히 判例는 상속의 개시와 반환해야 할 증여 또는 유증을 한 사실을 안 때란, 상속개시와 유증·증여의 사실을 알 뿐만 아니라 그 사실이 유류분을 침해하여 반환청구를 할 수 있게 됨을 안 때라고 본다(대판 2001.9.14. 2000다66430,66447). 그리고 判例는 민법 제1117조의 규정내용 및 형식에 비추어 볼 때 같은 법조 전단의 1년의 기간은 물론 같은 법조 후단의 10년의 기간도 그 성질은 소멸시효기간이라고 한다(대판 1993.4.13. 92다3595).

③ 또한 유류분반환청구권을 행사함으로써 발생하는 목적물의 이전등기청구권 등은 유류분반환청구권과는 다른 권리이므로, 그 이전등기청구권 등에 대하여는 민법 제1117조 소정의 유류분반환청구권에 대한 소멸시효가 적용될 여지가 없고, 그 권리의 성질과 내용 등에 따라 별도로 소멸시효의 적용 여부와 기간 등을 판단하여야 한다(대판 2015.11.12. 2011다55092,55108 : 10회 선택형)고 한다.

핵심사례 E-04

■ 유류분반환청구권

[사례 1. 15년 사법2차] 甲이 사망한 후 甲의 상속인 妻 乙은 子 丙(21세)과, "상속재산인 X토지(시가 1억 원)와 Y건물(시가 1억 원)을 乙이 모두 상속하되, 乙이 사망한 후 X토지와 Y건물을 丙에게 증여한다."는 합의를 하고 등기를 마쳤으며, 공정증서도 작성하였다. 한편 乙은 사회복지법인 E에 1억 2,000만 원을 준다는 유언도 하였다. 그 후 乙이 2012. 2. 14. 교통사고로 갑자기 사망하자, 丙은 2012. 5. 12. X토지와 Y건물을 자신의 명의로 등기하였고, 유언집행자의 자격으로 현금 1억 2,000만 원을 E에 주었다. 한편 乙에게는 혼외자 丁이 있었는데, 2014. 7. 12. 乙이 사망했다는 사실을 알게 된 丁은 2015. 6. 27. 丙과 E에 대하여 각각 유류분 전액을 금전으로 반환할 것을 청구하는 소를 제기하였다.

丁의 丙과 E에 대한 청구는 인용될 수 있는가? (35점) (乙에게 다른 상속재산이나 채무는 없고, 상속재산 분할협의와 유언은 유효한 것으로 보며, X토지와 Y건물의 가격의 변동 및 이자는 고려하지 않음)

[사례 2. 06년 사법 1차] 甲은 적극재산 5,000만원과 채무 3,000만원을 남기고 2005. 6. 30. 사망하였고, 상속인으로 자녀 乙과 丙이 있다. 그런데 甲은 2003. 5. 30. 유류분 침해 사실을 모르는 乙과 丁에게 각각 7,000만원씩을 증여하기로 하였고, 2004. 7. 30. 그 채무를 이행하였다. 또한 甲은 남은 재산 2,000만원을 사회복지단체 戊에게 기증하도록 자필증서에 의한 유언을 했다.

(1) 丙의 유류분액, (2) 丙이 乙과 丁에게 반환을 청구할 수 있는 금액, (3) 戊가 유류분반환을 거친 후 최종적으로 취득할 금액을 모두 합치면 얼마인가? (15점)

Ⅰ. 사례 1.의 경우

1. 문제점(丁이 유류분권리자인지 여부)

혼인 외의 출생자와 生父 사이의 부자관계는 부의 인지에 의해서만 생길 수 있는 반면(대판 1997.2.14. 96므738 ; 그 결과 인지가 있기 전에는 친권, 상속 등의 친자관계에 따른 법률효과가 발생하지 않는다), 사안과 같이 혼외자 丁의 生母 乙과의 모자관계는 인지나 출생신고 등과 무관하게 자의 출생으로 당연히 발생한다(대판 1986.11.11. 86도1982). 따라서 丁은 乙의 1순위 법정상속인(제1000조 1항 1호)이나 상속을 받지 못하였으므로 유류분반환청구를 누구에게 얼마만큼 어떻게 가능한지가 문제된다.

2. 丁의 丙과 E에 대한 유류분반환청구의 인용여부

(1) 丁의 유류분의 비율

피상속인의 직계비속의 유류분은 그 법정상속분의 1/2이다(제1112조 1호). 따라서 피상속인 乙의 동순위 상속인인 丙과 丁의 법정상속분은 균분하므로(제1009조 1항), 丁의 유류분권은 법정상속분 1/2의 1/2, 즉 1/4이다.

(2) 丁의 유류분액의 산정

1) 유류분 산정의 기초가 되는 재산

유류분은 피상속인의 상속개시시에 있어서 가진 재산의 가액에 증여재산의 가액을 가산하고 채무의 전액을 공제하여 이를 산정한다(제1113조 1항). 이 때 '상속개시시에 가진 상속재산'은 적극재산만을 의미하는바, 상속재산에는 유증 재산이 포함되고 유증 규정이 준용되는 사인증여도 포함된다(대판 2001.11.30. 2001다6947).

2) 사안의 경우

따라서 피상속인 乙이 사망한 후 X토지(시가 1억 원)와 Y건물(시가 1억 원)을 상속인 丙에게 증여한다는 사인증여도 '상속개시시에 가진 상속재산'에 포함되나, 사회복지법인 E에 1억 2,000만 원을 준다는 피상속인 乙의 유증은 설문 내용상 乙에게 다른 상속재산이 없다는 것으로 보아 이는 상속개시시에 가진 상속재산에는 포함되지 않는다. 그리고 설문에서 공제되어야 할 채무는 없고, X토지와 Y건물의 가격의 변동 및 이자는 고려하지 않는다고 하므로 결국 유류분 산정의 기초가 되는 재산은 총 2억 원이고, 丁의 유류분액은 5,000만 원(=2억 원×1/4)이다.

(3) 丁의 유류분반환청구권의 행사순서, 행사방법, 소멸시효

1) 丁의 유류분반환청구권의 행사순서

가) 수유자 또는 수증자 중에 공동상속인이 있는 경우

행사의 상대방은 수증자, 수유자 및 그 포괄승계인인바, 증여에 대하여는 유증을 반환받은 후가 아니면 청구할 수 없다(제1116조). 아울러 수유자 또는 수증자 중에 공동상속인이 있는 경우 判例는 "유류분권리자가 유류분반환청구를 하는 경우에 증여 또는 유증을 받은 다른 공동상속인이 수인일 때에는, 민법이 정한 유류분 제도의 목적과 같은법 제1115조 제2항의 규정취지에 비추어 다른 공동상속인들 중 증여 또는 유증을 받은 재산의 가액이 자기 고유의 유류분액을 초과하는 상속인을 상대로 하여 그 유류분액을 초과한 금액의 비율에 따라 반환청구를 할 수 있다고 보아야 할 것이고, 공동상속인과 공동상속인이 아닌 제3자가 있는 경우에는 그 제3자에게는 유류분이라는 것이 없으므로 공동상속인은 자기 고유의 유류분액을 초과한 금액을 기준으로 하여, 제3자는 그 수증가액을 기준으로 하여 각 그 금액의 비율에 따라 반환청구를 할 수 있다고 하여야 한다"(대판 2006.11.10. 2006다46346)는 입장이다.

나) 사안의 경우

사인증여를 받은 丙에게도 丁과 동일한 비율의 유류분권이 있으므로(제1112조 1호), 공동상속인 丙도 자기 고유의 유류분액 5,000만 원을 초과한 3,000만 원(=사인증여 받은 X토지와 Y건물의 시가 2억 원 − 1억 2,000만 원 − 5,000만원)을 기준으로 하여, 제3자 E는 그 수증가액 현금 1억 2,000만 원을 기준으로 하여 각 그 금액의 비율 1 : 4(=3,000만 원 : 1억 2,000만 원)에 따라 반환청구를 할 수 있다. 그렇다면 결국 丁은 丙에게 1,000만 원(=5,000만 원×1/5), E에게 4,000만 원(=5,000만 원×4/5)에 대한 유류분반환을 청구할 수 있다. 다만, 丙의 경우 원물반환으로 청구해야하는 것은 아닌지, 그리고 소멸시효는 완성되지 않았는지 검토할 필요가 있다.

2) 丁의 유류분반환청구권의 행사방법

"민법은 유류분의 반환방법에 관하여 별도의 규정을 두지 않는바, 반환의무자는 통상적으로 증여 또는 유증대상인 재산 그 자체를 반환하면 될 것이다(제115조 1항 참조, 예컨대 수증자 또는 수유자가 아직 목적물을 소유하고 있거나, 목적물을 양수한 제3자가 악의인 경우). 만약 원물반환이 불가능한 경우(예컨대 수증자 또는 수유자가 선의의 제3자에게 양도한 경우)에는 그 가액 상당액을 반환할 수밖에 없다"(대판 2013.3.14. 2010다42624).

3) 丁의 유류분반환청구권의 소멸시효

유류분반환청구권은 유류분권리자가 상속의 개시와 반환하여야 할 증여 또는 유증을 한 사실을 안 때로부터 1년내에 하지 아니하면 시효에 의하여 소멸하고, 상속이 개시한 때로부터 10년을 경과한 때도 같다(제1117조).

4) 소 결

2014. 7. 12. 피상속인 乙이 사망했다는 사실을 알게 된 유류분권리자 丁은 이로부터 1년이 지나기 前 2015. 6. 27. 丙과 E에 대하여 각각 유류분 전액을 금전으로 반환할 것을 청구하는 소를 제기한바, 이는 소멸시효가 완성되기 전이다. 또한 특히 丙에 대한 유류분반환의 경우 원칙적으로 원물반환으로 X토지와 Y건물에 대한 각 1/20 공유지분 [(500만 원=1,000만 원×1/2)/1억 원)] 에 대한 이전등기를 청구하는 형태가 되어야 할 것이나, 유류분권리자 丁의 가액반환청구에 대하여 반환의무자 丙이 이를 다투지 않은 경우에는 법원은 앞서 검토한 바와 같이 丙에게 1,000만 원(=5,000만 원×1/5), E에게 4,000만 원(=5,000만 원×4/5)에 대한 가액반환을 명할 수 있다. 다만, 유류분권리자의 가액반환청구에 대하여 반환의무자가 원물반환을 주장하며 가액반환에 반대하는 의사를 표시한 경우에는 반환의무자의 의사에 반하여 원물반환이 가능한 재산에 대하여 가액반환을 명할 수 없다(대판 2013.3.14. 2010다42624).

3. 사안의 해결

丁의 2015. 6. 27.자 丙과 E에 대한 각각 유류분 전액을 금전으로 반환할 것을 청구하는 소는 丙이 가액반환에 대해 다투지 않은 경우에는 丙에게 1,000만 원, E에게 4,000만 원에 대해 일부인용될 것이다.

Ⅱ. 사례 2.의 경우

1. 유류분 산정의 기초재산

상속개시 당시 적극재산 5천만 원 + 乙에 대한 증여재산 7천만 원(공동상속인 아닌 丁에 대한 증여는 상속개시 1년 이전에 있었고, 丁은 유류분 침해사실을 몰랐으므로 丁에 대한 증여는 산입하지 않는다) - 상속채무 3천만 원 = 9천만 원

2. 공동상속인 丙, 丁의 유류분액

유류분 산정의 기초재산 9천만 원 × 丙의 유류분 비율 1/4(=법정상속분 1/2×1/2) = 2,250만 원

3. 丙이 乙과 丁에게 반환을 청구할 수 있는 금액, 戊가 유류분반환을 거친 후 최종적으로 취득할 금액

사안에서 甲의 사망시에 상속재산은 2천만 원(=적극재산 5천만 원-소극재산 3천만 원)인데, 戊에 대한 유증이 2천만 원이 있으므로 丙의 유류분은 전부침해되었다. 丙의 유류분은 증여를 받은 공동상속인 乙과 유증을 받은 戊에 의해 침해되었으며(공동상속인 아닌 丁에 대한 증여는 상속개시 1년 이전에 있었고, 丁은 유류분 침해사실을 몰랐으므로 이는 반환의 대상이 되지 않는다), 이들에게 유류분반환청구를 할 수 있다. 아울러 증여에 대하여는 유증을 반환받은 후가 아니면 청구할 수 없으므로(제1116조), 우선 유증을 받은 戊에게 2천만 원을 전부 청구할 수 있고, 부족한 부분 250만 원은 증여를 받은 乙에게 청구할 수 있다. 정리하면, (1) 丙의 유류분액은 2,250만 원 (2) 丙의 乙에 대한 반환청구액 250만원, 丁에 대한 반환청구액 0원 (2) 戊가 최종적으로 취득할 금액 0원이며, 따라서 위 금원의 합은 2,500만원이다.

제 2 편

OX 핵심지문, 사례

- 제1장 친족법
- 제2장 상속법

제1장 | 친족법

제1절 총 설

제2절 가 족

1 현재 혼인 중에 있지 아니한 성전환자는 미성년 자녀가 있는 경우에도, 성별정정을 허가할 수 있다.
24변호

해설 ※ **성전환의 성별정정 허용 여부**
종래 判例(대결 2011.9.2. 전합2009스117)는 성전환자가 혼인 중에 있거나 미성년자인 자녀가 있는 경우 성별정정을 허가하지 않는다는 입장이었으나, 최근 判例는 입장을 변경하여 현재 혼인 중에 있지 아니한 성전환자는 미성년 자녀가 있는 경우에도, 성별정정을 허가할 수 있다고 판시하였다. 즉, 미성년 자녀를 둔 성전환자도 부모로서 자녀를 보호하고 교양하며(민법 제913조), 친권을 행사할 때에도 자녀의 복리를 우선해야 할 의무가 있으므로(민법 제912조), 미성년 자녀가 있는 성전환자의 성별정정 허가 여부를 판단할 때에는 성전환자의 기본권의 보호와 미성년 자녀의 보호 및 복리와의 조화를 이룰 수 있도록 법익의 균형을 위한 여러 사정들을 종합적으로 고려하여 실질적으로 판단하여야 한다고 한다(대결 2022.11.24. 전합2020스616)
[O]

> 참고판례 "전환된 성을 그 사람의 성이라고 보더라도 다른 사람들과의 신분관계에 중대한 변동을 초래하거나 사회에 부정적인 영향을 주지 아니하여 사회적으로 허용된다고 볼 수 있다면, 이러한 여러 사정을 종합적으로 고려하여 사람의 성에 대한 평가 기준에 비추어 사회통념상 신체적으로 전환된 성을 갖추고 있다고 인정될 수 있는 경우가 있다 할 것이며, 이와 같은 성전환자는 출생시와는 달리 전환된 성이 법률적으로도 그 성전환자의 성이라고 평가받을 수 있을 것이다"(대판 2006.6.22. 전합 2004스42)

1-1 성전환자가 현재 혼인 중이 아니라도 과거 혼인한 사실이 있다면 가족관계등록부의 성별정정은 허용되지 않는다.
16사법 유사

해설 "우리 민법은 이성 간의 혼인만을 허용하고 동성 간의 혼인은 허용하지 않고 있다. 그런데 만약 현재 혼인 중에 있는 성전환자에 대하여 성별정정을 허용할 경우 법이 허용하지 않는 동성혼의 외관을 현출시켜 결과적으로 동성혼을 인정하는 셈이 되고, 이는 상대방 배우자의 신분관계 등 법적·사회적 지위에 중대한 영향을 미치게 된다. 따라서 현행 민법 규정과 오늘날의 사회통념상 현재 혼인 중에 있는 성전환자는 전환된 성을 법률적으로 그 사람의 성이라고 평가할 수 없고, 그 결과 가족관계등록부의 성별정정도 허용되지 아니한다고 할 것이다. 다만 현재 혼인 중이 아니라면 과거 혼인한 사실이 있다고 하더라도 위와 같은 혼란을 야기하거나 사회에 부정적인 영향을 미칠 우려가 크지 않으므로 성별정정을 불허할 사유가 되지 아니한다"(대결 2011.9.2. 전합2009스117).
[X]

2 가족관계등록부 기록사항 중 출생연월일·사망일시는 신분관계에 중대한 영향을 미치기 때문에 가족관계의 등록 등에 관한 법률 제107조에 따라 그 사건의 확정판결 등에 의해서만 가족관계등록부의 기록사항을 정정할 수 있다.
13변리

해설 "가족관계의 등록 등에 관한 법률(이하 '법'이라 한다) 제104조는 가족관계등록부의 기록이 법률상 허가될 수 없는 것 또는 기재에 착오나 누락이 있다고 인정한 때에는 이해관계인은 사건 본인의 등록기준지를 관할하는 가정법원의 허가를 받아 등록부의 정정을 신청할 수 있도록 규정하고 있다. 법이 이러한 간이한 절차에 의해 가족관계등록부의 기록사항을 정정할 수 있도록 한 취지를 고려하면, 정정하려고 하는 가족관계등록부의 기록사항이 신분관계에 중대한 영향을 미치기 때문에 그 기록사항에 관련된 신분관계의 존부에 관하여 직접적인 쟁송방법이 가사소송법 등에 마련되어 있는 경우에는 법 제107조에 따라 그 사건의 확정판결 등에 의해서만 가족관계등록부의 기록사항을 정정할 수 있다. 그러나 이와 달리 가족관계등록부의 기록사항과 관련하여 가사소송법 등에 직접적인 쟁송방법이 없는 경우에는 법 제104조에 따라 정정할 수 있는데, 가사소송법 등이 사람이 태어난 일시 또는 사망한 일시를 확정하는 직접적인 쟁송방법을 별도로 정하고 있지 아니하므로 특별한 사정이 없는 한 가족관계등록부 기록사항 중 출생연월일·사망일시는 법 제104조에 의한 가족관계등록부 정정 대상으로 봄이 타당하다"(대결 2012.4.13. 2011스160)   [×]

3 혼인할 의사가 없음에도 상대방에게 국적을 취득케 하기 위하여 혼인신고를 하여 공전자기록에 불실의 사실을 기재하였다는 것이 형사재판에서 유죄판결로 확정된 경우, 가정법원의 허가를 받아 가족관계등록부의 혼인 기재사항을 정정할 수 있다.   12사법

해설▶ "중국 국적의 조선족 여성과 혼인한 것으로 신고한 자가, 혼인할 의사가 전혀 없음에도 그 여성을 한국에 입국시킬 목적으로 혼인신고를 하여 공전자기록에 불실의 사실을 기재하게 하였다는 등의 범죄사실로 유죄판결을 받아 확정된 경우, 위 혼인은 혼인의사의 합치가 결여되어 무효임이 명백하므로 혼인무효판결을 받지 않았더라도 가족관계의 등록 등에 관한 법률 제105조에 따라 가정법원의 허가를 받아 가족관계등록부를 정정할 수 있다"(대판 2009.10.8. 2009스64).   [○]

4

> **[사례]** 甲男과 결혼한 乙女는 그 사이에서 A를 출산하였으나 甲男과 사별한 후 A를 혼자 양육하고 있다. 한편 丙男은 丁女와 결혼하여 그 사이에 B가 출생한 후 이혼하였는데 丙男이 B의 친권행사자로 지정되어 B를 양육하고 있다. 그 후 乙女는 A를 데리고 丙男과 재혼하여 혼인신고를 한 후 함께 살고 있는 상태이다.
> 04사법유사

㉠ 丙과 A 상호간, 乙과 B 상호간 모두 혈족은 아니지만 인척관계에 있으며, 현행법상 친족관계에 있다.

해설▶ 계모자(乙과 B 사이), 계부자(丙과 A 사이)간은 '혈족의 배우자' 또는 '배우자의 혈족'으로서 인척 1촌이므로 친족관계에 있다(제767조, 제769조).   [○]

㉡ A와 B는 형제자매와 마찬가지이므로 인척 2촌간이다.

해설▶ A와 B는 '혈족의 배우자의 혈족'(사돈)으로서 인척이 아니다(제769조). 1990년의 민법 개정으로 '혈족의 배우자의 혈족'은 인척에서 제외되었다.   [×]

㉢ 丙이 乙과 재혼 후 사망하였다면, 배우자를 제외하고 상속권자는 혈족관계에 있어야 하는 것이 원칙이므로, 丙이 사망하여도 그 유산에 대하여 A에게 상속권이 인정되지는 않는다. 다만 丙이 A에게 유증을 함으로써 실질적인 상속의 혜택을 주는 것은 무방하다.

해설▶ 계부자(丙과 A 사이)간은 혈족이 아니라 인척이므로 상속이 인정되지 않는다. 즉, A는 丙의 직계비속이 아니므로 상속권이 없다(제1000조, 제1003조). 다만 유증을 받을 수는 있으므로 丙이 A에게 유증을 함으로써 실질적인 상속의 혜택을 주는 것은 무방하다(제1078조 참조).   [○]

㉣ 대법원의 입장에 의할 때 丙이 사망한 경우 미성년자 B의 법정대리인이 누가 되느냐와 관련하여 이혼 후 지정된 친권자가 사망한 경우이므로 후견이 개시되고, 乙이 후견인이 된다.

17변호

해설 ※ 부모의 이혼 후 단독친권 행사자가 사망한 경우 다른 일방의 친권이 부활하는지 여부

(1) 문제점

부모가 이혼 후 단독친권 행사자가 사망한 경우 다른 일방의 친권이 당연히 부활하는지(친권당연부활설) 아니면, 원칙적으로 후견이 개시되고 다만 미성년자 보호를 위해 필요한 때에는 다른 일방을 친권자로 변경할 수 있는지(후견개시설) 문제된다.

(2) 개정전 판례

判例는 이 경우 다른 일방의 친권이 부활한다고 보았다(대판 1994.4.29, 94다1302).[1] 또한 이러한 判例에 터잡아 가족관계등록 실무도 '친권자로 지정된 사람이 사망, 실종선고, 대리권과 관리권의 상실로 인하여 친권을 행사할 수 없는 경우에도 다른 부 또는 모가 있는 때에는 후견이 개시되지 않으므로 후견개시신고를 할 수 없다'고 해석하고 있다(가족관계등록예규 제286호).

(3) 개정민법

2013. 7. 1.부터 시행되는 민법[2]은 이혼 등으로 단독 친권자로 정해진 부모의 일방이 사망하거나 친권을 상실하는 등 친권을 행사할 수 없는 경우에 '**가정법원의 심리를 거쳐**' 친권자로 정해지지 않았던 부모의 다른 일방을 친권자로 지정하거나 후견이 개시되도록 함으로써 부적격의 부 또는 모가 당연히 친권자가 됨으로써 미성년자의 복리에 악영향을 미치는 것을 방지하는 방안을 마련하였다.

☞ 결국 개정 전 기존 判例(처리실무)에 따르면 생존배우자 丁의 친권이 당연히 부활하고, 개정민법에 따르면 '가정법원의 심리를 거쳐' 부모의 다른 일방을 친권자로 지정하거나 후견이 개시되도록 하고 있으므로 당해 지문은 틀린 지문이다.   [×]

---

1) "1991.1.1.부터 개정된 민법이 시행되면서 이혼한 모의 친권제한에 관한 구 민법(1990.1.13. 법률 제4199호로 개정되기 전의 것) 제909조 제5항이 삭제되고, 부칙(1990.1.13.) 제9조가 규정됨으로써 이혼으로 인하여 모가 친권을 상실하고 후견이 개시된 경우라도 개정된 민법의 시행일부터는 모의 친권이 부활되어 모가 전혼인 중의 자에 대하여 친권자로 되고 후견인의 임무는 종료된다"

2) [단독친권 관련 민법개정(2011.5.9. 개정, 2013.7.1.부터 시행)] 개정이유는 이혼 등으로 단독 친권자로 정해진 부모의 일방이 사망하거나 친권을 상실하는 등 친권을 행사할 수 없는 경우에 '가정법원의 심리'를 거쳐 친권자로 정해지지 않았던 부모의 다른 일방을 친권자로 지정하거나 후견이 개시되도록 하고, 입양이 취소되거나 파양된 경우 또는 양부모가 사망한 경우에도 가정법원의 심리를 거쳐 친생부모 또는 그 일방을 친권자로 지정하거나 후견이 개시되도록 하여 부적격의 부 또는 모가 당연히 친권자가 됨으로써 미성년자의 복리에 악영향을 미치는 것을 방지하고, 이혼 등으로 단독 친권자로 정해진 부모의 일방이 유언으로 미성년자의 후견인을 지정한 경우라도 미성년자의 복리를 위하여 필요하다고 인정되면 후견을 종료하고 친권자로 정해지지 않았던 부모의 다른 일방을 친권자로 지정할 수 있게 하여 미성년자의 복리를 증진시키려는 것이다(제909조의2, 제912조 2항, 제927조의2, 제931조 2항 신설).

제3절 혼 인

제1관 약 혼

제2관 혼인의 성립

1

> **[사례]** 甲은 부부로서의 공동생활을 영위하지 않고 해외에 이주할 목적으로 乙과 혼인신고를 하였다. 甲의 직계존속은 이미 사망하였고 남동생 丙이 해외에 거주하고 있을 뿐이다. 甲이 교통사고를 당하여 사망하자, 乙이 甲의 재산을 상속하였다. 甲이 사망하고 5년이 경과한 후 丙이 이러한 사실관계를 알게 되었다.
 07사법 변형

㉠ 甲과 乙 사이의 혼인은 혼인무효 판결 여부와 상관없이 당연히 무효이며, 丙은 상속회복청구 소송에서 그 선결문제로 甲과 乙 사이의 혼인이 무효라고 주장할 수 있다.

해설▶ 判例는 혼인의사에 관하여 '실질적 의사설'을 따르고 있다.[3] 가장혼인, 선량한 풍속이나 사회질서에 반하는 조건부·기한부 혼인 등은 원칙적으로 무효이다. 따라서 甲과 乙 사이의 혼인은 무효이다. 그리고 다수설과 判例인 '당연무효설'에 따르면 혼인무효확인판결을 받지 않더라도 이해관계인은 다른 소송에서 선결문제로 혼인무효를 주장하는 것이 가능하다고 본다.　　　　　　　　　　　　　　　　　　　[○]

㉡ 甲과 乙의 혼인에 대하여 丙은 혼인무효확인소송을 제기할 '확인의 이익'이 있으나, 만약 甲이 사망한 것이 아니라 甲과 乙이 협의이혼했다면 乙은 혼인무효확인소송을 제기할 '확인의 이익'이 없다.

해설▶ ※ 이혼이나 사망으로 인하여 혼인관계가 해소된 후 혼인무효확인청구
> (1) **가능한 경우**(확인의 이익 긍정)
> "과거 일정기간 동안의 혼인관계의 존부의 문제라 해도 혼인무효의 효과는 기왕에 소급하는 것이고 그것이 적출자의 추정, 재혼의 금지 등 당사자의 신분법상의 관계 또는 연금관계법에 기한 유족연금의 수급자격, 재산상속권 등 재산상의 관계에 있어 현재의 법률상태에 직접적인 중대한 영향을 미치는 이상 그 무효확인을 구할 정당한 법률상의 이익이 있다"(대판 1978.7.11. 78므7).
>
> (2) **불가능한 경우**(확인의 이익 부정)
> "청구인과 피청구인 사이의 혼인관계가 이미 협의이혼신고에 의하여 해소되었다면 청구인이 주장하는 위 혼인관계의 무효확인은 과거의 법률관계의 확인으로서 그것이 청구인의 현재의 법률관계에 영향을 미친다고 볼 자료가 없는 이 사건에 있어서 단순히 여자인 청구인이 혼인하였다가 이혼한 것처럼 호적상 기재되어 있어 불명예스럽다는 사유만으로는 확인의 이익이 없다"(대판 1984.2.28. 82므67).　　　　　　　　　　　　　　　　　　　[○]

㉢ 혼인무효확인청구 및 혼인무효로 인한 손해배상청구에는 가사소송법상 조정전치주의가 적용되어 우선 조정신청을 하여야 한다.

---

3) "제815조 1호는 '당사자간에 혼인의 합의가 없는 때'에는 그 혼인은 무효로 한다라고 규정하고 있고, 이 혼인무효 사유는 당사자 간에 사회관념상 부부라고 인정되는 정신적, 육체적 결합을 생기게 할 의사를 갖고 있지 않은 경우를 가리킨다고 해석할 것이므로, 당사자 사이에 비록 혼인의 계출 자체에 관하여 의사의 합치가 있어 일응 법률상의 부부라는 신분관계를 설정할 의사는 있었다고 인정되는 경우라도 그것이 단지 다른 목적을 달성하기 위한 방편에 불과한 것으로서 <u>그들간에 참다운 부부관계의 설정을 바라는 효과의사가 없을 때에는 그 혼인은 제815조 1호의 규정에 따라 그 효력이 없다고 해석하여야 한다</u>"[대판 1996.11.22. 96도 2049 ; 당해 사안은 한국국적의 甲남과 중국 국적의 조선족 乙녀가 참다운 부부관계를 설정할 의사 없이 乙의 국내 취업을 위한 입국을 가능하게 할 목적으로 형식상 혼인신고를 한 경우 공정증서원본불실기재 및 동 행사죄에 해당한다고 본 형사판결이다. 이러한 判例에 따르면 가장혼인은 '무효'이다]

해설▶ ※ **가사소송과 가사비송사건, 조정전치주의 등**
　　혼인무효확인청구의 소는 가류 소송사건으로 조정없이 판결하며, 소송은 당사자, 법정대리인, 4촌이내의 친족이 제기할 수 있다(가사소송법 제24조). 제3자가 혼인무효소송을 제기할 때 무효혼인 부부를 상대방으로 하여야 하고, 그 중 일방이 사망한 경우에는 검사가 아닌 그 생존자가 상대방이 된다(가사소송법 제24조 제2항). 그리고 최종적으로 상대방이 될 자가 사망한 경우에만 검사가 상대방으로 된다. 반면 혼인무효로 인한 손해배상청구의 소는 다류 소송사건으로 조정전치주의가 적용된다(가사소송법 제2조). 　　　　　　　　　　　　　　　　　　　　　　　　　　　　　　　　　　[X]

		종 류	성질 등	조정전치주의
가사 소송	가류	각종 무효확인소송, 친생자관계존부확인의 소	확인의 소	×
	나류	각종 취소소송, 재판상 이혼·파양, 친양자파양, 친생부인의 소, 父를 정하는 소, 인지청구(인지이의 소), 사실혼 관계존부확인의 소	형성의 소	○
	다류	신분관계 해소를 원인으로 한 손해배상의 청구 및 원상회복의 청구	이행의 소	○
가사 비송	라류	제한능력에 관한 사항, 부재자재산관리·실종선고에 관한 사항, 후견 및 친권에 관한 사항	상대방 없음	×
	마류	이혼에 따른 재산분할청구, 상속재산분할청구, 친권자의 지정과 변경, 기여분의 결정	상대방 있음	○
주의		조정전치주의가 적용되는 나류 사건과 마류 사건 중에도, 당사자가 임의로 결정할 수 없는 사항에 관한 것으로서 조정의 성립만으로 효력이 생기지 않고 가정법원의 판결이 있어야 효력이 생기는 것은 다음과 같다. ① 친생부인의 소에서의 조정, ② 父를 정하는 소에서의 조정, ③ 친권상실의 재판에서의 조정, ④ 대리권과 재산관리권의 상실의 재판에서의 조정		

2　혼인무효 등 가사소송법상 가류 가사소송사건에 해당하는 청구는 성질상 당사자가 임의로 처분할 수 없는 사항에 관한 것이므로, 그에 대한 조정이나 재판상 화해가 성립되더라도 효력이 인정되지 않는다.　　　　　　　　　　　　　　　　　　　　　　　　　　　　　　12사법

해설▶ "친생자관계의 존부확인과 같이 현행 가사소송법상의 가류 가사소송사건에 해당하는 청구는 성질상 당사자가 임의로 처분할 수 없는 사항을 대상으로 하는 것으로서 이에 관하여 조정이나 재판상 화해가 성립되더라도 효력이 있을 수 없다"(대판 1999.10.8. 98므1698).　　　　　　　　　　　[○]

2-1　혼인무효 사건은 가사소송사건으로서 자백에 관한 민사소송법의 규정이 적용되지 않고 법원이 직권으로 사실조사 및 필요한 증거조사를 하여야 하는바, 일방 배우자가 상대방 배우자를 상대로 혼인신고 당시에 진정한 혼인의사가 없었다는 사유를 주장하면서 혼인무효 확인의 소를 제기하는 경우, 가정법원으로서는 직권조사를 통해 혼인의사의 부존재가 합리적·객관적 근거에 의하여 뒷받침되는지 판단하여야 한다.　　　　　　　　　　　　　　　　　　　　　　　21년 최신판례

해설▶ 대판 2021.12.10. 2019므11584, 11591　　　　　　　　　　　　　　　　　　　[○]

3　외국인 乙이 甲과의 사이에 참다운 부부관계를 설정하려는 의사 없이 단지 한국에 입국하여 취업하기 위한 방편으로 혼인신고하고 한 달 동안 甲과 혼인생활을 함에 있어서 대부분의 기간 동안 취업을 위해 가출하여 甲과 떨어져 지낸 경우, 甲과 乙 사이의 혼인은 유효하다.　　16사법

해설 ※ **혼인의사의 합치**

제815조 1호는 '당사자간에 혼인의 합의가 없는 때에는 혼인은 무효로 한다'고 규정하고 있다. 여기서 '혼인의 합의' 특히 혼인 '의사'의 구체적 내용 및 본질이 무엇이냐와 관련하여 判例는 "민법 제815조 제1호가 혼인무효의 사유로 규정하는 '당사자 간에 혼인의 합의가 없는 때'란 당사자 사이에 사회관념상 부부라고 인정되는 정신적·육체적 결합을 생기게 할 의사의 합치가 없는 경우를 의미하므로, 당사자 일방에게만 그와 같은 참다운 부부관계의 설정을 바라는 효과의사가 있고 상대방에게는 그러한 의사가 결여되었다면 비록 당사자 사이에 혼인신고 자체에 관하여 의사의 합치가 있어 일응 법률상의 부부라는 신분관계를 설정할 의사는 있었다고 하더라도 그 혼인은 당사자 간에 혼인의 합의가 없는 것이어서 무효라고 보아야한다"(대판 2010.6.10.2010므574)고 판시하여 실질적 의사설의 입장에 있다.

☞ 위 판례사안은 외국인 乙이 甲과의 사이에 참다운 부부관계를 설정하려는 의사 없이 단지 한국에 입국하여 취업하기 위한 방편으로 혼인신고에 이르렀다고 봄이 상당한 사안에서, 설령 乙이 한국에 입국한 후 한 달 동안 甲과 계속 혼인생활을 해왔다고 하더라도 이는 乙이 진정한 혼인의사 없이 위와 같은 다른 목적의 달성을 위해 일시적으로 혼인생활의 외관을 만들어 낸 것이라고 보일 뿐이므로, 甲과 乙사이에는 혼인의사의 합치가 없어 그 혼인은 민법 제815조 제1호에 따라 무효라고 판단한 사례이다. [X]

제3관 혼인의 무효·취소

1 당사자 및 그 배우자, 직계존속, 4촌 이내의 방계혈족 또는 검사는 제810조(중혼의 금지)를 위반한 혼인의 취소를 청구할 수 있다.
2012.2.10.시행 개정법

해설 개정 전 제818조의 내용이다. 즉, 종래에는 '직계존속' 등에는 중혼취소청구권을 부여하고, '직계비속'에게는 중혼취소청구권을 부여하고 있지 않아서 평등원칙에 위반된다는 이유로 헌법재판소의 헌법불합치결정(2009헌가8)에 따라 '직계존속'을 '직계혈족'으로 개정하였다. [X]

2

> **[사례]** 甲남은 乙녀와 결혼하고 혼인신고를 한 후 부부생활을 시작하였다. 그러나 乙녀는 결혼 전부터 사귀어 온 B와 결혼 후에도 계속 내연관계를 맺었고, 결국 집을 나가 B와 다시 혼인신고를 하고 동거하기 시작하였다. 甲남도 乙녀가 집을 나가자 A와 내연관계를 맺어 동거하고 사실상 부부의 관계에까지 이르게 되었다. 甲남은 그 후 사망하였고, A는 임의로 혼인신고를 한다.
> 대판 1983.4.12, 82므64 ; 대판 1987.4.28, 86므130

㉠ 乙과 B의 혼인관계는 중혼적 사실혼이다.

해설 乙은 甲과 유효한 법률혼 관계가 성립된 상태에서 B와 다시 '혼인신고'를 하고 동거하기 시작하였으므로 乙과 B의 혼인관계는 중혼적 사실혼이 아니라 '중혼'에 해당한다. [X]

㉡ 甲과 A사이의 혼인은 무효이므로, A는 甲의 참칭상속인이다.

해설 ※ **A가 참칭상속인인지 여부**

'참칭상속인'이란 상속권이 없음에도 불구하고 상속인인 것 같은 외관을 갖거나 상속인이라고 사칭하는 자이다(대판 1991.2.22, 90다카19470). 사안의 경우 A는 甲이 사망한 후에 임의로 혼인신고를 하였으므로 이러한 혼인신고는 무효이다. 따라서 A는 甲의 배우자가 되지 못하여 상속권이 발생하지 않는다(제815조 참조). 그럼에도 무효인 혼인신고에 근거하여 甲의 배우자로 재산을 이전받았다면 A는 '상속을 원인으로 하여 점유하고 있는 자'에 해당한다. 따라서 A는 참칭상속인에 해당한다. [O]

© 乙이 甲남과 유효한 혼인을 한 후 다시 B와 혼인을 하였다고 하여도 甲 및 B와의 혼인관계는 여전히 유효하므로, 乙은 A에게 상속회복청구권을 행사할 수 있다.

> 해설 ※ **甲과 乙 사이의 혼인관계가 유효한지 여부**
> 사안에서 유효한 법률혼이 甲과 乙 사이에 성립되었으므로, 혼인한 배우자는 상속인으로 인정된다(제1003조). 그러나 乙은 후에 B와 다시 혼인신고를 하고 동거하기에 이르렀으므로 이는 혼인이 유효하게 성립되어 있음에도 불구하고 다시 다른 혼인을 성립시키는 '중혼'이 성립되었다. 민법은 중혼을 금지하고 있으나(제810조), '당사자 및 그 배우자, 직계혈족, 4촌 이내의 방계혈족 또는 검사는 그 취소를 청구할 수 있다'고 규정하여 혼인취소사유로 다룬다(제818조). 따라서 혼인이 취소되기 전까지는 전혼과 후혼 모두 유효한 것으로 다루어진다(통설). 그러므로 乙이 甲남과 유효한 혼인을 한 후 다시 B와 혼인을 하였다고 하여도 甲 및 B와의 혼인관계는 여전히 유효하다.
>
> ※ **乙이 A에 대하여 상속회복청구권을 행사할 수 있는지 여부**
> 判例에 따르면 "乙이 이제 와서 자기와 甲 사이의 혼인신고가 유효한 것이었다고 내세워 A와 甲의 혼인이 무효의 것이라고 주장함은 결과적으로 자기가 두 사람 간의 혼인관계가 모두 유효하다고 주장하는 것이 되어 신의에 좋은 권리행사라고 볼 수 없어 사회생활상 용인될 수 없다 할 것이니 청구인의 권리행사가 권리남용에 해당한다"(대판 1983.4.12, 82므64 ; 대판 1987.4.28, 86므130)고 한다.   [×]

3 배우자의 성염색체 이상과 불임 등의 문제는 민법 제816조 제2호에서 정한 혼인취소 사유로서 '부부생활을 계속할 수 없는 악질 기타 중대한 사유'에 해당한다.   최신판례

> 해설 ※ **제816조 제2호의 혼인취소 사유**
> "혼인은 남녀가 일생의 공동생활을 목적으로 하여 도덕 및 풍속상 정당시되는 결합을 이루는 법률상, 사회생활상 중요한 의미를 가지는 신분상의 계약으로서 본질은 양성 간의 애정과 신뢰에 바탕을 둔 인격적 결합에 있다고 할 것이고, 특별한 사정이 없는 한 임신가능 여부는 민법 제816조 제2호의 부부생활을 계속할 수 없는 악질 기타 중대한 사유에 해당한다고 볼 수 없다. 그리고 '혼인을 계속하기 어려운 중대한 사유'에 관한 민법 제840조 제6호의 이혼사유와는 다른 문언내용 등에 비추어 민법 제816조 제2호의 '부부생활을 계속할 수 없는 중대한 사유'는 엄격히 제한하여 해석함으로써 그 인정에 신중을 기하여야 한다"(대판 2015.2.26, 2014므4734,4741)
> [사실관계] 甲이 배우자인 乙을 상대로 乙의 성기능 장애 등을 이유로 민법 제816조 제2호에 따른 혼인취소를 구한 사안에서, 제반 사정에 비추어 甲의 부부생활에 乙의 성기능 장애는 크게 문제 되지 않았다고 볼 여지가 많고, 설령 乙에게 성염색체 이상과 불임 등의 문제가 있다고 하더라도 이를 들어 민법 제816조 제2호에서 정한 '부부생활을 계속할 수 없는 악질 기타 중대한 사유'에 해당한다고 보기 어려운데도, 이와 달리 본 원심판결에 법리오해 등의 잘못이 있다고 한 사례.   [×]

4 아동성폭력범죄 등의 피해를 당해 임신을 하고 출산을 하였으나 자녀와의 관계가 단절되고 상당한 기간 양육이나 교류 등이 이루어지지 않은 경우, 출산 경력을 고지하지 않은 것은 민법 제816조 제3호에서 정한 혼인취소사유에 해당하지 않는다.   최신판례

> 해설 ※ **제816조 제3호의 혼인취소 사유**
> "당사자가 성장과정에서 본인의 의사와 무관하게 아동성폭력범죄 등의 피해를 당해 임신을 하고 출산까지 하였으나 이후 자녀와의 관계가 단절되고 상당한 기간 동안 양육이나 교류 등이 전혀 이루어지지 않은 경우라면, 출산의 경력이나 경위는 개인의 내밀한 영역에 속하는 것으로서 당사자의 명예 또는 사생활 비밀의 본질적 부분에 해당하고, 나아가 사회통념상 당사자나 제3자에게 그에 대한 고지를 기대할 수 있다거나 이를 고지하지 아니한 것이 신의성실 의무에 비추어 비난받을 정도라고 단정할 수도 없으므로, 단순히 출산의 경력을 고지하지 않았다고 하여 그것이 곧바로 민법 제816조 제3호에서 정한 혼인취소사유에 해당한다고 보아서는 아니 된다. 그리고 이는 국제결혼의 경우에도 마찬가지이다"(대판 2016.2.18, 2015므654,661)   [○]

5 甲은 乙과 재판상 이혼한 후 丙女와 재혼하였으나 재심청구에 의하여 이혼판결이 취소되고 이혼청구가 기각된 경우, 乙의 4촌 이내의 방계혈족은 법원에 甲·丙사이의 혼인취소를 청구할 수 있다.

16사법

> **해설** ※ 중혼취소
> 배우자 있는 자는 다시 혼인하지 못한다(제810조). 즉 중혼은 금지된다(후혼이 취소대상이다).
> 判例는 "甲남이 법률상 부부였던 乙녀를 상대로 이혼심판을 청구하여 승소심판을 선고받고 그 심판이 확정되자 곧 丙녀와 혼인하여 혼인신고를 마쳤으나 그 후 乙녀의 재심청구에 의하여 그 이혼심판의 취소 및 이혼청구기각의 심판이 확정되었다면 甲남과 丙여 사이의 혼인은 중혼에 해당하므로 취소되어야 한다"(대판 1994.10.11. 94므932)고 판시하였다. 아울러 당사자 및 그 배우자, 직계혈족, 4촌 이내의 방계혈족 또는는 검사는 제810조(중혼금지)를 위반한 혼인의 취소를 청구할 수 있다(제818조).
> ☞ 따라서 乙의 4촌 이내의 방계혈족은 법원에 甲·丙사이의 혼인취소를 청구할 수 있다.　　　　[○]

6 사기·강박으로 인해 乙과 혼인한 甲의 사망으로 乙이 甲의 재산을 상속받은 후 甲·乙사이의 혼인이 취소된 경우, 乙이 취득한 상속재산은 법률상 원인 없이 취득한 것이라고 볼 수 없다.

16사법

> **해설** ※ 혼인취소의 비소급효(장래효)
> 사기 또는 강박으로 인하여 혼인의 의사표시를 한 경우 혼인취소사유에 해당하나(제816조 제3호), 혼인의 취소의 효력은 기왕에 소급하지 않으므로(제824조), 甲과 乙사이 혼인이 취소되기 전 상속인으로서 상속받은 재산은 법률상 원인이 없다고 볼 수 없다.
> "민법 제824조는 '혼인의 취소의 효력은 기왕에 소급하지 아니한다.'고 규정하고 있을 뿐 재산상속 등에 관해 소급효를 인정할 별도의 규정이 없는바, 혼인 중에 부부 일방이 사망하여 상대방이 배우자로서 망인의 재산을 상속받은 후에 그 혼인이 취소되었다는 사정만으로 그 전에 이루어진 상속관계가 소급하여 무효라거나 또는 그 상속재산이 법률상 원인 없이 취득한 것이라고는 볼 수 없다"(대판 1996.12.23., 95다43308).　　　　[○]

제4관 혼인의 효과

1 '비록 부부가 아직 이혼하지 아니하였지만' 부부공동생활이 파탄되어 실체가 더 이상 존재하지 아니하게 되고 객관적으로 회복할 수 없는 정도에 이른 경우에는 제3자가 부부의 일방과 성적인 행위를 하더라도 배우자에 대하여 손해배상책임을 부담하는 것은 아니다.

17변호, 15법행

> **해설** 대판 2014.11.2. 전합2011므2997 판시내용　　　　[○]

1-1 제3자가 부부의 일방과 부정행위를 함으로써 혼인의 본질에 해당하는 부부공동생활을 침해하거나 유지를 방해하고 그에 대한 배우자로서의 권리를 침해하여 배우자에게 정신적 고통을 가하는 행위는 원칙적으로 불법행위를 구성하며, 부부의 일방과 제3자가 부담하는 불법행위책임은 공동불법행위책임으로서 부진정연대채무관계에 있다.

최신판례

> **해설** ※ 부부의 일방과 제3자가 부정행위를 한 경우
> "부부는 동거하며 서로 부양하고 협조할 의무를 진다(제826조). 부부는 정신적·육체적·경제적으로 결합된 공동체로서 서로 협조하고 보호하여 부부공동생활로서의 혼인이 유지되도록 상호 간에 포괄적으로 협력할 의무를 부담하고 그에 관한 권리를 가진다. 이러한 동거의무 내지 부부공동생활 유지의무의 내용으로서 부부는 부정행위를 하지 아니하여야 하는 성적(性的) 성실의무를 부담한다. 부부의 일방이 부정행위를 한 경우에 부부의 일방은 그로 인하여 배우자가 입은 정신적 고통에 대하여 불법행위에 의한 손해배상의무를 진다. 한편 제3자도 타인의 부부공동생활에 개입하여 부부공동생활의 파탄을 초래하는 등

그 혼인의 본질에 해당하는 부부공동생활을 방해하여서는 아니 된다. 제3자가 부부의 일방과 부정행위를 함으로써 혼인의 본질에 해당하는 부부공동생활을 침해하거나 유지를 방해하고 그에 대한 배우자로서의 권리를 침해하여 배우자에게 정신적 고통을 가하는 행위는 원칙적으로 불법행위를 구성한다. 그리고 부부의 일방과 제3자가 부담하는 불법행위책임은 공동불법행위책임으로서 부진정연대채무 관계에 있다"(대판 2015. 5. 29. 2013므2441) [O]

2   부부간의 계약은 혼인 중 언제든지 부부의 일방이 이를 취소할 수 있다.   2012. 2. 10. 시행 개정법

> 해설▶ 종래 제828조의 내용이나, 2012년 개정법에서 삭제되었다. 따라서 이제는 부부 사이의 계약이 총칙규정에 따라 취소될 수 있고, 당연히 그 취소에 제146조(취소권의 단기제척기간)가 적용된다. [X]

2-1   甲이 혼인 중 배우자인 乙에게 자신의 부동산을 증여한 경우, 부부간의 계약은 혼인 중 언제든지 부부의 일방이 이를 취소할 수 있으므로, 아직 혼인 중이라면 甲은 증여계약을 언제든지 취소할 수 있다. 하지만 甲과 乙사이에 형식적인 혼인관계는 지속되고 있지만, 실질적인 혼인관계가 파탄되어 있는 상태라면 취소가 부정된다.   16사법

> 해설▶ ※ 제828조의 '혼인 중'의 의미
> 과거 대법원은 "민법 제828조에서 '혼인 중'이라 함은 단지 형식적으로 혼인관계가 계속되고 있는 상태를 의미하는 것이 아니라, 형식적으로는 물론 실질적으로도 원만한 혼인관계가 계속되고 있는 상태를 뜻한다고 보아야 하므로 혼인관계가 비록 형식적으로는 계속되고 있다고 하더라도 실질적으로 파탄에 이른 상태라면 위 규정에 의한 계약의 취소는 할 수 없다"고 판시하였으나(대판 1993. 11. 26, 93다40072), 부부간 계약취소권규정(민법 제828조)은 삭제되었으므로 지문은 더 이상 맞지 않다. [X]

3

> **[사례]** 부부 사이인 甲남과 乙녀는 닭꼬치 사업을 공동으로 운영하여 X주택을 구입하고 이를 甲 명의로 이전등기를 해 두었다. 乙은 丙으로부터 200만원에 가구를 구입하고 대금의 일부인 80만원을 지불하면서 가구를 인도 받았으나, 잔대금 120만원을 지불하지 않고 있었다. 한편 甲의 간통사실이 들통나면서 甲과 乙은 자주 다투었고, 결국 그 후 甲은 乙과 이혼하고 丁과 결혼하겠다고 하며 丁과 동거생활을 하였다.

㉠ 부부의 일방이 혼인 중에 자기 명의로 취득한 재산은 명의자의 특유재산으로 추정되고, 다만 재산을 취득함에 있어 상대방의 협력이 있었다거나 혼인생활에 있어 내조의 공이 있었다는 것이 증명된 때에는 특유재산의 추정은 번복되어 다른 일방의 소유이거나 쌍방의 공유라고 보아야 한다.

> 해설▶ ※ 혼인 중 부부일방의 명의로 취득한 재산
> 민법이 혼인 중 부부일방의 명의로 취득한 재산에 대해서 그 일방의 특유재산으로 하는 것(제830조 1항)은 부부 내부관계에서는 '추정적 효과' 밖에 생기지 않으므로, 실질적으로 다른 일방 또는 쌍방이 그 재산의 대가를 부담하여 취득한 것이 증명된 때에는 그 추정은 깨어지고 다른 일방의 소유이거나 쌍방의 공유라고 보게 된다(대판 1992. 8. 14, 92다16171). 判例는 일반적으로 금전적 대가 지급, 공동채무 부담 등 '유형적 기여'가 있어야 특유재산의 추정을 번복할 사유가 된다고 하며, 단순히 협력이 있었다거나 결혼생활에 내조의 공이 있었다는 것만으로는 이에 해당하지 않는다고 한다(대판 1986. 9. 9. 85다카1337, 1338).[4)] [X]

---

4) "부부의 일방이 혼인 중 그의 명의로 취득한 부동산은 그의 특유재산으로 추정되는 것으로서 그 부동산을 취득함에 있어 상대방의 협력이 있었다거나 혼인생활에 있어 내조의 공이 있었다는 것만으로는 위 추정을 번복할 수 있는 사유가 되지 못하고 그 부동산을 부부 각자가 대금의 일부씩을 분담하여 매수하였다거나 부부가 연대채무를 부담하여 매수하였다는 등의 실질적 사유가 주장·입증되는 경우에 한하여 위 추정을 번복하고 그 부동산을 부부의 공유로 인정할 수 있다"

> 비교판례 이와 구별해야 할 判例로 "민법 제839조의2에 규정된 재산분할 제도는 부부가 혼인 중에 취득한 실질적인 공동재산을 청산 분배하는 것을 주된 목적으로 하는 것이므로 부부가 협의에 의하여 이혼할 때 쌍방의 협력으로 이룩한 재산이 있는 한, 처가 가사노동을 분담하는 등으로 내조를 함으로써 부의 재산의 유지 또는 증가에 기여하였다면 쌍방의 협력으로 이룩된 재산은 재산분할의 대상이 된다"(대결 1993.5.11. 93스6)고 보아 혼인관계를 유지하면서 특유재산의 추정을 번복하기 위한 요건과 이혼을 하면서 재산분할을 청구하기 위한 요건에 차이를 두고 있다(즉, 특유재산추정법리와 관련해서는 공유의 인정범위를 매우 좁게 보는 반면 재산분할청구에서는 보다 넓게 파악하고 있다).

ⓛ X주택은 甲남의 특유재산이라는 추정이 번복된다.

> 해설 사안의 경우 X주택은 甲과 乙이 사업을 공동으로 운영하는 등 공동의 노력에 의하여 형성한 재산으로 乙의 유형적 기여가 있었으므로 특유재산의 추정은 번복되어 내부적으로 쌍방의 공유라고 보아야 한다.   [○]

ⓒ 甲명의로 된 X주택은 乙의 지분에 관하여 명의신탁된 것으로 볼 수 있고, 이는 원칙적으로 부동산실명법에 위반되지 않는다.

ⓔ 만약 甲이 X주택을 乙의 동의 없이 A에게 처분하였다면 A는 소유권을 유효하게 취득한다.

> 해설 ※ **부부일방의 명의로 되어 있지만 실질적으로 부부의 공동재산에 속하는 재산의 법률관계**
>
> (1) **제3자와의 외부관계**
>   부부가 협력하여 부동산을 구입하는 경우 등기명의자가 아닌 타방은 자기의 공유지분을 명의자에게 '명의신탁' 한 것이라고 해석함이 타당하다(채권적 효과설, 判例[5]). 이에 따르면 내부적으로 공동소유이더라도 제3자와의 관계에서는 명의자의 단독소유로 다루어진다. 따라서 **명의자는 단독으로 유효한 처분행위를 할 수 있으나** 타방 배우자는 명의자로부터 처분권 및 대리권을 수여받아야 유효한 법률행위를 할 수 있다(그 재산이 내부적으로 공유재산이라고 하기 위하여는 그 재산의 명의자가 아닌 부부 일방이 그러한 단독소유의 추정을 뒤집을 증명책임을 부담한다. 반증이 있는 경우에도 반증을 한 부부 일방에게 곧 당해 부동산의 소유권이 인정되는 것은 아니며, 상대방에 대하여 공동소유의 등기나 분할등기 등을 청구할 권리를 갖는데 불과하다).
>
> (2) **부부간의 내부관계**
>   부부일방의 명의로 된 재산의 취득에 있어 배우자의 기여분이 포함된 경우에 그 기여분에 해당하는 공유지분에 관하여 배우자의 재산이 '명의신탁' 된 것으로 보아야 한다. 이는 원칙적으로 부동산실명법에 위반되지 않는다(부동산실명법 제8조 2호 ; 제8조 2호의 '배우자' 는 법률상의 배우자에 한정된다(대판 1999.5.14. 99두35 등). 이러한 재산은 내부적으로 공동귀속하므로 부부는 관리·사용·처분에 있어 그의 '지분' 에 상응하는 권한을 갖는다. 그러므로 이와 상충되는 범위에서 제831조는 적용이 제한된다. 명의인이 배우자와 협의없이 무단으로 그 부동산을 제3자에게 처분한 경우에, 제3자에 대한 관계에서 그 처분은 유효하지만 내부적으로는 책임을 면키 어렵다(명의신탁의 법률관계 참고). 명의신탁된 재산은 이혼 후 명의신탁을 해지하고 분할을 청구할 수 있다(제839조의2, 제843조).
>   ☞ 따라서 사안에서 X주택이 공동소유이더라도 乙의 지분은 명의자 甲에게 명의신탁된 것이므로 제3자와의 관계에서는 명의자 甲의 단독소유로 다루어진다. 따라서 A는 甲의 배임행위에 적극 가담하는 등의 특별한 사정이 없는 한 선악을 불문하고 X주택의 소유권을 유효하게 취득한다.
>   ⓒ [○] ⓔ [○]

---

[5] "부부의 일방이 혼인 중 단독 명의로 취득한 부동산은 그 명의자의 특유재산으로 추정되므로, 다른 일방이 그 실질적인 소유자로서 편의상 명의신탁한 것이라고 인정받기 위하여는 자신이 실질적으로 당해 재산의 대가를 부담하여 취득하였음을 증명하여야 하고"(대판 1998.12.22. 98두15177).

ⓜ 甲과 乙이 법적으로 이혼하기 전에 丁이 甲과의 사실상 혼인관계의 해소를 원인으로 재산분할을 청구하는 경우, 甲과 乙의 혼인관계가 사실상 이혼상태였다면 丁의 재산분할청구는 허용된다.

해설 ※ 중혼적 사실혼 배우자의 사실혼 해소에 따른 재산분할청구권

判例는 ① 부부재산의 청산의 의미를 갖는 재산분할에 관한 규정은 부부의 생활공동체라는 실질에 비추어 인정되는 것이므로 사실혼관계에도 원칙적으로 준용 또는 유추적용할 수 있다(대판 1995.3.10. 94므1379)고 한다. ② 그러나 "법률상 배우자 있는 자는 그 법률혼 관계가 사실상 이혼상태라는 등의 특별한 사정이 없는 한 사실혼 관계에 있는 상대방에게 그와의 사실혼 해소를 이유로 재산분할을 청구함은 허용되지 않는다"(대결 1995.7.3. 94스30)고 하여 원칙적으로 재산분할청구권을 부정하는 태도를 보이고 있다. ③ 또한 "법률상의 혼인을 한 부부의 어느 한쪽이 집을 나가 장기간(20년) 돌아오지 아니하고 있는 상태에서, 부부의 다른 한쪽이 제3자와 혼인의 의사로 실질적인 혼인생활을 하고 있다고 하더라도, 특별한 사정이 없는 한, 이를 사실혼으로 인정하여 법률혼에 준하는 보호를 허여할 수는 없다"(대판 1995.9.26. 94므1638)고 하여 '사실상의 이혼상태'의 인정기준에 관하여서도 엄격하게 이해하고 있다.

[ㅇ]

3-1

[사례] 위 사안에서 乙은 혼인을 계속할 의사가 없음에도 甲과 丁이 결혼하는 것을 방해하고자 甲의 이혼요구를 계속해서 거절하였다. 이에 甲은 이혼소송을 제기하였다.

㉠ 甲의 이혼청구권은 인정되지 않는다.

해설 ※ 유책배우자의 이혼청구

判例는 유책배우자의 이혼청구(제840조 6호)를 배척하는 것이 기본입장이나, ⅰ) 상대방도 이혼의 반소를 제기하여 이혼의사가 있는 경우나(대판 1987.12.8. 87므44), ⅱ) 상대방도 혼인을 계속할 의사가 없음이 객관적으로 명백한데도 오기나 보복적 감정에서 이혼에 응하지 아니하고 있을 뿐이라는 등 특별한 사정이 있는 경우는 예외적으로 유책배우자의 이혼청구권이 인정된다(대판 1969.12.9. 69므31)고 한다.

그리고 최근에는 전원합의체 판결을 통해 그 사유를 확대하였는바, "㉠ 이혼을 청구하는 배우자의 유책성을 상쇄할 정도로 상대방 배우자 및 자녀에 대한 보호와 배려가 이루어진 경우, ㉡ 세월의 경과에 따라 혼인파탄 당시 현저하였던 유책배우자의 유책성과 상대방 배우자가 받은 정신적 고통이 점차 약화되어 쌍방의 책임의 경중을 엄밀히 따지는 것이 더 이상 무의미할 정도가 된 경우 등과 같이 혼인생활의 파탄에 대한 유책성이 그 이혼청구를 배척해야 할 정도로 남아 있지 아니한 특별한 사정이 있는 경우에는 예외적으로 유책배우자의 이혼청구를 허용할 수 있다"(대결 2015.9.15. 전합2013므568)고 한다.

☞ 사안에서 乙은 혼인을 계속할 의사가 없음에도 甲과 丁이 결혼하는 것을 방해하고자 甲의 이혼요구를 계속해서 거절하고 있는 것은 이혼의사가 있으면서도 오기나 보복적 감정에 의해 형식적으로 이혼을 거부하는 것으로 유책배우자 甲의 이혼청구는 허용된다.

[X]

㉡ 만약 甲의 이혼청구권이 인정된다면, 甲은 이혼시 재산분할을 청구할 수 있다.

해설 "혼인 중에 부부가 협력하여 이룩한 재산이 있는 경우에는 혼인관계의 파탄에 대하여 책임이 있는 배우자라도 재산의 분할을 청구할 수 있다"(대결 1993.5.11. 93스6).

[ㅇ]

㉢ X주택은 이혼시 재산분할의 대상이 되고, 甲이 향후 받을 퇴직금이 있다면 乙은 이에 대해서도 재산분할을 청구할 수 있다.

해설 "민법 제839조의2에 규정된 재산분할 제도는 부부가 혼인 중에 취득한 실질적인 공동재산을 청산 분배하는 것을 주된 목적으로 하는 것이므로 부부가 협의에 의하여 이혼할 때 쌍방의 협력으로 이룩한 재산이 있는 한, 처가 가사노동을 분담하는 등으로 내조를 함으로써 부의 재산의 유지 또는 증가에 기여하였다면 쌍방의 협력으로 이룩된 재산은 재산분할의 대상이 된다"(대판 1993.5.11. 93스6)

☞ X주택은 비록 甲명의로 되어 있다하더라도 그 재산형성에 乙의 적극적 협력이 있었던 만큼 재산분할의 대상이 된다.

종래 判例는 "향후 수령할 퇴직연금은 여명을 확정할 수 없으므로 이를 바로 분할대상 재산에 포함시킬 수는 없고, 제839조의2 ②항의 '기타 사정'으로 참작하여 분할액수와 방법을 정함이 상당하다"(대판 1997.3.14. 96므1533,1540)고 판시하였으나, 최근 전원합의체 판결에 의해 견해를 변경한바, "부부 일방이 아직 재직 중이어서 실제 퇴직급여를 수령하지 않았더라도 이혼소송의 사실심 변론종결시에 이미 잠재적으로 존재하여 그 경제적 가치의 현실적 평가가 가능한 재산인 퇴직급여채권은 재산분할의 대상에 포함시킬 수 있으며, 구체적으로는 이혼소송의 사실심 변론종결시를 기준으로 그 시점에서 퇴직할 경우 수령할 수 있을 것으로 예상되는 퇴직급여 상당액의 채권이 그 대상이 된다고 할 것이다"(대판 2014.7.16. 전합2013므2250)라고 판시하고 있다.　　　　　　　　　　　　[O]

㉣ 이혼에 따른 재산분할은 혼인 중 쌍방의 협력으로 형성된 공동재산의 청산이라는 성격에 상대방에 대한 부양적 성격이 가미된 제도이므로, 분할자의 유책행위에 의하여 이혼함으로 인해 입게 되는 정신적 손해를 배상하기 위한 급부로서의 성질까지 포함하여 분할할 수는 없다.

해설 ※ 재산분할청구권과 위자료청구권과의 관계

判例는 기본적으로 별개청구권설의 입장을 따르면서도, 재산분할에 분할자의 유책행위에 의하여 이혼함으로 인하여 입게 되는 정신적 손해를 배상하기 위한 급부로서의 성질까지 포함하여 분할할 수도 있다고 하여, 포괄청구권설의 입장을 따른 듯한 것도 있다(대판 2001.5.8. 2000다58804).[6]

"이혼에 있어서 재산분할은 부부가 혼인 중에 가지고 있었던 실질상의 공동재산을 청산하여 분배함과 동시에 이혼 후에 상대방의 생활유지에 이바지하는 데 있지만, 분할자의 유책행위에 의하여 이혼함으로 인하여 입게 되는 정신적 손해(위자료)를 배상하기 위한 급부로서의 성질까지 포함하여 분할할 수도 있다"(대판 2001.5.8. 2000다58804).　　　　　　　　　　　　[X]

㉤ 가구구입으로 인해 발생한 잔대금채무 120만원은 일상가사로 인한 채무로서 혼인 중에는 연대책임을 지지만, 이혼 후에는 분할채무로 된다.

해설 ※ 일상가사로 인한 연대책임

일상가사로 인한 연대책임은 통상의 연대채무보다 더욱 밀접한 부담관계가 있다. 따라서 부부는 완전히 동일한 내용의 채무를 병존적으로 부담하고, 부담부분에 관한 연대채무의 규정(제418조2항, 제419조, 제421조)은 적용이 없다. 한편 연대책임은 혼인 해소 후에도 존속하지만, 혼인공동생활이 종료한 경우 부부 사이의 연대채무도 변화하여 보통의 연대채무로 변경되어 존속한다(제413조, 제414조).　[X]

4　　甲이 乙과 약혼 후 자신의 부동산을 乙 명의로 명의신탁등기를 하고 나서 乙과 혼인을 했다면, 조세포탈 등을 목적으로 하지 않는 한 그 명의신탁등기는 등기가 이루어진 때부터 유효하다.

16사법

해설 등기가 이루어진 때부터가 아니라 혼인한 때부터이다.

"부동산실권리자명의등기에관한법률 제8조 제2호에서는 배우자 명의로 부동산에 관한 물권을 등기한 경우로서 조세포탈, 강제집행의 면탈 또는 법령상 제한의 회피를 목적으로 하지 아니하는 경우에는 그 명의신탁약정과 그 약정에 기하여 행하여진 물권변동을 무효로 보는 위 법률 제4조 등을 적용하지 않는다고 규정하고 있는바, 어떠한 명의신탁등기가 위 법률에 따라 무효가 되었다고 할지라도 그 후 신탁자와 수탁자가 혼인하여 그 등기의 명의자가 배우자로 된 경우에는 조세포탈, 강제집행의 면탈 또는 법령상 제한의 회피를 목적으로 하지 아니하는 한 이 경우에도 위 법률 제8조 제2호의 특례를 적용하여 그 명의신탁등기는 당사자가 혼인한 때로부터 유효하게 된다고 보아야 할 것이다"(대판 2002.10.25. 2002다23840)　　　　　　　　　[X]

---

6) 학설은 재산분할청구권과 위자료청구권은 서로 요건과 성격이 다른 청구권이므로 양립가능하다고 보는 별개청구권설(다수설)과 ② 재산분할액에 손해배상이 포함된 것으로 이해하여 별도의 위자료 청구를 허용하지 않는 포괄청구권설의 대립이 있다.

5　처(妻) 乙이 남편 甲의 인감도장과 용도란에 아무런 기재 없이 대리방식으로 발급받은 인감증
명서를 소지하고 甲을 대리하여 친정 오빠의 할부판매보증보험계약상의 채무를 연대보증한 경
우, 특별한 사정이 없는 한 표현대리가 성립한다.　16사법

해설　부부는 일상의 가사에 관하여 대리권을 갖는다(제827조 1항). 그러나 지문의 경우 乙은 오빠의 할부판매
보증보험계약상의 채무를 연대보증하였으므로 일상가사의 범위에 속하지 않는 법률행위를 하였다. 이
경우 일상가사의 범위를 넘는 법률행위에 대해 표현대리(제126조)의 성립이 가능한지 문제된다.
대법원은 부부가 일상가사의 범위를 벗어난 사항에 대한 대리행위를 한 경우 일상가사대리권을 기본대
리권으로 하여 제126조의 표현대리를 직접적용한다(대판 1968.11.26, 68다1727, 1728). 그러나 대법원은 부부별산
제의 취지에 비추어 제126조의 요건인 정당한 이유의 유무를 판단함에 있어 엄격하게 판단하는 바, "타인의
채무에 대한 보증행위는 그 성질상 아무런 반대급부 없이 오직 일방적으로 불이익만을 입는 것인 점에 비추
어 볼 때, 남편이 처에게 타인의 채무를 보증함에 필요한 대리권을 수여한다는 것은 사회통념상 이례에 속하
므로, 처가 특별한 수권 없이 남편을 대리하여 위와 같은 행위를 하였을 경우에 그것이 민법 제126조 소
정의 표현대리가 되려면 처에게 일상가사대리권이 있었다는 것만이 아니라 상대방이 처에게 남편이 그
행위에 관한 대리의 권한을 주었다고 믿었음을 정당화할 만한 객관적인 사정이 있어야 한다"(대판
1998.7.10, 98다18988)고 판시하여 처가 임의로 남편의 인감도장과 용도란에 아무런 기재 없이 대리방식으로
발급받은 인감증명서를 소지하고 남편을 대리하여 친정 오빠의 할부판매보증보험계약상의 채무를 연대
보증한 경우, 남편의 표현대리 책임을 부정하였다.　[×]

제5관 이 혼

1　乙녀의 남편 甲이 의식불명의 식물인간 상태에 빠져 금치산선고를 받고, 채 1년도 되지 않아서
乙녀가 甲의 후배와 간통을 하였다. 이 경우 그 사실을 알게 된 甲의 후견인이자 甲의 父인 A
는 금치산자 甲의 이혼의사를 주관적으로 추정할 수 있는 경우에는 의사무능력 상태에 있는 甲
을 대리하여 乙녀를 상대로 재판상 이혼을 청구할 수 있다.　17변호

해설　※ 제한능력자의 이혼소송
피성년후견인(종래 금치산자)이 이혼소송을 제기할 수 있는지 문제되는바, 피성년후견인은 법정대리인의 대
리에 의하여 소송행위를 하여야 하므로(민사소송법 제55조), 이와 같이 법정대리인이 대리하지 않는 한
소송을 할 수 없는 경우에는 법정대리인의 대리를 인정하여야 할 것이다.
判例도 개정 전 민법에서 후견인이 의사무능력 상태에 있는 금치산자를 대리하여 그 배우자를 상대로
재판상 이혼을 청구할 수 있다고 본다(그 금치산자의 배우자가 후견인이 되는 때에는 제940조에 의해 후견인을
배우자에서 다른 사람으로 변경하는 것을 전제로 한다). 다만 이는 **이혼사유가 존재하고 나아가 피성년후견인**
(종래 금치산자)**의 이혼의사를 객관적으로 추정할 수 있는 경우이어야 한다**(아래 2009므639판결).
"의식불명의 식물상태와 같은 의사무능력 상태에 빠져 금치산선고를 받은 자의 배우자에게 부정행위나
악의의 유기 등과 같이 민법 제840조 각 호가 정한 이혼사유가 존재하고 나아가 금치산자의 이혼의사를
객관적으로 추정할 수 있는 경우에는, 민법 제947조, 제949조에 의하여 금치산자의 요양·감호와 그의 재
산관리를 기본적 임무로 하는 후견인(민법 제940조에 의하여 배우자에서 변경된 후견인이다)으로서는
의사무능력 상태에 있는 금치산자를 대리하여 그 배우자를 상대로 재판상 이혼을 청구할 수 있다. 다만,
위와 같은 금치산자의 **이혼의사를 (객관적으로)** 추정할 수 있는 것은, 당해 이혼사유의 성질과 정도를 중심
으로 금치산자 본인의 결혼관 내지 평소 일상생활을 통하여 가족, 친구 등에게 한 이혼에 관련된 의사표
현, 금치산자가 의사능력을 상실하기 전까지 혼인생활의 순탄 정도와 부부간의 갈등해소방식, 혼인생활
의 기간, 금치산자의 나이·신체·건강상태와 간병의 필요성 및 그 정도, 이혼사유 발생 이후 배우자가 취
한 반성적 태도나 가족관계의 유지를 위한 구체적 노력의 유무, 금치산자의 보유 재산에 관한 배우자의
부당한 관리·처분 여하, 자녀들의 이혼에 관한 의견 등의 제반 사정을 종합하여 ⅰ) 혼인관계를 해소하는
것이 객관적으로 금치산자의 최선의 이익에 부합한다고 인정되고 ⅱ) 금치산자에게 이혼청구권을 행사할 수
있는 기회가 주어지더라도 혼인관계의 해소를 선택하였을 것이라고 볼 수 있는 경우이어야 한다"(대판
2010.4.29, 2009므639).　[×]

2 이혼을 청구하는 배우자의 유책성을 상쇄할 정도로 상대방 배우자 및 자녀에 대한 보호와 배려가 이루어진 경우이거나, 혼인생활의 파탄에 대한 유책성이 그 이혼청구를 배척해야 할 정도로 남아 있지 아니한 특별한 사정이 있는 경우에는 예외적으로 유책배우자의 이혼청구를 허용할 수 있다.

22변호

> 해설 ※ 유책배우자의 이혼청구를 허용할 수 있는지 여부(원칙적 소극)
> " 대법원은 일찍부터 재판상 이혼원인에 관한 민법 제840조는 원칙적으로 유책주의를 채택하고 있는 것으로 해석하여 왔다. 그리하여 민법 제840조 제1호 내지 제5호의 이혼사유가 있는 것으로 인정되는 경우라 할지라도 전체적으로 보아 그 이혼사유를 일으킨 배우자보다도 상대방 배우자에게 혼인파탄의 주된 책임이 있는 경우에는 그 상대방 배우자는 그러한 이혼사유를 들어 이혼청구를 할 수 없다고 하였다. 또한 민법 제840조 제6호의 이혼사유(이하 '제6호 이혼사유'라고 한다)에 관하여도 혼인생활의 파탄에 주된 책임이 있는 배우자는 그 파탄을 사유로 하여 이혼을 청구할 수 없는 것이 원칙임을 확인하고 있다.
> 그러나 대법원판례가 유책배우자의 이혼청구를 허용하지 아니하는 것은 앞서 본 바와 같이 혼인제도가 요구하는 도덕성에 배치되고 신의성실의 원칙에 반하는 결과를 방지하려는 데에 있으므로, 혼인제도가 추구하는 이상과 신의성실의 원칙에 비추어 보더라도 그 책임이 반드시 이혼청구를 배척해야 할 정도로 남아 있지 아니한 경우에는 그러한 배우자의 이혼청구는 혼인과 가족제도를 형해화할 우려가 없고 사회의 도덕관·윤리관에도 반하지 아니한다고 할 것이므로 허용될 수 있다고 보아야 한다.
> 그리하여 대법원판례에서 이미 허용하고 있는 것처럼 상대방 배우자도 혼인을 계속할 의사가 없어 일방의 의사에 의한 이혼 내지 축출이혼의 염려가 없는 경우는 물론, 나아가 이혼을 청구하는 배우자의 유책성을 상쇄할 정도로 상대방 배우자 및 자녀에 대한 보호와 배려가 이루어진 경우, 세월의 경과에 따라 혼인파탄 당시 현저하였던 유책배우자의 유책성과 상대방 배우자가 받은 정신적 고통이 점차 약화되어 쌍방의 책임의 경중을 엄밀히 따지는 것이 더 이상 무의미할 정도가 된 경우 등과 같이 혼인생활의 파탄에 대한 유책성이 그 이혼청구를 배척해야 할 정도로 남아 있지 아니한 특별한 사정이 있는 경우에는 예외적으로 유책배우자의 이혼청구를 허용할 수 있다"(대판 2015.9.15. 전합2013므568)   [O]

2-1 혼인기간 중 10여 차례에 이를 정도로 협의이혼 절차 또는 이혼소송 절차를 신청 내지 청구하였다가 취하하는 행위를 반복하는 등 더 이상 혼인관계를 유지하는 것이 무의미하고, 오히려 미성년 자녀의 복지를 해한다고 판단되는 경우 유책배우자의 이혼 청구를 예외적으로 허용할 수 있다. 최신판례

> 해설 대판 2020. 11. 12 2020므11818판시내용   [O]

2-2 배우자 쌍방이 모두 혼인관계를 유지하기 위한 의욕을 상실한 채 상호 방관 또는 적대하는 상태로 상당한 시간이 경과한 끝에 결국 혼인관계가 돌이킬 수 없을 정도의 파탄에 이르게 되었다면 배우자 쌍방이 혼인관계 파탄에 대한 책임을 나누어 가져야 할 것이고, 당초 어느 일방의 인격적 결함이 그러한 갈등 또는 불화의 단초가 되었다는 사정만으로 그에게 이혼청구를 할 수 없을 정도의 주된 책임이 있다고 단정할 수 없다. 최신판례

> 해설 대판 2022. 6. 16. 2022므10109판시내용   [O]

3 이혼소송의 원고가 「민법」 제840조 제2호 사유와 제6호 사유를 주장하는 경우 제2호 사유의 존부를 먼저 판단하고, 그것이 인정되지 않는 경우에 비로소 제6호의 원인을 최종적으로 판단하여야 한다.

17변호

> 해설 判例는 "재판상 이혼사유에 관한 제840조는 동조가 규정하고 있는 각 호 사유마다 각 별개의 독립된 이혼사유를 구성하는 것"(대판 2000.9.5. 99므1886)이라고 판시하면서, "재판상 이혼사유에 관한 민법 제840조는 동조가 규정하고 있는 각 호 사유마다 각 별개의 독립된 이혼사유를 구성하는 것이고, 이혼청구를 구하면서 위 각 호 소정의 수개의 사유를 주장하는 경우 법원은 그 중 어느 하나를 받아들여 청구를 인용할 수 있다"(대판 2000.9.5. 99므1886)고 한다.   [X]

4 甲과 乙이 협의이혼을 하였는데, 협의에 의하여 미성년인 자 丙의 친권자는 甲으로, 양육권자는 乙로 분리하여 정하는 것도 가능하다. 13·22변호

해설 "민법 제837조, 제909조 4항 등이 부부의 이혼 후 그 자의 친권자와 그 양육에 관한 사항을 각기 다른 조항에서 규정하고 있는 점 등에 비추어 보면, 이혼 후 부모와 자녀의 관계에 있어서 친권과 양유권이 항상 같은 사람에게 돌아가야 하는 것은 아니며, 이혼 후 자에 대한 양육권이 부모 중 어느 일방에, 친권이 다른 일방에 또는 부모에 공동으로 귀속되는 것으로 정하는 것은, 비록 신중한 판단이 필요하다고 하더라도, 일정한 기준을 충족하는 한 허용된다"(대판 2012.4.13, 2011므4719). [O]

4-1 재판상 이혼 시 친권자와 양육자로 지정된 처(妻)는 부(夫)에게 양육비를 청구할 수 있고, 이 경우 가정법원은 자녀의 양육비 중 처(妻)가 부담해야 할 양육비를 제외하고 부(夫)가 분담해야 할 적정 금액의 양육비만을 결정하여야 한다. 21변호

해설 대판 2020.5.14, 2019므15302판시내용 [O]

5 성년에 이르는 연령이 20세에서 19세로 변경된 민법 시행 이전에 이혼에 따른 장래의 양육비 지급을 명하는 재판이 확정되었으나, 법 시행 당시 사건본인이 성년에 도달하지 않은 경우, 양육비 지급의 종료 시점은 사건본인이 19세에 이르기 전날이다. 최신판례

해설 "이혼한 부부 중 일방이 미성년자의 자녀에 대한 양육자 지정청구와 함께 장래의 이행을 청구하는 소로서 양육비 지급을 동시에 청구할 수 있고, 위와 같은 청구에 따라 장래의 양육비 지급을 명한 확정판결이나 이와 동일한 효력이 있는 조정조서나 화해권고결정 등에서 사건본인이 성년에 이르는 전날까지 양육비 지급을 명한 경우 재판의 확정 후 사건본인이 성년에 도달하기 전에 법률의 개정으로 성년에 이르는 연령이 변경되었다면 변경된 성년 연령이 양육비를 지급하는 종료 기준시점이 된다. 따라서 2011. 3. 7. 법률 제10429호로 개정되어 2013. 7. 1.부터 시행된 민법 제4조에 의하여 성년에 이르는 연령이 종전 20세에서 19세로 변경되었으므로 법 시행 이전에 장래의 양육비 지급을 명하는 재판이 확정되었더라도 법 시행 당시 사건본인이 아직 성년에 도달하지 아니한 이상 양육비 종료 시점은 개정된 민법 규정에 따라 사건본인이 19세에 이르기 전날까지로 봄이 타당하다"(대결 2016.4.22, 2016으2). [O]

6 재판상 이혼의 경우에 변론주의 원칙상 당사자의 청구가 없다면 법원이 이혼 판결을 선고하면서 미성년자인 자녀에 대한 친권자 및 양육자를 정하지 않은 경우, 재판의 누락이 있다고 볼 수 없다. 최신판례

해설 ※ 이혼시 미성년자인 자녀에 대한 친권자 및 양육자 지정
"이혼 과정에서 친권자 및 자녀의 양육책임에 관한 사항을 의무적으로 정하도록 한 민법_제837조 제1항, 제2항, 제4항 전문, 제843조, 제909조 제5항의 문언 내용 및 이혼 과정에서 자녀의 복리를 보장하기 위한 위 규정들의 취지와 아울러, 이혼 시 친권자 지정 및 양육에 관한 사항의 결정에 관한 민법 규정의 개정 경위와 변천 과정, 친권과 양육권의 관계 등을 종합하면, 재판상 이혼의 경우에 당사자의 청구가 없다 하더라도 법원은 직권으로 미성년자인 자녀에 대한 친권자 및 양육자를 정하여야 하며, 따라서 법원이 이혼 판결을 선고하면서 미성년자인 자녀에 대한 친권자 및 양육자를 정하지 아니하였다면 재판의 누락이 있다"(대판 2015.6.23, 2013므2397). [X]

7 협의이혼에 따른 재산분할을 할 때 협의이혼을 예정하고 미리 재산분할 협의를 한 경우, 분할의 대상이 되는 재산과 액수는 재산분할 협의 시점이 아니라 협의이혼 신고일을 기준으로 정해야 한다. 20변호

해설 아래 대판 2006.9.14, 2005다74900 판결 [O]

7-1 협의이혼을 예정하고 미리 재산분할 협의를 한 경우, 재산분할 협의 후 협의이혼 성립일까지의
기간 동안 재산분할 대상인 채무의 일부가 변제되었더라도 그 변제된 금액은 원칙적으로 분할
되어야 할 채무액에서 공제되지 않는다.

14사법

해설 "협의이혼에 따른 재산분할에 있어 분할의 대상이 되는 재산과 액수는 협의이혼이 성립한 날(이혼신고일)을
기준으로 정하여야 한다. 따라서 협의이혼 성립일 이후에 부부 일방이 새로운 채무를 부담하거나, 부부
일방의 채무가 변제된 경우에도 이와 같은 재산변동 사항은 재산분할의 대상이 되는 재산과 액수를 정
함에 있어 이를 참작할 것이 아니다. 한편, 협의이혼을 예정하고 미리 재산분할 협의를 한 경우에도 그
기준일에 관하여 달리 볼 것은 아니다. 따라서 재산분할 협의를 한 후 협의이혼 성립일까지의 기간 동안
재산분할 대상인 채무의 일부가 변제된 경우, 원칙적으로 변제된 금액은 채무액에서 공제되어야 한다. 그런
데 채무자가 자금을 제3자로부터 증여받아 위 채무를 변제한 경우에는 전체적으로 감소된 채무액만큼
분할대상 재산액이 외형상 증가하지만 그 수증의 경위를 기여도를 산정함에 있어 참작하여야 하고, 또
채무자가 기존 적극재산으로 위 채무를 변제하거나 채무자가 위 채무를 변제하기 위하여 새로운 채무를
부담하게 된 경우에는 소멸된 채무액만큼 적극재산액도 감소하거나 새로운 채무액이 증가하게 되어 결
국 어느 경우에도 전체 분할대상 재산액은 변동이 없다"(대판 2006.9.14. 2005다74900).　　　　　　[×]

8 이혼 및 재산분할청구의 소가 제기된 직후로서 아직 혼인이 해소되기 전에 당사자 일방이 재산
분할청구권을 포기하는 것은 효력이 없다.

18·20변호

해설 ※ 재산분할청구권의 사전포기(불가)
이혼 및 재산분할청구의 소가 제기된 직후로서 아직 혼인이 해소되기 전에 당사자 일방이 재산분할청구
권을 미리 포기하는 것은 허용되지 않지만(대판 2003.3.25. 2002므1787), 사후에 포기하는 것은 가능하다.　　[○]
그리고 혼인이 파탄에 이른 당사자가 협의이혼을 할 것을 약정하면서 이를 전제로 재산분할청구권을 포
기하기로 합의하였다면, 이는 협의이혼절차가 유효하게 이루어질 것을 전제조건으로 하는 조건부 의사
표시로서 유효하다(서울가정법원 1996.3.22. 96느2350).

9 당사자가 이혼이 성립하기 전에 이혼소송과 병합하여 재산분할의 청구를 한 경우에는 재산분할
청구권을 미리 양도하는 것이 허용된다.

최신판례

해설 "이혼으로 인한 재산분할청구권은 이혼을 한 당사자의 일방이 다른 일방에 대하여 재산분할을 청구할
수 있는 권리로서, 이혼이 성립한 때에 법적 효과로서 비로소 발생하며, 또한 협의 또는 심판에 의하여 구
체적 내용이 형성되기 전까지는 범위 및 내용이 불명확·불확정하기 때문에 구체적으로 권리가 발생하
였다고 할 수 없다. 따라서 당사자가 이혼이 성립하기 전에 이혼소송과 병합하여 재산분할의 청구를 한
경우에, 아직 발생하지 아니하였고 구체적 내용이 형성되지 아니한 재산분할청구권을 미리 양도하는 것은 성
질상 허용되지 아니하며, 법원이 이혼과 동시에 재산분할로서 금전의 지급을 명하는 판결이 확정된 이후
부터 채권 양도의 대상이 될 수 있다"(대판 2017. 9. 21. 2015다62186).　　　　　　　　　　　　[×]

10 甲이 乙과 혼인 후 丙 회사에 입사하여 28년간 근무하다가 이혼소송의 제1심 변론종결일 전 퇴
사를 하고 명예퇴직금 명목의 돈을 수령한 경우, 甲이 명예퇴직에 이르기까지 丙 회사에서 근무
할 수 있도록 乙의 내조가 기여하였다고 보아야 하므로, 명예퇴직금 명목의 돈도 분할대상 재산
에 포함되어야 한다.

해설 ※ 이혼시 재산분할의 대상-이미 수령한 퇴직연금-
"재판상 이혼을 전제로 한 재산분할에서 분할의 대상이 되는 재산과 그 액수는 이혼소송의 사실심 변론종결
일을 기준으로 하여 정하여야 하는데, 이혼소송의 사실심 변론종결 당시에 부부 중 일방이 직장에서 일
하다가 명예퇴직을 하고 통상의 퇴직금 이외에 별도로 명예퇴직금 명목의 돈을 이미 수령한 경우, 명예퇴직
금이 정년까지 계속 근로로 받을 수 있는 수입의 상실이나 새로운 직업을 얻기 위한 비용지출 등에 대한 보
상의 성격이 강하다고 하더라도 일정기간 근속을 요건으로 하고 상대방 배우자의 협력이 근속 요건에 기여
하였다면, 명예퇴직금 전부를 재산분할의 대상으로 삼을 수 있다. 다만 법원은 상대방 배우자가 근속 요건
에 기여한 정도, 이혼소송 사실심 변론종결일부터 정년까지의 잔여기간 등을 민법 제839조의2 제2항이

정한 재산분할의 액수와 방법을 정하는 데 필요한 기타 사정으로 참작할 수 있다"(대판 2011.7.14. 2009므2628,2635)
[O]

11 향후 수령할 퇴직연금은 여명을 확정할 수 없으므로 이를 바로 이혼에 따른 재산분할대상의 재산에 포함시킬 수는 없고, 제839조의2 ②항의 '기타 사정'으로 참작하여 분할액수와 방법을 정함이 상당하다.
15변호, 15법행

해설 ※ 이혼시 재산분할의 대상-향후 수령할 퇴직연금-
"재산분할제도의 취지 및 여러 사정들에 비추어 볼 때, 비록 이혼 당시 부부 일방이 아직 재직 중이어서 실제 퇴직급여를 수령하지 않았더라도 이혼소송의 사실심 변론종결시에 이미 잠재적으로 존재하여 그 경제적 가치의 현실적 평가가 가능한 재산인 퇴직급여채권은 재산분할의 대상에 포함시킬 수 있으며, 구체적으로는 이혼소송의 사실심 변론종결시를 기준으로 그 시점에서 퇴직할 경우 수령할 수 있을 것으로 예상되는 퇴직급여 상당액의 채권이 그 대상이 된다고 할 것이다. 이와 달리 앞에서 본 바와 같이 부부 일방이 아직 퇴직하지 아니한 채 직장에 근무하고 있을 경우 그의 퇴직급여는 재산분할의 대상에 포함시킬 수 없고 단지 장래의 그 수령가능성을 분할의 액수와 방법을 정하는 데 필요한 기타 사정으로 참작하면 충분하다는 취지로 설시한 이제까지의 대법원판결들은 이 판결의 견해에 배치되는 범위 내에서 이를 모두 변경한다"(대판 2014.7.16. 전합2013므2250).
[×]

11-1 재판상 재산분할청구의 경우, 비록 이혼 당시 부부 일방이 아직 재직 중이어서 실제 퇴직급여를 수령하지 않았더라도 퇴직급여채권은 재산분할의 대상이 될 수 있으며, 구체적으로는 이혼소송의 사실심변론종결시 이후 장래 퇴직시까지 예상되는 퇴직급여 상당액의 채권도 포함된다. 18변호

해설 위 전합2013므2250판결 참고
[×]

11-2 이미 발생한 퇴직연금수급권은 원칙적으로 이혼에 따른 재산분할의 대상에 포함되고 연금수급권자인 배우자가 매월 수령할 퇴직연금액 중 일정 비율에 해당하는 금액을 상대방 배우자에게 정기적으로 지급하는 방식의 재산분할도 가능하다. 다만, 공무원 퇴직연금수급권에 대하여 정기금 방식으로 재산분할을 할 경우, 전체 재산에 대한 하나의 분할비율을 정하는 것이 타당하고 공무원 퇴직연금수급권과 다른 일반재산을 구분하여 개별적으로 분할비율을 정할 수는 없다. 15법행

해설 ※ 이혼시 재산분할의 대상-향후 수령할 퇴직연금-
"[1] …(중략)… 이혼소송의 사실심 변론종결 당시에 부부 중 일방이 공무원 퇴직연금을 실제로 수령하고 있는 경우에, 위 공무원 퇴직연금에는 사회보장적 급여로서의 성격 외에 임금의 후불적 성격이 불가분적으로 혼재되어 있으므로, 혼인기간 중의 근무에 대하여 상대방 배우자의 협력이 인정되는 이상 공무원 퇴직연금수급권 중 적어도 그 기간에 해당하는 부분은 부부 쌍방의 협력으로 이룩한 재산으로 볼 수 있다. 따라서 재산분할제도의 취지에 비추어 허용될 수 없는 경우가 아니라면, 이미 발생한 공무원 퇴직연금수급권도 부동산 등과 마찬가지로 재산분할의 대상에 포함될 수 있다고 봄이 상당하다. 그리고 구체적으로는 연금수급권자인 배우자가 매월 수령할 퇴직연금액 중 일정 비율에 해당하는 금액을 상대방 배우자에게 정기적으로 지급하는 방식의 재산분할도 가능하다. …(중략)…
[2] 민법 제839조의2 제2항의 취지에 비추어 볼 때, 재산분할비율은 개별재산에 대한 기여도를 일컫는 것이 아니라 기여도 기타 모든 사정을 고려하여 전체로서 형성된 재산에 대하여 상대방 배우자로부터 분할받을 수 있는 비율을 일컫는 것이라고 봄이 상당하므로, 법원이 합리적인 근거 없이 분할대상 재산들을 개별적으로 구분하여 분할비율을 달리 정하는 것은 허용될 수 없다. 그러나 공무원 퇴직연금수급권에 대하여 위와 같이 정기금 방식으로 재산분할을 할 경우에는 대체로 가액을 특정할 수 있는 다른 일반재산과는 달리 공무원 퇴직연금수급권은 연금수급권자인 배우자의 여명을 알 수 없어 가액을 특정할 수 없는 등의 특성이 있으므로, 재산분할에서 고려되는 제반 사정에 비추어 공무원 퇴직연금수급권에 대한 기여도와 다른 일반재산에 대한 기여도를 종합적으로 고려하여 전체 재산에 대한 하나의 분할비율을 정하는 것이 형평에 부합하지 아니하는 경우도 있을 수 있다. 그러한 경우에는 공무원 퇴직연금수급권과 다른 일반재산을 구분하여 개별적으로 분할비율을 정하는 것이 타당하고, 그 결과 실제로 분할비율이 달리 정하여지

더라도 이는 분할비율을 달리 정할 수 있는 합리적 근거가 있는 경우에 해당한다. 그 경우에 공무원 퇴직연금의 분할비율은 전체 재직기간 중 실질적 혼인기간이 차지하는 비율, 당사자의 직업 및 업무내용, 가사 내지 육아 부담의 분배 등 상대방 배우자가 실제로 협력 내지 기여한 정도 기타 제반 사정을 종합적으로 고려하여 정하여야 한다"(대판 2014.7.16. 전합2012므2888).　　　　　　　　　　　　　　　　　　[×]

11-3 국민연금법 제64조에 규정된 이혼배우자의 분할연금 수급권은 민법상 재산분할청구권과는 구별 되는 것으로 국민연금법에 따라 이혼배우자가 국민연금공단으로부터 직접 수령할 수 있는 이혼 배우자의 고유한 권리이다.　　　　　　　　　　　　　　　　　　　　　　　　　　　최신판례

해설 "국민연금법 제64조에 규정된 이혼배우자의 분할연금 수급권은 이혼한 배우자에게 전 배우자가 혼인 기간 중 취득한 노령연금 수급권에 대해서 그 연금 형성에 기여한 부분을 인정하여 청산·분배를 받을 수 있 도록 하는 한편, 가사노동 등으로 직업을 갖지 못하여 국민연금에 가입하지 못한 배우자에게도 상대방 배우자의 노령연금 수급권을 기초로 일정 수준의 노후 소득을 보장하려는 취지에서 마련된 것이다(헌법재 판소 2016. 12. 29. 선고 2015헌바182 결정 참조). 이는 민법상 재산분할청구권과는 구별되는 것으로 국민연금법에 따라 이혼배우자가 국민연금공단으로부터 직접 수령할 수 있는 이혼배우자의 고유한 권리이다"(대판 2019.6.13. 2018두 65088).　　　　　　　　　　　　　　　　　　　　　　　　　　　　　　　　　　　[○]

11-4 공무원인 배우자와 헤어지는 이혼 배우자는 이 가운데 퇴직급여에 대해서는 공무원연금법에 따 라 분할청구를 할 수 있으나(공무원연금법 제45조), 퇴직수당에 대해서는 공무원연금법에 분할 청구권 규정이 없으므로 이혼 시 재산분할 대상이 되지 않는다.　　　　　　　　　　　20법원직

해설 공무원은 퇴직 때 '퇴직급여(퇴직연금)'와 '퇴직수당(공무원이 1년 이상 재직하고 퇴직하거나 사망한 경우에는 퇴직수당을 지급한다. 공무원연금법 제62조 1항)'을 받는다. 공무원인 배우자와 헤어지는 이혼 배우자는 이 가운데 퇴직급여 에 대해서는 공무원연금법에 따라 분할청구를 할 수 있다(공무원연금법 제45조). 퇴직수당에 대해서는 공무 원연금법에 분할청구권 규정이 없으나 최근 대법원이 이를 인정하고 있다(대판 2019.9.25. 2017므11917).　　[×]

12 혼인생활 중 쌍방의 협력으로 취득한 부동산에 관하여 부부의 일방이 부담하는 임대차보증금반 환채무는 특별한 사정이 없는 한 혼인 중 재산의 형성에 수반한 채무로서 재산분할의 대상이 된다.　　　　　　　　　　　　　　　　　　　　　　　　　　　　　　　　　　　　　14사법

해설 ※ **부부일방이 혼인 중 제3자에게 부담한 채무**(소극재산)**와 재산분할청구권**
채무가 일상가사에 관한 것이 아닌 경우에는 원칙적으로 개인채무로서 청산대상이 되지 않으나, 공동재 산의 형성에 수반하여 부담한 채무인 경우에는 청산대상이 된다(대판 1998.2.13. 97므1486). 예를 들어, 判例는 혼인생활 중 쌍방의 협력으로 취득한 부동산에 관하여 부부의 일방이 부담하는 임대차보증금반환채무는 특별한 사정이 없는 한, 혼인 중 재산의 형성에 수반한 채무로서 청산의 대상이 된다고 하였다(대판 2011.3.10. 2010므4699,4705,4712).
또한 과거 判例는 "이혼하는 부부의 일방이 재산분할의 대상이 되는 채무를 부담하고 있어 총재산가액 에서 위 채무액을 공제하면 남는 금액이 없는 경우에는 상대방의 재산분할 청구는 받아들여질 수 없다" (대판 1997.9.26. 97므933 ; 대판 2002.9.4. 2001므718)는 입장이었으나 최근 전원합의체 판결로 "소극재산의 총액이 적 극재산의 총액을 초과하여 재산분할을 한 결과가 결국 채무의 분담을 정하는 것이 되는 경우에도 법원은 채 무의 성질, 채권자와의 관계, 물적 담보의 존부 등 일체의 사정을 참작하여 이를 분담하게 하는 것이 적 합하다고 인정되면 구체적인 분담의 방법 등을 정하여 재산분할 청구를 받아들일 수 있다"(전합2010므4071판 결)고 견해를 변경하였다.　　　　　　　　　　　　　　　　　　　　　　　　　　　　　　[○]

12-1 부부 일방이 혼인 중 제3자에게 부담한 채무는 일상가사에 관한 것 이외에는 원칙적으로 개인 의 채무로서 청산대상이 되지 않으나 공동재산의 형성에 수반하여 부담한 채무인 경우에는 청 산대상이 된다.　　　　　　　　　　　　　　　　　　　　　　　　　　　　　　　　　18변호

해설 위 2010므4699,4705,4712판결 참고　　　　　　　　　　　　　　　　　　　　　　　[○]

12-2 부부 일방의 특유재산은 원칙적으로 분할의 대상이 되지 아니하나 다른 일방이 적극적으로 그 특유재산의 유지에 협력하여 그 감소를 방지하였거나 그 증식에 협력하였다고 인정되는 경우에는 분할의 대상이 될 수 있다.

18변호

해설 ※ **부부 일방의 특유재산이 재산분할의 대상이 되는 경우**
"제839조의2에 규정된 재산분할제도는 혼인 중에 취득한 실질적인 공동재산을 청산 분배하는 것을 주된 목적으로 하는 것이므로, 부부가 재판상 이혼을 할 때 쌍방의 협력으로 이룩한 재산이 있는 한, 법원으로서는 당사자의 청구에 의하여 그 재산의 형성에 기여한 정도 등 당사자 쌍방의 일체의 사정을 참작하여 분할의 액수와 방법을 정하여야 하는바, 이 경우 부부 일방의 특유재산은 원칙적으로 분할의 대상이 되지 아니하나 특유재산일지라도 다른 일방이 적극적으로 그 특유재산의 유지에 협력하여 그 감소를 방지하였거나 그 증식에 협력하였다고 인정되는 경우에는 분할의 대상이 될 수 있다"(대판 1998.2.13. 97므1486,1493). [○]

> 참고판례 判例는 妻의 가사노동도 재산조성에 대한 협력으로 취급함으로써 구체적인 증명이 없더라도 일방의 특유재산에 대한 재산분할청구의 길을 열어놓고 있다(대결 1993.5.11, 93스6 등).

> 비교판례 判例는 "민법이 혼인 중 부부일방의 명의로 취득한 재산에 대해서 그 일방의 특유재산으로 하는 것은 부부 내부관계에서는 '추정적 효과' 밖에 생기지 않으므로, 실질적으로 다른 일방 또는 쌍방이 그 재산의 대가를 부담하여 취득한 것이 증명된 때에는 그 추정은 깨어지고 다른 일방의 소유이거나 쌍방의 공유"라고 보면서(대판 1992.8.14, 92다16171), 일반적으로 금전적 대가 지급, 공동채무 부담 등 '유형적 기여'가 있어야 특유재산의 추정을 번복할 사유가 된다고 하며, "단순히 협력이 있었다거나 결혼생활에 내조의 공이 있었다는 것만으로는 이에 해당하지 않는다"고 한다(대판 1986.9.9, 85다카1337,1338).

13 재판상 재산분할의 경우 분할의 대상이 되는 재산과 그 액수는 이혼소송의 사실심 변론종결시를 기준으로 정하여지는 것이므로, 비록 혼인관계가 파탄된 이후에 일방에 의한 후발적 사정에 의한 것으로 공동 재산관계와 무관한 사정에 의해 변동된 재산이라고 하더라도 분할의 대상에서 제외할 것은 아니다.

16변호 유사

해설 "재산분할 제도는 이혼 등의 경우에 부부가 혼인 중 공동으로 형성한 재산을 청산·분배하는 것을 주된 목적으로 하는 것으로서, 부부 쌍방의 협력으로 이룩한 적극재산 및 그 형성에 수반하여 부담하거나 부부 공동생활관계에서 필요한 비용 등을 조달하는 과정에서 부담한 채무를 분할하여 각자에게 귀속될 몫을 정하기 위한 것이므로, 부부 일방에 의하여 생긴 적극재산이나 채무로서 상대방은 그 형성이나 유지 또는 부담과 무관한 경우에는 이를 재산분할 대상인 재산에 포함할 것이 아니다. 그러므로 재판상 이혼에 따른 재산분할에 있어 분할의 대상이 되는 재산과 그 액수는 이혼소송의 사실심 변론종결일을 기준으로 하여 정하는 것이 원칙이지만, 혼인관계가 파탄된 이후 변론종결일 사이에 생긴 재산관계의 변동이 부부 중 일방에 의한 후발적 사정에 의한 것으로서 혼인 중 공동으로 형성한 재산관계와 무관하다는 등 특별한 사정이 있는 경우에는 그 변동된 재산은 재산분할 대상에서 제외하여야 할 것이다"(대판 2013.11.28. 2013므1455). [×]

> 비교판례 이와 비교하여 협의이혼에 따른 재산분할에 있어 분할의 대상이 되는 재산과 액수는 협의이혼이 성립한 날(이혼신고일)을 기준으로 정하여야 한다(대판 2006.9.14, 2005다74900등).

13-1 재판상 이혼에 따른 재산분할을 할 때 분할의 대상이 되는 재산과 그 액수는 이혼소송의 사실심 변론종결일을 기준으로 하여 정하는 것이 원칙이므로, 혼인관계가 파탄된 이후 사실심 변론종결일 사이에 재산관계의 변동이 있다고 하더라도 이는 재산분할의 대상이 될 수 없다.

3차 모의(20)

해설 대판 2019.10.31. 2019므12549,12556판시내용 [○]

13-2 재판상 이혼에 따른 재산분할을 할 때 분할의 대상이 되는 재산과 그 액수는 이혼소송의 사실심 변론종결일을 기준으로 하여 정하는 것이 원칙이므로, 혼인관계가 파탄된 이후 사실심 변론종결일 사이에 재산관계의 변동이 있다고 하더라도 이는 재산분할의 대상이 될 수 없다. 최신판례

해설 대판 2019.10.31. 2019므12549,12556(위 지문해설 참고) [×]

14 부부의 일방이 혼인 중 제3자에게 공동재산의 형성에 수반하여 부담하게 된 채무가 있어 총 재산가액에서 위 채무액을 공제하면 남는 금액이 없는 경우에는 상대방의 재산분할청구는 받아들여질 수 없다. 16변호, 14사법, 13·14·15법행, 14법무

해설 ※ 부부가 이혼할 때 쌍방의 소극재산 총액이 적극재산 총액을 초과하여 재산분할을 한 결과가 결국 채무의 분담을 정하는 것이 되는 경우에도 재산분할 청구를 받아들일 수 있는지 여부(적극)
"이혼 당사자 각자가 보유한 적극재산에서 소극재산을 공제하는 등으로 재산상태를 따져 본 결과 재산분할 청구의 상대방이 그에게 귀속되어야 할 몫보다 더 많은 적극재산을 보유하고 있거나 소극재산의 부담이 더 적은 경우에는 적극재산을 분배하거나 소극재산을 분담하도록 하는 재산분할은 어느 것이나 가능하다고 보아야 하고, 후자의 경우라고 하여 당연히 재산분할 청구가 배척되어야 한다고 할 것은 아니다. 그러므로 소극재산의 총액이 적극재산의 총액을 초과하여 재산분할을 한 결과가 결국 채무의 분담을 정하는 것이 되는 경우에도 법원은 채무의 성질, 채권자와의 관계, 물적 담보의 존부 등 일체의 사정을 참작하여 이를 분담하게 하는 것이 적합하다고 인정되면 구체적인 분담의 방법 등을 정하여 재산분할 청구를 받아들일 수 있다 할 것이다. 그것이 부부가 혼인 중 형성한 재산관계를 이혼에 즈음하여 청산하는 것을 본질로 하는 재산분할 제도의 취지에 맞고, 당사자 사이의 실질적 공평에도 부합한다. 다만 재산분할 청구 사건에 있어서는 혼인 중에 이룩한 재산관계의 청산뿐 아니라 이혼 이후 당사자들의 생활보장에 대한 배려 등 부양적 요소 등도 함께 고려할 대상이 되므로, 재산분할에 의하여 채무를 분담하게 되면 그로써 채무초과 상태가 되거나 기존의 채무초과 상태가 더욱 악화되는 것과 같은 경우에는 채무부담의 경위, 용처, 채무의 내용과 금액, 혼인생활의 과정, 당사자의 경제적 활동능력과 장래의 전망 등 제반 사정을 종합적으로 고려하여 채무를 분담하게 할지 여부 및 분담의 방법 등을 정할 것이고, 적극재산을 분할할 때처럼 재산형성에 대한 기여도 등을 중심으로 일률적인 비율을 정하여 당연히 분할 귀속되게 하여야 한다는 취지는 아니라는 점을 덧붙여 밝혀 둔다"(대판 2013.6.20. 전합2010므4071). [×]

14-1 소극재산의 총액이 적극재산의 총액을 초과하여 이혼에 따른 재산분할을 한 결과가 결국 채무의 분담을 정하는 것이 되는 경우에도 법원은 이를 분담하게 하는 것이 적합하다고 인정되면 구체적인 분담의 방법 등을 정하여 재산분할청구를 받아들일 수 있다. 18변호

해설 위 전합2010므4071판결 참고 [○]

14-2 이혼에 따른 재산분할에 의해 '채무'를 분담하는 경우 적극재산을 분할할 때처럼 재산형성에 대한 기여도 등을 중심으로 일률적인 비율을 정하여 분할 귀속되게 하여야 한다.

해설 위 전합2010므4071판결 참고 [×]

14-3 사실혼 관계에 있는 부부 일방이 혼인 중 공동재산의 형성에 수반하여 채무를 부담하였다가 사실혼이 종료된 후 그 채무를 변제한 경우 변제된 채무는 특별한 사정이 없는 한 청산 대상이 된다. 최신판례

해설 ※ 재산분할에서 사실혼 해소일 직후 발생한 대출금채무가 소극재산에 포함되는지 여부
부부 일방이 혼인 중 제3자에게 부담한 채무는 일상가사에 관한 것 이외에는 원칙적으로 개인의 채무로서 청산 대상이 되지 않으나 그것이 공동재산의 형성에 수반하여 부담한 채무인 경우에는 청산 대상이 된다(대판 1998.2.13. 97므1486,1493 판결 참조). 따라서 사실혼 관계에 있는 부부 일방이 혼인 중 공동재산의 형성에 수반하여 채무를 부담하였다가 사실혼이 종료된 후 그 채무를 변제한 경우 변제된 채무는 특별한 사정이 없는 한 청산 대상이 된다"(대판 2021.5.27. 2020므15841). [○]

15 당사자가 재산분할 소송 중이라도 일부 재산의 분할방법에 대하여 합의가 있다면 법원은 이와 달리 정할 수 없다.

해설 "재산분할사건은 가사비송사건에 해당하고, 가사비송절차에 관하여는 가사소송법에 특별한 규정이 없는 한 비송사건절차법 제1편의 규정을 준용하고 있으며[구 가사소송법(2010. 3. 31. 법률 제10212호로 개정되기 전의 것) 제34조], 비송사건절차는 민사소송절차와 달리 당사자의 변론에만 의존하는 것이 아니고, 법원이 자기의 권능과 책임으로 재판의 기초가 되는 자료를 수집하는, 이른바 직권탐지주의에 의하고 있으므로(비송사건절차법 제11조), 법원으로서는 당사자의 주장에 구애되지 아니하고 재산분할의 대상이 무엇인지 직권으로 사실조사를 하여 포함시키거나 제외시킬 수 있다. 따라서 당사자가 소송 중에 일부 재산에 관한 분할방법에 관한 합의를 하였다고 하더라도, 법원으로서는 당사자가 합의한 대로 분할을 하여야 하는 것은 아니다"(대판 2013.7.12. 2011므1116). [×]

16 이혼으로 인한 재산분할청구권은 구체적 내용이 형성되기까지는 그 범위 및 내용이 불명확하기 때문에 채권자취소권의 대상이 되지 않는 것이지만, 재산분할청구권을 포기하는 행위는 그 자체로 재산과 관련한 법률행위로 볼 수 있어 채권자취소권의 대상이 될 수 있다.

해설 "이혼으로 인한 재산분할청구권은 이혼을 한 당사자의 일방이 다른 일방에 대하여 재산분할을 청구할 수 있는 권리로서 이혼이 성립한 때에 그 법적 효과로서 비로소 발생하는 것일 뿐만 아니라, 협의 또는 심판에 의하여 구체적 내용이 형성되기까지는 그 범위 및 내용이 불명확·불확정하기 때문에 구체적으로 권리가 발생하였다고 할 수 없으므로 협의 또는 심판에 의하여 구체화되지 않은 재산분할청구권은 채무자의 책임재산에 해당하지 아니하고, 이를 포기하는 행위 또한 채권자취소권의 대상이 될 수 없다"(대판 2013.10.11. 2013다7936). [×]

17 당사자가 이혼 성립 후에 재산분할을 청구하고 법원이 재산분할로서 금전의 지급을 명하는 판결이나 심판을 하는 경우, 분할의무자는 그 금전지급의무에 관하여 '이혼 성립 다음날'부터 이행지체책임을 진다.　　　　　　　　　　　　　　　　　　　　　　　　　　20변호

해설 이혼성립 다음날이 아니라 판결이나 심판이 확정된 다음날(아래 대판 2014.9.4. 2012므1656 등) [×]

17-1 이혼으로 인한 재산분할청구권은 이혼이 성립한 때에 그 법적 효과로서 발생하는 것이므로 이에 따른 재산분할금에 대하여는 이혼 성립일 다음날부터 판결 선고일까지는 민법이 정한 연 5%, 그 다음날부터 다 갚는 날까지는 소송촉진 등에 관한 특례법이 정한 연 20%(현행 연 15%)의 비율에 의한 지연손해금을 지급해야 한다.

해설 ※ 이혼 성립 후 재산분할금의 지급을 명하는 사건에서 지연손해금의 기산일 및 이율
"이혼으로 인한 재산분할청구권은 이혼이 성립한 때에 그 법적 효과로서 발생하는 것이지만 협의 또는 심판에 의하여 구체적 내용이 형성되기까지는 그 범위 및 내용이 불명확하기 때문에 구체적으로 권리가 발생하였다고 할 수 없다(대판 2001.9.25. 2001므725,732). 따라서 당사자가 이혼 성립 후에 재산분할 등을 청구하고 법원이 재산분할로서 금전의 지급을 명하는 판결이나 심판을 하는 경우에도, 이는 장래의 이행을 청구하는 것으로서 분할의무자는 그 금전지급의무에 관하여 '판결이나 심판이 확정된 다음날'(이혼성립 다음날이 아님)부터 이행지체책임을 지고, 그 지연손해금의 이율에 관하여는 소송촉진 등에 관한 특례법(이하 '특례법'이라 한다) 제3조 제1항 본문이 정한 이율도 적용되지 아니한다(특례법 제3조 제1항 단서, 민사소송법 제251조). 그럼에도 원심은 원심판결 이전에 원고와 피고의 이혼이 성립하였다는 이유로 재산분할금 3억 7,80만 원에 대하여 이혼 성립일 다음날인 201. 8. 7.부터 원심판결 선고일인 2012. 2. 21.까지는 민법이 정한 연 5%, 그 다음날부터 다 갚는 날까지는 특례법이 정한 연 20%의 비율에 의한 지연손해금을 지급하라고 명하였는바, 이는 재산분할에서의 지연손해금에 관한 법리를 오해하여 판단을 그르친 것이다"(대판 2014.9.4. 2012므1656). [×]

18 부부재산계약에 의하여 당사자의 일방이 재산분할청구권을 미리 포기하는 것은 원칙적으로 허용되지 않는다.　　　　　　　　　　　　　　　　　　　　　　　　　　　　20변호 유사

18-1 甲이 乙과 협의이혼을 합의하는 과정에서 쌍방의 협력으로 형성된 재산액이나 쌍방의 기여도, 분할방법 등에 관하여 진지한 논의 없이 甲이 일방적으로 재산분할청구권을 포기하기로 약정은 성질상 허용되지 아니하는 재산분할청구권의 사전포기에 불과하다.

> **해설** ※ 아직 이혼하지 않은 당사자가 장차 협의상 이혼할 것을 합의하는 과정에서 이를 전제로 재산분할 청구권을 포기하는 서면을 작성한 경우, 그 약정의 유효 여부를 판단하는 기준
> "민법 제839조의2에 규정된 재산분할제도는 혼인 중에 부부 쌍방의 협력으로 이룩한 실질적인 공동재산을 청산·분배하는 것을 주된 목적으로 하는 것이고, 이혼으로 인한 재산분할청구권은 이혼이 성립한 때에 그 법적 효과로서 비로소 발생하는 것일 뿐만 아니라 협의 또는 심판에 의하여 구체적 내용이 형성되기까지는 범위 및 내용이 불명확·불확정하기 때문에 구체적으로 권리가 발생하였다고 할 수 없으므로(대판 1999.4.9. 98다58016 판결 참조), 협의 또는 심판에 의하여 구체화되지 않은 재산분할청구권을 혼인이 해소되기 전에 미리 포기하는 것은 그 성질상 허용되지 아니한다(대판 2003.3.25. 2002므1787,1794, 1800 판결 등 참조).   [O]
> 아직 이혼하지 않은 당사자가 장차 협의상 이혼할 것을 합의하는 과정에서 이를 전제로 재산분할청구권을 포기하는 서면을 작성한 경우, 부부 쌍방의 협력으로 형성된 공동재산 전부를 청산·분배하려는 의도로 재산분할의 대상이 되는 재산액, 이에 대한 쌍방의 기여도와 재산분할 방법 등에 관하여 협의한 결과 부부 일방이 재산분할청구권을 포기하기에 이르렀다는 등의 사정이 없는 한 성질상 허용되지 아니하는 '재산분할청구권의 사전포기'에 불과할 뿐이므로 쉽사리 '재산분할에 관한 협의'로서의 '포기약정'이라고 보아서는 아니된다(대결 2016.1.25. 2015스451)   [O]

19 재산의 일부에 대해서만 재산분할을 청구한 후 제척기간이 지나면 그때까지 청구 목적물로 하지 않은 재산에 대해서는 청구권이 소멸한다.   3차모의(20)

19-1 재산분할재판에서 분할대상인지 여부가 전혀 심리된 바 없는 재산이 재판확정 후 추가로 발견된 경우에는 추가로 재산분할청구를 할 수 있다. 다만 추가 재산분할청구 역시 이혼한 날부터 2년 이내라는 제척기간을 준수하여야 한다.   22변호, 20법행, 20법원직

> **해설** ※ 일부에 대한 재산분할청구권 행사의 효과
> "민법 제839조의2 제3항, 제843조에 따르면 재산분할청구권은 협의상 또는 재판상 이혼한 날부터 2년이 지나면 소멸한다. 2년 제척기간 내에 재산의 일부에 대해서만 재산분할을 청구한 경우 청구 목적물로 하지 않은 나머지 재산에 대해서는 제척기간을 준수한 것으로 볼 수 없으므로, 재산분할청구 후 제척기간이 지나면 그때까지 청구 목적물로 하지 않은 재산에 대해서는 청구권이 소멸한다.   [O]
> 재산분할재판에서 분할대상인지 여부가 전혀 심리된 바 없는 재산이 재판확정 후 추가로 발견된 경우에는 이에 대하여 추가로 재산분할청구를 할 수 있다. 다만 추가 재산분할청구 역시 이혼한 날부터 2년 이내라는 제척기간을 준수하여야 한다"(대결 2018.6.22. 2018스18).   [O]

20 민법 제843조, 제839조의2 제3항은 협의상 또는 재판상 이혼 시의 재산분할청구권에 관하여 '이혼한 날부터 2년을 경과한 때에는 소멸한다.'고 정하고 있는데, 위 기간은 제척기간이고, 나아가 재판 외에서 권리를 행사하는 것으로 족한 기간이 아니라 그 기간 내에 재산분할심판 청구를 하여야 하는 출소기간이다.   최신판례

20-1 이혼에 따른 재산분할청구 후 제척기간이 지나면 그때까지 청구 목적물로 하지 않은 재산에 대해서는 특별한 사정이 없는 한 제척기간을 준수한 것으로 볼 수 없다. 그러나 청구인 지위에서 대상 재산에 대해 적극적으로 재산분할을 청구하는 것이 아니라, 이미 제기된 재산분할청구 사건의 상대방 지위에서 분할대상 재산을 주장하는 경우에는 제척기간이 적용되지 않는다.   최신판례

> **해설** "민법 제843조, 제839조의2 제3항은 협의상 또는 재판상 이혼 시의 재산분할청구권에 관하여 '이혼한 날부터 2년을 경과한 때에는 소멸한다.'고 정하고 있는데, 위 기간은 제척기간이고, 나아가 재판 외에서 권리를 행사하는 것으로 족한 기간이 아니라 그 기간 내에 재산분할심판 청구를 하여야 하는 출소기간이다. 재산분할청구 후 제척기간이 지나면 그때까지 청구 목적물로 하지 않은 재산에 대해서는 특별한 사

정이 없는 한 제척기간을 준수한 것으로 볼 수 없다. 그러나 청구인 지위에서 대상 재산에 대해 적극적으로 재산분할을 청구하는 것이 아니라, 이미 제기된 재산분할청구 사건의 상대방 지위에서 분할대상 재산을 주장하는 경우에는 제척기간이 적용되지 않는다"(대결 2022.11.10. 2021스766)   [○]

21

> **[사례]** 甲男이 그의 처인 乙女를 상대로 이혼의 소를 제기하면서, 乙女의 주소를 알고 있음에도 소재불명이라 하여 법원으로부터 공시송달의 허가를 받아 乙女의 불출석을 기화로 법원으로부터 이혼판결을 받고 그 판결이 확정되었다. 그 후 甲男은 丙女와 혼인신고를 마치고 그들 사이에서 1명의 자녀를 출산하였다. 나중에 이러한 사실을 안 乙女는 법원에 재심을 청구하였고, 법원은 위 이혼판결을 취소하고 甲男의 乙女에 대한 이혼청구를 기각하는 판결을 선고하였으며 그 판결이 확정되었다.
>   06사법

㉠ 현재 甲男과 丙女 사이의 혼인관계가 유지되고 있으므로, 재심에 의하여 甲男과 乙女 사이의 이혼판결이 취소되었다고 하더라도 乙女는 자신과 甲男과의 혼인관계를 주장하지 못한다.

해설 "甲남이 처 乙녀를 상대로 한 이혼심판을 청구하여 승소 확정되자 다시 丙녀와 결혼하여 혼인신고를 하였으나 그 후 위 이혼심판은 乙녀의 허위주소신고에 기한 부적법 공시송달을 이유로 한 재심청구에 의하여 그 취소심판이 확정되었다면 甲남과 丙녀 사이의 혼인은 민법 제810조가 금하는 중혼에 해당하고, 乙녀가 실제로는 혼인생활을 계속할 의사가 없다든가, 위 이혼심판을 믿고 혼인한 선의의 제3자인 丙녀나 그 자녀들의 이익이 크게 침해된다는 등의 사유만으로는 중혼의 취소를 구하는 심판청구가 권리남용이라고 할 수 없다"(대판 1991.5.28. 89므211)   [×]

㉡ 재심에 의하여 甲男과 乙女 사이의 이혼판결이 취소되었으므로 甲男과 丙女 사이의 혼인은 무효가 된다.

해설 "甲이 乙을 상대로 한 이혼심판청구사건의 승소확정심판에 따라 이혼신고를 마치고 丙과 다시 혼인신고를 마쳤으나 乙의 재심청구에 따라 위 이혼심판 청구를 기각하는 재심심판이 선고되고 그 심판이 확정되었다면 위 甲·丙간의 혼인은 중혼에 해당되어 취소사유가 된다"(대판 1985. 9.10. 85므35).   [×]

㉢ 甲男과 丙女 사이의 혼인취소의 소송계속중 甲男과 丙女 사이에 자녀의 양육에 관한 사항의 협의가 이루어지지 않으면 법원은 직권으로 위 자녀의 양육에 필요한 사항을 정해야 한다.

해설 혼인 취소시 이혼시의 양육책임에 대한 제837조를 준용한다(제824조의2). 따라서 당사자는 그 자의 양육에 관한 사항을 협의에 의하여 정한다. 양육에 관한 사항의 협의가 되지 아니하거나 협의할 수 없는 때에는 가정법원은 당사자의 청구 또는 직권에 의하여 그 자의 연령, 부모의 재산상황 기타 사정을 참작하여 양육에 필요한 사항을 정하며 언제든지 그 사항을 변경 또는 다른 적당한 처분을 할 수 있다(제837조).   [×]

㉣ 甲男과 丙女 사이의 혼인이 취소된다면 甲男과 丙女 사이에서 출생한 자녀는 혼인외의 출생자가 된다.

해설 혼인취소판결이 확정되면 혼인은 장래에 향하여 해소되며, 소급효가 인정되지 않는다(제824조). 따라서 혼인에 의하여 출생한 子는 혼인 중의 출생자로서의 지위를 잃지 않는다.   [×]

㉤ 재심에 의하여 甲男과 乙女 사이의 이혼판결이 취소된 후, 乙女가 甲男과 丙女 사이의 혼인의 취소를 구하는 소를 제기하여 그 소송이 계속중이더라도, 丙女는 甲男을 상대로 재판상 이혼을 청구할 수 있다.

해설 "중혼이 되더라도 당연무효가 아니라 후혼의 취소원인이 될 뿐이므로(제816조 제1호) 중혼은 일단 유효하게 성립한다. 혼인이 성립되면 그것이 위법한 중혼이라 하더라도 당연히 무효가 되는 것은 아니고 법원의 판결에 의하여 취소될 때에 비로소 그 효력이 소멸될 뿐이므로 아직 그 혼인취소의 확정판결이 없는 한 법률상의 부부라 할 것이어서 재판상 이혼의 청구도 가능하다"(대판 1991.12.10. 91므344).   [○]

ⓑ 재심에 의하여 甲男과 乙女 사이의 이혼판결이 취소된 후, 甲男과 丙女 사이의 혼인의 취소를 구하는 소송이 계속중인 동안 甲男이 사망하면, 乙女와 丙女 모두 甲男의 상속인이 된다.

04사법

해설 甲남과 乙녀의 혼인이 중혼임을 이유로 취소되기 전에 甲남의 사망으로 상속이 개시되면 전혼과 후혼이 모두 유효한 상태이므로 전혼의 배우자 乙녀와 후혼의 배우자 丙녀 모두가 배우자로서의 상속권을 가지는 것이 된다(제1003조 1항). 또한 나중에 중혼이 취소되더라도 혼인취소는 소급효가 없기 때문에(제824조), 판례는 중혼배우자의 상속이 소급하여 무효가 되지 않는다고 한다(아래 95다48308판결).
"혼인 중에 부부 일방이 사망하여 상대방이 배우자로서 망인의 재산을 상속받은 후에 그 혼인이 취소되었다는 사정만으로 그 전에 이루어진 상속관계가 소급하여 무효라거나, 또는 그 상속재산이 법률상 원인 없이 취득한 것이라고는 볼 수 없다"(대판 1996.12.23. 95다48308)   [○]

22

> **[사례]** 甲남과 乙녀는 1997. 10. 22. 혼인신고를 하고 그 사이에 딸 丙(1999년생)을 낳았다. 그러나 혼인 초부터 甲과 乙은 성격 차이로 자주 다투었으며, 甲이 丁녀를 사귀면서 더 이상 부부관계를 회복할 수 없게 되어 2004. 5. 재판상 이혼하였다. 이혼 당시 甲과 乙의 재산상황을 살펴보면, 甲 명의의 A 상가건물(3억5,000만원), 甲이 A 건물을 매수하면서 빌린 차용금 1억원, A 건물에 대한 임대보증금 2억5,000만원의 각 반환채무가 있었다. 丙의 양육자로 지정된 甲은 丁과 함께 생활하면서 그 사이에 아들 戊(2005년생)를 낳았다. 이러한 상황에서 2006. 11. 甲이 교통사고로 사망하였다.
> 07사법

ⓐ 乙과 丁은 모두 甲의 상속인이 될 수 없다.

해설 乙은 이혼한 배우자인데 이혼의 효과로서 부부관계와 인척관계는 소멸된다. 따라서 甲과의 관계에서 상속이 인정될 수 없으며, 상속인이 될 수 있는 배우자는 법률상의 배우자이므로(다수설), 사실혼 배우자인 丁도 甲의 상속인이 될 수 없다. 그렇다면 혼인 외의 출생자인 戊가 인지(甲이 사망하였으므로 강제인지만 가능)되지 않는 한, 직계비속인 丙만이 甲의 상속인이 될 수 있을 것이다.   [○]

ⓒ 가정법원은 丙의 복리를 위하여 필요한 때에는 양육하지 않는 乙의 면접교섭권을 직권으로 배제할 수 있다.

해설 **제837조의2(면접교섭권)** ① 子를 직접 양육하지 아니하는 부모의 일방과 子는 상호 면접교섭할 수 있는 권리를 가진다. ② 가정법원은 자의 복리를 위하여 필요한 때에는 당사자의 청구 또는 직권에 의하여 면접교섭을 제한하거나 배제할 수 있다.
제843조(준용규정) 재판상 이혼에 따른 손해배상책임에 관하여는 제806조를 준용하고, 재판상 이혼에 따른 자녀의 양육책임 등에 관하여는 제837조를 준용하며, 재판상 이혼에 따른 면접교섭권에 관하여는 제837조의2를 준용하고, 재판상 이혼에 따른 재산분할청구권에 관하여는 제839조의2를 준용하며, 재판상 이혼에 따른 재산분할청구권 보전을 위한 사해행위취소권에 관하여는 제839조의3을 준용한다.   [○]

ⓒ 양육권이 없는 乙이 甲의 의사에 반하여 丙을 양육한 경우라도, 甲은 乙이 지출한 양육비를 지급할 의무가 있다.

09사법

해설 "청구인과 상대방이 이혼하면서 사건 본인의 친권자 및 양육자를 상대방으로 지정하는 내용의 조정이 성립된 경우, 그 조정조항상의 양육방법이 그 후 다른 협정이나 재판에 의하여 변경되지 않는 한 청구인에게 자녀를 양육할 권리가 없고, 그럼에도 불구하고 청구인이 법원으로부터 위 조정조항을 임시로 변경하는 가사소송법 제62조 소정의 사전처분 등을 받지 아니한 채 임의로 자녀를 양육하였다면 이는 상대방에 대한 관계에서는 상대적으로 위법한 양육이라고 할 것이니, 이러한 청구인의 임의적 양육에 관하여 상대방이 청구인에게 양육비를 지급할 의무가 있다고 할 수는 없다"(대결 2006.4.17. 2005스 1819). [X]

㉣ 甲이 부담한 채무 3억 5,000만원이 공동재산의 형성에 수반하여 부담하게 된 채무라면 청산의 대상이 되는 것이므로 乙은 甲에게 재산분할을 청구할 수 없다. 11법행

해설 ※ **부부일방이 혼인 중 제3자에게 부담한 채무**(소극재산)**와 재산분할청구권**
채무가 일상가사에 관한 것이 아닌 경우에는 원칙적으로 개인채무로서 청산대상이 되지 않으나, 공동재산의 형성에 수반하여 부담한 채무인 경우에는 청산대상이 된다(대판 1998.2.13. 97므1486). 예를 들어, 判例는 혼인생활 중 쌍방의 협력으로 취득한 부동산에 관하여 부부의 일방이 부담하는 임대차보증금 반환채무는 특별한 사정이 없는 한, 혼인 중 재산의 형성에 수반한 채무로서 청산의 대상이 된다고 하였다(대판 2011.3.10. 2010므4699,4705,4712).
또한 과거 判例는 "이혼하는 부부의 일방이 재산분할의 대상이 되는 채무를 부담하고 있어 총재산가액에서 위 채무액을 공제하면 남는 금액이 없는 경우에는 상대방의 재산분할 청구는 받아들여질 수 없다"(대판 1997.9.26. 97므933 ; 대판 2002.9.4. 2001므718)는 입장이었으나 최근 전원합의체 판결로 견해를 변경하여 "소극재산의 총액이 적극재산의 총액을 초과하여 재산분할을 한 결과가 결국 채무의 분담을 정하는 것이 되는 경우에도 법원은 채무의 성질, 채권자와의 관계, 물적 담보의 존부 등 일체의 사정을 참작하여 이를 분담하게 하는 것이 적합하다고 인정되면 구체적인 분담의 방법 등을 정하여 재산분할 청구를 받아들일 수 있다"(아래 전합 2010므4071판결)고 판시하였다.
☞ 사안에서 적극재산으로는 甲 명의의 A 상가건물(3억 5,000만 원)이 있고, 소극재산으로는 A 건물 매수차용금 1억 원과 A 건물 임차보증금 2억 5,000만 원의 반환채무가 있으므로 결국 적극재산(3억 5,000만 원)에서 소극재산(3억 5,000만 원 = 1억 원 + 2억 5,000만 원)을 공제하면 남는 재산이 없으므로 과거 判例에 따르면 乙은 甲에게 재산분할을 청구할 수 없으나, 바뀐 判例에 따르면 가능하다. [X]

㉤ 甲의 사망으로 甲과 丁의 사실혼관계가 종료되므로 丁에게는 재산분할청구권이 인정된다. 12법행, 14사법 유사

해설 判例에 의하면 부부재산의 청산의 의미를 갖는 재산분할에 관한 규정은 사실혼관계에도 준용 또는 유추적용할 수 있다고 한다(대판 1995.3.28. 94므1584). 그러나 判例는 중혼적 사실혼의 경우에는 '특별한 사정이 없는 한' 이를 사실혼으로 인정하여 법률혼에 준하는 보호를 할 수 없으므로 재산분할청구권은 인정되지 않는다고 한다(대판 1996.9.20. 96므530). 한편 사실혼관계가 일방 당사자의 사망에 의하여 종료된 경우에는 생존한 배우자에게 상속권이 인정되지 않기 때문에 재산분할청구권이 인정될 필요성이 크지만, 대법원은 법률상 혼인관계가 일방 당사자의 사망으로 인하여 종료된 경우에도 생존 배우자에게 재산분할청구권이 인정되지 않으므로 이를 부정하였다(대판 2006.3.24. 2005두15595).[7] [X]

㉥ 甲이 사망하기 전 戊를 인지한 경우, 가정법원이 직권으로 戊의 친권자를 정한다.

해설 제909조(친권자) ④ 혼인 외의 자가 인지된 경우와 부모가 이혼하는 경우에는 부모의 협의로 친권자를 정하여야 하고, 협의할 수 없거나 협의가 이루어지지 아니하는 경우에는 가정법원은 직권으로 또는 당사자의 청구에 따라 친권자를 지정하여야 한다. 다만, 부모의 협의가 자의 복리에 반하는 경우에는 가정법원은 보정을 명하거나 직권으로 친권자를 정한다. [X]

---

7) 즉 判例에 의하면 사실혼 배우자의 생명이 위독한 경우 다른 일방배우자는 사실혼을 일방적으로 파기하고 재산분할청구를 할 수밖에 없는데 이는 사실혼 보호라는 관점에서 볼 때 문제가 많다. 다만 이러한 결과는 사실혼 배우자를 상속인에 포함시키지 않는 우리 법제에 기인한 것이므로 입법론은 별론으로 하고 해석론으로서는 어쩔 수 없는 것으로 판단된다.

Ⓐ 만약 甲과 乙이 협의이혼한 경우라면 甲과 乙이 협의로 丙의 친권자를 정하여야 하고, 협의할 수 없거나 협의가 이루어지지 아니하는 경우에는 당사자는 가정법원에 그 지정을 청구하여야 한다.

해설 **제836조의2(이혼의 절차)** ④ 양육하여야 할 자가 있는 경우 당사자는 제837조에 따른 子의 양육과 제909조 제4항에 따른 子의 친권자결정에 관한 협의서 또는 제837조 및 제909조 제4항에 따른 가정법원의 심판정본을 제출하여야 한다.
☞ 협의이혼시 친권자 결정도 제909조 4항에 따라 부모의 협의로 친권자를 정하여야 하고, 협의할 수 없거나 협의가 이루어지지 아니하는 경우에는 가정법원은 직권으로 또는 당사자의 청구에 따라 친권자를 지정하여야 한다.　　　　　　　　　　　　　　　　　　　　　　　[×]

Ⓞ 甲이 유언으로 戊를 인지하고 유언집행자에 의해 인지신고가 이루어진 경우, 丙은 그 사실이 있음을 안 날로부터 2년 내에 인지에 대한 이의의 소를 제기할 수 있다.

해설 **제859조(인지의 효력발생)** ② 인지는 유언으로도 이를 할 수 있다. 이 경우에는 유언집행자가 이를 신고하여야 한다.
제862조(인지에 대한 이의의 소) 子 기타 이해관계인은 인지의 신고 있음을 안 날로부터 1년 내에 인지에 대한 이의의 소를 제기할 수 있다.
제864조(부모의 사망과 인지청구의 소) 제862조 및 제863조의 경우에 부 또는 모가 사망한 때에는 그 사망을 안 날로부터 2년 내에 검사를 상대로 하여 인지에 대한 이의 또는 인지청구의 소를 제기할 수 있다.　　　　　　　　　　　　　　　　　　　　　　　　　　　　[×]

제6관 사실혼

1

> **[사례]** 甲과 乙은 사실혼관계에 있는 부부이다. 甲과 乙은 甲의 모 丙과 공동생활을 하고 있다. 그러던 중 甲이 직장에서 산업재해를 당하여 사망하였다. 사망 당시 乙은 甲의 자를 포태하고 있었으며 3개월 후 丁을 출산하였다.　　　　　　　　　05사법

㉠ 乙은 산업재해보상보험법상 유족급여를 청구하기 위하여 사망한 甲과의 과거의 사실혼관계존재확인소송을 제기할 수 있으며, 위 소송은 乙이 甲의 사망을 안 날로부터 1년 내에 제기되어야 한다.　　　　　　　　　　　　　　　　　　　　　　　　　12법행

해설 "사실혼관계에 있던 당사자 일방이 사망하였더라도, 현재적 또는 잠재적 법적 분쟁을 일거에 해결하는 유효적절한 수단이 될 수 있는 한, 그 사실혼관계존부확인청구에는 확인의 이익이 인정되고, 이러한 경우 친생자관계존부확인청구에 관한 민법 제865조와 인지청구에 관한 민법 제863조의 규정을 유추적용하여, 생존 당사자는 그 사망을 안 날로부터 1년 내에 검사를 상대로 과거의 사실혼관계에 대한 존부확인청구를 할 수 있다고 보아야 한다(대판 1995.3.28, 94므1447). 2005년 개정된 민법에 따르면 '사망을 안 날로부터 2년 내에' 검사를 상대로 하여 소를 제기할 수 있다.　　　　　　　　　[×]

㉡ 乙은 혼인신고를 하기 위한 목적으로, 사망한 甲과의 과거의 사실혼관계존재확인소송을 검사를 상대로 하여 제기할 수 있다.

해설 "우리법상 사망자간이나 생존한 자와 사망한 자 사이의 혼인은 인정되지 아니하므로 사망자와의 사실혼관계존재확인의 심판이 있다 하더라도, 이미 당사자의 일방이 사망한 경우에는 혼인신고특례법이 정하는 예외적인 경우와 같이 그 혼인신고의 효력을 소급하는 특별한 규정이 없는 한, 이미 그 당사자 간에는 법률상의 혼인이 불가능하므로 이러한 혼인신고는 받아들여질 수 없다(대판 1991.8.13, 91스6). 따라서

사실혼 배우자의 일방이 사망한 경우 생존하는 당사자가 혼인신고를 하기 위한 목적으로는 사망자와의 과거의 사실혼관계 존재확인을 구할 소의 이익이 있다고는 할 수 없다"(대판 1995.11.14. 95므694).   [X]

ⓒ 丁의 친권자인 乙은 검사를 상대로 사망한 甲과 丁사이의 친생자관계존재확인의 소를 제기하여 丁과 甲 사이에 법률상 친자관계를 인정받을 수 있다.   11사법 유사

> **해설** 친생자관계존부확인의 소란 친생부인의 소, 부를 정하는 소, 인지청구의 소, 인지이의의 소 등의 다른 소송에 해당하지 않는 경우에 '다른 사유'를 원인으로 친자관계를 확인하기 위한 소송이다(제865조). 한편 확인의 소는 기존의 법률관계의 존부를 주장하는 소이므로, 기존의 친생자관계를 판결로써 소멸시키거나 또는 새로 친생자관계를 발생시키는 것을 목적으로 하는 형성의 소, 즉 친생부인의 소, 부를 정하는 소, 인지청구의 소 및 인지취소의 소와는 다르다.
> 사안은 '인지청구의 소'를 제기하여야 할 것이다(제864조). 즉 丁은 혼인 외에 출생한 자녀이므로 친아버지인 甲의 인지를 통해(甲의 사망시 검사를 상대로 한 인지청구의 소를 통해) 법률상의 친자관계가 '발생'하기 때문이다. 判例도 동일한 입장이다(아래 96므738).
> "혼인외 출생자의 경우에 있어서 모자관계는 인지를 요하지 아니하고 법률상의 친자관계가 인정될 수 있지만, 부자관계는 부의 인지에 의하여서만 발생하는 것이므로, 부가 사망한 경우에는 그 사망을 안 날로부터 1년 이내(현행법은 2년 이내)에 검사를 상대로 인지청구의 소를 제기하여야 하고, 생모가 혼인외 출생자를 상대로 혼인외 출생자와 사망한 부 사이의 친생자관계존재확인을 구하는 소는 허용될 수 없다"(대판 1997.2.14. 96므738)   [X]

ⓓ 丁이 출생한 후, 乙이 검사를 상대로 제기한 인지청구소송에서 승소하더라도, 인지의 소급효는 제3자가 취득한 권리를 해하지 못하므로 丙의 상속권이 소급하여 상실되는 것은 아니다.   10사법 유사

> **해설** "혼인 외의 출생자가 부의 사망 후에 인지의 소에 의하여 친생자로 인지받은 경우 피인지자보다 후순위 상속인인 피상속인의 직계존속 또는 형제자매 등은 피인지자의 출현과 함께 자신이 취득한 상속권을 소급하여 잃게 되는 것으로 보아야 하고, 그것이 제860조 단서의 규정에 따라 인지의 소급효 제한에 의하여 보호받게 되는 제3자의 기득권에 포함된다고는 볼 수 없다"(대판 1993.3.12. 92다48512).
> 반면 상속분이 제3자에게 처분된 경우에 그 제3자는 제860조 단서에 의하여 보호된다. 그리고 상속개시 후의 인지에 의하여 공동상속인이 된 경우에는 제1014조에 의한다. 한편 상속채권의 채무자가 변제한 경우에는 제470조가 적용될 수 있다(대판 1995.1.24. 93다32200).   [X]

ⓔ 甲이 사망할 당시에 가지고 있던 주택임차인의 지위는 乙이 단독으로 승계한다.

> **해설** 임차인 사망 당시 상속권자가 그 주택에서 가정공동생활을 하고 있지 않은 경우에, 그 주택에서 가정공동생활을 하던 사실상의 혼인관계에 있는 자와 2촌 이내의 친족이 공동으로 사망한 임차인의 권리·의무를 승계한다(주택임대차보호법 제9조 2항). 상속권자가 그 주택에서 가정공동생활을 하였다면, '당연히' 그 상속권자에게 임차인의 권리·의무가 승계된다.
> 따라서 사안에서 **甲의 사망 당시 상속권자인 丙**(사실혼 배우자인 乙에게는 상속권이 없고, 태아 丁은 임차인 甲이 사망할 당시 인지되기 전이므로 상속권자가 아니다)은 그 주택에서 가정공동생활을 하고 있었으므로 주택임대차보호법 제9조 2항은 적용이 없고, 상속권자인 丙이 '당연히' 임차인 甲의 지위를 단독으로 승계받는다.   [X]

제4절 부모와 자

제1관 친생자

1 정상적으로 혼인생활을 하고 있는 부부 사이에서 인공수정 자녀가 출생하는 경우 인공수정으로 출생한 자녀는 남편의 자녀로 추정되고, 남편이 인공수정에 동의하였다가 나중에 이를 번복하고 친생부인의 소를 제기하는 것은 허용되지 않는다. 22·23·24변호

> **해설** ※ **친생자추정의 복멸 사유 - 가정의 평화/외관설, 인공수정에 동의한 경우 친생부인조차 불가**
> 현재의 判例는 妻가 夫의 子를 포태할 수 없는 것이 객관적으로 명백한 사정이 있는 경우에는 夫의 친생자로서의 추정이 미치지 않는다는 **외관설**의 입장이다(대판 1983.7.12. 전합82므59).
> 전원합의체 판결은 ㉠ 아내가 혼인 중 남편이 아닌 제3자의 정자를 제공받아 인공수정으로 자녀를 출산한 경우에도 친생추정 규정을 적용하여 인공수정으로 출생한 자녀가 남편의 자녀로 추정되며, ㉡ 인공수정에 동의한 남편이 나중에 이를 번복하고 친생부인의 소를 제기하는 것은 원칙적으로 허용되지 않는다고 보았다(대판 2019.10.23. 전합2016므2510). [○]

2 인지청구의 소에서 당사자의 증명이 충분하지 못할 경우에도, 법원이 직권으로 사실조사와 증거조사를 하여야 할 필요는 없다. 최신판례

> **해설** ※ **인지의 효과**
> "인지청구의 소는 부와 자 사이에 사실상의 친자관계의 존재를 확정하고 법률상의 친자관계를 창설함을 목적으로 하는 소송으로서, 당사자의 증명이 충분하지 못할 때에는 법원이 직권으로 사실조사와 증거조사를 하여야 하고, 친자관계를 증명할 때는 부와 자 사이의 혈액형검사, 유전자검사 등 과학적 증명방법이 유력하게 사용되며, 이러한 증명에 의하여 혈연상 친생자관계가 인정되어 확정판결을 받으면 당사자 사이에 친자관계가 창설된다. 이와 같은 인지청구의 소의 목적, 심리절차와 증명방법 및 법률적 효과 등을 고려할 때, 인지의 소의 확정판결에 의하여 일단 부와 자 사이에 친자관계가 창설된 이상, 재심의 소로 다투는 것은 별론으로 하고, 확정판결에 반하여 친생자관계부존재확인의 소로써 당사자 사이에 친자관계가 존재하지 않는다고 다툴 수는 없다"(대판 2015.6.11. 2014므8217). [×]

2-1 친자관계를 증명할 때는 부와 자 사이의 혈액형검사, 유전자검사 등 과학적 증명방법이 유력하게 사용되며, 이러한 증명에 의하여 혈연상 친생자관계가 인정되어 확정판결을 받으면 당사자 사이에 친자관계가 창설된다. 최신판례

> **해설** 위 대판 2015.6.11. 2014므8217 판결 참고 [○]

2-2 인지의 소의 확정판결에 의하여 일단 부와 자 사이에 친자관계가 창설된 이상, 재심의 소로 다투는 것은 별론으로 하고, 확정판결에 반하여 친생자관계부존재확인의 소로써 당사자 사이에 친자관계가 존재하지 않는다고 다툴 수는 없다. 20변호

> **해설** 위 대판 2015.6.11. 2014므8217 판결 참고 [○]

3 친생자관계존부확인의 소에서 그 상대방이 될 당사자 쌍방이 모두 사망한 경우, 소를 제기할 수 있는 기간은 당사자 쌍방이 모두 사망한 사실을 안 날로부터 기산한다. 20변호

> **해설** 혼인이 성립한 날로부터 200일이 되기 전에 출생한 자, 혼인관계 종료의 날로부터 300일 이후에 출생한 자, 친생자 추정의 제한을 받는 경우 등 친생자 추정을 받지 않는 혼인 중의 출생자의 경우 이를 다툴 때에는 누구나 제기할 수 있고, 출소기간의 제한도 없는 '친생자관계 부존재확인의 소'에 의하여 부자관계

를 부정할 수 있다(대판 1983.7.12, 전합82므59). 다만 당사자 일방이 사망한 때에는 그 사망을 안 날부터 2년 내에 검사를 상대로 하여 소를 제기하여야 하고(제865조 2항), 제3자가 친생자관계존재확인의 소를 제기함에 있어 당사자 쌍방이 모두 사망한 경우 제소기간은 당사자 쌍방이 모두 사망한 사실을 안 날로부터 기산한다(대판 2004.2.12, 2003므2503). [O]

4 인지청구 등의 소에서 제소기간의 기산점이 되는 '사망을 안 날'은 사망이라는 객관적 사실을 아는 것을 의미하고, 사망자와 친생자관계에 있다는 사실까지 알아야 하는 것은 아니다. 최신판례

> **해설** ※ 인지청구의 소와 친생자관계부존재확인의 소에서 제소기간의 기산점이 되는 '사망을 안 날'
> "인지청구의 소와 친생자관계부존재확인의 소(이하 '인지청구 등의 소'라고 한다)에서 제소기간을 둔 것은 친생자관계를 진실에 부합시키고자 하는 사람의 이익과 친생자관계의 신속한 확정을 통하여 법적 안정을 찾고자 하는 사람의 이익을 조화시킨다는 의미가 있는데, 당사자가 사망함과 동시에 상속이 개시되어 신분과 재산에 대한 새로운 법률관계가 형성되는데, 오랜 시간이 지난 후에 인지청구 등의 소를 허용하게 되면 상속에 따라 형성된 법률관계를 불안정하게 할 우려가 있는 점, 친생자관계의 존부에 관하여 알게 된 때를 제소기간의 시점으로 삼을 경우에는 사실상 이해관계인이 주장하는 시기가 제소기간의 기산점이 되어 제소기간을 두는 취지를 살리기 어렵게 되는 점 등을 고려할 때, 인지청구 등의 소에서 제소기간의 기산점이 되는 '사망을 안 날'은 사망이라는 객관적 사실을 아는 것을 의미하고, 사망자와 친생자관계에 있다는 사실까지 알아야 하는 것은 아니라고 해석함이 타당하다"(대판 2015.2.12, 2014므4871). [O]

5 민법 제846조, 제847조 제1항에서 정한 친생부인의 소의 원고적격이 있는 '부(婦), 처(妻)'는 자의 생모에 한정되고, 여기에 친생부인이 주장되는 대상자의 법률상 부(父)와 '재혼한 처(妻)'는 포함되지 않는다. 20변호

> **해설** ※ 민법 제846조, 제847조 제1항에서 정한 친생부인의 소의 원고적격이 있는 '부(婦), 처(妻)'는 자의 생모에 한정되는지 여부(적극) 및 여기에 '재혼한 처(妻)'가 포함되는지 여부(소극)
> "우리 민법은 부자(父子)관계를 결정함에 있어 '가정의 평화' 또는 '자의 복리'를 위하여 혼인 중 출생자를 부의 친생자로 강하게 추정하면서도, '혈연진실주의'를 채택하여 일정한 경우에 친생자임을 부인하는 소를 제기할 수 있도록 하고 있다. 구 민법(2005. 3. 31. 법률 제7427호로 개정되기 전의 것) 당시에는 부(夫)만 친생부인의 소를 제기할 수 있도록 규정하였으나, 위 민법 개정으로 부 외에 처도 친생부인의 소를 제기할 수 있게 되었는데, 개정 이유는 부만 친생부인의 소를 제기할 수 있도록 하는 것은 혈연진실주의 및 부부평등의 이념에 부합되지 아니한다는 취지에서였다. 즉 부부가 이혼하여 처가 자의 생부와 혼인한 경우, 부부가 화해의 전망 없이 상당한 기간 별거하고 있는 경우, 부가 친생부인은 하지 않은 채 단지 보복적 감정에서 자를 학대하는 경우 등에는 생모도 친생부인을 할 수 있도록 하는 것이 주된 개정 이유였다. 이러한 개정 이유에 비추어 보아도 친생부인의 소를 제기할 수 있는 '처'는 '자의 생모'만을 의미한다. 위와 같은 민법 규정의 입법 취지, 개정 연혁과 체계 등에 비추어 보면, 민법 제846조, 제847조 제1항에서 정한 친생부인의 소의 원고적격이 있는 '부(婦), 처(妻)'는 자의 생모에 한정되고, 여기에 친생부인이 주장되는 대상자의 법률상 부(父)와 '재혼한 처(妻)'는 포함되지 않는다"(대판 2014.12.11, 2013므4591). [O]

6 민법 제777조 소정의 친족은 특단의 사정이 없는 한, 그와 같은 신분관계를 가졌다는 사실만으로써 당연히 친자관계존부 확인의 소를 제기할 소송상의 이익이 있다. 23·24변호, 20법행

> **해설** "구 인사소송법 등의 폐지와 가사소송법의 제정·시행, 호주제 폐지 등 가족제도의 변화, 신분관계 소송의 특수성, 가족관계 구성의 다양화와 그에 대한 당사자 의사의 존중, 법적 친생자관계의 성립이나 해소를 목적으로 하는 다른 소송절차와의 균형 등을 고려할 때, 민법 제777조에서 정한 친족이라는 사실만으로 당연히 친생자관계존부확인의 소를 제기할 수 있다고 한 종전 대법원 판례는 더 이상 유지될 수 없게 되었다고 보아야 한다. 이처럼 이 사건 조항의 규정 형식과 문언 및 체계, 위 각 규정들이 정한 소송절차의 특성, 친생자관계존부확인의 소의 보충성 등을 고려하면, 친생자관계존부확인의 소를 제기할 수 있는 자는 이 사건 제865조에서 정한 제소권자로 한정된다고 봄이 타당하다"(대판 2020.6.18, 전합2015므8351). [X]

7 제3자가 친자 쌍방을 상대로 제기한 친생자관계 부존재확인소송 계속 중 친자 중 어느 한편이 사망한 경우, 사망한 사람에 대한 소송이 종료된다.

최신판례

해설 "민법 제865조의 규정에 의하여 이해관계 있는 제3자가 친생자관계 부존재확인을 청구하는 경우 친자 쌍방이 다 생존하고 있는 경우는 친자 쌍방을 피고로 삼아야 하고, 친자 중 어느 한편이 사망하였을 때에는 생존자만을 피고로 삼아야 하며, 친자가 모두 사망하였을 경우에는 검사를 상대로 소를 제기할 수 있다. 친생자관계존부 확인소송은 소송물이 일신전속적인 것이므로, 제3자가 친자 쌍방을 상대로 제기한 친생자관계 부존재확인소송이 계속되던 중 친자 중 어느 한편이 사망하였을 때에는 생존한 사람만 피고가 되고, 사망한 사람의 상속인이나 검사가 절차를 수계할 수 없다. 이 경우 사망한 사람에 대한 소송은 종료된다" (대판 2018.5.15. 2014므4963). [O]

8

> **[사례]** 甲(男)이 혼인외의 출생자인 乙 외에 다른 자녀 없이 사망하여 甲의 직계존속 丙이 甲을 단독상속하였는데, 이후 乙이 인지청구의 소를 제기하였다.
>
> 10사법

㉠ 乙에 대한 인지판결이 확정되기 전에, 丙이 甲의 채무자 丁에 대하여 상속채무의 이행을 구하는 소를 제기하고 승소판결까지 받았다면, 특별한 사정이 없는 한 丙에 대한 丁의 변제는 적법하다.

해설 ※ 표현상속인과 채권의 준점유자에 대한 변제(제470조)
"혼인 외의 子의 생부가 사망한 경우, 혼인 외의 출생자는 그가 인지청구의 소를 제기하였다고 하더라도 그 인지판결이 확정되기 전에는 상속인으로서의 권리를 행사할 수 없고, 그러한 인지판결이 확정되기 전의 정당한 상속인이 채무자에 대하여 소를 제기하고 나아가 승소판결까지 받았다면, 채무자로서는 그 상속인이 장래 혼인 외의 子에 대한 인지판결이 확정됨으로 인하여 소급하여 상속인으로서의 지위를 상실하게 될 수 있음을 들어 그 권리행사를 거부할 수 없으므로, 그러한 표현상속인에 대한 채무자의 변제는 특별한 사정이 없는 한 채권의 준점유자에 대한 변제로서 적법하다" (대판 1995.1.24, 93다32200). [O]

㉡ 乙의 인지청구 전에 乙의 생모가 임의로 乙을 甲의 친생자로 출생신고하였다는 이유로 인지무효확인심판이 확정되었다면, 그 기판력은 乙이 제기한 인지청구의 소에도 미친다.

해설 "생부의 인지 없이 생모에 의해 임의로 생부의 친생자로 출생신고되었다는 것을 이유로 한 인지무효확인의 확정심판은 생부 스스로 子를 그의 친생자로 인정하여 출생신고를 한 바 없는데도 생모에 의해 그러한 행위를 한 것처럼 호적(가족관계등록부)상 기재가 되어 있으니 그 출생신고에 의한 임의인지가 무효임을 확인한다는 것이 심판대상임이 명백하고, 따라서 그 기판력 역시 생부의 출생신고에 의한 임의인지가 무효라는 점에 한하여 발생할 뿐이며, 나아가 생부와 子 사이에 친생자관계가 존재하는지의 여부에 대해서까지 그 확정심판의 효력이 미치는 것은 아니므로, 그 확정심판의 효력은 子와 생부 사이에 친생자관계가 존재함을 전제로 하여 재판상 인지를 구하는 청구에는 미치지 아니한다" (대판 1999.10.8, 98므1698). [X]

㉢ 乙이 가족관계등록부에 생모와 그 배우자 사이의 혼인중 친생자로 등재되어 있더라도, 乙의 생부가 가족관계등록부상의 부(父)와 다른 사실이 객관적으로 명백한 경우, 乙은 친생추정을 받지 않으므로 곧바로 인지청구를 할 수 있다.

04 · 12사법 유사

해설 "민법 제844조의 친생추정을 받는 자는 친생부인의 소에 의하여 그 친생추정을 깨뜨리지 않고서는 다른 사람을 상대로 인지청구를 할 수 없으나, 호적(가족관계등록부)상의 부모의 혼인 중의 자로 등재되어 있는 자라 하더라도 그의 생부모가 호적(가족관계등록부)상의 부모와 다른 사실이 객관적으로 명백한 경우에는 그 친생추정이 미치지 아니하므로, 그와 같은 경우에는 곧바로 생부모를 상대로 인지청구를 할 수 있다" (대결 2000.1.28, 99스1817). [O]

참고판례 "친생자 추정이 미치지 않는 자에 대한 부자관계를 부정하기 위해서는 친생부인의 소에 의하지 않고 친자관계부존재확인소송을 제기할 수 있다"(대판 1983.7.12. 전합82므59).

㉣ 乙의 인지청구권의 행사가 상속재산에 대한 이해관계에서 시작되었더라도 정당한 신분관계를 확정하기 위해서라면 신의칙에 반하는 것이라 하여 막을 수 없다.

해설 "인지청구권의 행사가 상속재산에 대한 이해관계에서 비롯되었다 하더라도 정당한 신분관계를 확정하기 위해서라면 신의칙에 반하는 것이라 하여 막을 수 없다"(대판 2001.11.27, 2001므1353). [O]

9

[사례] A는 처와 사별하고 그 사이에 출생한 자녀 甲, 乙과 함께 살다가 사망하였다. 甲과 乙은 상속재산인 X부동산에 대하여 상속을 원인으로 각 지분 비율로 소유권이전등기를 마쳤다. A에게는 혼인외의 자(子)인 丙이 있었는데, 丙은 인지청구의 소를 제기해 승소판결이 확정되었다. 10사법

㉠ 丙은 A가 사망하기 전에는 A를 상대로 하여, A가 사망한 후에는 검사를 상대로 하여 기간의 제한 없이 인지청구의 소를 제기할 수 있다.

해설 子와 그 직계비속 또는 그 법정대리인은 부 또는 모를 상대로 하여 인지청구의 소를 제기(기간의 제한은 없음)할 수 있고(제863조), 부 또는 모가 사망한 때에는 그 사망을 안 날로부터 2년 내에 검사를 상대로 하여 인지청구의 소를 제기할 수 있다(제864조). [X]

㉡ 丙의 A에 대한 인지청구의 소는 확인의 소의 성질을 가지므로, 丙은 그 판결확정 전이라도 다른 소송에서 A의 친생자로 인정될 수 있다. 11법행

해설 인지청구의 소는 친자관계의 존재를 확인하여 판결로써 비로소 법률상의 친자관계를 창설하기 때문에 '형성의 소'로 보아야 할 것이다(통설). 따라서 혼인 외의 자는 그 판결확정 전에는 다른 소송에서도 친생자로 인정될 수 없다. 다만 母에 대한 인지청구의 소는 '확인의 소'이다(대판 1967.10.4, 67다1791 참조). "기아와 같은 특수한 경우를 제외하고는 혼인의 생모자 관계는 분만하였다는 사실로써 명백한 것이며 생부의 혼인외의 출생자에 대한 인지가 형성적인 것에 대하여 생모의 혼인외의 출생자에 대한 인지는 확인적인 것인 점을 고려하면 혼인외의 출생자와 생모간에는 그 생모의 인지나 출생신고를 기다리지 아니하고 자의 출생으로 당연히 법률상의 친족관계가 생긴다고 해석하는 것이 타당하다"(대판 1967.10.4, 67다1791) [X]

참고판례 "혼인외 출생자의 경우에 있어서 모자관계는 인지를 요하지 아니하고 법률상의 친자관계가 인정될 수 있지만, 부자관계는 父의 인지에 의하여서만 발생하는 것이므로, 부가 사망한 경우에는 그 사망을 안 날로부터 1년 이내에(현행법은 2년 이내에) 검사를 상대로 인지청구의 소를 제기하여야 하고, 생모가 혼인외 출생자를 상대로 혼인외 출생자와 사망한 부 사이의 친생자관계존재확인을 구하는 소는 허용될 수 없다"(대판 1997.2.14, 96므738)

㉢ 甲과 乙이 X부동산을 제3자에게 8,000만 원에 매도하고 이전등기를 해 준 다음 丙이 甲과 乙을 상대로 가액의 반환을 청구한 경우, X부동산의 가격이 사실심 변론종결 당시 1억 원이 되었다면, 丙이 반환받을 가액은 1억 원을 기준으로 산정하여야 한다.

해설 상속개시 후의 인지 또는 재판의 확정에 의하여 공동상속인이 된 사람이 민법 제1014조에 따라 그 상속분에 상당한 가액의 지급을 소송으로 청구하는 경우 상속재산의 가액은 사실심 변론종결 당시의 시가를 기준으로 산정하여야 한다(대판 2002.11.26, 2002므1398 ; 대판 1993.8.24, 93다12). [O]

② A가 丁에게 포괄적 유증을 하였다면, 丁은 甲과 乙이 상속재산을 분할한 후 기간의 제한 없이 甲과 乙에 대해서 상속회복의 소를 제기할 수 있다.

> **해설** 상속인의 상속회복청구권 및 그 제척기간에 관하여 규정한 민법 제999조는 포괄적 유증의 경우에도 유추적용된다(대판 2001.10.12, 2000다22942). [×]

⑩ A의 처가 다른 남자와 사이에 자녀 戊를 두고 있다면, 戊는 A의 상속재산에 관하여 A의 처를 대습상속한다.

> **해설** ※ **배우자를 피대습자로 하는 재대습상속이 인정되는지 여부**(소극)
>
> 재대습상속도 인정된다. 예컨대 조부, 부, 증조부 순으로 사망한 경우에, 조부의 사망에 따라 부가 증조부의 대습상속인이 되는데, 부 또한 증조부보다 먼저 사망하였기 때문에 결국 자가 증조부를 재대습상속하게 된다. 그러나, 判例는 "대습상속이 인정되는 것은 상속인이 될 자(사망자 또는 결격자)가 피상속인의 직계비속 또는 형제자매인 경우에 한한다 할 것이므로, 상속인이 될 자(사망자 또는 결격자)의 배우자는 제1003조에 기하여 대습자가 될 수는 있으나, 피대습자(사망자 또는 결격자)의 배우자가 대습상속의 상속개시 전에 사망하거나 결격자가 되었다면 그 배우자에게 다시 피대습자로서의 지위가 인정될 수는 없다"(대판 1999.7.9, 98다64318,64325)고 하여 배우자를 피대습자로 하는 재대습은 인정할 수 없다고 한다. 즉 배우자는 대습상속권이 있지만, 배우자가 먼저 사망하거나 결격이 된 경우에 그의 직계비속이 (그 배우자를 피대습자로 하여) 재대습상속할 수는 없다는 것이다.
>
> ☞ A의 처의 자녀인 戊는 A의 상속재산에 관하여 A의 처를 대습상속할 수는 없다. [×]

10

> **[사례]** 대학시절부터 사랑하는 사이였던 甲·乙은 2002년 1월 곧 결혼하기로 하고 사실혼관계를 맺어 사실혼부부로서 생활하였는데 갑작스런 甲의 독일 1년 근무발령에 따라 혼인을 미루어 오다 2003년 2월 혼인신고와 동시에 결혼식을 올리고 생활하였다. 그런데 2003년 6월 乙은 A를 출산하였고 이를 의아하게 여긴 甲이 혈액형조사를 하였는바, 혈액형이 배치되는 것으로 나타났다(甲: O형, 乙: A형, A: AB형). 사실을 조사해 본 甲은, A는 乙이 자신의 독일체류 중 情을 통했던 丙의 아이임을 알게 되었다.   대판 1983.7.12. 전합82므59 변형

㉠ 사실혼을 유지하다가 혼인신고를 한 후 자녀가 출생한 경우 혼인신고일이 아닌 사실혼 성립의 날부터 200일 후에 출산하였다면 친생자추정을 받는다.

> **해설** ※ **제844조 2항의 '혼인성립의 날'**
>
> 친생자추정의 기준이 되는 제844조 2항의 '혼인성립의 날'이란 본래 혼인신고를 한 날을 의미하나, 다수설 및 判例는 사실혼을 거쳐 법률혼으로 가는 실제의 관행을 고려하여 사실혼 성립의 날도 포함하는 것으로 해석한다. 따라서 이에 의하면, 혼인신고일로부터 200일이 되기 전에 출생한 자라도 사실혼 성립일로부터 200일 후에 출생하였으면 친생자의 추정을 받게 된다.
>
> "아직 혼인신고는 하지 아니 하였다 할지라도 부부가 이른바 내연관계에 들어가서 동거생활을 하던 중 처가 포태한 경우에는 비록 그 포태된 자의 출생일자가 그 부모의 혼인신고일 뒤에 있고 그 사이의 기간이 200일이 못된다 할지라도 이러한 자는 특히 부모의 인지절차를 밟지 아니하고 출생과 동시에 당연히 그 부모의 적출자로서의 신분을 취득한다고 보아야 한다"(대판 1963.6.13. 63다228) [○]

㉡ A가 甲의 子로 친생자 신고된 경우, 甲의 독일체류 중 포태된 것임이 객관적으로 명백하더라도 친생자추정이 미치므로 甲은 친생부인의 소를 통해서만 친자관계를 부인할 수 있다.

> **해설** ※ **친생자 추정의 제한**(친생자 추정이 미치지 않는 자)
>
> 혼인 중의 출생자라 할지라도 사안과 같이 장기해외체류 등 妻가 夫의 子를 포태할 수 없는 것이 객관적으로 명백한 사정이 있는 경우에는 夫의 친생자로서의 추정이 미치지 않는다고 보아야 한다. 다만 구체적인 범위에서 학설의 대립이 있는바, 현재의 判例는 妻가 夫의 子를 포태할 수 없는 것이 객관적으로 명백한 사정이 있는 경우에는 夫의 친생자로서의 추정이 미치지 않는다는 외관설의 입장이다

(대판 1983.7.12. 전합82므59).[8] 다만 夫와 子가 혈액형이 배치된 경우 등에 대하여는 판단한 적이 없다.

☞ 사안의 경우 甲의 장기독일체류로 인해 동침의 결여가 외관상 명백한 경우이므로 친생자추정이 미치지 아니하고, 甲은 친생부인의 소가 아닌 친생자관계부존재확인의 소(제865조)에 의해서도 친자관계를 부인할 수 있다.   [×]

ⓒ 甲이 乙 · 丙과 상의한 끝에 A를 친자식처럼 기르기로 하고 친생자신고를 한 경우, 甲과 A 간에는 유효한 양친자관계가 성립한다.

<u>해설</u> ※ 허위친생자 신고의 입양신고로서의 효력 인정 여부

(1) A가 입양의 실질적 요건을 구비하였는지 여부

ⅰ) 당사자 사이에 입양의 합의가 있어야 한다(제883조 1호). 그런데 양자가 될 사람이 만13세 이상의 미성년자인 경우에 법정대리인의 동의를 받아 입양을 승낙하여야 하고, 양자가 될 사람이 만 13세 미만(종래에는 만 15세 미만)인 경우에는 법정대리인이 그를 갈음하여 입양을 승낙한다(제869조 1항, 2항)[다만 법정대리인이 정당한 이유 없이 동의 또는 승낙을 거부하는 경우 또는 법정대리인의 소재를 알 수 없는 등의 사유로 동의 또는 승낙을 받을 수 없는 경우에는 가정법원이 입양을 허가할 수 있다(제869조 3항)]. ⅱ) 양자는 양친의 존속 또는 연장자가 아니어야 한다(제877조 1항). ⅰ), ⅱ)요건이 흠결되면 입양은 **무효**이다(제869조 1항은 취소사유이고 2항은 무효사유이다).

ⅲ) 양친이 되는 자는 성년이어야 한다(제866조). ⅳ) 양자가 될 자는 '원칙적'으로 부모 등의 동의를 얻어야 한다. 양자가 될 자가 성년인 경우에도 마찬가지이다. 다만 부모의 소재를 알 수 없는 등의 사유로 동의를 받을 수 없는 경우 그러하지 아니하다(제870조, 제871조). ⅴ) 배우자 있는 자가 양자를 할 때에는 배우자와 공동으로 하여야 하고, 배우자 있는 자가 양자가 될 때에는 다른 일방의 동의를 얻어야 한다(제874조). ⅲ), ⅳ), ⅴ) 요건이 흠결되면 입양은 **취소**될 수 있다.

☞ 사안에서 甲은 성년자이며 양자인 A가 양친의 존속이거나 연장자가 아님은 분명하고(ⅱ), ⅲ)요건 충족), 생후 몇 개월 되지 아니한 A의 법정대리인인 乙과 丙의 승낙이 있었으며(ⅰ), ⅳ)요건 충족), 甲이 乙과 공동으로 입양을 하였으므로(ⅴ)요건 충족) 甲과 A 간에는 입양의 실질적 요건이 충족된다.

(2) A가 입양의 형식적 요건을 구비하였는지 여부

사안과 같이 甲이 입양의 의사를 가지고, 입양신고 대신에 마치 친생자인 것처럼 출생신고를 한 경우 이를 입양신고로 볼 수 있는지 문제되나, 判例는 당사자 사이에 양친자관계를 창설하려는 명백한 의사가 있고 나아가 기타 입양의 성립 요건이 모두 구비된 경우에 입양신고 대신 친생자 출생신고가 있다면 형식에 다소 잘못이 있더라도 입양의 효력이 있다고 해석함이 타당하다고 한다(대판 1977.7.26. 전합77다492).

☞ 사안에서 입양의사로 입양신고 대신 허위친생자신고를 한 것은 입양신고로서의 요건을 갖추었다고 볼 수 있다.   [○]

ⓓ ⓒ에서 허위친생자출생신고가 입양신고로서 입양의 효력이 발생하면 甲 · 乙과 A 사이의 친생자관계부존재확인의 소는 확인의 이익이 없어 부적법하다.

<u>해설</u> "친생자로 출생신고를 한 것이 입양신고로서의 기능을 발휘하여 입양의 효력이 발생하였다면 파양에 의하여 양친자관계를 해소할 필요가 있는 등의 특별한 사정이 없는 한, 호적의 기재를 말소하여 법률상 친자관계의 존재를 부정하게 되는 친생자관계부존재확인의 소는 확인의 이익이 없는 것으로서 부적법하다"(대판 1994.5.24. 전합93므119)   [○]

---

8) "민법 제 844조는 부부가 동거하여 처가 부의 자를 포태할 수 있는 상태에서 자를 포태한 경우에 적용되는 것이고 <u>부부의 한쪽이 장기간에 걸쳐 해외에 나가 있거나 사실상의 이혼으로 부부가 별거하고 있는 경우 등 동서의 결여로 처가 부의 자를 포태할 수 없는 것이 외관상 명백한 사정이 있는 경우에는 그 추정이 미치지 아니하므로</u> 이 사건에 있어서 처가 가출하여 부와 별거한지 약 2년 2개월 후에 자를 출산하였다면 이에는 동조의 추정이 미치지 아니하여 부는 친생부인의 소에 의하지 않고 친자관계부존재확인소송을 제기할 수 있다"

ⓜ 만약 甲이 乙의 동의 없이 제3자 B를 甲과 乙의 양자로 하기로 하고 친생자출생신고를 하였
다면 甲과 B 사이의 입양은 무효이다.

해설 "입양이 개인간의 법률행위임에 비추어 보면 부부의 공동입양이라고 하여도 부부 각자에 대하여 별개의
입양행위가 존재하여 부부 각자와 양자 사이에 각각 양친자관계가 성립한다고 할 것이므로, 부부의 공
동입양에 있어서도 부부 각자가 양자와의 사이에 민법이 규정한 입양의 일반 요건을 갖추는 외에 나
아가 위와 같은 부부 공동입양의 요건을 갖추어야 하는 것으로 풀이함이 상당하므로, 처가 있는 자가
입양을 함에 있어서 혼자만의 의사로 부부 쌍방 명의의 입양신고를 하여 수리된 경우, 처의 부재 기타
사유로 인하여 공동으로 할 수 없는 때에 해당하는 경우를 제외하고는, 처와 양자가 될 자 사이에서는
입양의 일반요건 중 하나인 당사자 간의 입양합의가 없으므로 입양이 무효가 되고, 한편 처가 있는 자와
양자가 될 자 사이에서는 입양의 일반 요건을 모두 갖추었어도 부부 공동입양의 요건을 갖추지 못하였으
므로 처가 그 입양의 취소를 청구할 수 있으나, 그 취소가 이루어지지 않는 한 그들 사이의 입양은 유효
하게 존속한다"(대판 1998.5.26. 97므25)   [×]

11

> **[사례]** 甲男은 乙女와 혼인하여 가정을 이루었으나, 성격차이로 인하여 집을 나가 乙女와 별
> 거하면서 혼자 생활하였다. 甲男은 乙女와 별거 중임에도, 乙女가 甲男의 부모님과 함께 살
> 고 있으므로, 1년에 한두 번 방문하여 며칠간 머물다가 오곤 하였다. 그러던 중 甲男은 丙女
> 와 사귀게 되었고, 丙女가 丁을 출산하자 그때부터 丙女와 동거하고 있다. 이러한 관계에서
> 도 甲男은 1년에 한두 번 乙女가 살고 있는 집을 방문하여 며칠간 머물렀고, 그동안 乙女가
> 甲男의 재(子)를 출산하였다.   16사법

㉠ 만약 丁의 생부가 甲이라고 할 경우, 丙이 丁을 甲의 친생자로 출생신고하였다면 甲은 생부
임에도 불구하고 인지무효의 청구를 할 수 있고, 인지무효의 확정심판이 있었다고 하더라도
그 판결의 효력은 丁과 甲 사이에 친생자 관계가 존재함을 전제로 하여 재판상 인지를 구하
는 청구에는 미치지 아니한다.

해설 "생부의 인지 없이 생모에 의해 임의로 생부의 친생자로 출생신고 되었다는 것을 이유로 한 인지무효
확인의 확정심판은 생부 스스로 子를 그의 친생자로 인정하여 출생신고를 한 바 없는데도 생모에 의
해 그러한 행위를 한 것처럼 호적상 기재가 되어 있으니 그 출생신고에 의한 임의인지가 무효임을 확
인한다는 것이 심판대상임이 명백하고, 따라서 그 기판력 역시 생부의 출생신고에 의한 임의인지가
무효라는 점에 한하여 발생할 뿐이며, 나아가 생부와 子사이에 친생자관계가 존재하는지의 여부에 대
해서까지 그 확정심판의 효력이 미치는 것은 아니므로, 그 확정심판의 효력은 子와 생부 사이에 친생
자관계가 존재함을 전제로 하여 재판상 인지를 구하는 청구에는 미치지 아니한다"(대판 1999.10.8. 98므1698)
    ☞ 인지는 인지권자 자신이 하여야 하며 母가 父의 인지신고(친생자 출생신고에 의한 인지를 포함)
를 하면 이는 무효이다. 따라서 만약 甲의 사실혼 배우자 생모 丙이 丁을 甲의 출생자로 신고한 것은
甲이 丁의 生父라 하여도 인지로서 무효이다. 그리고 인지무효의 소의 당사자는 당사자(인지자, 피인
지자), 그 법정대리인, 4촌 이내의 친족이 원고가 될 수 있는바(가사소송법 제28조 전단, 동법 제23조),
甲은 인지무효의 소를 제기할 수 있으나, 그 판결의 기판력은 임의인지의 무효사유가 있음을 확인하
는 것에만 미칠 뿐 丁이 甲에 대해 재판상 인지를 청구하는 것에는 미치지 않는다.   [○]

㉡ 만약 丁의 생부가 甲이 아니라고 할 경우, 甲이 丁을 자신의 친생자라고 오인하여 자신의 친
생자로 출생신고하였다면 인지의 효력이 발생하지만, 乙은 甲과 丁사이의 친자관계를 제거하
기 위하여 인지에 대한 이의의 소를 제기할 수 있다.

해설 父가 혼인외의 자녀에 대해 출생신고를 한 경우 그 신고는 인지의 효력이 있다(무효행위의 전환, 가족관계
의 등록 등에 관한 법률 제57조). 그런데 이 경우 그 자녀가 실제 그 父의 친생자가 아닌 경우 학설은 무효행
위 전환법리에 따라 인지의 효력이 발생한 이상 인지이의의 소로써 다투어야 하므로 인지이의의 소
에 관한 제척기간이 적용된다는 견해가 있으나 判例는 친생자관계부존재확인의 소로써 다투어야 한
다고 판시하였다.

"호적법 제62조에 부가 혼인외의 자에 대하여 친생자 출생신고를 한 때에는 그 신고는 인지의 효력이 있는 것으로 규정되어 있으나, 그 신고가 인지신고가 아니라 출생신고인 이상 그와 같은 신고로 인한 친자관계의 외관을 배제하고자 하는 때에도 인지에 관련된 소송이 아니라 친생자관계부존재확인의 소를 제기하여야 하는 것이다"(대판 1993.7.27. 91므306).   [×]

© 甲과 乙이 이혼한 후 甲과 丙이 혼인신고를 하였고, 丁은 甲과 丙의 혼인신고 전에 생부인 甲의 친생자로 출생신고가 되어있었다고 가정한다. 이 경우 甲의 강압으로 이루어진 것을 이유로 하여 甲과 乙의 이혼이 취소되었고, 乙이 중혼을 사유로 취소청구를 하여 甲과 丙의 혼인이 취소되었다고 하더라도, 丁은 준정으로 인한 혼인중의 출생자의 지위를 유지한다. 09사법

해설 이혼의 취소에는 소급효가 있으므로 이혼 취소 전 재혼한 경우 이혼이 취소되면 재혼은 중혼(제810조)이 되어 취소사유(제816조 제1호)에 해당된다(대판 1984.3.27. 84므9). 그러나 혼인취소의 경우 소급효가 없으므로(제824조) 甲과 乙의 이혼이 취소되어 甲과 丙의 혼인이 중혼사유에 해당하여 취소되더라도 丁은 준정에 의한 혼인중의 출생자의 지위는 유지한다.   [○]

12

> **[사례]** 甲과 乙은 혼인신고를 한 지 10년이 지났으나 乙이 아이를 낳지 못하였다. 丁은 자신과 혼인관계 없는 丙과의 사이에서 A를 출산하였다. 甲과 乙은 丙이 A를 인지하기 전에 A를 자신들의 친생자로 출생신고를 하였다. 단, 위 출생신고로 인하여 입양의 효력은 발생하지 않았고, 丙이 A의 생부라는 사실이 객관적으로 명백하게 밝혀졌음을 전제로 한다.
>
> 16변호

㉠ 甲의 아버지 戊는 甲, 乙, A를 상대로 친생자관계부존재확인의 소를 제기할 수 있다.

해설 친생자관계 부존재확인의 소는 父를 정하는 소, 친생부인의 소, 인지에 대한 이의의 소, 인지청구의 소의 목적에 해당하지 않는 다른 사유를 원인으로 하여 가족관계등록부의 기록을 정정함으로써 신분관계를 명확히 할 필요가 있는 경우에 제기할 수 있다. 그리하여 이 소를 제기할 수 있는 경우는 대단히 많으며, 친생자 추정이 미치지 않는 자에 대하여도 그 소를 제기할 수 있다(제865조). 그러나 친생추정을 받는 경우 친생부인의 소(제847조)에 의하여야 한다.
"민법 제777조 소정의 친족은 특단의 사정이 없는 한, 그와 같은 신분관계를 가졌다는 사실만으로써 당연히 친자관계존부 확인의 소를 제기할 소송상의 이익이 있다"(대판 1981.10.13. 전합80므60).
☞ 지문의 경우 허위의 출생신고로 인한 입양의 효력은 발생하지 않았고, 丙이 A의 생부라는 사실이 객관적으로 명백히 밝혀졌으므로 A는 甲과 乙의 친생자라는 추정을 받지 않는다. 따라서 친생자관계부존재확인의 소를 제기할 수 있다. 또한 친생자관계존부확인의 소를 제기하기 위하여 원고가 자기의 신분상 지위에 관하여 당해 친자관계 존부의 확인을 구할 이익이 있어야 하는데, 父의 직계존속은 정당한 당사자로서 이 소를 제기할 수 있다(제865조).   [○]

㉡ A는 곧바로 丙을 상대로 인지청구의 소를 제기할 수 있다.

해설 "제844조의 친생추정을 받는 자는 친생부인의 소에 의하여 그 친생추정을 깨뜨리지 않고서는 다른 사람을 상대로 인지청구를 할 수 없으나, 호적상의 부모의 혼인중의 자로 등재되어 있는 자라 하더라도 그의 생부모가 호적상의 부모와 다른 사실이 객관적으로 명백한 경우에는 그 친생추정이 미치지 아니한다고 봄이 상당하고(대판 1983.7.12. 전합82므59), 따라서 그와 같은 경우에는 곧바로 생부모를 상대로 인지청구를 할 수 있다"(대판 2000.1.28. 99므1817)
☞ 지문의 경우 허위의 출생신고로 인한 입양의 효력은 발생하지 않았고, 丙이 A의 생부라는 사실이 객관적으로 명백히 밝혀졌으므로 A는 甲과 乙의 친생자라는 추정을 받지 않는다. 따라서 A는 곧바로 생부인 丙을 상대로 인지청구의소(제863조)를 제기할 수 있다.   [○]

© A의 인지청구권은 일신전속적인 신분관계상의 권리이므로, 이를 포기할 수 없고 포기하더라도 그 의사표시는 효력이 없다.

해설▸ "인지청구권은 본인의 일신전속적인 신분관계상의 권리로서 포기할 수 없고 포기하였다 하더라도 그 효력이 발생할 수 없는 것이므로(대판 1982.3.9. 81므10) 비록 생모 청구외인이 청구인들의 인지청구권을 포기하기로 하는 화해가 재판상 이루어지고 그것이 화해조항에 표시되었다 할지라도 청구외인이 청구인들의 인지청구권을 포기하기로 한 화해는 그 효력이 없다"(대판 1987.1.20, 85므70)   [○]

㉣ 丙이 사망한 후 丁은 A를 상대로 丙과 A 사이의 친생자관계의 존재확인을 구하는 소를 제기할 수 있다.

해설▸ "혼인외 출생자의 경우에 있어서 모자관계는 인지를 요하지 아니하고 법률상의 친자관계가 인정될 수 있지만, 부자관계는 부의 인지에 의하여서만 발생하는 것이므로, 부가 사망한 경우에는 그 사망을 안 날로부터 1년(현행법상 2년, 제864조, 제863조) 이내에 검사를 상대로 인지청구의 소를 제기하여야 하고, 생모가 혼인외 출생자를 상대로 혼인외 출생자와 사망한 부와의 사이에 친생자관계존재확인을 구하는 소는 허용될 수 없다"(대판 1997.2.14., 96므738) ☞ 지문의 경우 생부인 丙의 사망으로 자인 A는 인지청구의 소를 제기할 수 있으므로(제864조) 생모인 丁이 자 A를 상대로 子 A와 父 丙사이에 친생자관계존재확인을 구하는 청구는 불가능하다(제865조 1항).   [×]

제2관 양 자

1 입양의 의사로 친생자출생신고를 하고 입양의 실질적 요건이 구비된 경우라면, 입양의 효력이 인정되어 파양에 의하여 그 양친자관계를 해소할 필요가 있는 등 특별한 사정이 없는 한 친생자관계부존재확인청구는 허용될 수 없다. 따라서 양부(乙)가 양모(甲)와 양자(丙)를 상대로 친생자관계 부존재확인을 구했다면 이미 乙과 丙간의 입양관계는 불성립, 무효, 취소, 혹은 파양되는 경우라고 볼 것이어서 공동입양의 원칙에 비추어 甲과 丙 사이에도 양친자관계가 성립할 수 없으므로 결국 위 친생자관계부존재확인청구는 허용된다.   최신판례

해설▸ "입양은 기본적으로 입양 당사자 개인 간의 법률행위이다. 구 민법(2012. 2. 10. 법률 제11300호로 개정되기 전의 것)상 입양의 경우 입양의 실질적 요건이 모두 구비되어 있다면 입양신고 대신 친생자출생신고를 한 형식상 잘못이 있어도 입양의 효력은 인정할 수 있다. 입양과 같은 신분행위에서 '신고'라는 형식을 요구하는 이유는 당사자 사이에 신고에 대응하는 의사표시가 있었음을 확실히 하고 또 이를 외부에 공시하기 위함인데, 허위의 친생자출생신고도 당사자 사이에 법률상 친자관계를 설정하려는 의사표시가 명백히 나타나 있고 양친자관계는 파양에 의하여 해소될 수 있다는 점을 제외하면 법률적으로 친생자관계와 똑같은 내용을 가지므로, 허위의 친생자출생신고는 법률상 친자관계의 존재를 공시하는 신고로서 입양신고의 기능을 한다고 볼 수 있기 때문이다"(대판 2018.5.15. 2014므4963).   [×]

2 조부모도 손자녀를 입양할 수 있다.   23변호

해설▸ "입양은 출생이 아니라 법에 정한 절차에 따라 원래는 부모·자녀가 아닌 사람 사이에 부모·자녀 관계를 형성하는 제도이다. 조부모와 손자녀 사이에는 이미 혈족관계가 존재하지만 부모·자녀 관계에 있는 것은 아니다. 민법은 입양의 요건으로 동의와 허가 등에 관하여 규정하고 있을 뿐이고 존속을 제외하고는 혈족의 입양을 금지하고 있지 않다(민법 제877조 참조). 따라서 조부모가 손자녀를 입양하여 부모·자녀 관계를 맺는 것이 입양의 의미와 본질에 부합하지 않거나 불가능하다고 볼 이유가 없다"(대결 2021.12.23. 전합 2018스5).   [○]

3 미성년자를 입양할 때와 피성년후견인이 입양을 하거나 양자가 되는 경우에는 가정법원의 허가를 받아야 한다.   14사법

해설 ► **제867조(미성년자의 입양에 대한 가정법원의 허가)** ① 미성년자를 입양하려는 사람은 가정법원의 허가를 받아야 한다. ② 가정법원은 양자가 될 미성년자의 복리를 위하여 그 양육 상황, 입양의 동기, 양부모(양부모)의 양육능력, 그 밖의 사정을 고려하여 제1항에 따른 입양의 허가를 하지 아니할 수 있다.
제869조(입양의 의사표시) ① 양자가 될 사람이 13세 이상의 미성년자인 경우에는 법정대리인의 동의를 받아 입양을 승낙한다.
제873조(피성년후견인의 입양) ② 피성년후견인이 입양을 하거나 양자가 되는 경우에는 제867조를 준용한다.   [○]

4 친양자가 될 사람이 만 13세 미만인 경우에는 법정대리인이 그를 갈음하여 입양을 승낙한다. 다만 후견인이 입양을 승낙하는 경우에는 가정법원의 허가를 받아야 한다.   2013.7.1.시행 개정법

해설 ► 개정 전 '미성년후견인이 입양을 승낙하는 경우에는 가정법원의 허가를 받아야 한다'는 민법 제869조 단서는 2013. 7. 1.부터 시행되는 개정민법으로 삭제되었다.   [×]

5 양부모와 미성년인 양자는 협의하여 파양할 수 없다.   2013.7.1.시행 개정법

해설 ► **제898조(협의상 파양)** 양부모와 양자는 협의하여 파양할 수 있다. 다만, 양자가 미성년자 또는 피성년후견인인 경우에는 그러하지 아니하다.   [○]

6 부모가 1년 이상 자녀에 대한 부양의무를 이행하지 아니한 경우 양자가 될 미성년자의 부모가 동의를 거부하더라도 가정법원이 입양의 허가를 할 수 있다.   2013.7.1.시행 개정법

해설 ► **제870조(미성년자 입양에 대한 부모의 동의)** ① 양자가 될 미성년자는 부모의 동의를 받아야 한다. 다만, 다음 각 호의 어느 하나에 해당하는 경우에는 그러하지 아니하다.
1. 부모가 제869조 제1항에 따른 동의를 하거나 같은 조 제2항에 따른 승낙을 한 경우, 2. 부모가 친권상실의 선고를 받은 경우, 3. 부모의 소재를 알 수 없는 등의 사유로 동의를 받을 수 없는 경우
② 가정법원은 다음 각 호의 어느 하나에 해당하는 사유가 있는 경우에는 부모가 동의를 거부하더라도 제867조 제1항에 따른 입양의 허가를 할 수 있다. 이 경우 가정법원은 부모를 심문하여야 한다.
1. 부모가 3년 이상 자녀에 대한 부양의무를 이행하지 아니한 경우
2. 부모가 자녀를 학대 또는 유기하거나 그 밖에 자녀의 복리를 현저히 해친 경우
③ 제1항에 따른 동의는 제867조 제1항에 따른 입양의 허가가 있기 전까지 철회할 수 있다.   [×]

7 친양자로 될 자는 만 15세 미만이어야 한다.   2013.7.1.시행 개정법

해설 ► 2013. 7. 1.부터 시행되는 개정민법에서는 친양자 입양의 연령제한을 완화하여 친양자가 될 사람이 미성년자이면 친양자 입양을 할 수 있도록 하였다.
제908조의2(친양자 입양의 요건 등) ① 친양자를 입양하려는 사람은 다음 각 호의 요건을 갖추어 가정법원에 친양자 입양을 청구하여야 한다.
1. 3년 이상 혼인 중인 부부로서 공동으로 입양할 것. 다만, 1년 이상 혼인 중인 부부의 한쪽이 그 배우자의 친생자를 친양자로 하는 경우에는 그러하지 아니하다.
2. 친양자가 될 사람이 미성년자일 것   [×]

8

> **[사례]** A남과 甲녀 부부는 슬하에 자녀가 없던 중 1960년경 자기 집 문 앞에 버려진 영아 乙을 발견하고, 그때부터 자기 친자식처럼 키웠다. 乙도 철이 든 후에 자기가 버려진 아이라는 것을 알면서도 A남과 甲녀를 친부모님과 마찬가지로 여기고 극진히 섬겼다. 그리고 乙은 출생신고가 되어 있지 않았는데, 乙이 학교에 들어갈 무렵인 1967년경 A남은 甲녀와 상의하여 자기의 호적(가족관계등록부)에 乙이 자신의 친생자인 것처럼 출생신고를 하였다.
>
> 대판 1977.7.26. 전합77다492 변형

㉠ 당사자가 입양의 의사로 친생자 출생신고를 하고 거기에 입양의 실질적 요건이 구비되어 있다면 그 형식에 다소 잘못이 있더라도 입양의 효력이 발생한다.

해설 "신분행위의 신고라는 형식을 요구하는 실질적 이유는 당사자 사이에 신고에 대응하는 의사표시가 있었음을 확실히 하고 또 이를 외부에 공시하기 위함이라 할 것이다. 입양신고 역시 당사자의 입양에 관한 합의의 존재와 그 내용을 명백히 하여 실질적 요건을 갖추지 아니한 입양을 미리 막아 보자는 것이 그 기본이라고 본다면 당사자 사이에 양친자관계를 창설하려는 명백한 의사가 있고 나아가 기타 입양의 성립 요건이 모두 구비된 경우에 입양신고 대신 친생자 출생신고가 있다면 형식에 다소 잘못이 있더라도 입양의 효력이 있다고 해석함이 타당하다 할 것이다. 다시 말하여 허위의 친생자 출생신고라도 당사자 간에 법률상 친자관계를 설정하려는 의사표시가 명백히 나타나 있고 양친자관계는 파양에 의하여 해소될 수 있다는 점을 제외하고는 법률적으로 친생자관계와 똑같은 내용을 가지고 있는 것이므로 허위의 친생자 출생신고는 법률상 친자 관계의 존재를 공시하는 신고로서 입양신고의 기능을 발휘한다고도 볼 수 있다 할 것이다. 이러한 해석은 혼인신고가 위법하여 무효인 경우에도 무효한 혼인 중 출생한 자를 그 호적에 출생신고하여 등재한 이상 그 자에 대한 인지의 효력이 있다는 당원판결과 대비하여 볼 때 더욱 명백해진다"(대판 1977.7.26. 전합77다492). [○]

㉡ A와 甲이 버려진 乙을 입양의사로 키울 당시 입양대락권자가 누구인지 알 수 없었으므로 법정대리인의 승낙이 있었다고 추정할 수 있다.

해설 양자가 될 자가 만 15세 미만인 때(현행 개정민법 제869조에 따르면 만 13세 미만)에는 법정대리인이 그에 갈음하여 입양의 승낙을 한다(제869조). 이와 관련하여 判例는 "대락권자가 존재하지 않거나 대락권자를 알 수 없다고 하여 대락권자인 법정대리인의 승낙이 있었다고 추정할 수 없다"(대판 2004.11.26. 2004다40290)고 한다. [×]

㉢ 1967년경 A가 甲과 상의하여 친생자출생신고를 함으로써 A·甲과 乙 사이에 입양의 효력이 발생한다.

해설 입양의 의사로 친생자 출생신고를 하였다 하더라도 입양의 효력이 발생하기 위해서는 입양의 실질적 요건을 갖추어야 한다. 그러나 양자가 될 자인 乙은 만 15세 미만(현행 개정민법 제869조에 따르면 만 13세 미만)임이 명백하기 때문에 그 법정대리인의 대락이 필요한데(제869조), 사안에서는 이 요건이 충족되지 않았으므로 당사자 사이에 입양의 합의가 없었다. 따라서 위 입양은 무효이다(제883조 3호). [×]

㉣ 乙이 15세가 될 때인 1975년경 입양에 대한 묵시적인 추인이 있었다고 볼 수 있다.

해설 ※ 乙이 무효인 입양에 대한 묵시적인 추인이 있었다고 볼 수 있는지 여부(적극)
"제869조 소정의 입양승낙 없이 친생자로서의 출생신고 방법으로 입양된 15세 미만의 자인 甲(현행 개정민법 제869조에 따르면 만 13세 미만)이 입양의 승낙능력이 생긴 15세 이후에도 계속하여 자신을 입양한 을을 어머니로 여기고 생활하는 등 입양의 실질적인 요건을 갖춘 이상, 갑은 그가 15세가 된 이후에 乙이 한 입양에 갈음하는 출생신고를 묵시적으로 추인하였다고 봄이 상당하고, 일단 추인에 의하여 형성된 양친자관계는 파양에 의하지 않고는 이를 해소시킬 수 없다"(대판 1997.7.11. 96므1151) 양자가 될 자가 만 15세가 된 경우에는 단독으로 입양의 승낙을 할 수 있다.
☞ 사안의 경우 乙은 철이 든 후에 A와 甲이 자신의 생부모가 아니라는 사실을 알면서도 A와 甲을 마치 자신의 생부모인 것처럼 극진히 섬겼다고 하는바, 그가 만 15세가 될 때(현행 개정민법 제869조에 따르면 만 13세)인 1975년경 무효인 입양에 대한 묵시적인 추인이 있었다고 볼 수 있다(제138조). 다만 위 입양에는 여전히 양자가 될 자인 乙의 부모 등의 동의가 없다는 하자가 있다. 그러나 이는 입양의 취소 사유에 불과하고(제884조 제1호), 제871조의 규정(미성년자 입양의 동의)에 위반한 입양은 양자가 성년에 달한 후 3월을 경과한 때에는 그 취소를 청구하지 못하고(제891조), 제870조의 규정(입양의 동의)에 위반한 입양은 그 사유 있은 날로부터 1년을 경과하면 그 취소를 청구하지 못하는바(제894조), 사안에서는 이미 그 제척기간이 도과된 것으로 보이므로 위 하자는 치유되었다. 따라서 乙과 A·甲 사이에서는 적어도 乙이 만 15세(현행 개정민법 제869조에 따르면 만 13세)가 된 이후에는 유효한 양친자관계가 성립하였다. [○]

ⓜ ㉣에서 묵시적 추인이 인정된다면 입양은 1960년경에 소급하여 효력이 있다.

해설 ※ **묵시적 추인에 소급효를 인정할 수 있는지 여부(적극)**

"친생자 출생신고 당시 입양의 실질적 요건을 갖추지 못하여 입양신고로서의 효력이 생기지 아니하였더라도 그 후에 입양의 실질적 요건을 갖추게 된 경우에는 무효인 친생자 출생신고는 소급적으로 입양신고로서의 효력을 갖게 된다. 다만 당사자 간에 무효인 신고행위에 상응하는 신분관계가 실질적으로 형성되어 있지 아니한 경우에는 무효인 신분행위에 대한 추인의 의사표시만으로 그 무효행위의 효력을 인정할 수 없다"(대판 2000.6.9. 99므1633,1640)

☞ 따라서 사안의 경우 乙과 A·甲 사이에는 양친자관계에 상응하는 신분관계가 실질적으로 형성되어 있었다고 보이므로 위 묵시적인 추인에 소급효를 인정할 수 있다. 따라서 乙과 A·甲 사이에는 입양신고에 갈음하여 친생자 출생신고를 한 때인 '1967년경'에 소급하여 양친자관계가 성립하였다.   [×]

8-1

> **[사례]** 위 사안에서 乙(A, 甲과의 사이에 양친자관계가 성립하였음을 전제한다)은 성장하여, 회사에 취직하였고 1990년부터 일본에서 근무를 하게 되었는데, 1992. 4. 1. A가 지병으로 사망할 당시 A의 재산으로는 X아파트 한 채가 전부였다. 그러나 그동안 A남의 지병을 간호하다가 생활이 어려워진 甲녀는 乙과 아무런 상의 없이 1993. 5. 6.에 X아파트의 등기명의를 A로부터 자신에게 이전한 후, 다음 날 이러한 사정을 모르는 丙에게 X아파트를 매각하고 등기명의도 넘겨 주었다. 그 후 乙이 귀국하였고 2002. 6. 30.에 乙은 X아파트의 등기명의가 丙 앞으로 되어 있는 것을 확인하였다.

㉠ X아파트의 소유권은 乙과 丙이 공유하는 것이 된다.

해설 甲은 X아파트를 乙과 공동으로 상속하였음에도 X아파트의 소유권을 단독으로 丙에게 이전하였는바, 甲의 지분의 범위 내에서는 丙은 유효하게 소유권을 취득하나, 乙의 지분의 범위 내에서 甲의 처분은 무권리자의 처분이 되어 乙이 추인하지 않는 한 무효가 된다. 따라서 X아파트의 소유권은 丙과 乙이 3:2지분의 비율로 공유하는 것이 된다.   [○]

㉡ 乙이 丙에 대해 X아파트의 소유권을 주장하는 것은, 그것이 상속을 원인으로 하는 것인 이상 청구원인이 무엇인지 여부에 관계없이 민법 제999조가 정하는 상속회복청구의 소에 해당한다.

해설 "자신이 진정한 상속인임을 전제로 그 상속으로 인한 소유권 또는 지분권 등 재산권의 귀속을 주장하면서 참칭상속인 또는 참칭상속인으로부터 상속재산에 관한 권리를 취득하거나 새로운 이해관계를 맺은 제3자를 상대로 상속재산인 부동산에 관한 등기의 말소 등을 청구하는 경우, 그 재산권 귀속 주장이 상속을 원인으로 하는 것인 이상 청구원인이 무엇인지 여부에 관계없이 민법 제999조가 정하는 상속회복청구의 소에 해당한다"(대판 2009.10.15. 2009다42321)   [○]

㉢ 참칭상속인으로부터 상속재산을 양수한 제3자도 상속회복청구의 상대방이 되지만, 상속회복청구의 제척기간은 참칭상속인에게만 적용되고 乙이 丙에게 상속회복청구권을 행사하는 경우에는 상속회복청구의 제척기간은 적용되지 않는다.

해설 "진정상속인이 참칭상속인으로부터 상속재산을 양수한 제3자를 상대로 등기말소 청구를 하는 경우에도 상속회복청구권의 단기의 제척기간이 적용되는 것으로 풀이하여야 할 것이다. 왜냐하면 상속회복청구권의 단기의 제척기간이 참칭상속인에게만 인정되고 참칭상속인으로 부터 양수한 제3자에게는 인정되지 않는다면 거래관계의 조기안정을 의도하는 단기의 제척기간 제도가 무의미하게 될 뿐만 아니라 참칭상속인에 대한 관계에 있어서는 제척기간의 경과로 참칭상속인이 상속재산상의 정당한 권원을 취득하였다고 보면서 같은 상속재산을 참칭상속인으로부터 전득한 제3자는 진정상속인의 물권적 청구를 감수하여야 한다는 이론적 모순이 생기기 때문이다"(대판 1981.1.27. 전합79다854)   [×]

ㄹ 乙이 丙을 상대로 제척기간 내에 상속회복청구의 소를 제기하였다면 甲에 대하여 그 기간 내에 상속회복청구권을 행사한 일이 없다고 하더라도 그것이 진정한 상속인의 제3자(丙)에 대한 권리행사에 장애가 될 수는 없다.

해설 "제척기간의 준수 여부는 상속회복청구의 상대방별로 각각 판단하여야 할 것이어서, 진정한 상속인이 참칭상속인으로부터 상속재산에 관한 권리를 취득한 제3자를 상대로 제척기간 내에 상속회복청구의 소를 제기한 이상 그 제3자에 대하여는 민법 제999조에서 정하는 상속회복청구권의 기간이 준수되었으므로, 참칭상속인에 대하여 그 기간 내에 상속회복청구권을 행사한 일이 없다고 하더라도 그것이 진정한 상속인의 제3자에 대한 권리행사에 장애가 될 수는 없다"(대판 2009.10.15. 2009다42321) [○]

ㅁ 공동상속인도 자기의 상속분을 초과하여 상속재산을 점유하는 한도에서는 참칭상속인에 해당하므로, 乙은 甲에 대하여 상속회복청구권을 행사함으로써 甲이 취득한 매매대금 중 자신의 지분에 해당하는 금액의 반환을 청구할 수 있다.

해설 "재산상속에 관하여 진정한 상속인임을 전제로 그 상속으로 인한 소유권 또는 지분권 등 재산권의 귀속을 주장하고, 참칭상속인 또는 자기들만이 재산상속을 하였다는 일부 공동상속인들을 상대로 상속재산인 부동산에 관한 등기의 말소 등을 청구하는 경우에도, 그 소유권 또는 지분권이 귀속되었다는 주장이 상속을 원인으로 하는 것인 이상 그 청구원인 여하에 불구하고 이는 민법 제999조 소정의 상속회복청구의 소라고 해석함이 상당하다"(대판 1991.12.24. 전합90다5740) [○]
☞ 甲이 자신 앞으로 X아파트를 상속등기하고 이를 매각하여 아파트의 매각대금을 단독으로 취득한 것은 乙의 상속권을 침해하는 행위라 할 수 있으므로, 乙은 공동상속인 甲에 대하여 상속회복청구권을 행사함으로써 甲이 취득한 매매대금 중 자신의 지분(2/5)에 해당하는 금액을 반환청구할 수 있다.

제3-1관 친권

1 부모의 이혼 후 단독친권 행사자가 사망한 경우 다른 일방의 친권은 부활한다.

17변호, 2013.7.1.시행 개정법

> 해설 2013. 7. 1.부터 시행되는 개정민법 전 判例는 이 경우 다른 일방의 친권이 부활한다고 본다(대판 1994.4.29, 94다1302). 또한 이러한 判例에 터잡아 가족관계등록 실무도 '친권자로 지정된 사람이 사망, 실종선고, 대리권과 관리권의 상실로 인하여 친권을 행사할 수 없는 경우에도 다른 부 또는 모가 있는 때에는 후견이 개시되지 않으므로 후견개시신고를 할 수 없다'고 해석하고 있다(가족관계등록예규 제177호). 그러나 2013. 7. 1.부터 시행되는 민법은 이혼 등으로 단독 친권자로 정해진 부모의 일방이 사망하거나 친권을 상실하는 등 친권을 행사할 수 없는 경우에 '가정법원의 심리를 거쳐' 친권자로 정해지지 않았던 부모의 다른 일방을 친권자로 지정하거나 후견이 개시되도록 함으로써 부적격의 부 또는 모가 당연히 친권자가 됨으로써 미성년자의 복리에 악영향을 미치는 것을 방지하는 방안을 마련하였다. [X]

2 가정법원은 거소의 지정이나 징계, 그 밖의 신상에 관한 결정 등 특정한 사항에 관하여 친권자가 친권을 행사하는 것이 곤란하거나 부적당한 사유가 있어 자녀의 복리를 해치거나 해칠 우려가 있는 경우에는 자녀, 자녀의 친족, 검사 또는 지방자치단체의 장의 청구에 의하여 구체적인 범위를 정하여 친권의 일부 제한을 선고할 수 있다.

17변호, 16사법, 2015.10.16.시행 개정법

> 해설 **제924조의2(친권의 일부 제한의 선고)**
> 가정법원은 거소의 지정이나 징계, 그 밖의 신상에 관한 결정 등 특정한 사항에 관하여 친권자가 친권을 행사하는 것이 곤란하거나 부적당한 사유가 있어 자녀의 복리를 해치거나 해칠 우려가 있는 경우에는 자녀, 자녀의 친족, 검사 또는 지방자치단체의 장의 청구에 의하여 구체적인 범위를 정하여 친권의 일부 제한을 선고할 수 있다. [O]

3 민법 제924조 제1항에 따른 친권 상실 청구가 있으면 가정법원은 민법 제925조의2의 판단 기준을 참작하여 친권 상실사유에는 해당하지 않지만 자녀의 복리를 위하여 친권의 일부 제한이 필요하다고 볼 경우 청구취지에 구속되지 않고 친권의 일부 제한을 선고할 수 있다.

20법원직

> 해설 ※ 친권상실의 청구에 대한 가정법원의 친권의 일부제한 선고 가부(적극)
> 대결 2018.5.25. 2018스520 [O]

4 친양자의 양부모가 모두 사망한 경우 친생부모 일방 또는 쌍방, 미성년자, 미성년자의 친족은 가정법원에 친생부모 일방 또는 쌍방을 친권자로 지정할 것을 청구할 수 없다.

16사법

> 해설 친양자의 양부모가 모두 사망한 경우는 친생부모 일방 또는 쌍방을 친권자로 지정할 것을 청구할 수 없다(제909조의2 2항 단서). [O]

5 법정대리인인 친권자는 정당한 사유가 있는 때에는 다른 일방의 친권자와 협의에 의하여 그 법률행위의 대리권과 재산관리권을 사퇴할 수 있다.

17변호, 16사법

> 해설 다른 일방의 친권자와 협의하는 것이 아니라 법원의 허가를 얻어 대리권과 재산관리권을 사퇴할 수 있다(제927조 1항). [X]

6 친권자는 자녀가 그 명의로 취득한 특유재산을 관리할 권한이 있는데(민법 제916조), 그 재산 관리 권한이 소멸하면 자녀의 재산에 대한 관리의 계산을 하여야 한다(민법 제923조 제1항). 여기서 '관리의 계산'이란 자녀의 재산을 관리하던 기간의 그 재산에 관한 수입과 지출을 명확히

결산하여 자녀에게 귀속되어야 할 재산과 그 액수를 확정하는 것을 말한다. 친권자의 위와 같은 재산 관리 권한이 소멸한 때에는 위임에 관한 민법 제683조, 제684조가 유추적용되므로, 친권자는 자녀 또는 그 법정대리인에게 위와 같은 계산 결과를 보고하고, 자녀에게 귀속되어야 할 재산을 인도하거나 이전할 의무가 있다. 최신판례

[해설] 대판 2022.11.17. 2018다294179 [○]

6-1 친권자의 위와 같은 반환의무는 민법 제923조 제1항의 계산의무 이행 여부를 불문하고 그 재산 관리 권한이 소멸한 때 발생한다고 봄이 타당하다. 이에 대응하는 자녀의 친권자에 대한 위와 같은 반환청구권은 재산적 권리로서 일신전속적인 권리라고 볼 수 없으므로, 자녀의 채권자가 그 반환청구권을 압류할 수 있다. 최신판례

[해설] 대판 2022.11.17. 2018다294179 [○]

7

> **[사례]** 甲이 사망하여 상속인으로 자녀인 乙, 丙, 丁, 戊가 있었다. 그 후 戊가 사망하고 戊에게는 배우자 A 및 미성년의 자녀 B, C, D가 있다. 그 후 甲소유 X부동산에 대해 乙, 丙, 丁 그리고 A가 B, C, D의 법정대리인으로서 이들을 대리하여 합의를 통해 丁과 B, C, D가 각 1/4씩 상속받기로 상속재산분할협의를 한 다음 그 협의에 따라 상속을 원인으로 丁과 B, C, D에게 각 1/4지분등기를 한 후 B, C, D의 지분에 대하여 丁 앞으로 매매를 원인으로 소유권이전등기가 경료되었다.

㉠ 만약 乙이 상속재산분할협의가 무효라는 이유로 丁을 상대로 자신의 상속분에 해당하는 1/4 지분등기의 말소등기를 청구하는 것은 상속회복청구권의 행사이다. 20변호

[해설] " ㉠ 공동상속인 중 1인이 협의분할에 의한 상속을 원인으로 하여 상속부동산에 관한 소유권이전등기를 마친 경우에, 협의분할이 다른 공동상속인의 동의 없이 이루어진 것이어서 무효라는 이유로 다른 공동상속인이 위 등기의 말소를 청구하는 소는 상속회복청구의 소에 해당한다. ㉡ 강행법규를 위반한 자가 스스로 강행법규에 위배된 약정의 무효를 주장하는 것이 신의칙에 위반되는 권리의 행사라는 이유로 그 주장을 배척한다면, 이는 오히려 강행법규에 의하여 배제하려는 결과를 실현시키는 셈이 되어 입법 취지를 완전히 몰각하게 되므로 달리 특별한 사정이 없는 한 위와 같은 주장은 신의칙에 반하는 것이라고 할 수 없다"(대판 2011.3.10. 2007다17482). [○]

㉡ 상속재산분할협의에 참가한 乙이 그 분할의 무효를 주장하는 것이 신의칙(금반언)에 해당한다.

[해설] 위 대판 2011.3.10. 2007다17482판결 참고 [×]

㉢ A는 B, C, D 각자마다 특별대리인의 선임하여 그 각 특별대리인이 B, C, D를 대리하여 상속재산 분할협의를 하도록 하여야 한다. 19변호

[해설] ※ 이해상반행위시 특별대리인의 선임 방법
친권자와 그 子 사이에 또는 그 친권에 복종하는 수인의 子 사이에 이해가 상반되는 경우에, 친권자는 법원에 그 子 또는 수인의 子 각자의 특별대리인의 선임을 청구하여야 한다(제921조). 이 때, "공동상속재산분할협의는 그 행위의 객관적 성질상 상속인 상호간에 이해의 대립이 생길 우려가 있는 행위라고 할 것이므로 공동상속인인 친권자와 미성년인 수인의 자 사이에 상속재산분할협의를 하게 되는 경우에는 미성년자 각자마다 특별대리인을 선임하여 그 각 특별대리인이 각 미성년자인 자를 대리하여 상속재산분할의 협의를 하여야 하고 만약 친권자가 수인의 미성년자의 법정대리인으로서 상속재산분할협의를 한 것이라면, 이는 민법 제921조에 위반된 것으로서 이러한 대리행위에 의하여 성립된 상속재산분할협의는 피대리자 전원에 의한 추인이 없는 한 무효이다"(대판 1993.4.13. 92다54524 등). [○]

ⓔ A가 B, C, D의 법정대리인으로서 한 상속재산분할협의는 무효이다. 17변호

> **해설** "ⓔ 상속재산에 대하여 소유의 범위를 정하는 내용의 공동상속재산 분할협의는 그 행위의 객관적 성질상 상속인 상호간 이해의 대립이 생길 우려가 없다고 볼만한 특별한 사정이 없는 한 민법 제921조의 이해상반되는 행위에 해당한다. 그리고 피상속인의 사망으로 인하여 1차 상속이 개시되고 그 1차 상속 중 1인이 다시 사망하여 2차 상속이 개시된 후 1차 상속의 상속인들과 2차 상속의 상속인들이 1차 상속의 상속재산에 관하여 분할협의를 하는 경우에 2차 상속인 중에 수인의 미성년자가 있다면 이들 미성년자 각자마다 특별대리인을 선임하여 각 특별대리인이 각 미성년자를 대리하여 상속재산 분할협의를 하여야 하고, 만약 2차 상속의 공동상속인인 친권자가 수인의 미성년자 법정대리인으로서 상속재산 분할협의를 한다면 이는 민법 제921조에 위배되는 것이며, ⓜ 이러한 대리행위에 의하여 성립된 상속재산 분할협의는 피대리자 전원에 의한 추인이 없는 한 전체가 무효이다"(대판 2011.3.10, 2007다1748). [O]

ⓜ 상속재산분할협의가 무효라면 A와 B, C, D사이에서만 무효이지 乙, 丙, 丁을 포함한 전원에 대한 관계에서 무효인 것은 아니다.

> **해설** 위 대판 2011.3.10, 2007다1748판결 참고 [×]

8

> **[사례]** 甲과 乙은 부부이며, 그들 사이에 미성년의 자 丙이 있다. 丙은 丁으로부터 증여받은 상당한 재산을 소유하고 있다. 08사법

㉠ 甲은 乙의 동의하에 丙의 재산 중 일부를 처분하여 주식투자를 하였다가 丙에게 손해를 발생시켰다. 甲이 자신의 재산을 관리하는 것과 동일한 주의를 하였다면, 丙에 대해 손해배상책임을 지지 않는다.

> **해설** 친권자는 子의 재산에 관한 법률행위에 대하여 그 子를 대리한다(제920조). 다만 친권은 부모가 혼인중인 때에는 부모가 공동으로 이를 행사하여야 하는바(제909조 2항), 여기서 '공동'이란 의사결정의 공동을 의미하는바, 사안에서 甲이 乙의 동의하여 丙의 재산 중 일부를 처분한 것은 유권대리행위이다.
> 그리고 친권자가 재산관리권을 행사한 때에는 자기의 재산에 관한 행위와 동일한 주의로써 하여야 하는바(제922조), 사안에서 甲이 丙의 재산 중 일부를 처분하여 주식투자를 하였다가 丙에게 손해를 발생시켰더라도, 甲이 자신의 재산을 관리하는 것과 동일한 주의를 하였다면, 丙에 대해 손해배상책임을 지지 않는다. [O]

㉡ 乙이 공동대표이사로 있는 X 주식회사의 채무를 담보하기 위해, 乙이 丙을 대리하여 丙 소유의 토지에 저당권을 설정하였고 甲도 이에 동의하였다. 위 저당권 설정행위는 이해상반행위로 볼 수 없다.

> **해설** 친권자와 그 子 사이에 또는 그 친권에 복종하는 수인의 子 사이에 이해가 상반되는 경우에, 친권자는 법원에 그 子 또는 수인의 子 각자의 특별대리인의 선임을 청구하여야 한다(제921조). 여기서 '이해상반행위'란 친권자에게는 이익이 되고 子에게는 불이익이 되는 경우(제921조 1항) 혹은 子들 간에 있어서 일방에게는 이익이 되고 타방에게는 해가 되는 행위(제921조 2항)를 말하는바, 判例는 "제921조 1항의 이해상반행위란 행위의 객관적 성질상 친권자와 子 사이에 이해의 대립이 생길 우려가 있는 행위를 가리키는 것으로서 친권자의 의도나 그 행위의 결과로 실질적 이해의 대립이 생겼는가의 여부는 묻지 아니하는 것이라"(대판 1991.11.26, 91다32466)고 하여 형식적 판단설을 취하고 있다.
> "친권자인 母가 자신이 대표이사로 있는 주식회사의 채무 담보를 위하여 자신과 미성년인 자(子)의 공유재산에 대하여 子의 법정대리인 겸 본인의 자격으로 근저당권을 설정한 행위는, 친권자가 채무자 회사의 대표이사로서 그 주식의 66%를 소유하는 대주주이고 미성년인 子에게는 불이익만을 주는 것이라는 점을 감안하더라도, 그 행위의 객관적 성질상 채무자 회사의 채무를 담보하기 위한 것에 불과하므로 친권자와 그 자 사이에 이해의 대립이 생길 우려가 있는 이해상반행위라고 볼 수 없다"(대판 1996.11.22, 96다10270). [O]

ⓒ 丙이 성년이 되면 甲과 乙은, 丁이 반대의사를 표시하더라도 丙의 재산을 관리하면서 수취한 과실을 丙의 양육비와 상계할 수 있다.

[해설] 법정대리인인 친권자의 권한이 소멸한 때에는 그 子의 재산에 대한 관리의 계산을 하여야 한다(제923조 1항). 이 경우에 그 子의 재산으로부터 수취한 과실은 그 子의 양육, 재산관리의 비용과 상계한 것으로 본다(제923조 2항 본문). 그러나 무상으로 子에게 재산을 수여한 제3자가 친권자의 수익권을 인정하지 않는 의사를 표시한 때에는 그 재산으로부터 수취한 과실을 子의 양육비·재산관리비와 상계하지 못한다(제923조 2항 단서). 따라서 수취한 과실은 子에게 반환하여야 한다. [×]

ⓔ 甲은 乙의 동의 없이 乙과 공동명의로 丙을 대리하여 丙 소유 토지의 매매계약을 체결하였다. 매수인이 乙의 동의가 없었다는 사실을 알았다면 위 매매계약은 무효이다. 24변호

[해설] **제920조의2(공동친권자의 일방이 공동명의로 한 행위의 효력)** 부모가 공동으로 친권을 행사하는 경우 부모의 일방이 공동명의로 자를 대리하거나 자의 법률행위에 동의한 때에는 다른 일방의 의사에 반하는 때에도 그 효력이 있다. 그러나 상대방이 악의인 때에는 그러하지 아니한다. 따라서 부모 일방이 타방 동의 없이 대리하는 것을 상대방이 알았을 때에는 무권대리행위로서 무효이다. [○]

ⓜ 丁이 丙에게 증여하면서 甲이 증여재산을 관리하지 못하도록 하여 乙이 단독으로 관리하였는데, 丙이 성년이 되기 전에 乙이 사망하였다. 이후에는 甲이 丙의 재산을 관리할 수 있다. 12법행

[해설] 丁이 丙에게 증여하면서 甲이 증여재산을 관리하지 못하도록 하면 甲은 그 재산에 대한 재산관리권이 없다(제918조). 이에 다른 일방 乙이 단독으로 관리하다가 丙이 성년이 되기 전에 乙이 사망하였다고 하여 생존 친권자 甲에게 이미 배제된 재산관리권이 다시 생기는 것은 아니므로 친권자가 재산관리권을 행사할 수 없는 경우로 되어, 이후에는 그 후견인을 두어야 하는 것이고(제928조), 甲은 여전히 丁이 증여한 丙의 재산을 관리할 수 없다. [×]
제918조(제3자가 무상으로 子에게 수여한 재산의 관리) ① 무상으로 子에게 재산을 수여한 제3자가 친권자의 관리에 반대하는 의사를 표시한 때에는 친권자는 그 재산을 관리하지 못한다.
제928조(미성년자에 대한 후견의 개시) 미성년자에게 친권자가 없거나 친권자가 법률행위의 대리권과 재산관리권을 행사할 수 없는 경우에는 미성년후견인을 두어야 한다.

9

[사례] 甲男은 乙女의 지나친 신앙생활을 이유로 재판상 이혼을 청구하였고, 가정법원에서 조정이 성립하여 이혼하게 되었다. 甲男과 乙女의 자(子)인 丙에 대하여 친권 및 양육권은 乙女에게 귀속되었다. 이후 당시 신생아인 丙은 A병원으로부터 심장질환의 진단을 받고, 치료를 받기 시작하였다. A병원은 수술 및 이에 부득이하게 수반되는 또 다른 치료행위의 필요성을 설명하고, 친권자인 乙女에게 동의를 구하였으나, 乙女는 종교적 신념을 이유로 이를 거부하였다. 16사법, 2015.10.16.시행 개정법

㉠ 지방자치단체의 장은 가정법원에 친권자의 동의를 갈음하는 재판을 청구하여 丙의 치료가 가능하도록 할 수 있는 조치를 취할 수 있다. 이 경우 친권자인 乙이 갖는 丙에 대한 거소지정권 또는 인도청구권의 행사가 제한된다.

[해설] **제922조의2(친권자의 동의에 갈음하는 재판)**
가정법원은 친권자의 동의가 필요한 경우에 친권자가 정당한 이유없이 동의하지 아니함으로써 자녀의 생명, 신체 또는 재산에 중대한 손해가 발생할 위험이 있는 경우에는 자녀, 자녀의 친족, 검사 또는 지방자치단체의 장의 청구에 의하여 친권자의 동의를 갈음하는 재판을 할 수 있다.
☞ 이는 일정한 행위의 동의를 갈음하는 재판일 뿐 친권자의 친권을 상실 또는 정지시키는 것이 아니다. 따라서 이 경우에도 제924조에 따른 친권의 상실 또는 일시정지의 선고가 없는 한, 친권자인 乙이 갖는 丙에 대한 거소지정권 또는 인도청구권의 행사가 제한되지 않는다. [×]

ⓒ 乙의 수술 동의 거부행위를 이유로 乙의 친권에 대한 가정법원의 일시 정지선고가 있으면 2년의 범위 내에서 정하여진 기간 동안 乙의 친권 전부가 포괄적으로 정지되며, 자녀의 복리를 위해 필요한 경우에는 가정법원이 직권으로 2년의 범위에서 이 기간을 연장할 수 있다.

해설▶ 친권의 일시정지선고의 경우 해당기간동안 친권의 전부가 포괄적으로 정지되며, 자녀의 복리를 위해 기간의 연장이 필요하다고 인정되는 경우에는 자녀, 자녀의 친족, 검사, 지방자치단체의 장, 미성년후견인 또는 미성년후견감독인의 청구에 의하여 2년의 범위에서 그 기간을 한 차례만 연장할 수 있다(제924조 3항). ☞ 따라서 가정법원의 직권으로 연장할 수 있다는 지문은 틀렸다.　　　　　[×]

ⓒ 가정법원이 乙의 친권 중 丙의 수술에 관한 권한행사 제한을 명하는 경우, 친권이 제한된 乙은 丙의 수술과 관련하여 치료비 지급의무가 없다.

해설▶ 제924조의2(친권의 상실 또는 일시 정지의 선고)
가정법원은 거소의 지정이나 징계, 그 밖의 '신상에 관한 결정' 등 특정한 사항에 관하여 친권자가 친권을 행사하는 것이 곤란하거나 부적당한 사유가 있어 자녀의 복리를 해치거나 해칠 우려가 있는 경우에는 자녀, 자녀의 친족, 검사 또는 지방자치단체의 장의 청구에 의하여 구체적인 범위를 정하여 친권의 일부 제한을 선고할 수 있다.
　☞ 제924조의2의 '신상에 관한 결정'이란 피후견인의 프라이버시와 자기결정권이 중요시되는 신체적·정신적 복리에 관한 사항으로 거주, 이전, 주거, 의학적 치료 등이 포함될 수 있다(법무부, 2013년 개정민법 해설, p.112 참고). 지문의 경우 丙의 수술에 관한 결정은 신상에 관한 결정이고 이에 대한 친권의 일부제한은 그 범위에서만 제한될 뿐이므로 수술에 관한 권한 외에 수술비에 관한 의무에 대해서는 여전히 친권자로서 의무를 부담한다.　　　　　[×]

ⓔ 乙의 수술 동의 거부행위를 이유로 가정법원이 乙의 친권을 일시 정지 또는 일부 제한한 경우, 甲은 乙의 친권의 일시 정지 또는 일부 제한을 안 날로부터 1개월, 乙의 친권이 일시 정지 또는 일부 제한된 날로부터 6개월 이내에 가정법원에 본인을 친권자로 지정할 것을 청구할 수 있고, 위 기간 내에 위와 같은 청구가 없는 때에는 가정법원은 직권으로 미성년후견인을 선임할 수 있다.

해설▶ 친권의 일시정지 또는 일부제한의 경우 재판상 이혼 등으로 인해 친권자로 지정되지 않은 친생부모를 친권자로 지정할 것을 그 사실을 안날로부터 1개월, 일시정지 또는 일부제한 된 날부터 6개월 이내에 청구할 수 있다(제927조의2 1항, 제909조의2 1항). 당해 기간 내에 친권자 지정의 청구가 없을 때에는 가정법원은 직권으로 또는 미성년자, 미성년자의 친족, 이해관계인, 검사, 지방자치단체의 장의 청구에 의하여 '미성년후견인'을 선임할 수 있다(제909조의2 3항).　　　　　[○]

제3-2관 후견

1   후견인의 신상과 재산에 관한 모든 사정을 고려하여, 성년후견인과 마찬가지로 미성년후견인도 여러 명 둘 수 있다.   14·18·22변호, 14사법

> **해설** 성년후견인과 달리 미성년후견인은 한 명으로 하여야 한다(제930조 제1항).   [×]

2   친권을 행사하는 부모라도 미성년자를 위한 법률행위의 대리권과 재산관리권이 없는 경우에는 유언으로 미성년후견인을 지정할 수 없다.   18변호

> **해설** 미성년자에게 친권을 행사하는 부모는 유언으로 미성년후견인을 지정할 수 있다. 다만, 법률행위의 대리권과 재산관리권이 없는 친권자는 그러하지 아니하다(제931조 1항).   [○]

3   미성년자에게 친권을 행사하는 부모의 유언으로 미성년후견인이 지정된 경우라도 미성년자는 자신의 복리를 위하여 필요하면 가정법원에 후견을 종료하고 생존하는 부 또는 모를 친권자로 지정할 것을 청구할 수 있다.   18변호

> **해설** 가정법원은 제1항에 따라 미성년후견인이 지정된 경우라도 미성년자의 복리를 위하여 필요하면 생존하는 부 또는 모, 미성년자의 청구에 의하여 후견을 종료하고 생존하는 부 또는 모를 친권자로 지정할 수 있다(제931조 2항).   [○]

4   가정법원은 친권의 상실, 일시 정지, 일부 제한의 선고 또는 법률행위의 대리권이나 재산관리권 상실의 선고에 따라 미성년후견인을 선임할 필요가 있는 경우에는 직권으로 미성년후견인을 선임한다.   18변호

> **해설** 가정법원은 제924조, 제924조의2 및 제925조에 따른 친권의 상실, 일시 정지, 일부 제한의 선고 또는 법률행위의 대리권이나 재산관리권 상실의 선고에 따라 미성년후견인을 선임할 필요가 있는 경우에는 직권으로 미성년후견인을 선임한다(제932조).   [○]

5   성년후견이나 한정후견 개시의 청구가 있는 경우 가정법원은 청구 취지와 원인, 본인의 의사, 성년후견제도와 한정후견제도의 목적 등을 고려하여 어느 쪽의 보호를 주는 것이 적절한지를 결정하고, 그에 따라 필요하다고 판단하는 절차를 결정해야 한다. 따라서 한정후견의 개시를 청구한 사건에서 의사의 감정결과 등에 비추어 성년후견 개시의 요건을 충족하고 본인도 성년후견의 개시를 희망한다면 법원이 성년후견을 개시할 수 있고, 성년후견 개시를 청구하고 있더라도 필요하다면 한정후견을 개시할 수 있다.   최신판례

> **해설** 대결 2021.6.10. 2020스596판시내용   [○]

6   본인에 대해 한정후견개시심판 청구가 제기된 후 그 심판이 확정되기 전에 후견계약이 등기된 경우에는 원칙적으로 후견계약을 우선하도록 하여야 한다. 다만 이 경우에도 가정법원은 본인의 이익을 위하여 특별히 필요하다고 인정할 때에는 한정후견개시심판을 할 수 있다.   19법무

> **해설** "민법 민법 제959조의20 제1항, 제2항은 후견계약이 등기된 경우에는 사적 자치의 원칙에 따라 본인의 의사를 존중하여 후견계약을 우선하도록 하고, 예외적으로 본인의 이익을 위하여 특별히 필요할 때에 한하여 법정후견(성년후견, 한정후견 또는 특정후견을 가리킨다)을 개시할 수 있도록 하고 있다"(대결 2021.7.15. 2020으547).   [○]

6-1 한정후견개시심판 청구가 제기된 후 그 심판이 확정되기 전에 후견계약이 등기된 경우에도 가
정법원은 본인의 이익을 위하여 특별히 필요하다고 인정할 때에는 한정후견개시심판을 할 수
있다.   최신판례

> **해설** "민법 제959조의20 제1항은 "후견계약이 등기되어 있는 경우에는 가정법원은 본인의 이익을 위하여 특별
> 히 필요할 때에만 임의후견인 또는 임의후견감독인의 청구에 의하여 성년후견, 한정후견 또는 특정후견
> 의 심판을 할 수 있다. 이 경우 후견계약은 본인이 성년후견 또는 한정후견 개시의 심판을 받은 때 종료
> 된다."라고 규정하고, 같은 조 제2항은 "본인이 피성년후견인, 피한정후견인 또는 피특정후견인인 경우에
> 가정법원은 임의후견감독인을 선임함에 있어서 종전의 성년후견, 한정후견 또는 특정후견의 종료 심판
> 을 하여야 한다. 다만, 성년후견 또는 한정후견 조치의 계속이 본인의 이익을 위하여 특별히 필요하다고
> 인정하면 가정법원은 임의후견감독인을 선임하지 아니한다."고 규정하고 있다. 이와 같은 민법 규정은
> 후견계약이 등기된 경우에는 사적자치의 원칙에 따라 본인의 의사를 존중하여 후견계약을 우선하도록 하고,
> 예외적으로 본인의 이익을 위하여 특별히 필요할 때에 한하여 법정후견에 의할 수 있도록 한 것으로서, 민
> 법 제959조의20 제1항에서 후견계약의 등기 시점에 특별한 제한을 두지 않고 있고, 같은 조 제2항 본문이
> 본인에 대해 이미 한정후견이 개시된 경우에는 임의후견감독인을 선임하면서 종전 한정후견의 종료 심판을
> 하도록 한 점 등에 비추어 보면, 위 제1항은 본인에 대해 한정후견개시심판 청구가 제기된 후 그 심판이 확
> 정되기 전에 후견계약이 등기된 경우에도 그 적용이 있다고 보아야 하므로, 그와 같은 경우 가정법원은 본
> 인의 이익을 위하여 특별히 필요하다고 인정할 때에만 한정후견개시심판을 할 수 있다"(대결 2017.6.1. 2017스515).
> [○]

6-2 본인에 대해 한정후견개시심판 청구가 제기된 후 그 심판이 확정되기 전에 후견계약이 등
기된 경우에는 원칙적으로 후견계약을 우선하도록 하여야 한다.   3차모의(18)

> **해설** "민법 제959조의20 제1항은 후견계약이 등기된 경우에는 사적 자치의 원칙에 따라 본인의 의사를 존중
> 하여 후견계약을 우선하도록 하고, 예외적으로 본인의 이익을 위하여 특별히 필요할 때에 한하여 법정후
> 견(성년후견, 한정후견 또는 특정후견을 가리킨다)을 개시할 수 있도록 하고 있다"(대결 2021.7.15. 2020스547).   [○]

7 미성년후견인을 지정할 수 있는 사람은 유언으로 미성년후견감독인을 지정할 수 있다.   18변호

> **해설** 미성년후견인을 지정할 수 있는 사람은 유언으로 미성년후견감독인을 지정할 수 있다(제940조의2). [○]

8 甲에 대하여 한정후견개시 심판이 내려지고 乙이 한정후견인이 된 경우에 한정후견감독인이 있
음에도 불구하고 그의 동의 없이 乙이 甲의 후견인으로서 소를 제기하고 소송행위를 하였고, 사
실심 변론종결시까지 그 동의가 보정되지 아니하였다면, 이러한 乙의 소송행위는 취소할 수 있
는 법률행위이다.   16사법

> **해설** 소송행위는 후견감독인이 있는 경우 후견감독인의 동의를 받아 한정후견인이 행할 수 있다(제950조 1항
> 5호, 제959조의6). 후견감독인이 있음에도 그의 동의를 받아야 할 대상행위를 동의 없이 후견인이 하면
> 피후견인 또는 후견감독인이 그 행위를 취소할 수 있다(제950조 3항). 그런데 소송대리권이 흠결된 소송
> 행위는 무효이므로, 후견인이 후견감독인의 동의 없이 행한 소송행위는 사실심 변론종결시까지 동의가
> 보정되지 않는 한 제950조 3항(취소할 수 있다는 규정)에도 불구하고 무효이다(아래 판례참고).
> "한정치산자(현행 피한정후견인)의 후견인이 한정치산자의 이름으로 소송을 제기하는 등의 소송행위를 함에
> 는 친족회(현행 후견감독인)의 동의를 얻어야 하며 친족회의 동의를 얻지 아니한 채 제소하여 사실심의 변
> 론종결시까지 그 동의가 보정되지 아니하였다면 그 제소 등 일련의 소송행위는 그에 필요한 수권이 흠
> 결된 법정대리인에 의한 것으로서 절차적 안정이 요구되는 소송행위의 성격상 민법 제950조 제2항(현행
> 제950조 3항)의 규정에도 불구하고 무효이다"(대판 2001.7.27., 2001다5937)   [×]

9 가정법원은 성년후견개시의 심판을 할 때에는 본인의 의사를 고려하면 되지만, 한정후견 및 특
정후견의 심판을 할 때에는 본인의 의사에 반하여 할 수 없다.   16사법, 2013.7.1.시행 개정법

해설 성년후견심판 및 한정후견심판을 할 때에는 본인의 의사를 고려하여야 하고(제9조 2항, 제12조 2항), 특정 후견심판의 경우 본인의 의사에 반하여 할 수 없다(제14조의2 2항). 따라서 한정후견심판의 경우 본인의 의사에 반하여 할 수 없다는 지문은 틀렸다. [×]

10 성년후견인이 피성년후견인을 대리하여 피성년후견인이 거주하고 있는 건물 또는 그 대지에 대하여 매도, 임대, 전세권 설정, 저당권 설정, 임대차의 해지, 전세권의 소멸, 그 밖에 이에 준하는 행위를 하는 경우에는 가정법원의 허가를 받아야 한다. 16사법, 2013.7.1.시행 개정법

해설 성년후견인이 피성년후견인을 대리하여 피성년후견인이 거주하고 있는 건물 또는 그 대지에 대하여 매도, 임대, 전세권설정, 저당권 설정, 임대차의 해지, 전세권의 소멸, 그 밖에 이에 준하는 행위를 하는 경우에는 가정법원의 허가를 받아야 한다(제947조의2 5항). 부동산에 관한 권리의 득실변경을 목적으로 하는 행위에는 후견감독인이 있으면 그 동의를 받아야 하나(제950조 1항 4호), 피성년후견인의 거주 부동산에 관한 재산행위는 그의 신상에 영향을 주기 때문에 후견감독인의 동의를 받는 것과 별도로 가정법원의 허가도 받도록 한 것이다. [○]

11 여러 명의 성년후견인이 공동으로 권한을 행사하여야 하는 경우에 어느 성년후견인이 피성년후견인의 이익이 침해될 우려가 있음에도 법률행위의 대리 등 필요한 권한행사에 협력하지 아니할 때에는 가정법원은 직권 또는 이해관계인의 청구에 의하여 그 성년후견인의 의사표시를 갈음하는 재판을 할 수 있다. 16사법, 2013.7.1.시행 개정법

해설 여러 명의 성년후견인이 공동으로 권한을 행사하여야 하는 경우에 어느 성년후견인이 피성년후견인의 이익이 침해될 우려가 있음에도 법률행위의 대리 등 필요한 권한행사에 협력하지 아니할 때에는 가정법원은 피성년후견인, 성년후견인, 후견감독인 또는 이해관계인의 청구에 의하여 그 성년후견인의 의사표시를 갈음하는 재판을 할 수 있다(제949조의2 3항). 즉, 가정법원이 직권으로 할 수는 없다. [×]

12 甲에 대해 성년후견개시의 심판이 있었다고 해도 甲의 법정대리인이 甲이 단독으로 행한 법률행위를 항상 취소할 수 있는 것은 아니다. 16사법, 2013.7.1.시행 개정법

해설 피성년후견인의 행위는 취소할 수 있고(제10조 1항), 피성년후견인의 법정대리인은 취소권자에 해당한다(제140조). 그러나 가정법원은 취소할 수 없는 피성년후견인의 법률행위의 범위를 정할 수 있고(제10조 2항), 일용품의 구입 등 일상생활에 필요하고 그 대가가 과도하지 아니한 법률행위는 성년후견인이 취소할 수 없다(제10조 4항). 따라서 항상 취소할 수 있는 것은 아니라는 지문은 맞다. [○]

13 임의후견인의 대리권 소멸은 등기하지 아니하면 선의의 제3자에게 대항할 수 없다. 22번호

해설 후견계약은 '공정증서'로 체결하여야 하고, 가정법원이 '임의후견감독인을 선임'한 때부터 효력이 발생한다(제959조의14 2항, 3항). 후견계약에 따라 대리인으로 선임된 자를 '임의후견인'이라 하는데, 그 대리권의 범위는 후견계약에 따라 정해진다. 임의후견인의 대리권 소멸은 등기하지 아니하면 선의의 제3자에게 대항할 수 없다(제959조의19). 주의할 것은 이러한 임의후견인 선임을 위한 후견계약은 피후견인의 행위능력에 어떠한 영향도 미치지 않는다는 점이다. [○]

14

> **[사례]** 甲은 자신의 노후생활에 대비하여 자신의 재산관리에 관한 사무의 전부를 乙에게 위탁하고, 그 위탁사무에 관한 대리권을 乙에게 수여하는 것을 내용으로 하는 후견계약을 체결하였다. 21년 변호

ㄱ 후견계약은 서면에 의하여 체결하고 가정법원의 허가를 받아야 유효하게 성립한다.

해설 **제959조의14(후견계약의 의의와 체결방법 등)** ① 후견계약은 질병, 장애, 노령, 그 밖의 사유로 인한 정신적 제약으로 사무를 처리할 능력이 부족한 상황에 있거나 부족하게 될 상황에 대비하여 자신의 재산관리 및 신상보호에 관한 사무의 전부 또는 일부를 다른 자에게 위탁하고 그 위탁사무에 관하여 대리권을 수여하는 것을 내용으로 한다.
② 후견계약은 공정증서로 체결하여야 한다. [×]

ⓛ 乙의 처제와 장인이 乙과 생계를 같이 하는 경우 임의후견감독인이 될 수 없다.

해설 **제959조의15(임의후견감독인의 선임)** ⑤ 임의후견감독인에 대하여는 제940조의5를 준용한다.
제940조의5(후견감독인의 결격사유) 제779조에 따른 후견인의 가족은 후견감독인이 될 수 없다.
제779조(가족의 범위) ① 다음의 자는 가족으로 한다.
1. 배우자, 직계혈족 및 형제자매
2. 직계혈족의 배우사, 배우자의 직계혈족 및 배우자의 형제자매
② 제1항 제2호의 경우에는 생계를 같이 하는 경우에 한한다. [○]

ⓒ 甲과 乙의 후견계약은 가정법원이 임의후견감독인을 선임한 때부터 효력이 발생한다.

해설 **제959조의14(후견계약의 의의와 체결방법 등)** ③ 후견계약은 가정법원이 임의후견감독인을 선임한 때부터 효력이 발생한다. [○]

ⓔ 임의후견감독인 선임 전에는 甲과 乙이 언제든지 후견등기를 말소함으로써 후견계약의 의사표시를 철회할 수 있다.

해설 **제959조의18(후견계약의 종료)** ① 임의후견감독인의 선임 전에는 본인 또는 임의후견인은 언제든지 공증인의 인증을 받은 서면으로 후견계약의 의사표시를 철회할 수 있다. [×]

ⓜ 가정법원이 임의후견감독인을 선임한 이후에는 甲 또는 乙은 정당한 사유가 있는 때에만 가정법원의 허가를 받아 후견계약을 종료할 수 있다.

해설 **제959조의18(후견계약의 종료)** ② 임의후견감독인의 선임 이후에는 본인 또는 임의후견인은 정당한 사유가 있는 때에만 가정법원의 허가를 받아 후견계약을 종료할 수 있다. [○]

제3-3관 부양

1 민법 제775조 제2항에 의하면 부부의 일방이 사망한 경우에 혼인으로 인하여 발생한 그 직계혈족과 생존한 상대방 사이의 인척관계는 일단 그대로 유지되다가 상대방이 재혼한 때에 비로소 종료하게 되어 있으므로 부부의 일방이 사망하여도 그 부모 등 직계혈족과 생존한 상대방 사이의 친족관계는 그대로 유지되는 것이므로 민법 제974조 제1호의 '직계혈족 및 그 배우자 간'의 부양의무가 있다. 22변호

해설 "민법 제826조 제1항에 규정된 부부 사이의 상호부양의무는 혼인관계의 본질적 의무로서 부양을 받을 자의 생활을 부양의무자의 생활과 같은 정도로 보장하여 부부공동생활의 유지를 가능하게 하는 것을 내용으로 하는 제1차 부양의무이고, 반면 부모와 성년의 자녀·그 배우자 사이에 민법 제974조 제1호, 제975조에 따라 부담하는 부양의무는 부양의무자가 자기의 사회적 지위에 상응하는 생활을 하면서 생활에 여유가 있음을 전제로 하여 부양을 받을 자가 자력 또는 근로에 의하여 생활을 유지할 수 없는 경우에 한하여 그의 생활을 지원하는 것을 내용으로 하는 제2차 부양의무이다. 그런데 부부 사이의 부양의무 중 과거의 부양료에 관하여는 특별한 사정이 없는 한 부양을 받을 사람이 부양의무자에게 부양의무의 이행

을 청구하였음에도 불구하고 부양의무자가 부양의무를 이행하지 아니함으로써 이행지체에 빠진 후의 것에 관하여만 부양료의 지급을 청구할 수 있을 뿐이므로, 부모와 성년의 자녀·그 배우자 사이의 경우에도 이와 마찬가지로 과거의 부양료에 관하여는 부양의무 이행청구에도 불구하고 그 부양의무자가 부양의무를 이행하지 아니함으로써 이행지체에 빠진 후의 것이거나, 그렇지 않은 경우에는 부양의무의 성질이나 형평의 관념상 이를 허용해야 할 특별한 사정이 있는 경우에 한하여 이행청구 이전의 과거 부양료를 청구할 수 있다. 그리고 민법 제775조 제2항에 의하면 부부의 일방이 사망한 경우에 혼인으로 인하여 발생한 그 직계혈족과 생존한 상대방 사이의 인척관계는 일단 그대로 유지되다가 상대방이 재혼한 때에 비로소 종료하게 되어 있으므로 부부의 일방이 사망하여도 그 부모 등 직계혈족과 생존한 상대방 사이의 친족관계는 그대로 유지되나, 그들 사이의 관계는 민법 제974조 제1호의 '직계혈족 및 그 배우자 간'에 해당한다고 볼 수 없다. 배우자관계는 혼인의 성립에 의하여 발생하여 당사자 일방의 사망, 혼인의 무효·취소, 이혼으로 인하여 소멸하는 것이므로, 그 부모의 직계혈족인 부부 일방이 사망함으로써 그와 생존한 상대방 사이의 배우자관계가 소멸하였기 때문이다. 따라서 부부 일방의 부모 등 그 직계혈족과 상대방 사이에서는, 직계혈족이 생존해 있다면 민법 제974조 제1호에 의하여 생계를 같이 하는지와 관계없이 부양의무가 인정되지만, 직계혈족(남편)이 사망하면 생존한 상대방이 재혼하지 않았더라도 (사망한 부부 일방의 부모와 생존한 상대방 사이는 기타 친족간에 해당하므로) 민법 제974조 제3호에 의하여 생계를 같이 하는 경우에 한하여 부양의무가 인정된다"(대결 2013.8.30. 2013스96).　　　　　　　　　　　[×]

1-1 배우자 甲이 사망하였지만 재혼하지 않은 乙은 甲의 직계존속이 자기의 자력 또는 근로에 의하여 생활을 유지할 수 없는 경우, 생계를 같이 하는 경우에 한하여 부양의무가 인정된다. 　16사법

[해설] 위 대결 2013.8.30. 2013스96 참고　　　　　　　　　　　　　　　　　　　　[O]

1-2 부모와 성년의 자녀·그 배우자 사이에 민법 제974조 제1호, 제975조에 따라 부담하는 부양의무 중 과거의 부양료에 관해서는 부양의무 이행청구에도 불구하고 그 부양의무자가 부양의무를 이행하지 않음으로써 이행지체에 빠진 후의 것이거나, 그렇지 않은 경우에는 부양의무의 성질이나 형평의 관념상 이를 허용해야 할 특별한 사정이 있는 경우에 한하여 이행청구 이전의 과거 부양료를 청구할 수 있다. 　최신판례

[해설] 대결 2022.8.25. 2018스542　　　　　　　　　　　　　　　　　　　　　　[O]

2 친부(親父)가 사망한 후 계모와 함께 살고 있는 계자녀는 계모를 부양할 의무가 있다. 　21변호

[해설] 계모자관계는 종래 법정혈족이었지만 1990년 민법 개정으로 '직계혈족의 배우자'로서 인척관계가 되었다. 따라서 계자녀는 생계를 같이 하는 경우에 한하여 계모에 대한 부양의무가 있다. 　[O]
　　제767조(친족의 정의) 배우자, 혈족 및 인척을 친족으로 한다.
　　제769조(인척의 계원) 혈족의 배우자, 배우자의 혈족, 배우자의 혈족의 배우자를 인척으로 한다.
　　제974조(부양의무) 다음 각호의 친족은 서로 부양의 의무가 있다.
　　1. 직계혈족 및 그 배우자간
　　3. 기타 친족간(생계를 같이 하는 경우에 한한다)

3 성년의 자녀도 예외적으로 생활부조로서 생활필요비에 해당하는 부양료를 부모에게 청구할 수 있으나, 특별한 사정이 없는 한 통상적인 생활필요비라고 보기 어려운 유학비용의 충당을 위해 성년의 자녀가 부모를 상대로 부양료를 청구할 수는 없다. 　19변호

[해설] "민법 제826조 제1항에서 규정하는 미성년 자녀의 양육·교육 등을 포함한 부부간 상호부양의무는 혼인관계의 본질적 의무로서 부양을 받을 자의 생활을 부양의무자의 생활과 같은 정도로 보장하여 부부공동생활의 유지를 가능하게 하는 것을 내용으로 하는 제1차 부양의무이고, 반면 부모가 성년의 자녀에 대하여 직계혈족으로서 민법 제974조 제1호, 제975조에 따라 부담하는 부양의무는 부양의무자가 자기의 사회적 지위에 상응하는 생활을 하면서 생활에 여유가 있음을 전제로 하여 부양을 받을 자가 자력 또는 근로에 의

하여 생활을 유지할 수 없는 경우에 한하여 그의 생활을 지원하는 것을 내용으로 하는 제2차 부양의무이다. 따라서 성년의 자녀는 요부양상태, 즉 객관적으로 보아 생활비 수요가 자기의 자력 또는 근로에 의하여 충당할 수 없는 곤궁한 상태인 경우에 한하여, 부모를 상대로 그 부모가 부양할 수 있는 한도 내에서 생활부조로서 생활필요비에 해당하는 부양료를 청구할 수 있을 뿐이다.

나아가 이러한 부양료는 부양을 받을 자의 생활정도와 부양의무자의 자력 기타 제반 사정을 참작하여 부양을 받을 자의 통상적인 생활에 필요한 비용의 범위로 한정됨이 원칙이므로, 특별한 사정이 없는 한 통상적인 생활필요비라고 보기 어려운 유학비용의 충당을 위해 성년의 자녀가 부모를 상대로 부양료를 청구할 수는 없다"(대결 2017. 8. 25. 2017스5).   [○]

4 결혼한 성년의 子를 부양한 부모는 子의 배우자에 대해 부양료 구상 청구를 할 수 있다. 이 때 피부양자의 배우자가 상환하여야 할 과거 부양료의 액수는 부부 일방이 타방 배우자에게 부담하여야 할 부양의무에 한정된다.   19 · 22변호

해설 ※ 피부양자 부모의 피부양자 배우자에 대한 부양료 구상 청구

(1) 배우자의 부양의무와 부모의 부양의무의 우선순위

"부부간의 상호부양의무(제826조 1항)는 혼인관계의 본질적 의무로서 부양을 받을 자의 생활을 부양의무자의 생활과 같은 정도로 보장하여 부부공동생활의 유지를 가능하게 하는 것을 내용으로 하는 제1차 부양의무이고, 반면 부모가 성년의 자녀에 대하여 직계혈족으로서 부양의무(제974조 제1호, 제975조)는 부양의무자가 자기의 사회적 지위에 상응하는 생활을 하면서 생활에 여유가 있음을 전제로 하여 부양을 받을 자가 자력 또는 근로에 의하여 생활을 유지할 수 없는 경우에 한하여 그의 생활을 지원하는 것을 내용으로 하는 제2차 부양의무이다. 이러한 제1차 부양의무와 제2차 부양의무는 의무이행의 정도뿐만 아니라 의무이행의 순위도 의미하는 것이므로, 제2차 부양의무자는 제1차 부양의무자보다 후순위로 부양의무를 부담한다. 따라서 제1차 부양의무자와 제2차 부양의무자가 동시에 존재하는 경우에 제1차 부양의무자는 특별한 사정이 없는 한 제2차 부양의무자에 우선하여 부양의무를 부담하므로, 제2차 부양의무자가 부양받을 자를 부양한 경우에는 소요된 비용을 제1차 부양의무자에 대하여 상환청구할 수 있다"(대판 2012.12.27. 2011다96932).

(2) 구상의 범위

"다만 부부의 일방이 제1차 부양의무자로서 제2차 부양의무자인 상대방의 친족에게 상환하여야 할 과거 부양료의 액수는 부부 일방이 타방 배우자에게 부담하여야 할 부양의무에 한정된다고 할 것인바, ⅰ) 부양의무자인 부부의 일방에 대한 부양의무 이행청구에도 불구하고 배우자가 부양의무를 이행하지 아니함으로써 이행지체에 빠진 후의 것이거나, ⅱ) 그렇지 않은 경우에는 부양의무의 성질이나 형평의 관념상 이를 허용해야 할 특별한 사정이 있는 경우에 한하여 이행청구 이전의 과거 부양료를 지급하여야 한다"(대판 2012.12.27. 2011다96932).   [○]

4-1 모(母)가 성년인 자(子)의 병원비를 지불한 경우, 모(母)는 자(子)의 배우자에 대하여 병원비의 상환을 청구할 수 있다.   20년 변호

해설 위 대판 2012.12.27. 2011다96932판결 참고   [○]

4-2 부부간의 상호부양의무는 제1차 부양의무이고, 부모가 성년의 자녀에 대하여 부담하는 직계혈족으로서의 부양의무는 제2차 부양의무이다.   19변호, 15사법

해설 위 대판 2012.12.27. 2011다96932판결 참고   [○]

4-3 민법 제826조 1항에 규정된 부부간의 상호부양의무는 부부의 일방에게 부양을 받을 필요가 생겼을 때 당연히 발생하는 것이므로, 부부 중 일방은 과거의 부양료에 관하여 상대방 부양의무자에게 부양의무의 이행을 청구한 이후의 것은 물론 부양의무의 이행을 청구하기 이전의 것도 원칙적으로 청구할 수 있다.   13 · 19 · 24변호, 10법행

해설 "제826조 1항에 규정된 부부간의 상호부양의무는 부부의 일방에게 부양을 받을 필요가 생겼을 때 당연히 발생하는 것이기는 하지만, 과거의 부양료에 관하여는 부양을 받을 자가 부양의무자에게 부양의무의 이행을 청구하였음에도 불구하고 부양의무자가 부양의무를 이행하지 아니함으로써 '이행지체에 빠진 이후의 것'에 대하여만 부양료의 지급을 청구할 수 있을 뿐, 부양의무자가 부양의무의 이행을 청구받기 이전의 부양료의 지급은 청구할 수 없다"(대결 2008.6.12, 2005스50)   [X]

> **비교판례** "부모의 자녀양육의무는 특별한 사정이 없는 한 자녀의 출생과 동시에 발생하는 것이므로 과거의 양육비에 대하여도 상대방이 분담함이 상당하다고 인정되는 경우에는 그 비용의 상환을 청구할 수 있다"(대결 1993.5.13, 전합92스21).

5 처(妻)가 정당한 이유 없이 동거를 거부함으로써 자신의 협력의무를 스스로 저버리고 있다면, 부(夫)의 동거청구가 권리의 남용에 해당하는 등의 특별한 사정이 없는 한, 처(妻)는 부(夫)에게 부양료의 지급을 청구할 수 없다.   21·24변호

해설 동거의무 위반자는 배우자에게 부양료 청구를 하지 못하는 사유가 된다. 부부간의 동거·부양·협조의무는 서로 독립된 별개의 의무가 아니라 결합되어 있는 것이기 때문이다(대판 1991.12.10, 91므245).   [O]

6 민법 제833조(부부간의 생활비용)에 의한 생활비용청구는 민법 제826조(부부간의 부양의무)와는 무관한 별개의 청구원인에 기한 청구이다.   최신판례

해설 "민법 제826조 제1항 본문은 "부부는 동거하며 서로 부양하고 협조하여야 한다."라고 규정하고, 민법 제833조는 "부부의 공동생활에 필요한 비용은 당사자 간에 특별한 약정이 없으면 부부가 공동으로 부담한다."라고 규정하고 있다. 제826조의 부부간의 부양·협조는 부부가 서로 자기의 생활을 유지하는 것과 같은 수준으로 상대방의 생활을 유지시켜 주는 것을 의미한다. 이러한 부양·협조의무를 이행하여 자녀의 양육을 포함하는 공동생활로서의 혼인생활을 유지하기 위해서는 부부간에 생활비용의 분담이 필요한데, 제833조는 그 기준을 정하고 있다. 즉 제826조 제1항은 부부간의 부양·협조의무의 근거를, 제833조는 위 부양·협조의무 이행의 구체적인 기준을 제시한 조항이다. 가사소송법도 제2조 제1항 제2호의 가사비송사건 중 마류 1호로 '민법 제826조 및 제833조에 따른 부부의 동거·부양·협조 또는 생활비용의 부담에 관한 처분'을 두어 위 제826조에 따른 처분과 제833조에 따른 처분을 같은 심판사항으로 규정하고 있다. 따라서 제833조에 의한 생활비용청구가 제826조와는 무관한 별개의 청구원인에 기한 청구라고 볼 수는 없다"(대결 2017.8.25. 2014스26)   [X]

7 재판상 이혼 시 친권자와 양육자로 지정된 처(妻)는 부(夫)에게 양육비를 청구할 수 있고, 이 경우 가정법원은 자녀의 양육비 중 처(妻)가 부담해야 할 양육비를 제외하고 부(夫)가 분담해야 할 적정 금액의 양육비만을 결정하여야 한다.   21변호

해설 대판 2020.5.14. 2019므15302판시내용   [O]

8 부부간의 부양의무는 부부공동생활의 유지를 가능하게 하는 것이므로 혼인이 사실상 파탄되어 부부가 별거하면서 서로 이혼소송을 제기하는 경우라면 특별한 사정이 없는 한 이혼이 확정되기 전이라도 부부 사이의 부양의무는 소멸하는 것으로 보아야 한다.   24변호

해설 ※ 사실상 파탄된 혼인관계에 있어 부부간의 부양의무 인정여부
"혼인이 사실상 파탄되어 부부가 별거하면서 서로 이혼소송을 제기하는 경우라고 하더라도, 특별한 사정이 없는 한 이혼을 명한 판결의 확정 등으로 법률상 혼인관계가 완전히 해소될 때까지는 부부간 부양의무가 소멸하지 않는다"(대결 2023.3.24. 2022스771)   [X]

9   자녀를 홀로 양육한 부부의 일방이 상대방에 대하여 가지는 과거 양육비의 지급을 구할 권리는 당사자의 협의 또는 가정법원의 심판 등에 의하여 구체적인 지급청구권으로 성립하기 전에는 소멸시효가 진행하지 않는다.

24변호

> [해설] 대결 2011.7.29. 2008스67   [O]

10

> **[사례]** 甲은 자신의 자력이나 근로에 의하여 생활을 유지할 수 없는 성년자이며, 甲의 친족으로 배우자 乙과 모(母) 丙이 있다.
>
> 17변호

㉠ 甲에 대한 부양의무 이행의 순위는 乙과 丙의 협정으로 정하고 협정으로 정할 수 없을 때는 법원이 정한다.

> [해설] "민법 제826조 제1항에 규정된 부부간 상호부양의무는 혼인관계의 본질적 의무로서 부양을 받을 자의 생활을 부양의무자의 생활과 같은 정도로 보장하여 부부공동생활의 유지를 가능하게 하는 것을 내용으로 하는 제1차 부양의무이고, 반면 부모가 성년의 자녀에 대하여 직계혈족으로서 민법 제974조 제1호, 제975조에 따라 부담하는 부양의무는 부양의무자가 자기의 사회적 지위에 상응하는 생활을 하면서 생활에 여유가 있음을 전제로 하여 부양을 받을 자가 자력 또는 근로에 의하여 생활을 유지할 수 없는 경우에 한하여 그의 생활을 지원하는 것을 내용으로 하는 제2차 부양의무이다. 이러한 제1차 부양의무와 제2차 부양의무는 의무이행의 정도뿐만 아니라 의무이행의 순위도 의미하는 것이므로, 제2차 부양의무자는 제1차 부양의무자보다 후순위로 부양의무를 부담한다. 따라서 제1차 부양의무자와 제2차 부양의무자가 동시에 존재하는 경우에 제1차 부양의무자는 특별한 사정이 없는 한 제2차 부양의무자에 우선하여 부양의무를 부담하므로, 제2차 부양의무자가 부양받을 자를 부양한 경우에는 소요된 비용을 제1차 부양의무자에 대하여 상환청구할 수 있다"(대판 2012.12.27. 2011다96932).   [X]

㉡ 乙과 丙 모두 자신의 사회적 지위에 상응하는 생활을 하면서 생활에 여유가 있을 때만 甲에 대한 부양의무가 인정된다.

> [해설] 부부 사이의 부양의무는 1차적 부양의무이어서 (일방에게 경제적 여유가 있는 경우에만 인정되는 친족간의 부양과 달리) 무조건적인 것이다(제826조 1항).   [X]

㉢ 甲이 乙이나 丙에게 부양료를 재판상 청구하는 경우 조정전치주의가 적용된다.

> [해설] 부양에 관한 처분은 가사비송마류 사건으로서 조정전치주의가 적용된다.   [O]

㉣ 丙이 甲을 위해 지출한 부양료의 구상을 乙에게 재판상 청구하는 경우 조정전치주의가 적용되지 않는다.

> [해설] "가사소송법 제2조 제1항 제2호 나. 마류사건 제1호는 민법 제826조에 따른 부부의 부양에 관한 처분을, 같은 법 제2조 제1항 제2호 나. 마류사건 제8호는 민법 제976조부터 제978조까지의 규정에 따른 부양에 관한 처분을 각각 별개의 가사비송사건으로 규정하고 있다. 따라서 부부간의 부양의무를 이행하지 않은 부부의 일방에 대한 상대방의 부양료 청구는 위 마류사건 제1호의 가사비송사건에 해당하고, 친족간의 부양의무를 이행하지 않은 친족의 일방에 대한 상대방의 부양료 청구는 위 마류사건 제8호의 가사비송사건에 해당한다 할 것이나, 부부간의 부양의무를 이행하지 않은 부부의 일방에 대하여 상대방의 친족이 구하는 부양료의 상환청구는 같은 법 제2조 제1항 제2호 나. 마류사건의 어디에도 해당하지 아니하여 이를 가사비송사건으로 가정법원의 전속관할에 속하는 것이라고 할 수는 없고, 이는 민사소송사건에 해당한다고 봄이 타당하다"(대판 2012.12.27. 2011다96932).
> ☞ 甲의 母 丙이 甲의 배우자 乙에게 甲을 위하여 지출한 부양료의 구상을 재판상 청구하는 경우, 이는 민사소송사건에 해당하여 조정전치주의가 적용되지 않는다.   [O]

제2장 │ 상속법

제1절 상 속

제1관 총 설

제2관 상속인

1 민법 부칙(1958. 2. 22.) 제25조 제2항에서 정한 '재산상속이 개시되는 경우'에 상속인이던 사람이 실종선고를 받아 대습상속 사유가 발생한 경우도 포함된다.

해설 "민법 부칙(1958. 2. 22.) 제25조 제2항은 '실종선고로 인하여 호주 또는 재산상속이 개시되는 경우에 그 실종기간이 구법 시행기간 중에 만료하는 때에도 그 실종이 본법 시행일 후에 선고된 때에는 그 상속순위, 상속분 기타 상속에 관하여는 본법의 규정을 적용한다.'고 규정하고 있는데, 여기서 '재산상속이 개시되는 경우'란 피상속인의 실종선고로 인하여 재산상속이 개시되는 경우뿐만 아니라 일응 상속인이던 자가 행방불명으로 인하여 실종선고를 받은 결과 재산상속의 개시 내지는 대습상속 사유가 발생한 경우도 포함된다"(대판 2011.5.13. 2009다94384,94391,94407)   [O]

2 서자였던 피상속인 甲이 실종선고로 실종기간 만료일인 1955. 9. 9.경 사망한 것으로 본다고 하더라도 개정 민법이 시행된 후인 2008. 7. 31. 甲에 대하여 실종선고가 되었으므로, 개정 민법 부칙 제12조 제2항에 따라 그 상속에 관해서는 실종선고 시에 시행되던 법률인 개정 민법이 적용되어 甲의 생모인 乙만이 단독상속인이 되고, 구 관습상 甲의 적모인 丙에게는 상속권이 없다.   최신판례

해설 "1960. 1. 1. 민법(1958. 2. 22. 법률 제471호로 제정된 것, 이하 '제정 민법'이라 한다) 시행 전에 친족·상속에 관해서는 우리나라의 관습(이하 '구 관습'이라 한다)에 따르도록 되어 있었다. 구 관습에서는 남편이 인지한 혼인 외의 출생자는 서자가 되고, 서자는 아버지의 배우자와 적모서자관계에 있었고, 이 관계도 관습상 유효한 친자관계로 인정되었다. 제정 민법 시행 이후에도 혼인 외의 자는 아버지의 배우자와 법정 친자관계에 있었으나(제774조), 1990. 1. 13. 법률 제4199호로 개정된 민법(이하 '개정 민법'이라 한다)에 따라 민법 제774조가 삭제되어 이러한 법정 친자관계는 그 시행일인 1991. 1. 1. 소멸하였다(개정 민법 부칙 제4조). 개정 민법 부칙 제12조는 상속에 관한 경과규정으로 제1항에서 '이 법 시행일 전에 개시된 상속에 관하여는 이 법 시행일 후에도 구법(구법)의 규정을 적용한다.'고 정하고, 제2항에서 '실종선고로 인하여 상속이 개시되는 경우에 그 실종기간이 구법 시행기간 중에 만료되는 때에도 그 실종이 이 법 시행일 후에 선고된 때에는 상속에 관하여는 이 법의 규정을 적용한다.'고 정하고 있다. 이는 개정 민법 시행 전에 개시된 상속에 관해서는 개정 민법의 시행에도 불구하고 상속 개시 시점을 기준으로 제정 민법 시행 전에는 구 관습을 적용하고 제정 민법 시행 후에는 제정 민법을 적용하되, 개정 민법 시행 후 실종선고가 있는 경우에는 실종기간의 만료 시점이 언제인지와 관계없이 실종선고로 인한 상속에 관해서는 개정 민법을 적용하기로 한 것으로 보아야 한다"(대판 2017.12.22. 2017다360,377).   [O]

3

> **[사례]** 아버지 乙, 할아버지 丙과 함께 살던 미성년자 甲이 부부인 A와 B의 양자(친양자 아님)로 입양되었다. A에게는 아버지 C가 생존해 있다.   18변호

㉠ A가 사망한 후 甲이 사망하면 甲이 A로부터 상속받은 재산은 乙과 B가 공동 상속한다.

해설 ※ 제1000조 1항 2호의 '피상속인의 직계존속'의 의미

양자는 입양이 되어도 친생부모와의 자연혈족관계는 존속하므로(제882조의2 2항), 만약 양자가 직계비속 없이 사망한다면, 양부모뿐만 아니라 친생부모도 상속권을 갖는다. 이 경우 양부모와 친생부모는 공동상속인이 된다. 判例도 "양자가 직계비속 없이 사망한 경우 그가 미혼인 경우 제2순위 상속권자인 직계존속이, 그에게 유처가 있는 경우 직계존속과 처가 동순위로 각 상속인이 되는바, 이 경우 양자를 상속할 직계존속에 대하여 아무런 제한을 두고 있지 않으므로 양자의 상속인에는 양부모뿐 아니라 친부모도 포함된다"(대판 1995.1.20, 94마535)고 판시하였다.

☞ 양친 A가 사망한 경우 배우자 B와 양자 甲이 공동상속한다. 그 뒤 甲이 사망하면 甲이 A로부터 상속받은 재산은 생부 乙과 양친 B가 공동상속한다.　　　　　　　　　　　　　　[○]

> **비교쟁점** 이와 달리 친양자의 경우 입양 전의 친족관계는 소멸하므로(제908조의3 2항 본문), 친양자가 직계비속 없이 사망한 경우 친생부모나 생가의 친족은 상속인이 될 수 없다. 다만, 부부의 일방이 그 배우자의 친생자를 단독으로 입양한 경우라면 배우자 및 그 친족과 친생자 간의 친족관계는 존속하므로(제908조의3 2항 단서), 이 경우에는 친생부 또는 친생모 및 그 친족도 상속인이 될 수 있다.

ⓛ 乙과 A가 모두 사망한 후 甲이 사망하면 甲이 乙과 A로부터 상속받은 재산은 B가 단독 상속한다.

ⓒ 乙과 A·B 모두 사망한 후 甲이 사망하면 甲이 乙과 A·B로부터 상속받은 재산은 丙과 C가 공동 상속한다.

ⓔ A·B 모두 사망한 후 甲이 사망하면 甲이 A·B로부터 상속받은 재산은 乙이 단독 상속한다.

해설 상속에 있어서는 다음 순위로 상속인이 된다. 1. 피상속인의 직계비속 2. 피상속인의 직계존속 3. 피상속인의 형제자매 4. 피상속인의 4촌 이내의 방계혈족(제1000조 1항), 전항의 경우에 동순위의 상속인이 수인인 때에는 최근친을 선순위로 하고 동친 등의 상속인이 수인인 때에는 공동상속인이 된다(제1000조 2항).

☞ (ⓛ 관련해설) 생부 乙과 양친 A가 사망하면 양자 甲은 乙과 A 모두를 상속하는바, 그 후 甲이 사망하면 甲이 乙과 A로부터 상속받은 재산은 생존한 B가 단독상속한다. 즉, B, 丙, C는 모두 甲의 직계존속이나, B가 丙이나 C보다 근친이므로 B가 단독상속한다.　　　　　　[○]

☞ (ⓒ 관련해설) 생부 乙과 양친 A와 B가 모두 사망하면 甲은 乙, A, B 모두를 상속하고, 그 후 甲이 사망하면 甲이 乙, A, B로부터 상속받은 재산은 甲의 직계존속 丙과 C가 동등친이므로 공동상속한다.　　　　　　　　　　　　　　[○]

☞ (ⓔ 관련해설) 양친 A, B가 모두 사망하면 양자 甲이 A, B를 모두 상속하고, 그 후 甲이 사망하면 甲이 A, B로부터 상속받은 재산은 甲의 직계존속으로 乙과 C가 있으나 乙이 근친이므로 乙이 단독상속한다.　　　　　　　　　　　　　　[○]

ⓜ 甲과 A·B가 동시에 사망하면 甲과 A의 재산은 乙이 상속한다.

해설 동시에 사망한 수인들 사이에서는 상속이 일어나지 않는다(동시존재의 원칙).[1] 따라서 甲·A·B 사이에서는 상속이 발생하지 않고, 甲의 재산은 직계존속인 乙·丙·C 중 근친인 乙이 상속하며, A의 재산은 직계존속인 C가 상속한다.　　　　　　　　　　　　　　[×]

> **비교판례** 수인이 동일한 위난으로 사망한 경우에 제30조에 의하여 동시에 사망한 것으로 추정되고, 이들 사이에서는 상속이 일어나지 않지만, 이들의 직계비속이나 배우자에게 대습상속은 일어난다는 점을 유의하여야 한다(대판 2001.3.9, 99다13157). 지문의 경우는 동시사망한 甲·A·B에게 생존한 직계비속 또는 배우자가 없어 대습상속은 문제되지 않는다.

---

1) 상속은 상속개시 당시의 권리·의무를 포괄적으로 승계하는 것이므로 피상속인과 상속인 사이의 권리·의무의 단절이 생겨서는 안 된다. 따라서 상속인과 피상속인은 짧은 시간만이라도 동시에 권리능력자로서 생존하고 있어야 한다. 상속인이 피상속인보다 먼저 사망하거나 동시에 사망하면 그들 사이에는 상속이 인정되지 않는다. 이를 동시존재의 원칙이라 한다.

4

> **[사례]** 甲과 乙은 부부로서 재(子) 丙을 두고 있는데, 丙에게는 재(子) 丁과 戊가 있다. 그리고 丁은 자녀로 A와 B를 두고 있으며, 戊에게는 배우자 C와 재(子) D가 있다(상속인의 범위는 예문상의 자들만으로 함).
>
> 09사법 유사

㉠ B가 사망한 후에 丁이 사망한 경우, 丁의 재산은 A가 단독으로 상속한다.

해설 B가 사망하면 1순위 상속인인 직계비속이 없으므로 2순위 상속인인 직계존속 丁이 B의 재산을 전부 상속하게 되고(제1000조 1항 2호), 그 후 丁이 사망하면 1순위 상속인인 직계비속 A가 丁의 재산을 전부 상속한다(제1000조 1항 1호). [○]

㉡ 甲, 乙, 丙, 戊, C가 사망한 후에 D가 사망한 경우, D의 재산은 丁이 상속한다.

해설 甲, 乙, 丙, 戊, C가 사망한 후에 D가 사망한 경우, D의 직계비속은 없고, 직계존속(戊, C)은 모두 사망한 경우이므로, D의 재산은 4순위 상속인인 3촌인 丁이 상속한다(제1000조 1항 4호, 2항). [○]

㉢ 丁이 사망한 후에 B가 사망한 경우, 丙은 丁의 재산을 대습상속할 수가 없기 때문에 B의 재산은 A가 상속한다.

해설 丁이 사망하면 1순위 상속인인 직계비속 A와 B가 공동상속하게 되고, 그 후에 B가 사망한 경우 직계비속이 없으므로 2순위 상속인인 직계존속 丙(A는 형제자매로서 3순위 상속인이다)이 B의 재산을 '대습상속'이 아니라 '본위상속'하게 된다(제1000조 1항 2호). [×]

㉣ 丙, 丁이 사망한 후에 甲이 사망한 경우, 甲의 재산은 乙뿐만 아니라 戊 및 A와 B도 상속한다.

해설 甲의 재산은 1순위 상속인인 배우자 乙과 직계비속 丙이 공동상속해야 하나, 丙은 상속개시 전에 사망하였기 때문에 丙의 상속분은 직계비속인 丁과 戊가 '대습상속'하게 된다. 그런데 甲이 사망하기 전에 丁도 사망하였으므로 丁의 상속분은 직계비속인 A와 B가 '재대습상속'하게 된다. 결국 甲의 재산은 배우자 乙(본위상속)뿐만 아니라 손자 戊(대습상속) 및 증손자 A와 B(재대습상속)도 상속한다. [○]

5

> **[사례]** 배우자 없는 甲男은 乙男과 丙男 두 아들을 두고 있다. 乙은 A女와 혼인하였고, 丙은 B女와 혼인하였다.
>
> 08사법 유사

㉠ 甲과 丙이 동일한 위난으로 사망하였는데 사망의 선후를 알 수 없다. 甲은 자신의 전 재산을 乙에게 유증하였다. B는 乙을 상대로 유류분 반환청구를 할 수 있다.

해설 甲과 丙이 동일한 위난으로 사망하였는데 사망의 선후를 알 수 없는 경우이므로 동시사망으로 추정된다(제30조). 그리고 동시사망자 상호간에는 상속이 개시되지 않으나(동시생존의 원칙), 대습상속은 가능하다는 判例(대판 2001.3.9, 99다13157)의 태도에 따르면 丙의 배우자 B는 대습상속권이 인정된다. 따라서 甲의 재산에 대하여 乙(본위상속)과 B(대습상속)가 공동상속인이 되는데, 甲이 자신의 전재산을 乙에게 유증하였다면 대습상속인도 유류분권리자가 될 수 있으므로(제1118조, 제1001조, 제1010조), B는 乙을 상대로 유류분반환청구를 할 수 있다. [○]

㉡ 丙이 사망하여 丙 소유였던 X 부동산에 대해 공동상속인인 甲과 B에게 각각의 상속분에 따라 상속등기가 이루어졌고, B는 자기의 지분을 丁에게 양도하였다. 그 후 B가 포태한 丙의 子를 고의로 낙태시켰다. 이 경우 甲은 B의 낙태사실을 안 날부터 3년이 지나지 않았어도 제3자인 丁을 상대로 등기말소를 청구할 수 없다.

해설 상속권이 있는 태아(제1000조 3항)를 낙태하면 상속결격사유인 동순위 상속인을 살해한 경우에 해당(제1004조 1호)하므로, 결국 태아를 살해한 B는 상속결격자에 해당한다(대판 1992.5.25. 92다2127). 따라서 丙의 상속인은 직계존속 甲이 되고, 배우자 B녀는 참칭상속인에 해당한다. 그리고 참칭상속인으로부터 권리를 이전받은 제3자인 丁을 상대로 등기말소청구를 하는 것은 상속회복청구에 해당하여 제999조 2항의 단기제척기간(상속권의 침해를 안 날부터 3년, 상속권의 침해행위가 있은 날부터 10년)의 적용을 받는다(대판 1981.1.27. 전합79다854). 그런데 여기서 '상속권의 침해를 안 날'이라 함은 자기가 진정한 상속인임을 알고 또 자기가 상속에서 제외된 사실을 안 때를 가리키는 것으로서(대판 2007.10.25. 2007다36223), 사안에서는 甲이 B의 낙태한 사실을 안 날이 이에 해당된다. 따라서 甲은 B의 낙태사실을 안 날부터 3년이 지나지 않았다면 제3자인 丁을 상대로 등기말소를 청구할 수 있다.　　　　　　　　　　　　　　[×]

ⓒ 丙이 甲을 살해하였고, 丙은 그 후 자살하였다. 丙과 B 사이의 혼인에는 근친혼을 원인으로 하는 취소사유가 존재하였는데, 丙의 자살 이후 乙이 B를 상대로 혼인취소소송을 제기하여 그 혼인이 취소되었다. B는 甲의 유산을 상속할 수 있다.

해설 丙이 甲을 살해하였으므로 丙은 상속결격이 되었다(제1004조 1호). 그러나 상속결격은 대습상속사유에 해당하므로 丙의 배우자 B가 甲을 대습상속한다(제1001조, 제1003조 2항). 혼인취소는 소급효가 없으므로(제824조), B는 甲의 유산을 상속할 수 있다(대판 1996.12.23. 95다48308 참고).　　　　　　[○]

ⓓ 甲과 乙, 丙, A, B가 모두 동일한 위난으로 사망하였는데 사망의 선후를 알 수 없다. 乙의 자녀로는 C가 있고, 丙의 자녀로는 D와 E가 있다. 甲의 유산에 대한 C의 법정상속분은 1/2이다.

해설 ※ 직계비속인 피대습자가 전부 사망한 경우

(1) 문제점
앞서 검토한 바와 같이 동시사망자 상호간에는 상속이 개시되지 않으나(동시생존의 원칙), 대습상속은 가능하다(대판 2001.3.9. 99다13157). 그리고 직계비속인 피대습자(乙, 丙)가 전부 사망한 경우에 피대습자의 배우자가 있다면 피대습자의 배우자(A, B)와 피대습자의 직계비속(C, D, E)이 하는 상속은 대습상속이라는 점에는 이견이 없다. 그러나 피대습자의 배우자가 없는 경우에 직계비속인 피대습자의 직계비속(C, D, E)이 하는 상속이 피상속인(甲)의 직계비속으로서 본위상속을 하는 것인지, 아니면 대습상속을 하는 것인지 문제된다.

(2) 학 설
① 손(孫)은 자(子)의 배우자가 있으면 대습상속을 하게 되나, 자의 배우자가 없는 때에는 본위상속을 하게 된다는 **본위상속설**(이에 따르면 C : D : E는 1 : 1 : 1의 비율로 상속한다)과, ② 손 이하의 직계비속은 언제나 대습하여서만 상속을 하게 된다는 **대습상속설**(이에 따르면 C : D : E는 2 : 1 : 1의 비율로 상속한다)의 대립이 있다.

(3) 판 례
"피상속인의 자녀가 상속개시 전에 전부 사망한 경우 피상속인의 손자녀는 본위상속이 아니라 대습상속을 한다"(대판 2001.3.9. 99다13157)고 판시하여 **대습상속설**을 명백히 하였다.

(4) 사안의 경우
判例의 입장인 대습상속설에 따르면 甲과 乙, 丙, A, B가 모두 동일한 위난으로 사망한 경우, 손자들은 '대습상속'을 하므로 甲의 유산에 대한 대습상속인 C의 법정상속분은 피대습자인 乙의 상속분과 동일한 1/2이고, 대습상속인 D와 E의 법정상속분은 피대습자인 丙의 상속분인 1/2을 다시 1/2씩, 즉 1/4이 된다.　　　　　　　　　　　　　[○]

제3관 상속회복청구권

1 피상속인인 남한주민으로부터 상속을 받지 못한 북한주민의 경우에도, 상속권이 침해된 날부터 10년이 경과하면 민법 제999조 제2항에 따라 상속회복청구권이 소멸한다. 　　　　최신판례

> **해설** "상속회복청구에 관한 제척기간의 취지, 남북가족특례법의 입법 목적 및 관련 규정들의 내용, 가족관계와 재산적 법률관계의 차이, 법률해석의 한계 및 입법적 처리 필요성 등의 여러 사정을 종합하여 보면, 남북가족특례법 제11조 제1항은 피상속인인 남한주민으로부터 상속을 받지 못한 북한주민의 상속회복청구에 관한 법률관계에 관하여도 민법 제999조 제2항의 제척기간이 적용됨을 전제로 한 규정이며, 따라서 남한주민과 마찬가지로 북한주민의 경우에도 다른 특별한 사정이 없는 한 상속권이 침해된 날부터 10년이 경과하면 민법 제999조 제2항에 따라 상속회복청구권이 소멸한다"(대판 2016.10.19. 전합2014다46648).　　[○]
> **[반대의견]** 소멸시효 기산점에 관한 민법 제166조와 단기 3년의 제척기간에 관한 민법 제999조 제2항을 유추적용하면 북한주민은 '남한에 입국한 때부터 3년 내'에 상속회복청구를 할 수 있다는 취지의 반대의견이 있음

2 공동상속인 중 1인이 협의분할에 의한 상속을 원인으로 하여 상속부동산에 관한 소유권이전등기를 마친 경우에, 협의분할이 다른 공동상속인의 동의 없이 이루어진 것이어서 무효라는 이유로 다른 공동상속인이 위 등기의 말소를 청구하는 소는 상속회복청구의 소에 해당한다.　　20변호

> **해설** 대판 2011.03.10. 2007다17482 판시내용　　[○]

3 피상속인 사망 후 공동상속인 중 1인이 다른 공동상속인에게 자신의 상속지분을 중간생략등기 방식으로 명의신탁하였다가 그 명의신탁이 '부동산 실권리자명의 등기에 관한 법률'이 정한 유예기간의 도과로 무효가 되었음을 이유로 명의수탁자를 상대로 상속지분의 반환을 구하는 경우, 이는 상속회복청구에 해당한다.

> **해설** "피상속인 사망 후 공동상속인 중 1인이 다른 공동상속인에게 자신의 상속지분을 중간생략등기 방식으로 명의신탁하였다가 그 명의신탁이 '부동산 실권리자명의 등기에 관한 법률'이 정한 유예기간의 도과로 무효가 되었음을 이유로 명의수탁자를 상대로 상속지분의 반환을 구하는 경우, 그러한 청구는 명의신탁이 유예기간의 도과로 무효로 되었음을 원인으로 하여 소유권의 귀속을 주장하는 것일 뿐 상속으로 인한 재산권의 귀속을 주장하는 것이라고 볼 수 없고, 나아가 명의수탁자로 주장된 피고를 두고 진정상속인의 상속권을 침해하고 있는 참칭상속인이라고 할 수도 없으므로, 위와 같은 청구가 상속회복청구에 해당한다고 할 수 없다"(대판 2010.02.11. 2008다16899)　　[×]

4 상속회복청구의 상대방이 되는 참칭상속인의 의미 및 상속회복청구권의 요건사실에 관한 주장 및 증명책임을 상속회복을 청구하는 자에게 있다.

> **해설** "상속회복청구는 자신이 진정한 상속인임을 전제로 그 상속으로 인한 소유권 또는 지분권 등 재산권의 귀속을 주장하면서 참칭상속인 또는 참칭상속인으로부터 상속재산에 관한 권리를 취득하거나 새로운 이해관계를 맺은 제3자를 상대로 상속재산의 반환을 청구하는 것이고, 여기서 참칭상속인이란 정당한 상속권이 없음에도 재산상속인임을 신뢰케 하는 외관을 갖추거나 상속인이라고 참칭하면서 상속재산의 전부 또는 일부를 점유함으로써 진정한 상속인의 재산상속권을 침해하는 자를 말한다. 따라서 상속회복을 청구하는 자는 자신이 상속권을 가지는 사실과 청구의 목적물이 상속개시 당시 피상속인의 점유에 속하였던 사실뿐만 아니라, 나아가 참칭상속인에 의하여 그의 재산상속권이 침해되었음을 주장·증명하여야 한다"(대판 2011.7.28. 2009다64635)　　[○]

5 진정상속인 甲이 참칭상속인 乙의 최초 침해행위가 있은 날로부터 10년의 제척기간이 경과하기 전에 乙에 대한 상속회복청구 소송에서 승소의 확정판결을 받았다고 하더라도, 위 제척기간이 경과한 후에는 乙로부터 상속재산을 양수한 제3자를 상대로 상속회복청구의 소를 제기하여 상속재산에 관한 등기의 말소를 구할 수 없다. 12사법, 14사법

> **해설** "참칭상속인의 최초 침해행위가 있은 날로부터 10년이 경과한 이후에는 비록 제3자가 참칭상속인으로부터 상속재산에 관한 권리를 취득하는 등의 새로운 침해행위가 최초 침해행위시로부터 10년이 경과한 후에 이루어졌다 하더라도 상속회복청구권은 제척기간의 경과로 소멸되어 진정상속인은 더 이상 제3자를 상대로 그 등기의 말소 등을 구할 수 없다 할 것이며, 이는 진정상속인이 참칭상속인을 상대로 제척기간 내에 상속회복청구의 소를 제기하여 승소의 확정판결을 받았다고 하여 달리 볼 것은 아니라 할 것이다"
> (대판 2006.9.8. 2006다26694). [○]

6 진정상속인 甲이 참칭상속인 乙로부터 상속재산에 관한 권리를 취득한 丙을 상대로 제척기간 내에 상속회복청구의 소를 제기하였을지라도, 乙에 대하여 그 기간 내에 상속회복청구권을 행사한 일이 없다면 甲의 丙에 대한 상속회복청구의 소는 부적법하게 된다. 12사법

> **해설** "민법 제999조 제2항은 "상속회복청구권은 그 침해를 안 날부터 3년, 상속권의 침해행위가 있은 날부터 10년을 경과하면 소멸한다."고 규정하고 있는바, 여기서 그 제척기간의 기산점이 되는 '상속권의 침해행위가 있은 날' 이라 함은 참칭상속인이 상속재산의 전부 또는 일부를 점유하거나 상속재산인 부동산에 관하여 소유권이전등기를 마치는 등의 방법에 의하여 진정한 상속인의 상속권을 침해하는 행위를 한 날을 의미한다. 또한, 제척기간의 준수 여부는 상속회복청구의 상대방별로 각각 판단하여야 할 것이어서, 진정한 상속인이 참칭상속인으로부터 상속재산에 관한 권리를 취득한 제3자를 상대로 제척기간 내에 상속회복청구의 소를 제기한 이상 그 제3자에 대하여는 민법 제999조에서 정하는 상속회복청구권의 기간이 준수되었으므로, 참칭상속인에 대하여 그 기간 내에 상속회복청구권을 행사한 일이 없다고 하더라도 그것이 진정한 상속인의 제3자에 대한 권리행사에 장애가 될 수는 없다"(대판 2009.10.15. 2009다42321). [×]

7

> **[사례]** 甲에게는 딸 乙과 동생 A가 있고, 또한 乙은 丙과 혼인하여 丁을 출산하였다. 그런데, 甲·乙·丁은 1985.9.20. 괌으로 향하는 비행기를 타고 가던 중 추락하여 사망하였는데 누가 먼저 사망하였는지에 관하여 확증은 없어서 모두 동시에 사망한 것으로 추정이 되었다. 당시 甲에게는 X부동산이 있었으나 X부동산에 대하여 상속등기가 이루어지지 않고 있던 중 2000.1.10. 호적부에 A 자신이 단독상속인으로 기재되어 있음을 보고 자신이 甲의 단독상속인이라 믿고 자신의 명의로 상속을 원인으로 하는 이전등기를 경료하였다. 그리고 A는 2000.11.5. B와 X부동산에 대한 매매계약을 체결하여 2001.1.20. B앞으로 소유권이전등기를 경료하여 주었다. 이러한 사실을 뒤늦게 알게 된 丙은 2001.6.25. 자신이 甲을 대습상속하여 X부동산을 단독으로 상속하였음을 이유로, B를 상대로 X부동산에 대한 소유권이전등기의 말소를 청구하였다. 대판 2001.3.9. 99다13157

㉠ 丙의 청구는 소유권에 기한 방해배제청구이므로 이는 상속회복청구에 해당하지 않는다.

> **해설** ※ 丙의 청구가 제999조 2항의 제척기간의 적용을 받는지 여부(상속회복청구권의 법적 성질)
> 判例는 "참칭상속인 또는 자기들만이 재산상속을 하였다는 일부 공동상속인들을 상대로 그 소유권 또는 지분권이 귀속되었다는 주장이 상속을 원인으로 하는 것인 이상 그 청구원인 여하에 불구하고 민법 제999조의 단기 제척기간의 적용을 받는 상속회복의 소로 보아야 한다"(대판 1991.12.24. 전합90다5740)라고 판시하였는바, 일반적으로 집합권리설(개별적 청구권설)을 취하고 있는 것으로 해석되고 있다.
> ☞ 사안의 경우 丙의 청구원인은 비록 소유권에 기한 물권적 청구권이나 상속을 원인으로 소유권을 주장하고 있으므로 '실질적으로 상속회복청구권'에 해당하여 제999조 2항의 단기의 제척기간에 걸린다고 보아야 한다. 사안에서 丙의 청구는 비록 상속이 개시된 날부터는 10년이 경과되었으나, 2002

년 1월 14일 개정된 민법에 의하면 상속권의 침해행위가 있은 날인 2000.1.10.로부터 아직 10년이 경과되지 않았으므로 丙의 청구에 제척기간 도과의 위법은 없다. [X]

ⓛ 丙의 청구는 참칭상속인으로부터 목적물을 취득한 제3자에 대한 청구이므로 이는 상속회복청구에 해당하지 않는다.

해설 ※ **참칭상속인으로부터 목적물을 취득한 제3자에 대한 청구도 상속회복청구에 해당하는지 여부**
상속회복청구의 단기의 제척기간이 참칭상속인에만 적용되고 참칭상속인으로부터 양수한 제3자에게는 인정되지 않는다면 거래관계의 조기안정을 의도하는 단기의 제척기간이 무의미하게 될 수 있으므로, 참칭상속인으로부터 권리를 이전받은 제3자와 참칭상속인의 상속인도 상속회복청구의 상대방이 된다(대판 1981.1.27. 전합79다854).
☞ 따라서 사안의 경우 丙의 B에 대한 청구 역시 상속회복청구에 해당한다. [X]

ⓒ 설령 丙의 청구가 상속회복청구에 해당한다고 할지라도 사안에서는 제999조 2항의 제척기간이 도과되었다.

해설 ㉠.번 해설 참고 [X]

ⓔ 丙은 乙을 피대습자로 하여 대습상속을 한다.

해설 ※ **동시사망의 추정과 대습상속**
대습상속의 요건으로는 ⅰ) 피대습자는 상속인이 될 직계비속 또는 형제자매로서, 상속개시 전에 피대습자가 사망하거나 결격되어야 하며(제1001조, 제1003조 2항), ⅱ) 대습상속인은 피대습자의 직계비속이나 배우자여야 한다(제1001조, 제1003조 2항). ⅲ) 아울러 대습상속자도 상속인인 이상 피상속인에 대하여 상속결격사유가 없어야 한다.
이 때 상속개시 전이란 피상속인이 사망하기 전을 의미한다. 한편 피상속인과 피대습자가 동시에 사망한 경우(제30조 참조)에도 대습상속이 일어나는지 문제되는 바, 判例는 이에 대해 "대습자는 피대습자가 상속개시 전에 사망한 경우에는 대습상속을 하고, 피대습자가 상속개시 후에 사망한 경우에는 피대습자를 거쳐 피상속인의 재산을 본위상속을 하므로 두 경우 모두 상속을 하는데, 만일 피대습자가 피상속인의 사망, 즉 상속개시와 동시에 사망한 것으로 추정되는 경우에만 그 직계비속 또는 배우자가 본위상속과 대습상속의 어느 쪽도 하지 못하게 된다면 동시사망 추정 이외의 경우에 비하여 현저히 불공평하고 불합리한 것이라 할 것"(대판 2001.3.9. 99다13157)이라고 판시함으로써 동시사망의 경우에도 대습상속이 인정된다고 한다.
☞ 따라서 丙은 乙을 피대습자로 하여 대습상속을 할 수 있다. [O]

ⓜ 설령 丙이 乙을 피대습자로 하여 대습상속을 한다고 하더라도, 방계혈족의 상속권(A)보다 우위에 있지 않다.

해설 ※ **배우자의 대습상속권(丙)과 방계혈족의 상속권(A) 간의 우열판단의 문제**
혈연상속의 관습과 대립되는 배우자의 대습상속권이 인정되는바, 우리법상 이러한 배우자의 대습상속권이 형제자매의 상속권을 배제할 수 있는지 문제된다. 민법에서 형제자매는 제3순위 상속인으로 규정하고, 배우자는 1순위 또는 2순위 상속인인 직계비속 또는 직계존속과 공동상속인이 되며 이들이 없을 때는 단독상속인이 됨을 규정하고 있다. 따라서 직계비속의 배우자가 있는 경우에는 형제자매는 공동상속조차 할 수 없다는 것이 법문에는 반하지 않는다고 본다. 또한 判例는 이러한 민법 규정이 위헌이라고 할 수 없다고 판시하고 있다(대판 2001.3.9. 99다13157). [X]

제4-1관 상속의 효과 : 상속재산 및 상속분

1 초등학교 교사였던 피상속인 甲이 생전에 한국교직원공제회에 예치해 두었던 퇴직생활급여금은 甲이 사망 전에 배우자인 丙을 급여 수급권자로 지정함에 따라 丙이 독자적으로 수령할 권한이 있는 고유재산이므로 상속재산의 범위에 포함되지 않는다. 최신판례

> 해설 대판 2019.6.13. 2018두65088판시내용 [O]

2 직계비속과 배우자가 공동상속인인데 직계비속이 모두 상속을 포기하면 후순위 혈족상속인과 배우자가 공동상속한다. 24변호

> 해설 직계비속과 배우자가 공동상속인인데 직계비속이 모두 상속을 포기하면 배우자가 단독상속하는지, 후순위 혈족상속인과 배우자가 공동상속하는지 문제되는바, 바뀐 判例에 따르면 당사자들의 의사와 사회 일반의 법감정을 고려할 때 피상속인의 배우자와 손자녀 또는 직계존속이 공동상속인이 되지 않고 '배우자가 단독상속인'이 된다고 한다(대판 2023.3.23. 전합2020그42). [×]

3 상속결격사유가 발생한 이후에 결격된 자가 피상속인에게서 직접 증여를 받은 경우, 그 수익은 상속인의 지위에서 받은 것이 아니어서 원칙적으로 상속분의 선급으로 볼 수 없다. 따라서 결격된 자의 수익은 특별한 사정이 없는 한 제1008조의 특별수익에 해당하지 않는다. 24변호

> 해설 ※ 민법 제1008조의 규정 취지 및 상속결격사유가 발생한 이후에 결격된 자가 피상속인에게서 직접 증여를 받은 경우, 그 수익이 특별수익에 해당하는지 여부(원칙적 소극)
> "민법 제1008조는 공동상속인 중 피상속인에게서 재산의 증여 또는 유증을 받은 특별수익자가 있는 경우 공동상속인들 사이의 공평을 기하기 위하여 수증재산을 상속분의 선급으로 다루어 구체적인 상속분을 산정할 때 이를 참작하도록 하려는 데 취지가 있는 것이므로, 상속결격사유가 발생한 이후에 결격된 자가 피상속인에게서 직접 증여를 받은 경우, 그 수익은 상속인의 지위에서 받은 것이 아니어서 원칙적으로 상속분의 선급으로 볼 수 없다. 따라서 결격된 자의 수익은 특별한 사정이 없는 한 특별수익에 해당하지 않는다"(대결 2015.7.17. 2014스206,207). [O]

4 상속인이 배우자로서 일생 동안 피상속인의 반려가 되어 그와 함께 가정공동체를 형성하고 서로 헌신하며 가족의 경제적 기반인 재산을 획득·유지하고 자녀들에게 양육과 지원을 계속해 온 경우, 상속인이 피상속인으로부터 받은 생전증여를 특별수익에서 제외하는 것은 자녀인 공동상속인들과의 관계에서 공평에 반한다.

> 해설 "민법 제1008조는 '공동상속인 중에 피상속인으로부터 재산의 증여 또는 유증을 받은 자가 있는 경우에 그 수증재산이 자기의 상속분에 달하지 못한 때에는 그 부족한 부분의 한도에서 상속분이 있다.'라고 규정하고 있는데, 이는 공동상속인 중에 피상속인에게서 재산의 증여 또는 유증을 받은 특별수익자가 있는 경우에 공동상속인들 사이의 공평을 기하기 위하여 수증재산을 상속분의 선급으로 다루어 구체적인 상속분을 산정할 때 이를 참작하도록 하려는 데 그 취지가 있다. 여기서 어떠한 생전 증여가 특별수익에 해당하는지는 피상속인의 생전의 자산, 수입, 생활수준, 가정상황 등을 참작하고 공동상속인들 사이의 형평을 고려하여 당해 생전 증여가 장차 상속인으로 될 자에게 돌아갈 상속재산 중 그의 몫의 일부를 미리 주는 것이라고 볼 수 있는지에 의하여 결정하여야 하는데, 생전 증여를 받은 상속인이 배우자로서 일생 동안 피상속인의 반려가 되어 그와 함께 가정공동체를 형성하고 이를 토대로 서로 헌신하며 가족의 경제적 기반인 재산을 획득·유지하고 자녀들에게 양육과 지원을 계속해 온 경우, 생전 증여에는 위와 같은 배우자의 기여나 노력에 대한 보상 내지 평가, 실질적 공동재산의 청산, 배우자 여생에 대한 부양의무 이행 등의 의미도 함께 담겨 있다고 봄이 타당하므로 그러한 한도 내에서는 생전 증여를 특별수익에서 제외하더라도 자녀인 공동상속인들과의 관계에서 공평을 해친다고 말할 수 없다"(대판 2011.12.8. 2010다66644)

[사실관계] 甲이 乙과 사이에 딸 丙 등과 아들 丁을 두고 乙의 사망시까지 43년 4개월 남짓의 혼인생활을 유지해 오다가 乙의 사망 7년 전에 乙에게서 부동산을 생전 증여받은 사안에서, 乙이 부동산을 甲에게 생전 증여한 데에는 甲이 乙의 처로서 평생을 함께 하면서 재산의 형성·유지과정에서 기울인 노력과 기여에 대한 보상 내지 평가, 청산, 부양의무 이행 등의 취지가 포함되어 있다고 볼 여지가 충분하고, 이를 반드시 공동상속인 중 1인에 지나지 않는 甲에 대한 상속분의 선급이라고 볼 것만은 아니므로, 원심으로서는 甲과 乙의 혼인생활의 내용, 乙의 재산 형성·유지에 甲이 기여한 정도, 甲의 생활유지에 필요한 물적 기반 등 제반 요소를 심리한 후, 이러한 요소가 생전 증여에 포함된 정도나 비율을 평가함으로써 증여재산의 전부 또는 일부가 특별수익에서 제외되는지를 판단하였어야 함에도, 단순히 위 부동산 외에는 아무런 재산이 없던 乙이 이를 모두 甲에게 증여하였다는 사정만으로 증여재산 전부를 특별수익에 해당한다고 본 원심판결에는 배우자의 특별수익에 관한 법리오해의 위법이 있다고 한 사례이다.   [X]

5   특별수익은 상속이 개시된 때가 아니라 특별수익을 받은 당시를 기준으로 평가하여야 한다.

14변호, 12사법

> **해설** "공동상속인 중에 피상속인으로부터 재산의 증여 또는 유증 등의 특별수익을 받은 자가 있는 경우에는 이러한 특별수익을 고려하여 상속인별로 고유의 법정상속분을 수정하여 구체적인 상속분을 산정하게 되는데, 이러한 구체적 상속분을 산정함에 있어서는 상속개시시를 기준으로 상속재산과 특별수익재산을 평가하여 이를 기초로 하여야 할 것이고, 다만 법원이 실제로 상속재산분할을 함에 있어 분할의 대상이 된 상속재산 중 특정의 재산을 1인 및 수인의 상속인의 소유로 하고 그의 상속분과 그 특정의 재산의 가액과의 차액을 현금으로 정산할 것을 명하는 방법(소위 대상분할의 방법)을 취하는 경우에는, 분할의 대상이 되는 재산을 그 분할시를 기준으로 하여 재평가하여 그 평가액에 의하여 정산을 하여야 한다"(대결 1997. 3. 21. 96스62).   [X]

6   공동상속인 중에 특별수익자가 있는 경우 구체적인 상속분의 산정의 기초가 되는 '피상속인이 상속개시 당시에 가지고 있던 재산의 가액' 이란 상속재산 가운데 적극재산에서 소극재산을 제외한 순재산을 뜻한다.

14변호, 12사법

> **해설** "공동상속인 중에 특별수익자가 있는 경우의 구체적인 상속분의 산정을 위하여는, 피상속인이 상속개시 당시에 가지고 있던 재산의 가액에 생전 증여의 가액을 가산한 후, 이 가액에 각 공동상속인별로 법정상속분율을 곱하여 산출된 상속분의 가액으로부터 특별수익자의 수증재산인 증여 또는 유증의 가액을 공제하는 계산방법에 의하여 할 것이고, 여기서 이러한 계산의 기초가 되는 '피상속인이 상속개시 당시에 가지고 있던 재산의 가액'은 상속재산 가운데 적극재산의 전액을 가리키는 것으로 보아야 옳다"(대판 1995. 3. 10. 94다16571).   [X]

7   구체적 상속분을 산정함에 있어서는, 상속개시 당시를 기준으로 상속재산과 특별수익재산을 평가하여 이를 기초로 하여야 하고, 공동상속인 중에 특별수익자가 있는 경우 구체적 상속분 가액의 산정을 위해서는, 피상속인이 상속개시 당시 가지고 있던 재산 가액에 생전 증여의 가액을 가산한 후, 이 가액에 각 공동상속인별로 법정상속분율을 곱하여 산출된 상속분의 가액으로부터 특별수익자의 수증재산인 증여 또는 유증의 가액을 공제하는 계산방법에 의한다.

최신판례

> **해설** 대결 2022. 6. 30. 2017스98,99,100,101판시내용   [O]

8   상속재산분할의 대상은 상속개시 이후 수용 또는 협의취득되거나 매각된 부동산 등이 아니라 그 대상재산인 보상금, 매매대금 등으로 보아야 하므로, 이러한 대상재산을 이른바 '간주상속재산'으로 보아 구체적 상속분을 산정해야 한다.

최신판례

> **해설** 대결 2022. 6. 30. 2017스98,99,100,101판시내용   [O]

9 공동상속인 중 법정상속분의 가액을 초과하는 특별수익을 받은 상속인은 상속재산의 분할 시에 그 초과분을 반환하여야 한다. 24변호

> **해설** ※ 법정상속분을 초과하는 특별수익 반환 의무
> 특별수익이 본래의 법정상속분을 초과하는 경우 초과부분을 반환해야 하는가에 대하여 반환하여야 한다는 견해, 반환할 필요가 없다는 견해가 있으나 과거에 있던 초과부분 반환금지규정이 유류분제도가 신설되면서 삭제된 점을 고려할 때 공동상속인의 유류분을 침해한 경우에만 반환하여야 한다는 견해가 타당하다(다수설, 서울고법 1991.1.18. 89르2400, 대결 2022.6.30. 2017스98,99,100,101) [×]

10 공동상속인들 사이에 협의가 이루어지지 않는 경우 제사주재자의 지위를 인정할 수 없는 특별한 사정이 없는 한 피상속인의 직계비속 중 남녀, 적서를 불문하고 최근친의 연장자가 제사주재자가 된다. 24변호

> **해설** ※ 제사주재자의 결정 – 직계비속 중 남녀,적서 불문 최근친의 연장자
> "2008.11.20. 선고 2007다27670 전원합의체 판결은 피상속인의 유체·유해가 민법 제1008조의3 소정의 제사용 재산에 준해서 제사주재자에게 승계되고, 제사주재자는 우선적으로 공동상속인들 사이의 협의에 의해 정하되, 협의가 이루어지지 않는 경우에는 그 지위를 유지할 수 없는 특별한 사정이 있지 않는 한 장남 또는 장손자 등 남성 상속인이 제사주재자라고 판시하였다. 그러나 공동상속인들 사이에 협의가 이루어지지 않는 경우 제사주재자 결정방법에 관한 2008년 전원합의체 판결의 법리는 더 이상 조리에 부합한다고 보기 어려워 유지될 수 없다. 따라서 공동상속인들 사이에 협의가 이루어지지 않는 경우에는 제사주재자의 지위를 인정할 수 없는 특별한 사정이 있지 않는 한 피상속인의 직계비속 중 남녀, 적서를 불문하고 최근친의 연장자가 제사주재자로 우선한다고 보는 것이 가장 조리에 부합한다"(대판 2023.5.11. 전합2018다248626). [○]

11 피상속인이 생전행위 또는 유언으로 자신의 유체·유골을 처분하거나 매장 장소를 지정한 경우 제사주재자는 피상속인의 그러한 의사에 무조건 구속되어야 하는 법률적 의무까지 부담한다고 볼 수는 없다. 24변호

> **해설** 유체(遺體)·유골(遺骨)이 물건인지 문제되는바, 일반적으로 물건성은 인정하지만 ㉠ 그 내용은 보통의 소유권과 같이 사용·수익·처분(포기)할 수 없고 오로지 매장·제사 등의 권리와 의무를 내용으로 하는 '특수한 소유권'으로 보아야 하고, ㉡ 이러한 권리는 '제사를 주재하는 자'(상주)에게 귀속하며(제1008조의3), ㉢ 사자(死者)가 생전에 자신의 유체·유골을 '처분'하는 의사를 표시한 경우에도 그것은 법정유언사항은 아니므로 제사주재자가 이에 법률적으로 구속되는 것은 아니며, 종국적으로는 제사주재자의 의사에 따르게 된다(대판 2008.11.20. 2007다27670). [○]

12

> **[사례]** 피상속인 A는 사망할 당시에 배우자, 직계존속, 직계비속이 없었고 상속재산 10억 원을 보유하고 있었다. A에게는 언니 B와 남동생 C가 있었는데, B는 독신이며 C는 Y와 혼인하여 자녀 D를 두었고, Y는 사별한 전남편 Q와의 사이에서 자녀 E를 두고 있으며 E에게는 자녀인 Z가 있다. (설문에 나타나지 않은 친족 관계는 없는 것으로 간주하고, '물려받는다'라는 표현은 본위상속, 대습상속, 재대습상속 모두 포함하는 개념으로 이해할 것. 또한 A의 재산 10억 원 이외의 재산은 없는 것으로 간주하고 이자나 비용은 고려하지 말 것) 13변호

㉠ C, A의 순서로 사망한 후 D와 Y가 함께 여행을 떠났다가 항공기 추락사고로 사망하였으나 사망의 선후가 증명되지 못하였다. 이러한 경우, A의 재산 10억 원 중 E가 궁극적으로 물려받을 수 있는 재산은 ㉠[   ]원이다.

> **해설** A의 상속인인 A의 언니인 B와 남동생 C는 동순위의 공동상속인으로 (제1000조 1항 3호) A의 상속재산 10억 원을 각각 5억 원씩 상속할 수 있다(제1000조 2항).

그러나 상속인 C가 피상속인 A보다 먼저 사망한 경우 C의 직계비속인 D와 배우자인 Y가 각각 2억 원, 3억 원씩 대습상속한다(제1001조, 제1003조 2항, 제1009조 2항). 그러나 ㄱ.의 경우 D와 Y가 동시에 사망한 것으로 추정되는 경우이므로(제30조), 동시사망자 상호간에는 상속이 일어나지 않는다. 그러므로 E는 Y의 직계비속으로 1순위 상속인이 되어 Y의 3억 원을 상속받고, D의 경우에는 가장 가까운 상속인이 제1000조 1항 3호의 '피상속인의 형제·자매'인 E가 있으므로 E는 D의 상속인으로 2억 원도 상속받게 되어, A의 재산 10억 원 중 E가 궁극적으로 물려받을 수 있는 재산은 ㄱ.[5억] 원이다.

※ 제1000조 1항 3호의 '피상속인의 형제자매'의 의미(방계혈족의 범위)

"민법 제1000조 제1항 제3호 소정의 '피상속인의 형제자매'라 함은, 민법 개정시 친족의 범위에서 부계와 모계의 차별을 없애고, 상속의 순위나 상속분에 관하여도 남녀 간 또는 부계와 모계 간의 차별을 없앤 점 등에 비추어 볼 때, 부계 및 모계의 형제자매를 모두 포함하는 것으로 해석하는 것이 상당하다"(대판 1997.11.28, 96다5421)고 판시하여 모친만을 같이하는 이성동복의 관계에 있는 형제자매들을 피상속인의 형제자매에 해당하는 것으로 보아 그들 사이의 상속권을 인정하였다.

ⓛ C, A의 순서로 사망한 경우에 원래 C의 몫이었던 상속재산을 Y와 D가 대습상속한다. 이 상태에서 Y가 사망하면 Y의 직계비속 D와 E가 이 재산을 각 ⓛ[　　]원씩 상속한다. 그 후 E가 사망하면 E에게 귀속되었던 ⓛ[　　]원은 Z가 물려받는다.

해설 앞서 검토한 바와 같이 상속인 C가 피상속인 A보다 먼저 사망한 경우 C의 직계비속인 D와 배우자인 Y가 각각 2억 원, 3억 원씩 대습상속한다. 이 상태에서 Y가 사망하면 Y의 직계비속 D와 E가 이 재산(3억 원)을 각 ㄴ.[1억 5,000만] 원씩 상속한다. 그 후 E가 사망하면 E에게 귀속되었던 ㄴ.[1억 5,000만] 원은 Z가 물려받는다.

ⓒ 위 ㄴ.에서 E가 사망한 후 D가 사망한 경우, D에게 대습상속과 본위상속을 통해 귀속되었던 재산 총액 ⓒ[　　]원은 다시 Z가 물려받을 수 있다.

해설 다만 위에서 E가 사망한 후 D가 사망한 경우, D에게 A를 피상속인으로 한 대습상속(2억 원)과 Y를 피상속인으로 한 본위상속(1억 5,000만 원)을 통해 귀속되었던 재산 총액 ㄷ.[3억 5,000만] 원은 다시 Z가 물려받을 수 있다. 왜냐하면 E가 사망한 후 D가 사망하게 되면 상속인이 될 형제자매 E가 상속개시 전(D의 사망 전)에 사망한 경우에 해당하므로, Z는 E를 피대습상속인으로 하여 D를 대습상속을 하게 되기 때문이다(제1001조).

제4-2관 상속의 효과 : 상속재산의 분할

1 가분채권은 상속재산분할의 대상이 될 수 없으나, 공동상속인들 중에 특별수익이 존재하거나 기여분이 인정되는 경우는 예외적으로 상속재산분할의 대상이 될 수 있다. 최신판례

해설▶ ※ **가분채권이 상속재산분할의 대상이 될 수 있는지**(한정 적극)

"금전채권과 같이 급부의 내용이 가분인 채권은 공동상속되는 경우 상속개시와 동시에 당연히 법정상속분에 따라 공동상속인들에게 분할되어 귀속되므로 상속재산분할의 대상이 될 수 없는 것이 원칙이다(대결 2006.7.24. 2005스83 결정 등 참조). 그러나 가분채권을 일률적으로 상속재산분할의 대상에서 제외하면 부당한 결과가 발생할 수 있다. 예를 들어 공동상속인들 중에 초과특별수익자가 있는 경우 초과특별수익자는 초과분을 반환하지 아니하면서도 가분채권은 법정상속분대로 상속받게 되는 부당한 결과가 나타난다. 그 외에도 특별수익이 존재하거나 기여분이 인정되어 구체적인 상속분이 법정상속분과 달라질 수 있는 상황에서 상속재산으로 가분채권만이 있는 경우에는 모든 상속재산이 법정상속분에 따라 승계되므로 수증재산과 기여분을 참작한 구체적 상속분에 따라 상속을 받도록 함으로써 공동상속인들 사이의 공평을 도모하려는 민법 제1008조, 제1008조의2의 취지에 어긋나게 된다. 따라서 이와 같은 특별한 사정이 있는 때는 상속재산분할을 통하여 공동상속인들 사이에 형평을 기할 필요가 있으므로 가분채권도 예외적으로 상속재산분할의 대상이 될 수 있다고 봄이 타당하다"(대결 2016.5.4. 2014스122) [O]

> **비교판례** ※ **가분채무가 상속재산분할의 대상이 될 수 있는지**(소극)
>
> "금전채무와 같이 급부의 내용이 가분인 채무가 공동상속된 경우, 이는 상속 개시와 동시에 당연히 법정상속분에 따라 공동상속인에게 분할되어 귀속되는 것이므로, 상속재산 분할의 대상이 될 여지가 없다. 따라서 상속재산 분할의 대상이 될 수 없는 상속채무에 관하여 공동상속인들 사이에 분할의 협의가 있는 경우라면 이러한 협의는 민법 제1013조에서 말하는 상속재산의 협의분할에 해당하는 것은 아니지만, 위 분할의 협의에 따라 공동상속인 중의 1인이 법정상속분을 초과하여 채무를 부담하기로 하는 약정은 '면책적 채무인수'의 실질을 가진다고 할 것이어서, 채권자에 대한 관계에서 위 약정에 의하여 다른 공동상속인이 법정상속분에 따른 채무의 일부 또는 전부를 면하기 위하여는 민법 제454조의 규정에 따른 '채권자의 승낙'을 필요로 하고, 여기에 상속재산 분할의 소급효를 규정하고 있는 민법 제1015조가 적용될 여지는 전혀 없다"(대판 1997.6.24. 97다8809).

1-1 상속개시 당시에는 상속재산을 구성하던 재산이 그 후 처분되거나 멸실·훼손되는 등으로 상속재산분할 당시 상속재산을 구성하지 아니하게 되었다면 그 재산은 상속재산분할의 대상이 될 수 없다. 20변호

해설▶ ※ **상속재산분할 당시 상속재산을 구성하지 아니하게 된 재산의 상속재산분할의 대상여부**(소극)

"상속개시 당시에는 상속재산을 구성하던 재산이 그 후 처분되거나 멸실·훼손되는 등으로 상속재산분할 당시 상속재산을 구성하지 아니하게 되었다면 그 재산은 상속재산분할의 대상이 될 수 없다. 다만 상속인이 그 대가로 처분대금, 보험금, 보상금 등 대상재산(代償財産)을 취득하게 된 경우에는, 대상재산은 종래의 상속재산이 동일성을 유지하면서 형태가 변경된 것에 불과할 뿐만 아니라 상속재산분할의 본질이 상속재산이 가지는 경제적 가치를 포괄적·종합적으로 파악하여 공동상속인에게 공평하고 합리적으로 배분하는 데에 있는 점에 비추어, 그 대상재산이 상속재산분할의 대상으로 될 수는 있을 것이다"(대결 2016.5.4. 2014스122) [O]

1-2 피상속인의 배우자가 상당한 기간 투병 중인 피상속인과 동거하면서 간호하는 방법으로 피상속인을 부양한 경우 그러한 사정만으로 배우자에게 기여분을 인정하여야 한다. 2차모의(21)

해설▶ ※ **피상속인의 배우자가 상당한 기간 투병 중인 피상속인과 동거하면서 간호하는 방법으로 피상속인을 부양한 경우 그러한 사정만으로 배우자에게 기여분을 인정하여야 하는지 여부**(소극)

"배우자가 장기간 피상속인과 동거하면서 피상속인을 간호한 경우, 민법 제1008조의2의 해석상 가정법원은 배우자의 동거간호가 부부 사이의 제1차 부양의무 이행을 넘어서 '특별한 부양'에 이르는지 여부와 더불어

동거·간호의 시기와 방법 및 정도뿐 아니라 동거·간호에 따른 부양비용의 부담 주체, 상속재산의 규모와 배우자에 대한 특별수익액, 다른 공동상속인의 숫자와 배우자의 법정상속분 등 일체의 사정을 종합적으로 고려하여 공동상속인들 사이의 실질적 공평을 도모하기 위하여 배우자의 상속분을 조정할 필요성이 인정되는지 여부를 가려서 기여분 인정 여부와 그 정도를 판단하여야 한다"(대결 2019.11.21. 전합2014스44,45) [X]

2 상속재산분할심판에서 상속재산 '과실'을 고려하지 않은 채, 분할의 대상이 된 상속재산 중 특정 상속재산을 상속인 중 1인의 단독소유로 하고 그의 구체적 상속분과 특정 상속재산의 가액과의 차액을 현금으로 정산하는 방법으로 상속재산을 분할한 경우에도, 공동상속인들은 수증재산과 기여분 등을 참작하여 상속개시 당시를 기준으로 산정되는 '구체적 상속분'의 비율에 따라 상속재산 '과실'을 취득한다. 최신판례

해설▶ "상속개시 후 상속재산분할이 완료되기 전까지 상속재산으로부터 발생하는 과실(이하 '상속재산 과실'이라 한다)은 상속개시 당시에는 존재하지 않았던 것이다. 상속재산분할심판에서 이러한 상속재산 과실을 고려하지 않은 채, 분할의 대상이 된 상속재산 중 특정 상속재산을 상속인 중 1인의 단독소유로 하고 그의 구체적 상속분과 특정 상속재산의 가액과의 차액을 현금으로 정산하는 방법(이른바 대상분할의 방법)으로 상속재산을 분할한 경우, 그 특정 상속재산을 분할받은 상속인은 민법 제1015조 본문에 따라 상속개시된 때에 소급하여 이를 단독소유한 것으로 보게 되지만, 상속재산 과실까지도 소급하여 상속인이 단독으로 차지하게 된다고 볼 수는 없다. 이러한 경우 상속재산 과실은 특별한 사정이 없는 한, 공동상속인들이 수증재산과 기여분 등을 참작하여 상속개시 당시를 기준으로 산정되는 '구체적 상속분'의 비율에 따라, 이를 취득한다"(대판 2018.8.30. 2015다27132,27149) [O]

3 상속재산인 부동산의 분할 귀속을 내용으로 하는 상속재산분할심판이 확정된 후 그 상속재산분할심판에 따른 등기가 이루어지기 전에 상속재산분할심판이 있었음을 알지 못한 채 상속재산분할의 효력과 양립하지 않는 법률상 이해관계를 갖고 등기를 마친 제3자에 대해서 상속재산분할의 효력을 주장할 수 없다. 최신판례

해설▶ "민법 제1015조 단서에서 말하는 제3자는 일반적으로 상속재산분할의 대상이 된 상속재산에 관하여 상속재산분할 전에 새로운 이해관계를 가졌을 뿐만 아니라 등기, 인도 등으로 권리를 취득한 사람을 말한다. 다만 위에서 본 민법 제1015조 단서의 내용과 입법취지 등을 고려하면, 상속재산분할심판에 따른 등기가 이루어지기 전에 상속재산분할의 효력과 양립하지 않는 법률상 이해관계를 갖고 등기를 마쳤으나 상속재산분할심판이 있었음을 알지 못한 제3자에 대하여는 상속재산분할의 효력을 주장할 수 없다고 보아야 한다. 이 경우 제3자가 상속재산분할심판이 있었음을 알았다는 점에 관한 주장·증명책임은 상속재산분할심판의 효력을 주장하는 자에게 있다고 할 것이다"(대판 2020.8.13. 2019다249312)
[판례해설] 상속재산분할의 소급효는 제3자의 권리를 침해할 수 없는데(제1015조 단서), 다수설은 여기서 제3자는 상속재산분할 전에 이해관계를 맺은 '특별승계인'으로서 그의 선의·악의는 묻지 않는다고 보았으나, 위 최신판례는 제3자의 선의를 명시적으로 요구하였다. [O]

4 한정승인에 따른 청산절차가 종료되지 않은 경우에도 상속재산분할청구가 가능하다. 17 · 20변호

해설▶ "우리 민법이 한정승인 절차가 상속재산분할 절차보다 선행하여야 한다는 명문의 규정을 두고 있지 않고, 공동상속인들 중 일부가 한정승인을 하였다고 하여 상속재산분할이 불가능하다거나 분할로 인하여 공동상속인들 사이에 불공평이 발생한다고 보기 어려우며, 상속재산분할의 대상이 되는 상속재산의 범위에 관하여 공동상속인들 사이에 분쟁이 있을 경우에는 한정승인에 따른 청산절차가 제대로 이루어지지 못할 우려가 있는데 그럴 때에는 상속재산분할청구 절차를 통하여 분할의 대상이 되는 상속재산의 범위를 한꺼번에 확정하는 것이 상속채권자의 보호나 청산절차의 신속한 진행을 위하여 필요하다는 점 등을 고려하면, 한정승인에 따른 청산절차가 종료되지 않은 경우에도 상속재산분할청구가 가능하다"(대결 2014.7.25. 2011스226) [O]

5 공동상속인이 상속재산의 분할에 관하여 공동상속인 사이에 협의가 성립되지 아니하거나 협의할 수 없는 경우, 상속재산에 속하는 개별 재산에 관하여 제268조의 규정에 따라 공유물분할청구의 소를 제기할 수 있다.

19변호

해설 "공동상속인은 상속재산의 분할에 관하여 공동상속인 사이에 협의가 성립되지 아니하거나 협의할 수 없는 경우에 가사소송법이 정하는 바에 따라 가정법원에 상속재산분할심판을 청구할 수 있을 뿐이고, 상속재산에 속하는 개별 재산에 관하여 민법 제268조의 규정에 따라 공유물분할청구의 소를 제기하는 것은 허용되지 않는다"(대판 2015.8.13. 2015다18367). [×]

6 甲녀는 乙남과 혼인하여 丙을 출산한 다음, 乙과 이혼하고 丁과 사실혼 관계를 유지하면서 己를 출산하였는데, 甲의 사망 후 丙이 甲이 소유하던 부동산에 관하여 단독으로 상속등기를 마친 다음 戊에게 매도한 사안에서, 己와 甲 사이에 친생자관계가 존재함을 확인하는 판결이 丙의 부동산 처분 이후에 확정되었다면, 丙과 戊에게는 己의 상속지분에 해당하는 소유권이전등기를 말소할 의무가 있으므로, 민법 제1014조를 근거로 己는 丙이 한 상속재산에 대한 처분의 효력을 부인하지 못한다.

24변호

해설 "혼인 외의 출생자와 생모 사이에는 생모의 인지나 출생신고를 기다리지 아니하고 자의 출생으로 당연히 법률상의 친자관계가 생기고(대판 1967.10.4. 67다1791), 가족관계등록부의 기재나 법원의 친생자관계존재확인판결이 있어야만 이를 인정할 수 있는 것이 아니다(대결 1992.7.10. 92누3199). 따라서 인지를 요하지 아니하는 모자관계에는 인지의 소급효 제한에 관한 제860조 단서가 적용 또는 유추적용되지 아니하며, 상속개시 후의 인지 또는 재판의 확정에 의하여 공동상속인이 된 자의 가액지급청구권을 규정한 제1014조를 근거로 자가 모의 다른 공동상속인이 한 상속재산에 대한 분할 또는 처분의 효력을 부인하지 못한다고 볼 수도 없다. 이는 비록 다른 공동상속인이 이미 상속재산을 분할 또는 처분한 이후에 그 모자관계가 친생자관계존재확인판결의 확정 등으로 비로소 명백히 밝혀졌다 하더라도 마찬가지이다"(대판 2018.6.19 2018다1049). [×]

7 혼인 외 출생자는 검사를 상대로 사망한 부와 사이에 친생자관계존재확인을 구할 수 없다.

23변호

해설 "혼인 외 출생자의 경우 모자관계는 인지를 요하지 아니하고 법률상의 친자관계가 인정될 수 있지만, 부자관계는 부의 인지에 의하여서만 발생하는 것이므로, 부가 사망한 경우에는 그 사망을 안 날로부터 2년 이내에 검사를 상대로 인지청구의 소를 제기하여야 하고, 친생자관계존재확인을 구하는 소는 허용될 수 없다"(대판 1997.2.14. 96므738). [○]

7-1 생모나 친족 등 이해관계인은 혼인 외 출생자를 상대로 혼인 외 출생자와 사망한 부 사이의 친생자관계존재확인을 구할 수 없다.

최신판례

해설 "혼인외 출생자의 경우에 모자관계는 인지를 요하지 아니하고 법률상 친자관계가 인정될 수 있지만, 부자관계는 부의 인지에 의하여서만 발생하는 것이므로, 부가 사망한 경우에는 그 사망을 안 날로부터 2년 이내에 검사를 상대로 인지청구의 소를 제기하여야 하고, 생모나 친족 등 이해관계인이 혼인외 출생자를 상대로 혼인외 출생자와 사망한 부 사이의 친생자관계존재확인을 구하는 소는 허용될 수 없다"(대판 2022.1.27. 2018므11273). [○]

8
> **[사례]** A는 상속인으로 자녀 甲·乙을 두고 2009. 4. 9. 사망하였는데, 상속재산으로는 X부동산과 丙에 대한 5,000만 원의 채무를 남겼다.
> 10사법

㉠ 甲과 乙이 丙에 대한 위 상속채무에 관하여 甲이 3,000만 원, 乙이 2,000만 원을 부담하기로 상속재산 분할협의를 한 경우, 분할의 소급효에 의하여 丙의 승낙 여부와 상관없이 乙은 丙에게 2,000만 원만 변제하면 된다.

19변호 유사

해설 "금전채무와 같이 급부의 내용이 가분인 채무가 공동상속된 경우, 이는 상속개시와 동시에 당연히 법정 상속분에 따라 공동상속인에게 분할되어 귀속되는 것이므로, 상속재산분할의 대상이 될 여지가 없다. 따라서 상속재산분할의 대상이 될 수 없는 상속채무에 관하여 공동상속인들 사이에 분할의 협의가 있는 경우라면 이러한 협의는 민법 제1013조에서 말하는 상속재산의 협의분할에 해당하는 것은 아니지만, 위 분할의 협의에 따라 공동상속인 중의 1인이 법정상속분을 초과하여 채무를 부담하기로 하는 약정은 '면책적 채무인수'의 실질을 가진다고 할 것이어서, 채권자에 대한 관계에서 위 약정에 의하여 다른 공동상속인이 법정상속분에 따른 채무의 일부 또는 전부를 면하기 위하여는 민법 제454조의 규정에 따른 '채권자의 승낙'을 필요로 하고, 여기에 상속재산분할의 소급효를 규정하고 있는 민법 제1015조가 적용될 여지는 전혀 없다"(대판 1997.6.24, 97다8809).

☞ 따라서 사안의 경우 갑과 을은 병에 대한 5,000만 원의 상속채무를 각자의 상속분에 따라 각 2,500만 원씩을 상속하게 되고 별도로 분할의 대상이 되지 않음에도 불구하고, 설문에서와 같이 상속재산 분할협의를 한 경우 '채권자의 승낙'이 없는 이상 면책적 채무인수의 성질을 가진다고 할 수 없어 결국 乙은 丙에게 2,500만 원을 변제해야 한다. [×]

ⓛ 상속이 개시된 후 甲과 乙이 X부동산을 丁에게 매도하기로 하고, A 명의로 등기신청을 하여 丁 명의로 소유권이전등기가 마쳐진 경우, 등기의 추정력이 인정된다.

해설 "전 소유자가 사망한 후에 그 명의로 신청되어 경료된 소유권이전등기는, 그 등기원인이 이미 존재하고 있으나 아직 등기신청을 하지 않고 있는 동안에 등기의무자에 대하여 상속이 개시된 경우에 피상속인이 살아 있다면 그가 신청하였을 등기를 상속인이 신청한 경우 또는 등기신청을 등기관이 접수한 후 등기를 완료하기 전에 본인이나 그 대리인이 사망한 경우와 같은 특별한 사정이 인정되는 경우를 제외하고는, 원인무효의 등기라고 볼 것이어서 그 등기의 추정력을 인정할 여지가 없다"(대판 2008.4.10, 2007다82028 ; 대판 2004.9.3, 2003다3157 등). [×]

ⓒ 甲이 X부동산에 대한 자신의 지분을 戊에게 매도하기로 약정한 후 甲과 乙 사이의 상속재산 분할협의에 따라 乙 명의로 X부동산의 소유권이전등기가 된 경우, 乙은 戊에게 상속재산분할의 소급효로 대항할 수 있다. 09사법 유사

해설 상속재산분할의 소급효는 제3자의 권리를 침해할 수 없다(제1015조 단서). 제3자는 상속재산분할 전에 이해관계를 맺은 '특별승계인'으로서 그의 선의·악의는 묻지 않는다. 다만 제3자가 권리를 주장하기 위해서는 '권리변동의 효력발생요건'(제186조·제188조)을 갖추어야 한다(아래 95다54426,54433판결).

"공동상속인 중 1인이 제3자에게 상속부동산을 매도한 뒤 그 앞으로 소유권이전등기가 경료되기 전에 그 매도인과 다른 공동상속들 간에 그 부동산을 매도인 외의 다른 상속인 1인의 소유로 하는 내용의 상속재산 협의분할이 이루어져 그 앞으로 소유권이전등기를 한 경우에, 그 상속재산 협의분할은 상속개시된 때에 소급하여 효력이 발생하고 등기를 경료하지 아니한 제3자는 민법 제1015조 단서 소정의 소급효가 제한되는 제3자에 해당하지 아니한다"(대판 1996.4.26. 95다54426,54433). [○]

ⓔ 만일 A가 생전에 丁에게 X부동산을 매도하였는데, 甲과 乙사이의 상속재산 분할협의에 따라 乙 명의로 X부동산의 소유권이전등기가 되었다면, 甲은 여전히 丁에 대하여 소유권이전등기 의무를 부담한다.

해설 "부동산소유권이전등기의무자는 특별한 사정이 없는 한 등기부상의 명의인이라고 할 것인 바, 피상속인으로부터 매수한 부동산에 관하여 그 공동상속인들의 협의분할에 의하여 그 중 1인만이 단독으로 그 상속등기까지 마쳤다면 협의분할의 소급효에 의하여 나머지 공동상속인들은 이 사건 부동산을 상속한 것이 아니라 할 것이고 현재 등기부상의 등기명의자가 아니어서 등기의무자가 될 수도 없다 할 것이므로 그에 대한 지분소유권이전등기절차를 이행할 의무가 없다"(대판 1991.8.27, 90다8237).[2] [×]

---

2) [판례평석] 이에 대해 공동상속인들 사이에 그 중 1인이 소유권이전의무를 단독으로 전부 이행하기로 하는 분할협의를 하였더라도 매수인이 이를 승낙한 때에만 매수인에게 대항할 수 있다고 해석하여야 한다는 비판이 유력하다.

9

> **[사례]** 부인을 사별한 A는 얼마 후 시름시름 앓다 1997년 5월 5일 부동산을 남기고 사망했다. 남은 두 아들 B와 C는 곧바로 상속을 원인으로 각 지분 비율로 지분이전등기를 하였다. 그러나 뜻밖에도 A에게는 혼인 외의 子 D가 있었고, D는 검사를 상대로 인지청구의 소를 제기해 2000년 5월 1일 승소해 판결이 확정되었다. D는 그 후 2003년 2월 2일 B와 C를 상대로 지분이전등기말소의 소를 제기했다.　　　　　　　　　　대판 2007.7.26. 2006므2757,2764 변형

㉠ D는 인지의 재판이 확정되면 B, C와 공동상속인이 되어 1/3의 상속분을 가진다.

해설 ※ **인지의 소급효**

　　인지는 그 자의 출생시에 소급하여 효력이 생긴다(제860조 본문). 따라서 D는 출생시에 소급하여 A의 친생자가 되고 B, C와 공동상속인이 되어 1/3의 상속분을 가진다.　　　　　　　　　　[○]

㉡ D가 참가하지 않은 B·C의 상속재산 분할은 무효이므로 D는 상속재산의 재분할을 청구할 수 있다.

해설 ※ **공동상속인의 분할과 D의 재분할청구의 가능성**

　　인지 이전에 이미 다른 공동상속인들이 분할 기타 처분을 한 경우에 그것은 유효하다. 따라서 상속개시 후에 인지에 의하여 공동상속인이 된 자가 상속재산의 분할을 청구할 경우에 다른 공동상속인이 이미 분할 기타 처분을 한 때에는 그 상속분에 상당한 가액의 지급을 청구할 권리가 있을 뿐이지 재분할을 청구할 수는 없다(제1014조 참조). 따라서 D가 B와 C를 상대로 지분이전등기말소의 소를 제기한 것은 인용될 수 없다.

　　"인지 전에 공동상속인들에 의해 이미 분할되거나 처분된 상속재산은 이를 분할 받은 공동상속인이나 공동상속인들의 처분행위에 의해 이를 양수한 자에게 그 소유권이 확정적으로 귀속되는 것이다"(대판 2007.7.26. 2006므2757,2764)　　　　　　　　　　[×]

㉢ D가 민법 제1014조에 의해 상속분상당가액반환을 구하는 경우 상속회복청구권의 단기제척기간이 적용되므로 인지판결이 확정된 2000. 5. 1.로부터 3년 내에 청구하여야 한다.

해설 ※ **피인지자 D의 가액청구권**

　　"민법 제1014조에 의한 피인지자 등의 상속분상당가액지급청구권은 그 성질상 상속회복청구권의 일종이므로 같은 법 제999조 제2항에 정한 제척기간이 적용되고, 같은 항에서 3년의 제척기간의 기산일로 규정한 '그 침해를 안 날'이라 함은 피인지자가 자신이 진정상속인인 사실과 자신이 상속에서 제외된 사실을 안 때를 가리키는 것으로 혼인외의 자가 법원의 인지판결 확정으로 공동상속인이 된 때에는 그 인지판결이 확정된 날에 상속권이 침해되었음을 알았다고 할 것이다"(대판 2007.7.26. 2006므2757,2764)

　　☞ 사안에서 ⅰ) D는 父인 A가 사망한 후 인지청구의 소를 제기하여 2000년 5월 1일 인지확정판결을 받았고, ⅱ) A의 두 아들 B와 C는 곧바로 공동상속재산을 협의분할 하였으며, ⅲ) 인지판결은 2000년 5월 1일에 확정되었으므로 이때부터 D는 상속권 침해를 알았다고 할 것이다. 따라서 침해를 안날로부터 3년의 기간은 준수되었으며, 침해행위가 있는 날로부터 10년이 경과되지도 않았다. 따라서 D의 지분이전등기말소의 소는 인정될 수 없으며, 그 상속분(1/3)의 상당한 가액의 지급만을 청구할 수 있다.　　　　　　　　　　[○]

㉣ 위 ㉢에서 가액산정의 기준시는 상속재산분할당시의 시가를 기준으로 한다.

해설 제1014조에 따라 가액반환을 청구하는 경우 상속재산의 가액은 현실지급시 또는 소송으로 청구하는 경우 사실심 변론종결 당시의 시가를 기준으로 산정하여야 한다(대판 2002.11.26. 2002므1398).　　[×]

ⓜ 위 ⓒ에서 그 가액의 범위는 부당이득반환의 범위에 관한 민법규정을 유추적용하므로, B와 C가 분할 당시 피인지자 D의 존재를 알았는지의 여부에 의하여 그 지급할 가액의 범위가 달라진다.

> 해설 "상속개시 후에 인지되거나 재판이 확정되어 공동상속인이 된 자도 그 상속재산이 아직 분할되거나 처분되지 아니한 경우에는 당연히 다른 공동상속인들과 함께 분할에 참여할 수 있을 것인바, 민법 제1014조는 그와 같은 인지 이전에 다른 공동상속인이 이미 상속재산을 분할 기타의 방법으로 처분한 경우에는 사후의 피인지자는 다른 공동상속인들의 분할 기타 처분의 효력을 부인하지 못하게 하는 대신, 이들에게 그 상속분에 상당한 가액의 지급을 청구할 수 있도록 하여 상속재산의 새로운 분할에 갈음하는 권리를 인정함으로써 피인지자의 이익과 기존의 권리관계를 합리적으로 조정하는 데 그 목적이 있다 할 것이고, 따라서 그 가액의 범위에 관하여는 부당이득반환의 범위에 관한 민법규정을 유추적용할 수 없고, 다른 공동상속인들이 분할 기타의 처분시에 피인지자의 존재를 알았는지의 여부에 의하여 그 지급할 가액의 범위가 달라지는 것도 아니다"(대판 1993.8.24, 93다12)　　　[X]

ⓗ D에 대한 인지 전에 B와 C가 부동산의 임료를 얻은 경우 D가 민법 제1014조에 의한 상속분 상당가액지급청구시 그 가액산정 대상에 포함시켜야 한다.

> 해설 "인지 전에 공동상속인들에 의해 이미 분할되거나 처분된 상속재산은 이를 분할받은 공동상속인이나 공동상속인들의 처분행위에 의해 이를 양수한 자에게 그 소유권이 확정적으로 귀속되는 것이며, 그 후 그 상속재산으로부터 발생하는 과실은 상속개시 당시 존재하지 않았던 것이어서 이를 상속재산에 해당한다 할 수 없고, 상속재산의 소유권을 취득한 자(분할받은 공동상속인 또는 공동상속인들로부터 양수한 자)가 민법 제102조에 따라 그 과실을 수취할 권능도 보유한다고 할 것이며, 민법 제1014조도 '이미 분할 내지 처분된 상속재산' 중 피인지자의 상속분에 상당한 가액의 지급청구권만을 규정하고 있을 뿐 '이미 분할 내지 처분된 상속재산으로부터 발생한 과실'에 대해서는 별도의 규정을 두지 않고 있으므로, 결국 민법 제1014조에 의한 상속분상당가액지급청구에 있어 상속재산으로부터 발생한 과실은 그 가액산정 대상에 포함된다고 할 수 없다"(대판 2007.7.26, 2006므2757,2764)
> [참고] "인지 이전에 공동상속인들에 의해 이미 분할되거나 처분된 상속재산은 민법 제860조 단서가 규정한 인지의 소급효 제한에 따라 이를 분할받은 공동상속인이나 공동상속인들의 처분행위에 의해 이를 양수한 자에게 그 소유권이 확정적으로 귀속되는 것이며, 상속재산의 소유권을 취득한 자는 민법 제102조에 따라 그 과실을 수취할 권능도 보유한다고 할 것이므로, 피인지자에 대한 인지 이전에 상속재산을 분할한 공동상속인이 그 분할받은 상속재산으로부터 발생한 과실을 취득하는 것은 피인지자에 대한 관계에서 부당이득이 된다고 할 수 없다"(대판 2007.7.26, 2006다83796)　　　[X]

10

> [사례] A건물과 나대지 B토지를 소유하던 X가 2006.2.3. 사망하여 장남 甲과 차남 乙이 공동상속하였다. 그 후 甲은 A건물을 丙에게 매도하였으나 아직 소유권이전등기를 해주지 않고 있는 동안, 2006.2.10. 乙과 상속재산분할협의를 한 끝에 甲은 시가 10억원 상당의 B토지를, 乙은 시가 5억원 상당의 A건물을 취득하기로 합의하였다. 그리하여 B토지에 관하여는 甲 단독명의로, A건물에 관하여는 乙 단독명의로 각 상속등기를 마쳤다.
>
> 대판 1996.4.26, 95다54426,54433 변형

㉠ 2006.2.10. 甲과 乙 사이에 상속재산의 협의분할이 이루어짐으로써 공동상속인 중 1인이 고유의 상속분을 초과하는 재산을 취득하게 되면 이는 다른 공동상속인으로부터 증여받은 것으로서의 의미가 있다.

> 해설 "민법 제1015조에 의하면 상속재산의 분할에 의하여 각 공동상속인에게 귀속되는 재산은 상속개시 당시에 이미 피상속인으로부터 직접 분할받은 자에게 승계되는 것이며 분할에 의하여 공동상속인 상호간에 상속분의 이전이 생기는 것은 아니므로 공동상속인 상호간에 상속재산에 관하여 민법 제1013조의 규정에 의한 협의분할이 이루어짐으로써 공동상속인 중 1인이 고유의 상속분을 초과하는 재산을 취

득하게 되었더라도 이는 상속개시 당시에 피상속인으로부터 승계받은 것으로 보아야 한다"(대판 1989.9.12. 88다카5836) [X]

ⓛ 상속재산분할의 소급효는 제3자의 권리를 해하지 못하는 바, 아직 소유권이전등기를 마치지 아니한 丙은 위 제3자에 해당하지 아니한다.

해설 공동상속인 중 1인이 제3자에게 상속 부동산을 매도한 뒤 그 앞으로 소유권이전등기가 경료되기 전에 그 매도인과 다른 공동상속인들 간에 그 부동산을 매도인 외의 다른 상속인 1인의 소유로 하는 내용의 상속재산 협의분할이 이루어져 그 앞으로 소유권이전등기를 한 경우에, 그 상속재산 협의분할은 상속개시된 때에 소급하여 효력이 발생하고 등기를 경료하지 아니한 제3자는 민법 제1015조 단서 소정의 소급효가 제한되는 제3자에 해당하지 아니하는바, 이 경우 상속재산 협의분할로 부동산을 단독으로 상속한 자가 협의분할 이전에 공동상속인 중 1인이 그 부동산을 제3자에게 매도한 사실을 알면서도 상속재산 협의분할을 하였을 뿐 아니라, 그 매도인의 배임행위(또는 배신행위)를 유인, 교사하거나 이에 협력하는 등 적극적으로 가담한 경우에는 그 상속재산 협의분할 중 그 매도인의 법정상속분에 관한 부분은 민법 제103조 소정의 반사회질서의 법률행위에 해당한다"(대판 1996.4.26. 95다54426,54433) [O]

ⓒ 甲이 이미 A건물을 丙에게 매도한 것을 알면서도 乙이 甲의 배임행위에 적극가담한 경우라면 상속재산분할은 민법 제103조 소정의 반사회질서의 법률행위에 해당하고, 매도인의 법정상속분 즉 A건물에 대한 甲의 상속지분에 한하여 무효가 된다.

해설 ⓛ.번 해설 참고 [O]

ⓔ 만약 ⓒ이 타당하다면 丙은 甲을 대위하여 A건물 중 甲의 상속분(1/2)에 해당하는 부분에 대한 부분에 대한 경정등기 후 지분등기를 자신 앞으로 경료할 수 있다.

해설 통설과 판례는 반사회적인 이중매매의 경우에 제1매수인은 매도인을 대위하여 제2매수인에 대해 등기의 말소를 청구할 수 있다고 한다(대판 1983.4.26. 83다카57).
　☞ 현행 부동산 등기법상 일부지분의 말소등기가 허용되지 않기 때문에 判例에 따르면 甲은 乙 단독 명의로 되어 있는 A건물의 소유권등기명의를 자신의 지분권(1/2)을 근거로 甲·乙의 공유의 등기명의로 '경정'할 것을 乙에게 청구할 수 있다고 한다(대판 1995.5.9. 94다38403). 그러나 이는 경정 전후의 등기의 동일성이 유지되지 않는 점에서 문제가 있으므로(즉 원칙적으로 경정등기는 경정 전후의 등기의 동일성을 요하는 한계 내에서 행해져야 한다), 甲은 乙에게 1/2 지분에 대한 진정명의회복을 원인으로 한 소유권이전등기를 청구할 수 있다고 봄이 타당하다(제214조)(통설). 이러한 甲의 乙에 대한 권리를 丙은 대위할 수 있다(제404조). [O]

ⓜ 만약 ⓒ이 타당하다면 丙은 甲에게 乙의 상속분에 관하여 일부타인권리매매로 인한 담보책임을 물을 수 있다.

해설 공동상속의 경우 상속재산은 분할되기까지는 공동상속인의 공유에 속하므로 상속인 중 1인은 단독으로 개개의 상속재산을 처분할 수 없고 다만 자신의 상속분을 처분할 수 있을 뿐이다. 따라서 甲·丙 간의 A건물 매매계약 중 乙의 상속분(1/2지분)에 해당하는 부분은 일부타인권리의 매매에 해당한다. 상속재산분할의 소급효(제1015조)에 의하여 A건물의 소유권은 상속개시시부터 乙이 단독으로 소유권을 취득한 것이 되므로 丙이 소급효에 대항할 수 있는 '제3자'에 해당하지 않는 이상 甲에 대하여 매도인의 담보책임을 추궁(제572조)할 수 있을 뿐 상속재산분할의 효력을 다툴 수는 없다. [O]

10-1

[사례] 그 후 甲은 사업자금이 부족해지자 2006.3.3. 丁으로부터 1억원을 차용하면서 丁을 위해 나대지 B토지 위에 저당권을 설정해 주었다. 그러나 甲의 사업은 호전되지 않았고 甲은 戊에게 나대지 B토지를 8억원에 매도하려 하였다. 하지만 백화점사업 부지를 물색하던 戊는 위치가 나빠 매수를 거절하려 했다. 그러자 甲은 戊를 설득하면서 戊가 B대지를 매수하여 백화점을 세우면 자신의 친구인 초대형 쇼핑몰 사장을 통해 戊의 백화점 사업에 적극 참여하도록 만드는 것이 확실히 가능하다고 하였다. 이러한 甲의 말에 속아서 戊는 甲과 매매대금 8억원에 B대지에 대한 매매계약을 체결하고, 戊는 甲에게 계약금 2억원을 지급하였다. 그러나 약정된 중도금 기일이 도래하여도 戊가 중도금 3억원을 지급하지 않자 甲은 적법한 최고절차를 거쳐 당해 戊와의 계약을 2006.5.30. 해제하였다. 2006. 6. 3. 戊가 조사해보니 甲이 한 말은 모두 거짓임이 드러났다. 한편 乙과 甲은 2006.6.1. 이전의 합의를 부정하고, 乙이 나대지 B를 甲이 A건물을 소유하기로 다시 합의하였다.

㉠ 상속재산 분할협의는 공동상속인들 사이에 이루어지는 일종의 계약으로서, 공동상속인들은 이미 이루어진 상속재산 분할협의의 전부 또는 일부를 전원의 합의에 의하여 해제한 다음 다시 새로운 분할협의를 할 수 있으므로 2006.6.1.자 합의는 유효하다. 20변호 유사

해설 ※ 상속재산분할의 합의해제 후 다시 새로운 분할협의를 할 수 있는지 여부(적극)
상속재산 분할협의는 공동상속인들 사이에 이루어지는 일종의 '계약'으로서, 공동상속인들은 이미 이루어진 상속재산 분할협의의 전부 또는 일부를 전원의 합의에 의하여 해제한 다음 다시 새로운 분할협의를 할 수 있다(대판 2004.7.8. 2002다73203).
☞ 따라서 甲과 乙이 2006.6.1.에 다시 상속재산 분할협의를 한 것은 2006.2.10.자 분할협의를 합의해제하고 새로운 협의를 한 것이라고 볼 수 있어 유효하다. [O]

㉡ 상속재산 분할협의가 합의해제되면 그 협의에 따른 이행으로 변동이 생겼던 물권은 당연히 그 분할협의가 없었던 원상태로 복귀하므로 새로운 분할협의 후 乙은 자신이 나대지 B토지의 단독상속인임을 이유로 丁에게 저당권등기의 말소를 청구할 수 있다.

해설 2006.2.10.자 협의는 합의해제 되었으므로 그 협의에 따라 생겼던 물권변동은 분할협의가 없던 상태로 복귀한다(물권행위의 유인성). 결국 2006.6.1.자 상속재산 분할협의의 소급효에 의해 X의 사망시인 2006.2.3.부터 B대지는 乙의 단독소유가 된다. 따라서 2006.3.3. 甲이 B대지에 丁을 위해 저당권을 설정한 것은 무권리자의 처분행위로서 乙에 대해 효력이 없다고 볼 여지가 있다.
그러나 상속재산 분할협의의 소급효는 제3자의 권리를 해하지 못하고(제1015조 단서), 2006.2.10.자 분할협의에 대한 甲과 乙의 합의해제로써 해제 전에 협의를 기초로 새로운 이해관계를 가지고 있을 뿐만 아니라 등기로 완전한 권리를 취득한 제3자 丁의 권리를 하지 못한다(제548조 1항 단서)는 점을 고려할 때, 乙은 丁에게 저당권등기의 말소를 청구할 수 없다. 判例 역시 유사한 사건에서 마찬가지 입장을 나타낸 바 있다.
"상속재산 분할협의가 합의해제되면 그 협의에 따른 이행으로 변동이 생겼던 물권은 당연히 그 분할협의가 없었던 원상태로 복귀하지만, 민법 제548조 제1항 단서의 규정상 이러한 합의해제를 가지고서는, 그 해제 전의 분할협의로부터 생긴 법률효과를 기초로 하여 새로운 이해관계를 가지게 되고 등기·인도 등으로 완전한 권리를 취득한 제3자의 권리를 해하지 못한다"(대판 2004.7.8. 2002다73203). [×]

㉢ 甲이 戊와의 계약을 해제한 후에 戊는 계약을 취소할 수 없다.

해설 ※ 해제된 계약의 취소 가부(적극)
"매도인이 매수인의 중도금 지급채무 불이행을 이유로 매매계약을 적법하게 해제한 후라도 매수인으로서는 상대방이 한 계약해제의 효과로서 발생하는 손해배상책임을 지거나 매매계약에 따른 계약금의 반환을 받을 수 없는 불이익을 면하기 위하여 착오를 이유로 한 취소권을 행사하여 매매계약 전체를 무효로 돌리게 할 수 있다."(대판 1996.12.6. 95다24982,24999) [×]

② 戊는 착오를 이유로 계약을 취소할 수 없다.

해설 甲은 계약체결 과정에서 戊가 B대지를 매수하면 자신의 친구인 쇼핑몰 사장을 통해 戊의 사업에 적극 참여하도록 만드는 것이 확실히 가능하다고 약속하였는바, 이러한 약속은 계약의 내용은 아니지만 戊가 계약을 체결하게 된 경제적 목적에 해당하므로 동기라 할 수 있다. 判例는 '동기가 상대방으로부터 제공되거나 유발된 경우'에는 동기의 표시 여부와 무관하게 취소를 인정한다. 나아가 이러한 경우에 법률행위의 중요부분을 인정하며, 상대방이 표의자의 착오를 유발한 점은 중대한 과실의 판단에도 영향을 미친다고 한다(대판 1997.9.30. 97다26210 등).   [X]

⑩ 戊는 사기를 이유로 계약을 취소할 수 없다.

해설 甲의 고의적인 위법한 기망행위로 인해 戊가 동기의 착오에 빠져 계약을 체결하게 되었으므로 戊는 사기에 의한 의사표시임을 이유로 당해 의사표시를 취소할 수 있다(제110조 1항).   [X]

11

> **[사례]** 피상속인인 乙은 시가 3억 원 상당의 아파트와 현금 8,000만 원을 남기고 사망하였다. 乙의 상속인은 A를 포함하여 5명의 자녀가 있다. A는 甲에 대하여 1억 원의 채무를 부담하고 있으며, 다른 재산은 없다.
>
> 16사법

㉠ A가 아파트에 대한 지분을 포기하는 대신, 현금 8,000만 원을 상속하는 것으로 재산분할을 하였다면, 그 재산분할은 甲에 대한 관계에서 사해행위에 해당한다.

해설 ※ **상속재산분할협의와 사해행위**
"이미 채무초과 상태에 있는 채무자가 상속재산의 분할협의를 하면서 유일한 상속재산인 부동산에 관하여는 자신의 상속분을 포기하고 대신 소비하기 쉬운 현금을 지급받기로 하였다면, 이러한 행위는 실질적으로 채무자가 자기의 유일한 재산인 부동산을 매각하여 소비하기 쉬운 금전으로 바꾸는 것과 다르지 아니하여 특별한 사정이 없는 한 채권자에 대하여 사해행위가 된다고 할 것이며, 이와 같은 금전의 성격에 비추어 상속재산 중에 위 부동산 외에 현금이 다소 있다 하여도 마찬가지로 보아야 할 것이다"(대판 2008.3.13. 2007다73765)
☞ 설문에서 상속재산에는 아파트 외에도 현금 8000만 원이 있으나 채무자 A가 부동산인 아파트에 대한 지분을 포기하고 소비하기 쉬운 현금을 상속받는 것은 判例에 따르면 사해행위에 해당한다. [○]

㉡ A가 법원에 상속포기신고를 함으로써 아무런 재산도 상속받지 않았다면, 그 상속포기는 甲에 대한 관계에서 사해행위에 해당한다.
20·21변호

해설 ※ **상속포기와 사해행위**(소극)
判例는 "상속의 포기는 비록 포기자의 재산에 영향을 미치는 바가 없지 아니하나 상속인으로서의 지위 자체를 소멸하게 하는 행위로서 순전한 재산법적 행위와 같이 볼 것이 아니다. 오히려 상속의 포기는 1차적으로 피상속인 또는 후순위상속인을 포함하여 다른 상속인 등과의 인격적 관계를 전체적으로 판단하여 행하여지는 '인적 결단'으로서의 성질을 가진다"(대판 2011.6.9. 2011다29307)고 보아 상속의 포기는 사해행위취소의 대상이 되지 못한다고 한다.
☞ 설문에서 A가 법원에 상속포기신고를 함으로써 아무런 재산도 상속받지 않았더라도 甲은 A의 상속포기가 사해행위임을 이유로 취소할 수 없다.   [X]

㉢ A가 乙의 생전에 乙로부터 이미 2억 원을 사업자금으로 증여받았고 위 자금이 특별수익으로 인정될 경우, A가 상속재산분할협의과정에서 상속분을 포기한다면 그 재산분할은 甲에 대한 관계에서 사해행위에 해당한다.
16·19·20변호

해설 ※ **상속재산분할협의와 사해행위**(원칙적 적극)
判例에 따르면 "상속재산의 분할협의를 하면서 상속재산에 관한 권리포기는 구체적 상속분에 미달하는 과소한 부분에 한하여 사해행위가 된다"고 하였다(대판 2001.2.9 2000다51797).

☞ 상속재산분할협의가 사해행위에 해당하기 위해서는 분할협의의 결과 채무자의 상속분이 '구체적 상속분'에 미달하는 경우여야 한다. 여기서 상속분이란 각 공동상속인이 소극재산을 포함한 포괄적인 상속재산에 대하여 가지는 권리, 의무의 비율을 말하는데(제1007조), 공동상속인 중에 피상속인으로부터 증여 또는 유증을 받은 자가 있는 경우 그 재산가액을 공제한 나머지 상속분에 달하지 못하는 부분에 대해서만 상속을 받게 된다(제1008조). 이러한 증여나 유증을 특별수익이라 하는데, 각 상속인의 상속재산분배액은 "(현존상속재산가액+생전증여의 가액)×법정상속분-특별수익"이고, 소극재산은 상속재산에 포함시키지 않는다.

따라서 설문의 경우 A는 2억원의 특별수익이 있으므로 A의 구체적 상속분은 (시가 3억원 상당의 아파트+현금 8000만원+생전증여액 2억)×법정상속분 1/5(제1009조 1항, 제1000조 1항 1호)으로서 **1억 1600만 원**이 된다. 따라서 A는 이미 2억의 특별수익을 얻었으므로 더 이상 상속받을 것이 없어 협의분할과정에서 상속지분을 포기하더라도 사해행위라고 할 수 없다. [×]

제4-3관 상속의 효과 : 상속의 승인과 포기

1 상속재산의 매각대금을 한정승인자의 고유채권자로서 그 상속재산에 관하여 담보권을 취득한 바 없는 조세채권자에게 상속채권자보다 우선하여 배당한 경매법원의 조치는 위법하다. 최신판례

해설 ※ 상속재산에 대한 '상속채권자'와 '한정승인자의 고유채권자' 사이의 우열관계

"민법 제1028조는 '상속인은 상속으로 인하여 취득할 재산의 한도에서 피상속인의 채무와 유증을 변제할 것을 조건으로 상속을 승인할 수 있다.'고 규정하고 있다. 상속인이 위 규정에 따라 한정승인의 신고를 하게 되면 피상속인의 채무에 대한 한정승인자의 책임은 상속재산으로 한정되고, 그 결과 상속채권자는 특별한 사정이 없는 한 상속인의 고유재산에 대하여 강제집행을 할 수 없으며 상속재산으로부터만 채권의 만족을 받을 수 있다.

상속채권자가 아닌 한정승인자의 고유채권자가 상속재산에 관하여 저당권 등의 담보권을 취득한 경우, 그 담보권을 취득한 채권자와 상속채권자 사이의 우열관계는 민법상 일반원칙에 따라야 하고 상속채권자가 우선적 지위를 주장할 수 없다(대판 2010.3.18. 전합2007다77781 판결 참조). 그러나 위와 같이 상속재산에 관하여 담보권을 취득하였다는 등 사정이 없는 이상, 한정승인자의 고유채권자는 상속채권자가 상속재산으로부터 그 채권의 만족을 받지 못한 상태에서 상속재산을 고유채권에 대한 책임재산으로 삼아 이에 대하여 강제집행을 할 수 없다고 보는 것이 형평의 원칙이나 한정승인제도의 취지에 부합하며, 이는 한정승인자의 고유채무가 조세채무인 경우에도 그것이 상속재산 자체에 대하여 부과된 조세나 가산금, 즉 당해세에 관한 것이 아니라면 마찬가지라고 할 것이다"(대판 2016.5.24. 2015다250574) [O]

[사실관계] 상속재산의 매각대금을 한정승인자의 고유채권자로서 그 상속재산에 관하여 담보권을 취득한 바 없는 조세채권자에게 상속채권자보다 우선하여 배당한 경매법원의 조치가 적법하다고 한 원심판결을 파기한 사안

2 상속의 한정승인이나 포기의 효력이 생긴 이후에는 더 이상 단순승인으로 간주할 여지가 없으므로 '상속포기 신고 후 가정법원의 수리심판이 있기 전'에 상속인이 상속재산에 대한 처분행위를 한 경우에는 민법 제1026조 제1호에 의한 법정단순승인으로 볼 수 없다. 최신판례

해설 "민법 제1026조 제1호는 상속인이 상속재산에 대한 처분행위를 한 때에는 단순승인을 한 것으로 본다고 규정하고 있다. 그런데 상속의 한정승인이나 포기의 효력이 생긴 이후에는 더 이상 단순승인으로 간주할 여지가 없으므로, 이 규정은 한정승인이나 포기의 효력이 생기기 전에 상속재산을 처분한 경우에만 적용된다고 보아야 한다(대판 2004. 3. 12. 2003다63586). 한편 상속의 한정승인이나 포기는 상속인의 의사표시만으로 효력이 발

생하는 것이 아니라 가정법원에 신고를 하여 가정법원의 심판을 받아야 하며, 그 심판은 당사자가 이를 고지 받음으로써 효력이 발생한다(대판 2004. 6. 25. 2004다20401). 이는 한정승인이나 포기의 의사표시의 존재를 명확히 하여 상속으로 인한 법률관계가 획일적으로 처리되도록 함으로써, 상속재산에 이해관계를 가지는 공동상속인이나 차순위 상속인, 상속채권자, 상속재산의 처분 상대방 등 제3자의 신뢰를 보호하고 법적 안정성을 도모하고자 하는 것이다. 따라서 상속인이 가정법원에 상속포기의 신고를 하였다고 하더라도 이를 수리하는 가정법원의 심판이 고지되기 이전에 상속재산을 처분하였다면, 이는 상속 포기의 효력 발생 전에 처분행위를 한 것에 해당하므로 민법 제1026조 제1호에 따라 상속의 단순승인을 한 것으로 보아야 한다"(대판 2016.12.29. 2013다73520).　　　　　　　　　　　　　　　　　　　　　　　　　　　　　　　　[×]

3　상속인이 미성년인 경우 제1019조 3항이나 그 소급 적용에 관해 민법 부칙에서 정한 '상속채무 초과사실을 안 날' 등을 판단할 때에는 법정대리인의 인식을 기준으로 해야 하므로, 법정대리인의 인식을 기준으로 하여 특별한정승인이 불가능하다면, 상속인이 성년에 이른 뒤에 본인 스스로의 인식을 기준으로 새롭게 특별한정승인을 할 수는 없다.　　　　　　　　22법행

해설 대판 2020.11.19. 전합2019다232918판시내용　　　　　　　　　　　　　　　　　　　　　[×]

※ **위 판결은 최근 민법 개정으로 의미를 상실하였다.**
제1019조(승인, 포기의 기간) ①항 상속인은 상속개시있음을 안 날로부터 3월내에 단순승인이나 한정승인 또는 포기를 할 수 있다. 그러나 그 기간은 이해관계인 또는 검사의 청구에 의하여 가정법원이 이를 연장할 수 있다. [개정 1990.1.13.] ②항 상속인은 제1항의 승인 또는 포기를 하기 전에 상속재산을 조사할 수 있다. [개정 2002.1.14.] ③항 제1항에도 불구하고 상속인은 상속채무가 상속재산을 초과하는 사실(이하 이 조에서 '상속채무 초과사실'이라 한다)을 중대한 과실 없이 제1항의 기간 내에 알지 못하고 단순승인(제1026조제1호 및 제2호에 따라 단순승인한 것으로 보는 경우를 포함한다. 이하 이 조에서 같다)을 한 경우에는 그 사실을 안 날부터 3개월 내에 한정승인을 할 수 있다. [개정 2022.12.13.] ④항 제1항에도 불구하고 미성년자인 상속인이 상속채무가 상속재산을 초과하는 상속을 성년이 되기 전에 단순승인한 경우에는 성년이 된 후 그 상속의 상속채무 초과사실을 안 날부터 3개월 내에 한정승인을 할 수 있다. 미성년자인 상속인이 제3항에 따른 한정승인을 하지 아니하였거나 할 수 없었던 경우에도 또한 같다. [신설 2022.12.13.]

[개정 주요내용] ㉠ 미성년 상속인은 상속채무가 상속재산을 초과하는 상속을 성년이 되기 전에 법정대리인이 단순승인(의제)한 경우 미성년 시기의 법정대리인의 인식 여부와 관계없이 성년이 된 후 본인이 상속의 상속채무 초과사실을 안 날부터 3개월 내에 한정승인을 할 수 있음(제1019조 제4항 전단 신설). ㉡ 현행 제1019조 제3항의 특별한정승인의 요건을 충족하지 못하거나, 해당 요건에 해당하지만 그에 따라 한정승인을 하지 아니하는 경우에도 제1019조 제4항에 따라 신설되는 특별한정승인 규정이 적용된다는 것을 명확히 함(제1019조제4항 후단 신설). ㉢ 제1019조 제4항에 미성년 상속인을 위한 특별한정승인 절차를 신설함에 따라 해당 규정에 따른 한정승인을 한 경우에도 현행법의 한정승인과 관련된 규정이 적용될 수 있도록 정비하되, 입법취지에 맞게 현행 제1038조 제1항 후단에 따른 특별한정승인 전의 변제로 인한 손해배상책임의 적용 범위에서 제외함(제1030조, 제1034조 제2항 및 제1038조 제2항). ㉣ 이 법의 시행일을 공포한 날로 명시(22.12.13.)하되, 제1019조 제4항은 상속채무가 상속재산을 초과하는 상속을 단순승인하였거나 단순승인한 것으로 의제되는 미성년 상속인을 보호하기 위한 목적에서 신설되는 것이므로 그 보호 범위를 실효적으로 확대하기 위한 취지에서 시행일 당시 미성년자인 상속인의 경우와 이 법 시행 당시 성년자이나 성년이 되기 전에 단승승인을 하거나 단순승인이 의제되고 이 법 시행 이후 상속채무가 상속재산을 초과하는 사실을 알게 되는 경우까지 제1019조 제4항이 소급적용될 수 있도록 부칙에 특례를 규정함(부칙 제2조 제2항).

3-1　민법 제1019조 제3항이 신설된 후 상속인이 단순승인을 하거나 단순승인한 것으로 간주된 후에 한정승인 신고를 하고 가정법원이 특별한정승인의 요건을 갖추었다는 취지에서 수리심판을 하였다면 상속인이 특별한정승인을 한 것으로 보아야 한다.　　　　　　　　　　　　　　　최신판례

해설 대판 2021.2.25. 2017다289651판시내용　　　　　　　　　　　　　　　　　　　　　　[○]

4 상속인(채무자)이 한정승인을 하고도 상속채권자가 제기한 소의 사실심 변론종결 시까지 그 사실을 주장하지 않아 책임의 범위에 관한 유보가 없는 판결이 선고되었다면, 그 상속인(채무자)은 그 후 위 한정승인사실을 내세워 청구이의의 소를 제기할 수 없다. 21변호, 12사법, 12법행

해설 "한정승인에 의한 책임의 제한은 상속채무의 존재 및 범위의 확정과는 관계가 없고 다만 판결의 집행대상을 상속재산의 한도로 한정함으로써 판결의 집행력을 제한할 뿐이다. 특히 채권자가 피상속인의 금전채무를 상속한 상속인을 상대로 그 상속채무의 이행을 구하여 제기한 소송에서 채무자가 한정승인 사실을 주장하지 않으면, 책임의 범위는 현실적인 심판대상으로 등장하지 아니하여 주문에서는 물론 이유에서도 판단되지 않는 것이므로 그에 관하여는 기판력이 미치지 않는다. 그러므로 채무자가 한정승인을 하고도 채권자가 제기한 소송의 사실심 변론종결시까지 그 사실을 주장하지 아니하는 바람에 책임의 범위에 관하여 아무런 유보가 없는 판결이 선고되어 확정되었다고 하더라도, 채무자는 그 후 위 한정승인 사실을 내세워 청구에 관한 이의의 소를 제기하는 것이 허용된다고 봄이 옳다"(대판 2006.10.13. 2006다23138). [X]

비교판례 "채무자가 한정승인을 하였으나 채권자가 제기한 소송의 사실심 변론종결시까지 이를 주장하지 아니하는 바람에 책임의 범위에 관하여 아무런 유보 없는 판결이 선고·확정된 경우라 하더라도 채무자가 그 후 위 한정승인 사실을 내세워 청구에 관한 이의의 소를 제기하는 것이 허용되는 것은, 한정승인에 의한 책임의 제한은 상속채무의 존재 및 범위의 확정과는 관계없이 다만 판결의 집행 대상을 상속재산의 한도로 한정함으로써 판결의 집행력을 제한할 뿐으로, 채권자가 피상속인의 금전채무를 상속한 상속인을 상대로 그 상속채무의 이행을 구하여 제기한 소송에서 채무자가 한정승인 사실을 주장하지 않으면 책임의 범위는 현실적인 심판대상으로 등장하지 아니하여 주문에서는 물론 이유에서도 판단되지 않는 관계로 그에 관하여는 기판력이 미치지 않기 때문이다. 위와 같은 기판력에 의한 실권효 제한의 법리는 채무의 상속에 따른 책임의 제한 여부만이 문제되는 한정승인과 달리 상속에 의한 채무의 존재 자체가 문제되어 그에 관한 확정판결의 주문에 당연히 기판력이 미치게 되는 상속포기의 경우에는 적용될 수 없다"(대판 2009.5.28. 2008다79876).

5 상속채권자는 특별한 사정이 없는 한 한정승인자의 고유재산에 대해 강제집행을 할 수 없다. 17변호

해설 "민법 제1028조는 "상속인은 상속으로 인하여 취득할 재산의 한도에서 피상속인의 채무와 유증을 변제할 것을 조건으로 상속을 승인할 수 있다."라고 규정하고 있다. 상속인이 위 규정에 따라 한정승인의 신고를 하게 되면 피상속인의 채무에 대한 한정승인자의 책임은 상속재산으로 한정되고, 그 결과 상속채권자는 특별한 사정이 없는 한 상속인의 고유재산에 대하여 강제집행을 할 수 없으며 상속재산으로부터만 채권의 만족을 받을 수 있다"(대판 2016.5.24. 2015다250574). [O]

6 상속부동산에 관하여 담보권 실행을 위한 경매절차가 진행된 경우, 한정승인에 따른 청산절차에서 상속채권자로 신고한 자라고 하더라도 집행권원을 얻어 그 경매절차에서 배당요구를 함으로써 일반채권자로서 배당받을 수 있다. 17변호

해설 "상속부동산에 관하여 민사집행법 제274조 제1항에 따른 형식적 경매절차가 진행된 것이 아니라 담보권 실행을 위한 경매절차가 진행된 경우에는 비록 한정승인 절차에서 상속채권자로 신고한 자라고 하더라도 집행권원을 얻어 그 경매절차에서 배당요구를 함으로써 일반채권자로서 배당받을 수 있다"(대판 2010.6.24. 2010다14599). [O]

7 상속채권자가 한정승인자에게 상속채무 전부의 이행을 구하는 소를 제기한 경우, 법원은 상속재산이 상속채무의 변제에 부족하다고 하더라도 상속채무 전부에 대한 이행판결을 선고하면서 이행판결의 주문에 상속재산의 한도에서만 집행할 수 있다는 취지를 명시하여야 한다. 17변호

해설 "상속의 한정승인은 채무의 존재를 한정하는 것이 아니라 단순히 그 책임의 범위를 한정하는 것에 불과하기 때문에, 상속의 한정승인이 인정되는 경우에도 상속채무가 존재하는 것으로 인정되는 이상, 법원으로서는

상속재산이 없거나 그 상속재산이 상속채무의 변제에 부족하다고 하더라도 상속채무 전부에 대한 이행판결을 선고하여야 하고, 다만, 그 채무가 상속인의 고유재산에 대해서는 강제집행을 할 수 없는 성질을 가지고 있으므로, 집행력을 제한하기 위하여 이행판결의 주문에 상속재산의 한도에서만 집행할 수 있다는 취지를 명시하여야 한다"(대판 2003.11.14. 2003다30968)   [O]

8 민법 제1034조 제1항에 따라 배당변제를 받을 수 있는 '한정승인자가 알고 있는 채권자'에 해당하는지 판단하는 기준 시점은 한정승인자가 배당변제를 하는 시점이다.   최신판례

> 해설 ※ **'한정승인자가 알고 있는 채권자'에 해당하는지 판단하는 기준 시점**
> "한정승인자는 한정승인을 한 날로부터 5일 내에 일반상속채권자와 유증받은 자에 대하여 한정승인의 사실과 일정한 기간(이하 '신고기간'이라고 한다) 내에 그 채권 또는 수증을 신고할 것을 공고하여야 하고, 알고 있는 채권자에게는 각각 그 채권신고를 최고하여야 한다(민법 제1032조 제1항, 제2항, 제89조). 신고기간이 만료된 후 한정승인자는 상속재산으로서 그 기간 내에 신고한 채권자와 '한정승인자가 알고 있는 채권자'에 대하여 각 채권액의 비율로 변제(이하 '배당변제'라고 한다)하여야 한다(민법 제1034조 제1항 본문). 반면 신고기간 내에 신고하지 아니한 상속채권자 및 유증받은 자로서 '한정승인자가 알지 못한 자'는 상속재산의 잔여가 있는 경우에 한하여 변제를 받을 수 있다(민법 제1039조 본문). 여기서 민법 제1034조 제1항에 따라 배당변제를 받을 수 있는 '한정승인자가 알고 있는 채권자'에 해당하는지 여부는 한정승인자가 채권신고의 최고를 하는 시점이 아니라 배당변제를 하는 시점을 기준으로 판단하여야 한다. 따라서 한정승인자가 채권신고의 최고를 하는 시점에는 알지 못했더라도 그 이후 실제로 배당변제를 하기 전까지 알게 된 채권자가 있다면 그 채권자는 민법 제1034조 제1항에 따라 배당변제를 받을 수 있는 '한정승인자가 알고 있는 채권자'에 해당한다"(대판 2018.11.9. 2015다75308)   [O]

9 상속인은 상속관계가 '확정'되지 않은 동안에도 잠정적으로나마 피상속인의 재산을 당연 취득하고 상속재산을 관리할 의무가 있으므로, 상속채권자는 그 기간 동안 상속인을 상대로 상속재산에 관한 가압류 결정을 받아 이를 집행할 수 있고, 그 후 상속인이 상속포기로 인하여 상속인의 지위를 소급하여 상실한다고 하더라도 이미 발생한 가압류의 효력에 영향을 미치지 않는다.   22법행

> 해설 "상속인은 아직 상속 승인, 포기 등으로 상속관계가 확정되지 않은 동안에도 잠정적으로나마 피상속인의 재산을 당연 취득하고 상속재산을 관리할 의무가 있으므로, 상속채권자는 그 기간 동안 상속인을 상대로 상속재산에 관한 가압류결정을 받아 이를 집행할 수 있다. 그 후 상속인이 상속포기로 인하여 상속인의 지위를 소급하여 상실한다고 하더라도 이미 발생한 가압류의 효력에 영향을 미치지 않는다. 따라서 위 상속채권자는 종국적으로 상속인이 된 사람 또는 민법 제1053조에 따라 선임된 상속재산관리인을 채무자로 한 상속재산에 대한 경매절차에서 가압류채권자로서 적법하게 배당을 받을 수 있다"(대판 2021.9.15. 2021다224446).   [O]

10 상속채권자가 피상속인에 대하여는 채권을 보유하면서 상속인에 대하여는 채무를 부담하는 경우, 상속채권자가 상속이 개시된 후 피상속인에 대한 채권을 자동채권으로 하여 상속인에 대한 채무에 대하여 상계하였더라도 이후 상속인이 한정승인을 하면 상계는 소급하여 효력을 상실한다.   최신판례

> 해설 "상속인이 한정승인을 하는 경우에도, 피상속인의 채무와 유증에 대한 책임 범위가 한정될 뿐 상속인은 상속이 개시된 때부터 피상속인의 일신에 전속한 것을 제외한 피상속인의 재산에 관한 포괄적인 권리·의무를 승계하지만(민법 제1005조), 피상속인의 상속재산을 상속인의 고유재산으로부터 분리하여 청산하려는 한정승인 제도의 취지에 따라 상속인의 피상속인에 대한 재산상 권리·의무는 소멸하지 아니한다(민법 제1031조).
> 그러므로 상속채권자가 피상속인에 대하여는 채권을 보유하면서 상속인에 대하여는 채무를 부담하는 경우, 상속이 개시되면 위 채권 및 채무가 모두 상속인에게 귀속되어 상계적상이 생기지만, 상속인이 한정승인을 하면 상속이 개시된 때부터 민법 제1031조에 따라 피상속인의 상속재산과 상속인의 고유재산이

분리되는 결과가 발생하므로, 상속채권자의 피상속인에 대한 채권과 상속인에 대한 채무 사이의 상계는 제3자의 상계에 해당하여 허용될 수 없다. 즉, 상속채권자가 상속이 개시된 후 한정승인 이전에 피상속인에 대한 채권을 자동채권으로 하여 상속인에 대한 채무에 대하여 상계하였더라도, 그 이후 상속인이 한정승인을 하는 경우에는 민법 제1031조의 취지에 따라 상계가 소급하여 효력을 상실하고, 상계의 자동채권인 상속채권자의 피상속인에 대한 채권과 수동채권인 상속인에 대한 채무는 모두 부활한다"(대판 2022.10.27. 2022다254154,254161).   [○]

11

> **[사례]** 피상속인 A의 상속인 B(A의 처), C(A의 자녀)가 상속을 포기하여 A의 모(母) D가 차순위 상속인으로 재산을 상속하고, 이후 D가 사망하여 B, C가 대습상속을 받았다. 최신판례

㉠ B, C가 종전에 한 상속포기의 효력이 대습상속의 포기에까지 미치는 것은 아니다.

㉡ 위 ㉠의 경우 D에게 위 상속재산 외에 고유재산이 없는 경우에도 그러하다.

㉢ 상속인인 배우자와 자녀들이 상속포기를 한 후 피상속인의 직계존속이 사망하여 대습상속이 개시되었으나 대습상속인이 한정승인이나 상속포기를 하지 않은 경우, 단순승인을 한 것으로 간주되므로 종전 피상속인의 채권자는 대습상속인을 상대로 채무의 이행을 청구할 수 있다. 20변호

해설 ☞ (㉠ 관련해설) "피상속인의 사망으로 상속이 개시된 후 상속인이 상속을 포기하면 상속이 개시된 때에 소급하여 그 효력이 생긴다(민법 제1042조). 따라서 제1순위 상속권자인 배우자와 자녀들이 상속을 포기하면 제2순위에 있는 사람이 상속인이 된다(대판 1995. 4. 7. 94다11835). 이러한 상속포기의 효력은 피상속인의 사망으로 개시된 상속에만 미치는 것이고, 그 후 피상속인을 피대습자로 하여 개시된 대습상속에까지 미치지는 않는다. 대습상속은 상속과는 별개의 원인으로 발생하는 것인데다가 대습상속이 개시되기 전에는 이를 포기하는 것이 허용되지 않기 때문이다. 이는 종전에 상속인의 상속포기로 피대습자의 직계존속이 피대습자를 상속한 경우에도 마찬가지이다.   [○]

☞ (㉡ 관련해설) 또한 피대습자의 직계존속이 사망할 당시 피대습자로부터 상속받은 재산 외에 적극재산이든 소극재산이든 고유재산을 소유하고 있었는지 여부에 따라 달리 볼 이유도 없다. 따라서 피상속인의 사망 후 상속채무가 상속재산을 초과하여 상속인인 배우자와 자녀들이 상속포기를 하였는데, 그 후 피상속인의 직계존속이 사망하여 민법 제1001조, 제1003조 제2항에 따라 대습상속이 개시된 경우에 대습상속인이 민법이 정한 절차와 방식에 따라 한정승인이나 상속포기를 하지 않으면 단순승인을 한 것으로 간주된다. 위와 같은 경우에 이미 사망한 피상속인의 배우자와 자녀들에게 피상속인의 직계존속의 사망으로 인한 대습상속도 포기하려는 의사가 있다고 볼 수 있지만, 그들이 상속포기의 절차와 방식에 따라 피상속인의 직계존속에 대한 상속포기를 하지 않으면 그 효력이 생기지 않는다. 이와 달리 피상속인에 대한 상속포기를 이유로 대습상속 포기의 효력까지 인정한다면 상속포기의 의사를 명확히 하고 법률관계를 획일적으로 처리함으로써 법적 안정성을 꾀하고자 하는 상속포기제도가 잠탈될 우려가 있다.   [○]

☞ (㉢ 관련해설) 한편 민법 제1019조 제3항은 상속인인 배우자와 자녀들이 그 직계존속의 사망으로 인한 상속채무가 상속재산을 초과하는 사실을 중대한 과실 없이 상속개시 있음을 안 날부터 3월 내에 알지 못하고 단순승인(민법 제1026조 제1호 및 제2호의 규정에 의하여 단순승인한 것으로 보는 경우를 포함한다)을 한 경우에는 그 사실을 안 날부터 3월 내에 한정승인을 할 수 있다고 정함으로써, 이른바 특별한정승인제도를 두고 있다. 따라서 대습상속의 경우에도 대습상속인이 위 규정에 따라 보호받을 수 있을 것이므로 상속포기의 절차, 방식과 효력에 관한 민법 규정이 대습상속에도 적용된다고 하더라도 부당한 것은 아니다"(대판 2017.1.12. 2014다39824).   [○]

12

> **[사례]** 甲의 단독상속인인 乙은 甲이 2010. 2. 1. 사망하자 적법하게 한정승인 신고를 하여 2010. 4. 30. 수리되었으며, 乙은 2010. 5. 31. 유일한 상속재산인 X부동산에 대해 상속을 원인으로 하는 소유권이전등기를 마쳤다. 乙은 丙에 대해 상속개시 전부터 3억 원의 금전채무를 부담하고 있었는데, 위와 같이 상속등기를 마친 후 丙에 대한 위 채무를 담보하기 위하

여 X부동산에 대해 근저당권설정등기(채권최고액 3억 원)를 마쳐 주었다. 한편 丁은 甲의 생전에 甲에게 3억 원을 대여하였으나 전혀 받지 못하였고 乙은 이러한 사실을 알고 있었다. 丁이 2011. 9.경 X부동산에 대한 강제경매를 신청하여 3억 원에 매각되었는데, 丙은 위 근저당권에 기하여 청구채권 3억 원의 배당을 요구하였다. 12사법

㉠ 丁은 특별한 사정이 없는 한, 乙의 (A)에 대하여 강제집행을 할 수 없다.

㉡ 위 경매절차에서 丙, 丁 이외에 다른 이해관계인이 없다면, 丙은 (B)원, 丁은 (C)원을 배당받을 수 있다. 17·21변호

해설 [다수의견] "법원이 한정승인신고를 수리하게 되면 피상속인의 채무에 대한 상속인의 책임은 상속재산으로 한정되고, 그 결과 상속채권자는 특별한 사정이 없는 한 상속인의 고유재산에 대하여 강제집행을 할 수 없다. 그런데 민법은 한정승인을 한 상속인(이하 '한정승인자'라 한다)에 관하여 그가 상속재산을 은닉하거나 부정소비한 경우 단순승인을 한 것으로 간주하는 것(제1026조 제3호) 외에는 상속재산의 처분행위 자체를 직접적으로 제한하는 규정을 두고 있지 않기 때문에, 한정승인으로 발생하는 위와 같은 책임제한 효과로 인하여 한정승인자의 상속재산 처분행위가 당연히 제한된다고 할 수는 없다. 또한 민법은 한정승인자가 상속재산으로 상속채권자 등에게 변제하는 절차는 규정하고 있으나(제1032조 이하), 한정승인만으로 상속채권자에게 상속재산에 관하여 한정승인자로부터 물권을 취득한 제3자에 대하여 우선적 지위를 부여하는 규정은 두고 있지 않으며, 민법 제1045조 이하의 재산분리 제도와 달리 한정승인이 이루어진 상속재산임을 등기하여 제3자에 대항할 수 있게 하는 규정도 마련하고 있지 않다. 따라서 한정승인자로부터 상속재산에 관하여 저당권 등의 담보권을 취득한 사람과 상속채권자 사이의 우열관계는 민법상의 일반원칙에 따라야 하고, 상속채권자가 한정승인의 사유만으로 우선적 지위를 주장할 수는 없다. 그리고 이러한 이치는 한정승인자가 그 저당권 등의 피담보채무를 상속개시 전부터 부담하고 있었다고 하여 달리 볼 것이 아니다."(대판 2010.3.18. 전합2007다77781).

결국 判例의 다수의견에 따르면 한정승인자가 상속재산에 관하여 제3자에게 소유권을 이전해 주거나 저당권 등의 담보권을 설정해 주더라도 그 자체는 법률상 유효하며, 이때에는 일반상속채권자가 담보권자에 우선할 수 없다고 보았다.

☞ 따라서 사안에서 상속인 乙이 한정승인을 한 경우이므로 상속채권자 丁은 상속인의 재산(고유재산)에는 강제집행을 할 수 없고, 상속재산인 X에만 강제집행을 할 수 있다(ㄱ. 지문). 그리고 위 경매절차에서 丙, 丁 이외에 다른 이해관계인이 없다면, X부동산의 매각대금 3억 원 중에서 근저당권자인 丙이 먼저 3억 원 전액을 배당받고 상속채권자 丁은 한 푼도 배당받지 못한다(ㄴ. 지문).

13 [사례] 甲은 2018. 5. 20. 사망하였는데, 그 배우자 乙과 아들 丙은 2018. 6. 30. 상속포기신고를 하였으나 그 외의 가족은 상속포기신고를 하지 않았고, 법원은 2018. 7. 20. 乙과 丙의 상속포기신고를 수리하는 심판을 하여 위 심판이 같은 달 31. 고지되었다. 20변호

㉠ 乙이 2018. 6. 10. 상속재산에 속하는 손해배상채권을 채무자 A로부터 추심하여 변제를 받은 경우, 乙의 상속포기는 효력이 없다. 13사법

해설 ※ 상속인이 피상속인의 채권을 추심하여 변제받는 것이 상속재산에 대한 처분행위에 해당하는지 여부(적극)

"상속인이 상속재산에 대한 '처분행위'를 한 때에는 단순승인을 한 것으로 보는바(제1026조 1호), 상속인이 피상속인의 채권을 추심하여 변제받는 것도 상속재산에 대한 처분행위에 해당한다"(대판 2010.4.29. 2009다84936).

☞ 상속인 乙의 상속포기신고 전 피상속인 甲의 손해배상채권을 추심하여 변제받는 것도 법정단순승인사유(제1026조 1호)에 해당하므로 乙의 상속포기는 효력이 없다. [O]

㉡ 丙이 2018. 7. 10. 상속재산에 속하는 고가의 패물을 B에게 5,000만 원에 매도하고 대금을 수령한 경우, 丙은 단순승인을 한 것으로 본다.

해설 ※ **법정단순승인사유인 상속재산에 대한 처분의 시점**

단순승인사유인 제1026조 1호에서의 처분행위는 한정승인이나 상속포기 전의 처분행위를 지칭한다. 한정승인이나 상속포기를 한 후의 처분은 당연히 법정단순승인사유는 아니고, 그것이 부정소비(제1026조 3호)에 해당하는 때에 한하여 법정단순승인사유로 된다(대판 2004.3.12, 2003다63586).

한편 "상속의 한정승인이나 포기는 상속인의 의사표시만으로 효력이 발생하는 것이 아니라 가정법원에 신고를 하여 가정법원의 심판을 받아야 하며, 그 심판은 당사자가 이를 고지받음으로써 효력이 발생한다(대판 2004.6.25. 2004다20401). 따라서 상속인이 가정법원에 상속포기의 신고를 하였다고 하더라도 이를 수리하는 가정법원의 심판이 고지되기 이전에 상속재산을 처분하였다면, 이는 상속 포기의 효력 발생 전에 처분행위를 한 것에 해당하므로 제1026조 1호에 따라 상속의 단순승인을 한 것으로 보아야 한다"(대판 2016.12.29. 2013다73520).

☞ 상속인 丙은 상속포기신고(2018. 6. 20.) 후 그러나 상속포기신고 수리심판 고지(2018. 7. 31.)전에 상속재산처분행위(2018. 7. 10.)를 하였으므로 判例에 따르면 단순승인을 한 것으로 본다(제1026조 1호).　　　[○]

ⓒ 乙이 2018. 8. 25. 상속재산에 속하는 토지를 C에게 매도하고 그 매매대금 전액으로 위 토지에 관하여 우선변제권을 가진 甲의 채권자 D에게 채무를 변제한 행위는 상속포기신고 후 상속재산의 부정소비에 해당하여 乙이 단순승인을 한 것으로 본다.

해설 ※ **민법 제1026조 제3호 소정의 '상속재산의 부정소비'의 의미**

'상속재산의 부정소비'라 함은 정당한 사유 없이 상속재산을 써서 없앰으로써 그 재산적 가치를 상실시키는 것을 의미하는바, 判例는 상속재산을 처분하여 그 대금을 전액 상속채무의 변제에 사용한 경우 이는 부정소비가 아니라고 한다(대판 2004.3.12, 2003다63586).　　　[×]

ⓓ 만일 甲의 둘째 아들 丁이 2018. 3. 15. 甲 사망시 유류분을 포함한 상속을 모두 포기한다는 의사를 표시하였더라도, 「민법」에 따른 절차와 방식으로 상속포기를 하지 않았다면, 甲의 사망 후 그 상속권을 다시 주장하는 것은 신의칙에 반하지 않는다.

해설 "유류분을 포함한 상속의 포기는 상속이 개시된 후 일정한 기간 내에만 가능하고 가정법원에 신고하는 등 일정한 절차와 방식을 따라야만 그 효력이 있으므로, 상속개시 전에 한 상속포기약정은 그와 같은 절차와 방식에 따르지 아니한 것으로 효력이 없다. 상속인 중의 1인이 피상속인의 생존시에 피상속인에 대하여 상속을 포기하기로 약정하였다고 하더라도, 상속개시 후 민법이 정하는 절차와 방식에 따라 상속포기를 하지 아니한 이상, 상속개시 후에 자신의 상속권을 주장하는 것은 정당한 권리행사로서 권리남용에 해당하거나 또는 신의칙에 반하는 권리의 행사라고 할 수 없다"(대판 1998.7.24. 98다9021).

[○]

ⓔ 만일 乙과 丙의 상속포기로 단독상속인이 된 甲의 어머니 戊가 2018. 9. 10. 사망함으로써 대습상속이 개시된 경우, 그 대습상속인이 된 乙과 丙이 대습상속에 관하여 「민법」에 따른 절차와 방식으로 한정승인이나 상속포기를 하지 않는 한 단순승인을 한 것으로 본다.

해설 ※ **상속포기의 효력이 피상속인을 피대습자로 하여 개시된 대습상속에 미치는지 여부(소극) 및 이는 상속인의 상속포기로 피대습자의 직계존속이 피대습자를 상속한 경우에도 마찬가지인지 여부(적극)**

"피상속인의 사망으로 상속이 개시된 후 상속인이 상속을 포기하면 상속이 개시된 때에 소급하여 그 효력이 생긴다(민법 제1042조). 따라서 제1순위 상속권자인 배우자와 자녀들이 상속을 포기하면 제2순위에 있는 사람이 상속인이 된다. 상속포기의 효력은 피상속인의 사망으로 개시된 상속에만 미치고, 그 후 피상속인을 피대습자로 하여 개시된 대습상속에까지 미치지는 않는다. 대습상속은 상속과는 별개의 원인으로 발생하는 것인 데다가 대습상속이 개시되기 전에는 이를 포기하는 것이 허용되지 않기 때문이다. 이는 종전에 상속인의 상속포기로 피대습자의 직계존속이 피대습자를 상속한 경우에도 마찬가지이다. 또한 피대습자의 직계존속이 사망할 당시 피대습자로부터 상속받은 재산 외에 적극재산이든 소극재산이든 고유재산을 소유하고 있었는지에 따라 달리 볼 이유도 없다"(대판 2017.1.12. 2014다39824).　　　[○]

14 A는 배우자 B와의 사이에 자녀 C, D를 두었는데, 적극재산 없이 차용금 채무 6억 3,000만 원을 남긴 채 2020. 10. 17. 사망하였다. C에게는 자녀 E가, D에게는 자녀 F와 G가 있었는데, C와 D가 모두 상속을 적법하게 포기하였다. 이러한 경우에 A가 남긴 채무는 B에게 2억 1,000만 원, E에게 1억 4,000만 원, F에게 1억 4,000만 원, G에게 1억 4,000만 원으로 분할되어 귀속된다.

22변호

해설 공동상속인 전원이 상속을 포기하면 다음 순위자에게 상속이 되는데, 선순위 상속인인 처와 자가 모두 상속포기를 한 경우 후순위 상속인이 없다면 손자가 '본위상속' 한다(대판 1995.9.26, 95다27769).
☞ 금전채무와 같이 급부의 내용이 가분인 채무가 공동상속된 경우, 이는 상속 개시와 동시에 당연히 법정상속분에 따라 공동상속인에게 분할되어 귀속된다(대판 1997.6.24, 97다8809). 사안의 경우 피상속인 A의 6억 3천만 원의 채무는 손자녀 E, F, G가 각 2/9씩(1억 4,000만 원 제1009조 1항), A의 배우자 B가 3/9씩(2억 1,000만 원 제1009조 2항) A를 본위상속한다.   [O]

15 **[사례]** 甲은 사실혼 배우자 乙과 사이에 甲이 인지한 성년인 자녀 丙을 두었고, 丙에게는 혼인 중 출생자인 자녀 丁이 있다. 甲은 오랜 지병으로 투병하다가 2022.10. 1. 사망하였다. 사망 당시 甲에게는 A에 대한 대여금 채권과 X부동산, B에 대한 물품대금 채무가 있었다. 24변호

ⓐ 乙이 甲의 투병생활 중 부부 사이에서 요구되는 제1차 부양의무를 넘어 특별한 부양에이를 정도로 甲을 간호하였더라도 乙은 민법 제1008조의2 제1항에 따른 기여분을 주장할 수 없다.

해설 ※ 기여분권리자의 범위 – 사실혼 배우자의 포함여부
공동상속인에 한하므로(제1008조의2 1항) 사실혼의 배우자는 기여분의 권리를 주장할 수 없다. [O]

ⓒ 丙이 2022.10.20. 상속포기 신고를 한 경우 상속포기신고 수리심판을 고지받기 전에 丙이 A로부터 위 대여금 채권을 추심하여 변제받으면 단순승인으로 간주된다.

해설 ※ 법정단순승인 : 상속인이 상속재산에 대한 처분행위(채권추심 및 변제)를 한 경우(제1026조 1호)
判例에 따르면 상속인이 피상속인의 채권을 추심하여 변제받는 것(대판 2010.4.29. 2009다84936)은 법정단순승인사유로서의 처분에 해당한다고 한다.
여기서의 처분은 한정승인이나 상속포기 전의 처분행위를 지칭한다. 한정승인이나 상속포기를 한 후의 처분은 당연히 법정단순승인사유는 아니고, 그것이 부정소비(제1026조 3호)에 해당하는 때에 한하여 법정단순승인사유로 된다(대판 2004.3.12. 2003다63586).
한편 "상속의 한정승인이나 포기는 상속인의 의사표시만으로 효력이 발생하는 것이 아니라 가정법원에 신고를 하여 가정법원의 심판을 받아야 하며, 그 심판은 당사자가 이를 고지받음으로써 효력이 발생한다(대판 2004.6.25. 2004다20401). 따라서 상속인이 가정법원에 상속포기의 신고를 하였다고 하더라도 이를 수리하는 가정법원의 심판이 고지되기 이전에 상속재산을 처분하였다면, 이는 상속 포기의 효력 발생 전에 처분행위를 한 것에 해당하므로 제1026조 1호에 따라 상속의 단순승인을 한 것으로 보아야 한다"(대판 2016.12.29. 2013다73520)   [O]

ⓒ 丙이 2022.10.20. 상속포기 신고를 한 경우 그때부터 상속포기신고 수리심판을 고지받기 전까지는 X부동산에 대해 선량한 관리자의 주의로 관리할 의무를 진다.

해설 ※ 포기한 상속재산의 관리계속의무 – '고유재산에 대하는 것과 동일한 주의'
상속인은 상속포기를 할 때까지는 그 '고유재산에 대하는 것과 동일한 주의'로 상속재산을 관리하여야 한다(제1022조). 아울러 상속을 포기한 자는 그 포기로 인하여 상속인이 된 자가 상속재산을 관리할 수 있을 때까지 그 고유재산에 대하는 것과 동일한 주의로 그 재산의 관리를 '계속'하여야 한다(제1044조).

"상속의 한정승인이나 포기는 상속인의 의사표시만으로 효력이 발생하는 것이 아니라 가정법원에 신고를 하여 가정법원의 심판을 받아야 하며, 그 심판은 당사자가 이를 고지받음으로써 효력이 발생한다(대판 2004.6.25. 2004다20401).   [×]

ⓔ B가 2022.10.12. 丙을 상대로 X부동산에 관한 가압류결정을 받아 그 집행으로 같은 달 13. 가압류등기가 마쳐진 후 丙이 2022.10.24. 상속포기신고 수리심판을 고지받은 경우 B는 그 후 적법하게 진행된 X부동산에 대한 경매절차에서 가압류채권자로서 배당을 받을 수 있다.

해설 ※ 상속관계가 확정되지 않은 동안 마쳐진 가압류의 효력

"이와 같이 상속인은 아직 상속 승인, 포기 등으로 '상속관계가 확정되지 않은 동안'에도 잠정적으로나마 피상속인의 재산을 당연 취득하고 상속재산을 관리할 의무가 있으므로, 상속채권자는 그 기간 동안 상속인을 상대로 상속재산에 관한 가압류결정을 받아 이를 집행할 수 있다. 그 후 상속인이 상속포기로 인하여 상속인의 지위를 소급하여 상실한다고 하더라도 이미 발생한 가압류의 효력에 영향을 미치지 않는다"(대판 2021.9.15. 2021다224446)   [○]

ⓜ 만약 甲에게 오래전부터 별거 상태인 법률상 배우자 戊가 있었고 甲 사망 후 丙이 가정법원에 적법한 요건을 갖춘 상속포기 신고를 하였다면 戊가 단독상속인이 된다.

해설 ※ 직계비속과 배우자가 공동상속인인 때 직계비속이 모두 상속을 포기한 경우

직계비속과 배우자가 공동상속인인데 직계비속이 모두 상속을 포기하면 배우자가 단독상속하는지, 후순위 혈족상속인과 배우자가 공동상속하는지 문제되는바, 바뀐 判例에 따르면 당사자들의 의사와 사회 일반의 법감정을 고려할 때 피상속인의 배우자와 손자녀 또는 직계존속이 공동상속인이 되지 않고 '배우자가 단독상속'이 된다고 한다(대판 2023.3.23. 전합2020그42).   [○]

제2절 유 언 및 유류분

제1관 유 언

1 유언자가 주소를 자서하지 않았다면 원칙적으로 자필증서에 의한 유언으로서 효력이 부정되나, 유언자의 특정에 지장이 없다면 유효하다고 볼 수 있다. 17·22변호

> **해설▶** 자필증서에 의한 유언은 유언자가 그 전문과 년월일, 주소, 성명을 자서하고 날인하여야 한다. 그 증서에 문자의 삽입, 삭제 또는 변경을 함에는 유언자가 이를 자서하고 날인하여야 한다(제1066조).
> "민법 제1065조 내지 제1070조가 유언의 방식을 엄격하게 규정한 것은 유언자의 진의를 명확히 하고 그로 인한 법적 분쟁과 혼란을 예방하기 위한 것이므로, 법정된 요건과 방식에 어긋난 유언은 그것이 유언자의 진정한 의사에 합치하더라도 무효이다. 따라서 자필증서에 의한 유언은 민법 제1066조 제1항의 규정에 따라 유언자가 전문과 연월일, 주소, 성명을 모두 자서하고 날인하여야만 효력이 있고, 유언자가 주소를 자서하지 않았다면 이는 법정된 요건과 방식에 어긋난 유언으로서 효력을 부정하지 않을 수 없으며, 유언자의 특정에 지장이 없다고 하여 달리 볼 수 없다. 여기서 자서가 필요한 주소는 반드시 주민등록법에 의하여 등록된 곳일 필요는 없으나, 적어도 민법 제18조에서 정한 생활의 근거되는 곳으로서 다른 장소와 구별되는 정도의 표시를 갖추어야 한다"(대판 2014.9.26. 2012다71688). [X]

2 구수증서에 의해 유언이 작성된 경우에 그 증서보관자는 유언자의 사망 후 지체없이 법원에 그 검인을 청구하여야 한다. 18변호

> **해설▶** 구수증서에 의한 유언은 질병 기타 급박한 사유로 인하여 전4조의 방식에 의할 수 없는 경우에 유언자가 2인이상의 증인의 참여로 그 1인에게 유언의 취지를 구수하고 그 구수를 받은 자가 이를 필기낭독하여 유언자의 증인이 그 정확함을 승인한 후 각자 서명 또는 기명날인하여야 한다(제1070조 1항). 전항의 방식에 의한 유언은 그 증인 또는 이해관계인이 급박한 사유의 종료한 날로부터 7일내에 법원에 그 검인을 신청하여야 한다(제1070조 2항). [X]

3 봉인된 유언증서 개봉에는 유언자의 상속인, 그 대리인 기타 이해관계인이 참여하여야 하며, 적법한 유언이라도 개봉에 필요한 요건을 갖추지 않으면 유언은 효력을 잃는다. 18변호

> **해설▶** ※ 유언의 효력발생시기
> 유언은 유언자가 사망한 때로부터 그 효력이 생긴다(제1073조). 따라서 적법한 유언은 검인(제1091조)이나 개봉절차(제1092조)를 거치지 않더라도 유언자의 사망에 의하여 곧바로 그 효력이 생기는 것이며, 검인이나 개봉절차의 유무에 의하여 유언의 효력이 영향을 받지 아니한다(대판 1998.6.12. 97다38510). [X]

4 유언집행자가 있는 경우 상속인의 상속재산에 대한 처분권이나 원고적격은 제한되지만, 지정된 유언집행자가 자격을 상실한 경우에는 상속인에게 처분권 및 원고적격이 인정된다. 18변호

> **해설▶** ※ 유언집행자와 상속인의 관계
> "유언집행자는 유증의 목적인 재산의 관리 기타 유언의 집행에 필요한 모든 행위를 할 권리의무가 있으므로, 유증 목적물에 관하여 마쳐진, 유언의 집행에 방해가 되는 다른 등기의 말소를 구하는 소송에 있어서는 유언집행자가 이른바 법정소송담당으로서 원고적격을 가진다고 할 것이고, 유언집행자는 유언의 집행에 필요한 범위 내에서는 상속인과 이해상반되는 사항에 관하여도 중립적 입장에서 직무를 수행하여야 하므로, 유언집행자가 있는 경우 그의 유언집행에 필요한 한도에서 상속인의 상속재산에 대한 처분권은 제한되며 그 제한 범위 내에서 상속인은 원고적격이 없다"(대판 2010.10.28. 2009다20840). [X]

5   제한능력자와 달리 파산선고를 받은 자는 유언집행자가 될 수 있다.   18변호

해설 제한능력자와 파산선고를 받은 자는 유언집행자가 되지 못한다(제1098조).   [×]

6   유언집행자가 수인인 경우, 유언집행자를 상대로 유증의무의 이행을 구하는 소송은 특별한 사정이 없는 한 유언집행자 전원을 피고로 삼아야 하는 고유필수적 공동소송이다.   18변호

해설 수인의 유언집행자 중 1인만을 피고로 하여 유증의무 이행을 구하는 소송을 제기한 사안에서, 判例는 "유언집행자 지정 또는 제3자의 지정 위탁이 없는 한 상속인 전원이 유언집행자가 되고, 유언집행자에 대하여 민법 제1087조 제1항 단서에 따라 유증의무의 이행을 구하는 것은 유언집행자인 상속인 전원을 피고로 삼아야 하는 고유필수적 공동소송"(대판 2011.6.24. 2009다8345)이라고 판시하였다.   [○]

7   피상속인의 재산 전부가 다른 사람에게 포괄적으로 유증된 경우, 그 피상속인의 직계비속이라 하더라도 유류분제도가 없는 한 그가 상속한 재산이 없으므로 그 피상속인의 생전채무를 변제할 의무가 없다.   13사법

해설 "포괄적 유증이란 적극재산은 물론 소극재산 즉 채무까지도 포괄하는 상속재산의 전부 또는 일부의 유증을 말하는 것이고, 포괄적 수증자는 재산상속인과 동일한 권리·의무가 있는 것이며(민법 제1078조), 따라서 어느 망인의 재산 전부(적극재산 및 소극재산)가 다른 사람에게 포괄적으로 유증이 된 경우에는 그 망인의 직계비속이라 하더라도 유류분 제도가 없는 한 그가 상속한 재산(적극재산 및 소극재산)이 없는 것이므로 그 망인의 생전채무를 변제할 의무가 없다"(대판 1980.2.26. 79다2078).   [○]

8   유언집행자가 있는 경우, 그의 유언집행에 필요한 한도에서 상속인의 상속재산에 관한 처분권은 제한되며, 그 제한범위 내에서 상속인은 유언집행을 위한 소송에 있어서 원고적격이 없다.   11사법

해설 "유언집행자는 유증의 목적인 재산의 관리 기타 유언의 집행에 필요한 모든 행위를 할 권리의무가 있으므로, 유증 목적물에 관하여 마쳐진, 유언의 집행에 방해가 되는 다른 등기의 말소를 구하는 소송에 있어서는 유언집행자가 이른바 법정소송담당으로서 원고적격을 가진다고 할 것이고, 유언집행자는 유언의 집행에 필요한 범위 내에서는 상속인과 이해상반되는 사항에 관하여도 중립적 입장에서 직무를 수행하여야 하므로, 유언집행자가 있는 경우 그의 유언집행에 필요한 한도에서 상속인의 상속재산에 대한 처분권은 제한되며 그 제한 범위 내에서 상속인은 원고적격이 없다"(대판 2010.10.28. 2009다20840).   [○]

9   유언공정증서에 유증의 목적인 재산이 개별적으로 표시되어 있고 위 증서에 기재되어 있지 않은 유증자의 다른 재산이 존재하는 경우 특별한 사정이 없는 한 특정유증에 해당한다.   16사법

해설 상속재산의 전체 또는 일정비율을 유증하는 것이 포괄적 유증이다. 이에 비해 특정적 유증은 특정한 개별재산을 유증하는 것이다. 그런데 특정한 재산을 정하여 유증한 경우에도 그 외의 다른 상속재산이 없는 때에는 결국 이는 전 재산을 유증한 것이므로 포괄적 유증으로 볼 수도 있다.
"통상은 상속재산에 대한 비율의 의미로 유증이 된 경우는 포괄적 유증, 그렇지 않은 경우는 특정유증이라고 할 수 있지만, 유언공정증서 등에 유증한 재산이 개별적으로 표시되었다는 사실만으로는 특정유증이라고 단정할 수는 없고 상속재산이 모두 얼마나 되는지를 심리하여 다른 재산이 없다고 인정되는 경우에는 이를 포괄적 유증이라고 볼 수도 있다"(대판 2003.5.27 2000다73445)   [○]

10   유언자의 사망 당시에 유증의 목적인 부동산 위에 제3자의 저당권이 설정되어 있는 경우, 유언자가 유언으로 위 저당권을 소멸시키라는 의사를 표시하지 않았다 하더라도 수증자는 유증의무자에 대하여 저당권을 소멸시켜 위 부동산에 아무런 제한이나 부담이 없는 완전한 소유권을 이전해 줄 것을 청구할 수 있다.   16사법

해설 유증의 목적물인 물건이나 권리가 유언자의 사망 당시에 제3자의 권리의 목적인 경우(가령 사안과 같이 유증의 목적인 부동산 위에 제3자의 저당권이 설정되어 있는 경우)에는 수증자는 유증의무자에 대하여 그 제3자의 권리를

소멸시킬 것을 청구하지 못한다(제1085조). 다만, 유언자가 유언으로 다른 의사표시를 할 때, 즉 그러한 제한을 소멸시켜 완전한 권리를 수증자에게 이행할 것을 표시하는 경우에는 그 의사에 의한다(제1086조). 지문의 경우 유언자가 유언으로 위 저당권을 소멸시키라는 의사를 표시하지 않았다면 수증자는 유증의 무자에 대해 위 부동산에 아무런 제한이나 부담이 없는 완전한 소유권을 이전해 줄 것을 청구할 수 없으므로 틀린 지문이다. [X]

11 특정유증을 받은 자는 그 유증 받은 부동산에 관하여 상속인 아닌 등기명의자를 상대로 진정한 등기명의의 회복을 원인으로 한 소유권이전등기를 구할 수 있다. 16사법

해설 진정명의회복을 원인으로 하는 이전등기청구권을 행사하기 위해서는 제214조의 요건을 구비해야 한다. 즉 진정명의회복을 원인으로 한 소유권이전등기청구를 하기 위한 요건사실은 i) 원고의 소유, ii) 피고의 소유권이전등기경료, iii) 등기의 원인무효이다. 즉 ① 청구권자는 채권자가 아닌 물권자 즉 현재의 소유권자이어야 한다. 이와 관련하여 判例도 역시 " ㉠ 이미 자기 앞으로 소유권을 표상하는 등기가 되어 있었거나, ㉡ 법률에 의하여 소유권을 취득한 자"에 한하여 이전등기청구를 인정할 수 있다고 한다(대판 1980.11.27, 전합89다카12398). 그런데 특정적 유증은 상속재산에 대해 이행을 청구할 수 있는 일종의 상속채권이므로 소유자가 아니어서 진정한 등기명의의 회복을 구할 수 없다.
"포괄적 유증을 받은 자는 민법 제187조에 의해 법률상 당연히 유증받은 부동산의 소유권을 취득하게 되나, 특정유증을 받은 자는 유증의무자에게 유증을 이행할 것을 청구할 수 있는 채권을 취득할 뿐이므로, 특정유증을 받은 자는 유증받은 소유권자가 아니어서 직접 진정한 등기명의의 회복을 원인으로 한 소유권 이전등기를 구할 수 없다"(대판 2003.5.27, 2000다73445). [X]

12 포괄적 유증을 받은 자가 유증자보다 먼저 사망한 경우 대습상속에 관한 규정이 유추적용되어 포괄적 수증자의 직계비속 또는 배우자가 수증자가 된다. 16사법

해설 포괄적 유증에는 대습상속규정이 적용되지 않는다. 따라서 포괄적 수증자가 유언자보다 먼저 사망하면 포괄적 유증은 무효가 된다(제1089조 1항). [X]

13 상속회복청구권의 제척기간에 관한 규정은 포괄적 유증의 경우에도 유추적용된다. 16사법

해설 상속인의 상속회복청구권 및 그 제척기간에 관하여 규정한 민법 제999조는 포괄적 유증의 경우에도 유추적용된다(대판 2001.10.12 2000다22942). [O]

14 유증의 목적물이 유언자의 사망 당시에 제3자의 권리의 목적인 경우, 제3자의 권리는 유증의 목적물이 수증자에게 귀속된 후에도 그대로 존속한다. 19법행

해설 ※ 유증의 목적물이 제3자의 권리의 목적인 경우
"민법 제1085조는 "유증의 목적인 물건이나 권리가 유언자의 사망 당시에 제3자의 권리의 목적인 경우에는 수증자는 유증의무자에 대하여 그 제3자의 권리를 소멸시킬 것을 청구하지 못한다."라고 규정하고 있다. 이는 유언자가 다른 의사를 표시하지 않는 한 유증의 목적물을 유언의 효력발생 당시의 상태대로 수증자에게 주는 것이 유언자의 의사라는 점을 고려하여 수증자 역시 유증의 목적물을 유언의 효력발생 당시의 상태대로 취득하는 것이 원칙임을 확인한 것이다. 그러므로 유증의 목적물이 유언자의 사망 당시에 제3자의 권리의 목적인 경우에는 그와 같은 제3자의 권리는 특별한 사정이 없는 한 유증의 목적물이 수증자에게 귀속된 후에도 그대로 존속하는 것으로 보아야 한다"(대판 2018.7.26. 2017다289040). [O]

15 유언집행자가 수인인 경우 수인의 유언집행자에게 유증의무 이행을 구하는 소송은 유언집행자 전원을 피고로 하는 고유필수적 공동소송이다.

해설 "상속인이 유언집행자가 되는 경우를 포함하여 유언집행자가 수인인 경우에는, 유언집행자를 지정하거나 지정위탁한 유언자나 유언집행자를 선임한 법원에 의한 임무의 분장이 있었다는 등의 특별한 사정이 없는 한, 유증 목적물에 대한 관리처분권은 유언의 본지에 따른 유언의 집행이라는 공동의 임무를 가진

수인의 유언집행자에게 합유적으로 귀속되고, 그 관리처분권 행사는 과반수의 찬성으로써 합일하여 결정하여야 하므로, 유언집행자가 수인인 경우 유언집행자에게 유증의무의 이행을 구하는 소송은 유언집행자 전원을 피고로 하는 고유필수적 공동소송으로 봄이 상당하다"(대판 2011,6,24, 2009다8345)　　　　　[○]

16 유증의 철회에 관한 민법 제1108조 제1항은 사인증여에 준용된다.　　　　23법원직

> **해설** ※ **유증의 철회에 관한 민법 제1108조 제1항이 사인증여에 준용되는지 여부**(원칙적 적극)
> "민법 제562조는 사인증여에는 유증에 관한 규정을 준용한다고 정하고 있고, 민법 제1108조 제1항은 유증자는 유증의 효력이 발생하기 전에 언제든지 유언 또는 생전행위로써 유증 전부나 일부를 철회할 수 있다고 정하고 있다. 사인증여는 증여자의 사망으로 인하여 효력이 발생하는 무상행위로 실제적 기능이 유증과 다르지 않으므로, 증여자의 사망 후 재산 처분에 관하여 유증과 같이 증여자의 최종적인 의사를 존중할 필요가 있다. 또한 증여자가 사망하지 않아 사인증여의 효력이 발생하기 전임에도 사인증여가 계약이라는 이유만으로 법적 성질상 철회가 인정되지 않는다고 볼 것은 아니다. 이러한 사정을 고려하면 특별한 사정이 없는 한 유증의 철회에 관한 민법 제1108조 제1항은 사인증여에 준용된다고 해석함이 타당하다"(대판 2022,7,28, 2017다245330).　　　　　[○]

제2관 유류분

1 공동상속인 중 특별수익을 받은 유류분권리자의 유류분 부족액을 산정할 때에는 유류분액에서 특별수익액과 순상속분액을 공제하여야 하고, 이때 공제할 순상속분액은 당해 유류분권리자의 특별수익을 고려한 구체적인 상속분에 기초하여 산정하여야 한다.　　　　최신판례

> **해설** "유류분제도의 입법 취지와 민법 제1008조의 내용 등에 비추어 보면, 공동상속인 중 특별수익을 받은 유류분권리자의 유류분 부족액을 산정할 때에는 유류분액에서 특별수익액과 순상속분액을 공제하여야 하고, 이때 공제할 순상속분액은 당해 유류분권리자의 특별수익을 고려한 구체적인 상속분에 기초하여 산정하여야 한다"(대판 2021,8,19, 2017다235791).　　　　　[○]

1-1 유류분반환청구권자가 1977. 12. 31. 법률 제3051호로 개정된 민법(1979. 1. 1. 시행) 시행 전에 피상속인으로부터 증여받은 재산은 유류분반환청구에서 특별수익으로 고려되어야 한다.　　　　19법무, 19법행

> **해설** "유류분 제도가 생기기 전에 피상속인이 상속인이나 제3자에게 재산을 증여하고 이행을 완료하여 소유권이 수증자에게 이전된 때에는 피상속인이 1977. 12. 31. 법률 제3051호로 개정된 민법(이하 '개정 민법'이라 한다) 시행 이후에 사망하여 상속이 개시되더라도 소급하여 증여재산이 유류분 제도에 의한 반환청구의 대상이 되지는 않는다. 그러나 개정 민법 시행 전에 이행이 완료된 증여 재산이 유류분 산정을 위한 기초재산에서 제외된다고 하더라도, 위 재산은 당해 유류분 반환청구자의 유류분 부족액 산정시 특별수익으로 공제되어야 한다"(대판 2018,7,12, 2017다278422).　　　　　[○]

2 유류분권리자의 구체적인 상속분보다 유류분권리자가 부담하는 상속채무가 더 많은 경우, 그 초과분을 유류분액에 가산하여 유류분 부족액을 산정하여야 한다.　　　　23변호

> **해설** "[1] 유류분권리자의 유류분 부족액은 유류분액에서 특별수익액과 순상속분액을 공제하는 방법으로 산정하는데, 피상속인이 상속개시 시에 채무를 부담하고 있던 경우 유류분액은 민법 제1113조 제1항에 따라 피상속인이 상속개시 시에 가진 재산의 가액에 증여재산의 가액을 가산하고 채무의 전액을 공제하여 유류분 산정의 기초가 되는 재산액을 확정한 다음, 거기에 민법 제1112조에서 정한 유류분 비율을 곱하여 산정한다. 그리고 유류분액에서 공제할 순상속분액은 특별수익을 고려한 구체적인 상속분에서 유류분권리자가

부담하는 상속채무를 공제하여 산정하고, 이때 유류분권리자의 구체적인 상속분보다 유류분권리자가 부담하는 상속채무가 더 많다면 그 초과분을 유류분액에 가산하여 유류분 부족액을 산정하여야 한다.

[2] 유언자가 자신의 재산 전부 또는 전 재산의 비율적 일부가 아니라 일부 재산을 특정하여 유증한 특정유증의 경우에는, 유증 목적인 재산은 일단 상속재산으로서 상속인에게 귀속되고 유증을 받은 자는 유증의무자에 대하여 유증을 이행할 것을 청구할 수 있는 채권을 취득하게 된다. 유언자가 임차권 또는 근저당권이 설정된 목적물을 특정유증하면서 유증을 받은 자가 그 임대차보증금반환채무 또는 피담보채무를 인수할 것을 부담으로 정한 경우에도 상속인이 상속개시 시에 유증 목적물과 그에 관한 임대차보증금반환채무 또는 피담보채무를 상속하므로 이를 전제로 유류분 산정의 기초가 되는 재산액을 확정하여 유류분액을 산정하여야 한다. 이 경우 상속인은 유증을 이행할 의무를 부담함과 동시에 유증을 받은 자에게 유증 목적물에 관한 임대차보증금반환채무 등을 인수할 것을 요구할 수 있는 이익 또한 얻었다고 할 수 있으므로, 결국 그 특정유증으로 인해 유류분권리자가 얻은 순상속분액은 없다고 보아 유류분 부족액을 산정하여야 한다. 나아가 위와 같은 경우에 특정유증을 받은 자가 유증 목적물에 관한 임대차보증금반환채무 또는 피담보채무를 임차인 또는 근저당권자에게 변제하였다고 하더라도 상속인에 대한 관계에서는 자신의 채무 또는 장차 인수하여야 할 채무를 변제한 것이므로 상속인에 대하여 구상권을 행사할 수 없다고 봄이 타당하다. 위와 같은 법리는 유증 목적물에 관한 임대차계약에 대항력이 있는지 여부와 무관하게 적용된다.

[3] 유언자가 부담부 유증을 하였는지는 유언에 사용한 문언 및 그 외 제반 사정을 종합적으로 고려하여 탐구된 유언자의 의사에 따라 결정되어야 하는데, 유언자가 임차권 또는 근저당권이 설정된 목적물을 특정유증하였다면 특별한 사정이 없는 한 유증을 받은 자가 그 임대보증금반환채무 또는 피담보채무를 인수할 것을 부담으로 정하여 유증하였다고 볼 수 있다"(대판 2022.1.27. 2017다265884).　　　　　[○]

2-1 유언자가 임차권 또는 근저당권이 설정된 목적물을 특정유증하면서 유증을 받은 자가 임대차보증금반환채무 또는 피담보채무를 인수할 것을 부담으로 정한 경우, 특정유증으로 유류분권리자가 얻은 순상속분액은 없다고 보아 유류분 부족액을 산정하여야 하며, 특정유증을 받은 자가 임대차보증금반환채무 또는 피담보채무를 변제한 경우, 상속인에 대하여 구상권을 행사할 수 없고, 이러한 법리는 유증 목적물에 관한 임대차계약에 대항력이 있는지와 무관하게 적용된다. 　최신판례

해설▶ 위 2017다265884판시내용　　　　　[○]

2-2 유언자가 임차권 또는 근저당권이 설정된 목적물을 특정유증한 경우, 유증을 받은 자가 임대보증금반환채무 또는 피담보채무를 인수할 것을 부담으로 정하여 유증한 것으로 볼 수 있다.

최신판례

해설▶ 위 2017다265884판시내용　　　　　[○]

2-3 망인이 유증 목적물에 관한 임대차보증금반환채무 또는 근저당권의 피담보채무를 부담하다가 사망한 경우 특정유증을 받지 못한 공동상속인인 A의 유류분 부족액 산정 시에는 유증 목적물에 관한 임대차보증금반환채무 또는 근저당권의 피담보채무는 당해 특정유증이 수증자 B에게 유증 목적물에 관한 임대차보증금반환채무 등을 인수할 것을 부담으로 정한 부담부 증여인지 여부에 따라 처리하여야 한다. 　최신판례

해설▶ 위 2017다265884판시내용　　　　　[○]

3 대습상속인도 상속인의 지위를 가지는 것이므로 그 대습상속분을 결정할 때 대습원인의 발생 이전에 증여를 받은 것이 있다면 상속분의 선급으로 볼 수 있어 제1008조의 특별수익으로 참작하여야 한다. 　15사법, 15법행

3-1 피상속인 甲이 사망하기 이전에 甲의 자녀들 중 乙 등이 먼저 사망하였는데, 甲이 乙 사망 전에 乙의 자녀인 丙에게 임야를 증여한 경우, 이는 특별수익에 해당하여 유류분 산정을 위한 기초재산에 포함된다.

해설 " 민법 제1008조는 공동상속인 중에 피상속인으로부터 재산의 증여 또는 유증을 받은 특별수익자가 있는 경우 공동상속인들 사이의 공평을 기하기 위하여 수증재산을 상속분의 선급으로 다루어 구체적인 상속분을 산정함에 있어 이를 참작하도록 하려는 데 취지가 있는 것인바, 대습상속인이 대습원인의 발생 이전에 피상속인으로부터 증여를 받은 경우 이는 상속인의 지위에서 받은 것이 아니므로 상속분의 선급으로 볼 수 없다. 그렇지 않고 이를 상속분의 선급으로 보게 되면, 피대습인이 사망하기 전에 피상속인이 먼저 사망하여 상속이 이루어진 경우에는 특별수익에 해당하지 아니하던 것이 피대습인이 피상속인보다 먼저 사망하였다는 우연한 사정으로 인하여 특별수익으로 되는 불합리한 결과가 발생한다. 따라서 대습상속인의 위와 같은 수익은 특별수익에 해당하지 않는다. 이는 유류분제도가 상속인들의 상속분을 일정 부분 보장한다는 명분 아래 피상속인의 자유의사에 기한 자기 재산의 처분을 그의 의사에 반하여 제한하는 것인 만큼 인정 범위를 가능한 한 필요최소한으로 그치는 것이 피상속인의 의사를 존중한다는 의미에서 바람직하다는 관점에서 보아도 더욱 그러하다"(대판 2014.5.29. 2012다31802). [×]
[사실관계] 피상속인 甲이 사망하기 이전에 甲의 자녀들 중 乙 등이 먼저 사망하였는데, 甲이 乙 사망 전에 乙의 자녀인 丙에게 임야를 증여한 사안에서, 丙이 甲으로부터 임야를 증여받은 것은 상속인의 지위에서 받은 것이 아니므로 상속분의 선급으로 볼 수 없어 특별수익에 해당하지 아니하여 유류분 산정을 위한 기초재산에 포함되지 않는다고 본 사례이다. [×]

4 유류분반환의 산정의 기초가 되는 증여받은 재산의 시가는 상속개시 당시를 기준으로 하여 산정하여야 하는바, 증여 이후 수증자나 수증자에게서 증여재산을 양수한 사람이 자기 비용으로 증여재산의 성상(性狀) 등을 변경하여 상속개시 당시 가액이 증가되어 있는 경우, 변경된 성상 등을 기준으로 상속개시 당시의 가액을 산정하여야 한다.
16법무

해설 "유류분반환의 범위는 상속개시 당시 피상속인의 순재산과 문제 된 증여재산을 합한 재산을 평가하여 그 재산액에 유류분청구권자의 유류분비율을 곱하여 얻은 유류분액을 기준으로 산정하는데, 증여받은 재산의 시가는 상속개시 당시를 기준으로 하여 산정하여야 한다. 다만 증여 이후 수증자나 수증자에게서 증여재산을 양수한 사람이 자기 비용으로 증여재산의 성상(性狀) 등을 변경하여 상속개시 당시 가액이 증가되어 있는 경우, 변경된 성상 등을 기준으로 상속개시 당시의 가액을 산정하면 유류분권리자에게 부당한 이익을 주게 되므로, 이러한 경우에는 그와 같은 변경을 고려하지 않고 증여 당시의 성상 등을 기준으로 상속개시 당시의 가액을 산정하여야 한다"(대판 2015.11.12. 2010다104768). [×]

5 공동상속인의 협의 또는 가정법원의 심판으로 기여분이 결정되지 않은 이상 유류분반환청구소송에서 자신의 기여분을 주장할 수 없으나, 공동상속인의 협의 또는 가정법원의 심판으로 기여분이 결정되었다면 유류분을 산정함에 있어 기여분을 공제할 수 있다.
17변호

해설 ※ **유류분반환청구소송에서 기여분 공제 항변을 할 수 있는지 여부**(소극)
"기여분은 상속재산분할의 전제문제로서의 성격을 가지는 것으로서, 상속인들의 상속분을 일정 부분 보장하기 위하여 피상속인의 재산처분의 자유를 제한하는 유류분과는 서로 관계가 없다고 할 것이다. 따라서 공동상속인 중에 상당한 기간 동거·간호 그 밖의 방법으로 피상속인을 특별히 부양하거나 피상속인의 재산의 유지 또는 증가에 특별히 기여한 사람이 있을지라도 공동상속인의 협의 또는 가정법원의 심판으로 기여분이 결정되지 않은 이상 유류분반환청구소송에서 자신의 기여분을 주장할 수 없음은 물론이거니와(대판 1994.10.14. 94다8334 판결 참조), 설령 공동상속인의 협의 또는 가정법원의 심판으로 기여분이 결정되었다고 하더라도 유류분을 산정함에 있어 기여분을 공제할 수 없고, 기여분으로 인하여 유류분에 부족이 생겼다고 하여 기여분에 대하여 반환을 청구할 수도 없다"(대판 2015.10.29. 2013다60753). [×]
[사실관계] 망인이 생전에 피고와 함께 생활하면서 피고에게 전재산을 증여하여 망인이 사망할 당시 망인 명의의 재산은 남아있지 않았고, 그리하여 피고가 상속재산분할 및 기여분 심판을 청구하였으나, 분할대상 상속재산이 없어 상속재산분할청구는 부적법하고, 상속재산분할청구를 전제로 한 기여분 청구 역시 부적법하다고 하여 청구가 모두 각하된 사건에서, 위와 같이 피고의 기여분이 결정되지 않은 이상

피고가 유류분반환청구사건에서 자신의 기여분을 주장할 수 없을 뿐 아니라, 설령 기여분 결정이 있었다고 하더라도 유류분 산정의 기초재산에서 기여분을 공제할 수는 없으므로 피고의 기여분 공제 항변은 인용될 수 없음이 명백하다고 판단한 사안

6 민법 제1113조 제1항은 "유류분은 피상속인의 상속개시시에 있어서 가진 재산의 가액에 증여재산의 가액을 가산하고 채무의 전액을 공제하여 이를 산정한다"라고 규정하고 있다. 이때 공제되어야 할 채무에 상속세, 상속재산의 관리·보존을 위한 소송비용 등 상속재산에 관한 비용도 포함된다.　　　　　　　　　　　　　　　　　　　　　　　　　　　　　　　　　최신판례

> 해설▶ ※ **유류분 산정시 공제되어야 할 채무**
> "민법 제1113조 제1항은 '유류분은 피상속인의 상속개시시에 있어서 가진 재산의 가액에 증여재산의 가액을 가산하고 채무의 전액을 공제하여 이를 산정한다.' 라고 규정하고 있다. 이때 공제되어야 할 채무란 상속채무, 즉 피상속인의 채무를 가리키는 것이고, 여기에 상속세, 상속재산의 관리·보존을 위한 소송비용 등 상속재산에 관한 비용은 포함되지 아니한다"(대판 2015.5.14. 2012다21720)　　　　　　　　[×]

7 상속재산분할 후에라도 피인지자나 재판의 확정에 의하여 공동상속인이 된 자의 상속분에 상당한 가액의 지급청구가 있는 경우에는 기여분의 결정청구를 할 수 있으나, 상속재산분할의 심판청구가 없는 한 유류분반환청구가 있다는 사유만으로는 기여분의 결정청구를 할 수 없다.　　　　　　　　　　　　　　　　　　　　　　　　　　　　　　　　14변호, 12사법

> 해설▶ "기여분은 상속재산분할의 전제문제로서의 성격을 갖는 것이므로 상속재산분할의 청구나 조정신청이 있는 경우에 한하여 기여분결정청구를 할 수 있고, 다만 예외적으로 상속재산분할 후에라도 피인지자나 재판의 확정에 의하여 공동상속인이 된 자의 상속분에 상당한 가액의 지급청구가 있는 경우에는 기여분의 결정청구를 할 수 있다고 해석되며, 상속재산분할의 심판청구가 없음에도 단지 유류분반환청구가 있다는 사유만으로는 기여분결정청구가 허용된다고 볼 것은 아니다"(대결 1999.8.24. 99스28).　　　　　[○]

8 공동상속인 중 피상속인의 생전에 재산을 증여받아 특별수익을 한 자가 있는 경우, 그 증여는 상속개시 1년 이전의 것인지 여부, 당사자 쌍방이 손해를 가할 것을 알고서 하였는지 여부에 관계없이 유류분 산정을 위한 기초재산에 산입된다.　　　　　　　　　　　　　　　　　　　　　19변호

> 해설▶ ※ **유류분액 산정의 기초가 되는 재산**
> 유류분 산정의 기초가 되는 재산에는 증여계약이 체결된 때를 기준(증여계약의 이행시가 아님)으로 상속개시전의 1년간 증여는 모두 산입된다(제1114조 본문). 상속개시 1년 이전의 증여는 원칙적으로 산입되지 않지만, i) 당사자 쌍방이 유류분권리자에 손해를 가할 것을 알고 증여를 한 때에는 상속개시 1년 이전의 증여라도 반환을 청구할 수 있으며(제1114조 후단), ii) 공동상속인에 있어서는 상속 개시 1년 전에 증여받은 것이라도 모두 산입대상이 된다(대판 1996.2.9. 95다17885). 이러한 특별수익은 상속재산을 선급받은 것이므로 공동상속인간의 공평한 분배를 위하여 산입되어야 하는 것이다.　　　　　　　　　　　　　[○]

9 공동상속인이 다른 공동상속인에게 무상으로 자신의 상속분을 양도한 경우, 그 상속분이 양도인 사망으로 인한 상속에서 유류분 산정을 위한 기초재산에 산입된다.　　　　최신판례

> 해설▶ "상속분 양도는 상속재산분할 전에 적극재산과 소극재산을 모두 포함한 상속재산 전부에 관하여 공동상속인이 가지는 포괄적 상속분, 즉 상속인 지위의 양도를 뜻한다. 공동상속인이 다른 공동상속인에게 무상으로 자신의 상속분을 양도하는 것은 특별한 사정이 없는 한 유류분에 관한 민법 제1008조의 증여에 해당하므로, 그 상속분은 양도인의 사망으로 인한 상속에서 유류분 산정을 위한 기초재산에 산입된다고 보아야 한다"(대판 2021.7.15. 2016다210498).　　　　　　　　　　　　[○]

9-1 어느 공동상속인이 다른 공동상속인에게 자신의 상속분을 무상으로 양도하는 것과 같은 내용으로 상속재산 분할협의가 이루어진 경우, 이에 따라 무상으로 양도된 것으로 볼 수 있는 상속분은 양도인의 사망으로 인한 상속에서 유류분 산정을 위한 기초재산에 포함된다. 23변호

해설 "공동상속인이 다른 공동상속인에게 무상으로 자신의 상속분을 양도하는 것은 특별한 사정이 없는 한 유류분에 관한 민법 제1008조의 증여에 해당하므로, 그 상속분은 양도인의 사망으로 인한 상속에서 유류분 산정을 위한 기초재산에 포함된다. 위와 같은 법리는 상속재산 분할협의의 실질적 내용이 어느 공동상속인이 다른 공동상속인에게 자신의 상속분을 무상으로 양도하는 것과 같은 때에도 마찬가지로 적용된다. 따라서 상속재산 분할협의에 따라 무상으로 양도된 것으로 볼 수 있는 상속분은 양도인의 사망으로 인한 상속에서 유류분 산정을 위한 기초재산에 포함된다고 보아야 한다"(대판 2021.8.19. 2017다230338). [○]

10 유류분반환청구에서 수인의 공동상속인이 유증받은 재산의 총 가액이 유류분권리자의 유류분 부족액을 초과하는 경우에는 유류분 부족액의 범위 내에서 각자의 '수유재산'을 반환하면 되는 것이지 이를 놓아두고 '수증재산'을 반환할 것은 아니다.

해설 "증여 또는 유증을 받은 재산 등의 가액이 자기 고유의 유류분액을 초과하는 수인의 공동상속인이 유류분권리자에게 반환하여야 할 재산과 범위를 정할 때에, 수인의 공동상속인이 유증받은 재산의 총 가액이 유류분권리자의 유류분 부족액을 초과하는 경우에는 유류분 부족액의 범위 내에서 각자의 '수유재산'을 반환하면 되는 것이지 이를 놓아두고 '수증재산'을 반환할 것은 아니다(제1116조 참조 ; 필자주). 이 경우 수인의 공동상속인이 유류분권리자의 유류분 부족액을 각자의 수유재산으로 반환할 때 분담하여야 할 액은 각자 증여 또는 유증을 받은 재산 등의 가액이 자기 고유의 유류분액을 초과하는 가액의 비율에 따라 안분하여 정하되, 그 중 어느 공동상속인의 수유재산의 가액이 그의 분담액에 미치지 못하여 분담액 부족분이 발생하더라도 이를 그의 수증재산으로 반환할 것이 아니라, 자신의 수유재산의 가액이 자신의 분담액을 초과하는 다른 공동상속인들이 위 분담액 부족분을 위 비율에 따라 다시 안분하여 그들의 수유재산으로 반환하여야 한다. 나아가 어느 공동상속인 1인이 수개의 재산을 유증받아 각 수유재산으로 유류분권리자에게 반환하여야 할 분담액을 반환하는 경우, 반환하여야 할 각 수유재산의 범위는 특별한 사정이 없는 한 민법 제1115조 제2항을 유추적용하여 각 수유재산의 가액에 비례하여 안분하는 방법으로 정함이 타당하다"(대판 2013.3.14. 2010다42624). [○]

10-1 유류분반환청구에서 어느 공동상속인 1인이 수개의 재산을 유증받아 '각 수유재산'으로 유류분권리자에게 반환하여야 할 분담액을 반환하는 경우, 반환하여야 할 각 수유재산의 범위는 특별한 사정이 없는 한 민법 제1115조 제2항을 유추적용하여 '각 수유재산의 가액에 비례'하여 안분하는 방법으로 정함이 타당하다.

해설 위 대판 2013.3.14. 2010다42624 판시내용 참고 [○]

10-2 유류분권리자의 가액반환청구에 대하여 반환의무자가 원물반환을 주장하며 가액반환에 반대하는 의사를 표시한 경우에는 반환의무자의 의사에 반하여 원물반환이 가능한 재산에 대하여 가액반환을 명할 수 없다. 19변호, 14사법

해설 "우리 민법은 유류분제도를 인정하여 제1112조부터 제1118조까지 이에 관하여 규정하면서도 유류분의 반환방법에 관하여는 별도의 규정을 두고 있지 않다. 다만 제1115조 제1항이 "부족한 한도에서 그 재산의 반환을 청구할 수 있다"고 규정한 점 등에 비추어 볼 때 반환의무자는 통상적으로 증여 또는 유증 대상 재산 자체를 반환하면 될 것이나 원물반환이 불가능한 경우에는 가액 상당액을 반환할 수밖에 없다. 원물반환이 가능하더라도 유류분권리자와 반환의무자 사이에 가액으로 이를 반환하기로 협의가 이루어지거나 유류분권리자의 가액반환청구에 대하여 반환의무자가 이를 다투지 않은 경우에는 법원은 가액반환을 명할 수 있지만, 유류분권리자의 가액반환청구에 대하여 반환의무자가 원물반환을 주장하며 가액반환에 반대하는 의사를 표시한 경우에는 반환의무자의 의사에 반하여 원물반환이 가능한 재산에 대하여 가액반환을 명할 수 없다"(대판 2013.3.14. 2010다42624). [○]

10-3 유류분반환청구에서 반환의무자가 악의의 점유자라는 사정이 증명되지 않는 한 반환의무자는 목적물에 대하여 과실수취권이 있으므로, 반환의무자가 유증을 받은 부동산을 임대하여 차임상당의 수익을 얻고 있었다면 이러한 차임상당액은 반환할 필요가 없다.

> **해설** "i) 금전채무와 같이 급부의 내용이 가분인 채무가 공동상속된 경우, 이는 상속개시와 동시에 당연히 공동상속인들에게 법정상속분에 따라 상속된 것으로 봄이 타당하므로, 법정상속분 상당의 금전채무는 유류분권리자의 유류분 부족액을 산정할 때 고려하여야 할 것이나, 공동상속인 중 1인이 자신의 법정상속분 상당의 상속채무 분담액을 초과하여 유류분권리자의 상속채무 분담액까지 변제한 경우에는 유류분권리자를 상대로 별도로 구상권을 행사하여 지급받거나 상계를 하는 등의 방법으로 만족을 얻는 것은 별론으로 하고, 그러한 사정을 유류분권리자의 유류분 부족액 산정시 고려할 것은 아니다.
> ii) 유류분권리자가 반환의무자를 상대로 유류분반환청구권을 행사하는 경우 그의 유류분을 침해하는 증여 또는 유증은 소급적으로 효력을 상실하므로, 반환의무자는 유류분권리자의 유류분을 침해하는 범위 내에서 그와 같이 실효된 증여 또는 유증의 목적물을 사용·수익할 권리를 상실하게 되고, 유류분권리자의 목적물에 대한 사용·수익권은 상속개시의 시점에 소급하여 반환의무자에 의하여 침해당한 것이 된다. 그러나 민법 제201조 제1항은 "선의의 점유자는 점유물의 과실을 취득한다."고 규정하고 있고, 점유자는 민법 제197조에 의하여 선의로 점유한 것으로 추정되므로, 반환의무자가 악의의 점유자라는 사정이 증명되지 않는 한 반환의무자는 목적물에 대하여 과실수취권이 있다고 할 것이어서 유류분권리자에게 목적물의 사용이익 중 유류분권리자에게 귀속되었어야 할 부분을 부당이득으로 반환할 의무가 없다. 다만 민법 제197조 제2항은 "선의의 점유자라도 본권에 관한 소에 패소한 때에는 그 소가 제기된 때로부터 악의의 점유자로 본다."고 규정하고 있고, 민법 제201조 제2항은 "악의의 점유자는 수취한 과실을 반환하여야 하며 소비하였거나 과실로 인하여 훼손 또는 수취하지 못한 경우에는 그 과실의 대가를 보상하여야 한다."고 규정하고 있으므로, 반환의무자가 악의의 점유자라는 점이 증명된 경우에는 악의의 점유자로 인정된 시점부터, 그렇지 않다고 하더라도 본권에 관한 소에서 종국판결에 의하여 패소로 확정된 경우에는 소가 제기된 때로부터 악의의 점유자로 의제되어 각 그때부터 유류분권리자에게 목적물의 사용이익 중 유류분권리자에게 귀속되었어야 할 부분을 부당이득으로 반환할 의무가 있다"(대판 2013.3.14. 2010다42624). [○]

10-4 공동상속인 중 1인이 자신의 법정상속분 상당의 상속채무분담액을 초과하여 유류분권리자의 상속채무분담액까지 변제한 경우에도 별도로 구상권을 행사하거나 상계하는 등의 방법으로 만족을 얻는 것은 별론으로 하고, 이를 유류분권리자의 유류분 부족액 산정시 고려하여서는 안 된다.   17·19변호

> **해설** "금전채무와 같이 급부의 내용이 가분인 채무가 공동상속된 경우, 이는 상속개시와 동시에 당연히 공동상속인들에게 법정상속분에 따라 상속된 것으로 봄이 타당하므로, 법정상속분 상당의 금전채무는 유류분권리자의 유류분 부족액을 산정할 때 고려하여야 할 것이나, 공동상속인 중 1인이 자신의 법정상속분 상당의 상속채무 분담액을 초과하여 유류분권리자의 상속채무 분담액까지 변제한 경우에는 유류분권리자를 상대로 별도로 구상권을 행사하여 지급받거나 상계를 하는 등의 방법으로 만족을 얻는 것은 별론으로 하고, 그러한 사정을 유류분권리자의 유류분 부족액 산정시 고려할 것은 아니다"(대판 2013.3.14. 2010다42624). [○]

11 유류분액을 산정함에 있어 반환의무자가 증여받은 재산의 시가는 상속개시 당시를 기준으로 하여 산정하여야 한다. 따라서 그 증여받은 재산이 금전일 경우에는 그 증여받은 금액을 상속개시 당시의 화폐가치로 환산하여 이를 증여재산의 가액으로 봄이 상당하고, 그러한 화폐가치의 환산은 증여 당시부터 상속개시 당시까지 사이의 물가변동률을 반영하는 방법으로 산정한다.   17변호

> **해설** "유류분반환범위는 상속개시 당시 피상속인의 순재산과 문제된 증여재산을 합한 재산을 평가하여 그 재산액에 유류분청구권자의 유류분비율을 곱하여 얻은 유류분액을 기준으로 하는 것인바, 그 유류분액을 산정함에 있어 반환의무자가 증여받은 재산의 시가는 상속개시 당시를 기준으로 하여 산정하여야 한. 따라서 그 증여받은 재산이 금전일 경우에는 그 증여받은 금액을 상속개시 당시의 화폐가치로 환산하여 이를 증여재산의 가액으로 봄이 상당하고, 그러한 화폐가치의 환산은 증여 당시부터 상속개시 당시까지 사이의 물가변동률을 반영하는 방법으로 산정하는 것이 합리적이다"(대판 2009.7.23. 2006다28126). [○]

12 유류분반환청구권의 행사에 의하여 반환하여야 할 증여 또는 유증의 목적이 된 재산이 타인에게 양도된 경우, 그 양수인이 양수 당시 유류분권리자를 해함을 안 때에는 양수인에 대하여 그 재산의 반환을 청구할 수 있다.   21년 변호

> 해설 "유류분반환청구권의 행사에 의하여 반환되어야 할 유증 또는 증여의 목적이 된 재산이 타인에게 양도된 경우 그 양수인이 양도 당시 유류분권리자를 해함을 안 때에는 양수인에 대하여도 그 재산의 반환을 청구할 수 있다"(대판 2002. 4. 26, 2000다8878)   [O]

13 유류분의 반환을 구하는 소가 제기된 경우, 반환의무자는 통상적으로 증여 또는 유증 대상 재산 그 자체를 반환하여야 하지만, 원물반환이 불가능한 때에는 상속개시 당시를 기준으로 산정한 가액 상당액을 반환하여야 한다.   21변호

> 해설 "유류분반환범위는 상속개시 당시 피상속인의 순재산과 문제된 증여재산을 합한 재산을 평가하여 그 재산액에 유류분청구권자의 유류분비율을 곱하여 얻은 유류분액을 기준으로 하는 것인바, 이와 같이 유류분액을 산정함에 있어 반환의무자가 증여받은 재산의 시가는 상속개시 당시를 기준으로 산정하여야 하고, 당해 반환의무자에 대하여 반환하여야 할 재산의 범위를 확정한 다음 그 원물반환이 불가능하여 가액반환을 명하는 경우에는 그 가액은 사실심 변론종결시를 기준으로 산정하여야 한다"(대판 2005. 6. 23. 2004다51887).   [X]

13-1 유류분의 통상적 반환방법은 원물반환이나, 증여나 유증 후 그 목적물에 관하여 제3자가 저당권이나 지상권 등의 권리를 취득한 경우에는, 유류분권리자가 원물반환 대신 그 가액의 반환을 구할 수 있다. 그럼에도 유류분권리자가 스스로 위험이나 불이익을 감수하면서 원물반환을 구하는 경우, 법원은 원물반환을 명하여야 한다.   최신판례

> 해설 대판 2022. 2. 10. 2020다250783판시내용   [O]

14 유류분반환청구권의 행사에 따른 유류분반환채무는 그 이행기가 상속개시 시점이므로 유류분권리자의 반환청구가 있으면 상속개시일 다음 날부터 이행지체에 빠진다.   21년 변호

> 해설 "유류분반환청구권의 행사로 인하여 생긴 원물반환의무 또는 가액반환의무는 이행기한의 정함이 없는 채무이므로, 반환의무자는 그 의무에 대한 이행청구를 받은 때에 비로소 지체책임을 진다"(대판 2013. 3. 14. 2010다42624, 42631).   [X]

15 유류분권리자가 유류분반환청구권을 행사하고 이로 인하여 생긴 목적물의 이전등기의무나 인도의무의 이행을 소로써 구할 때에는 그 대상과 범위를 특정해야 하지만, 법원은 유류분권리자가 특정한 대상과 범위를 넘어서 청구를 인용할 수 있다.   21년 변호

> 해설 "유류분권리자가 반환의무자를 상대로 유류분반환청구권을 행사하고 이로 인하여 생긴 목적물의 이전등기의무나 인도의무 등의 이행을 소로써 구하는 경우에는 그 대상과 범위를 특정하여야 하고, 법원은 처분권주의의 원칙상 유류분권리자가 특정한 대상과 범위를 넘어서 청구를 인용할 수 없다"(대판 2013. 3. 14. 2010다42624, 42631).   [X]

16 유류분반환청구권의 행사는 재판상 또는 재판 외에서 상대방에 대한 의사표시의 방법으로 할 수 있고, 이 경우 그 의사표시는 침해를 받은 유증 또는 증여행위를 지정하여 이에 대한 반환청구의 의사를 표시하면 그것으로 충분하고, 그로 인하여 생긴 목적물의 이전등기청구권이나 인도청구권 등을 행사하는 것과는 달리 그 목적물을 구체적으로 특정하여야 하는 것은 아니다.   16법무

> 해설 "유류분반환청구권의 행사는 재판상 또는 재판 외에서 상대방에 대한 의사표시의 방법으로 할 수 있다. 그 의사표시는 침해를 받은 유증 또는 증여행위를 지정하여 이에 대한 반환청구의 의사를 표시하면 그것

으로 충분하고, 그로 인하여 생긴 목적물의 이전등기청구권이나 인도청구권 등을 행사하는 것과는 달리 그 목적물을 구체적으로 특정하여야 하는 것은 아니다. 유류분권리자가 위와 같은 방법으로 유류분반환청구권을 행사하면 민법 제1117조 소정의 소멸시효 기간 안에 권리를 행사한 것이 된다"(대판 2002.4.26. 2000다8878).

[ㅇ]

16-1 유류분반환청구권자가 침해를 받은 유증 또는 증여행위를 지정하여 재판 외에서 이에 대한 반환 청구의 의사를 표시했더라도 그로부터 6개월 이내에 재판상의 청구 등을 하여야 소멸시효 진행 이 중단된다.

17변호

해설 위 대판 2002.4.26. 2000다8878 판시내용 참고

[X]

16-2 유류분반환청구권을 행사하는 경우, 상대방이 반환해야 할 유증 또는 증여 목적물의 범위 및 유 류분반환청구권을 행사함으로써 발생하는 목적물의 이전등기청구권 등에 대하여 민법 제1117조 에서 정한 유류분반환청구권에 대한 소멸시효가 적용된다.

해설 "한편 유류분권리자가 유류분반환청구권을 행사한 경우 그의 유류분을 침해하는 범위 내에서 유증 또는 증여는 소급적으로 효력을 상실하고, 상대방은 그와 같이 실효된 범위 내에서 유증 또는 증여의 목적물 을 반환할 의무를 부담한다(대판 2013.3.14. 2010다42624). 유류분반환청구권을 행사함으로써 발생하는 목적물 의 이전등기청구권 등은 유류분반환청구권과는 다른 권리이므로, 그 이전등기청구권 등에 대하여는 민 법 제1117조 소정의 유류분반환청구권에 대한 소멸시효가 적용될 여지가 없고, 그 권리의 성질과 내용 등에 따라 별도로 소멸시효의 적용 여부와 기간 등을 판단하여야 한다"(대판 2015.11.12. 2011다55092,55108). [X]

17

> **[사례]** A는 2008. 10. 1. 유효한 유언으로 자신의 부동산 중 X부동산을 甲에게 유증하고 나 머지 재산 중 2/3는 처 乙에게, 1/3은 유일한 자녀인 丙에게 분배한다고 하면서 유언집행자 로 丁을 지정하였다. 유언 당시의 A의 재산은 X, Y부동산뿐이었으나, A는 2009. 2.경 Z부동 산을 새로 취득하여 소유권이전등기를 마쳤다. A가 2009. 11. 1. 사망하자 참칭상속인 B는 Y, Z부동산에 대해 상속을 원인으로 소유권이전등기를 마쳤다. 한편, A의 법정상속인인 乙, 丙은 유효하게 상속을 단순승인하였다.
>
> 12사법

㉠ Z부동산에 대해서도 유언의 효력이 미친다.

해설 "원심이 확정한 바에 의하면, 망 소외 1이 1982. 11. 30.에 한 유언의 내용은, ⅰ) 유언서에 첨부된 망 소외 1 소유의 토지대장 및 건축물대장에 표시된 토지 9필 및 건물 3동을 소외 2에게 유증하고, ⅱ) 소외 2에게는 망 소외 1의 사후 그들 부부의 묘소를 잘 관리해 달라고 부탁하며, ⅲ) 위 유증재산을 제외한 망 소외 1의 나머지 재산은 평소의 뜻에 따라 육영사업에 사용하고, ⅳ) 유언의 내용을 실행 할 유언집행자로 소외 3을 지정한다는 것이었는데, 망 소외 1은 위 유언서를 작성한 후인 1988. 9. 30. 에 이 사건 부동산의 소유권을 취득하였다는 것이다. 그렇다면 이 사건 부동산은 비록 유언 후에 취득 한 것이어서 유언 당시에는 존재하지 않았던 재산이었다 할지라도 위의 유언내용 ⅲ)항 소정의 '나머지 재산'에 포함되어 유언의 대상이 된다. 같은 취지의 원심 결론은 정당하고, 이를 비난하는 상고이유 주장은 독자적 견해에 지나지 않는다. 또 위 망 소외 1이 생전에 유증재산 중 일부를 처분한 바가 있 다고 하더라도 이 사건 부동산을 처분한 사실을 인정할 증거가 없으므로 이 사건 부동산에 관하여 유언을 철회한 것으로 볼 수도 없다. 결국 이 사건 부동산이 유언 대상 물건이 아니라는 전제에 선 이 부분 상고이유의 주장도 받아들일 수 없다"(대판 2001.3.27. 2000다26920)

☞ Z부동산이 비록 A가 유언을 할 당시에는 존재하지 않았던 재산이지만, 유언의 내용이 '나머지 재 산'이라고 하였으므로 유언 후에 취득한 Z재산도 A의 유언에 포함된다. [ㅇ]

ⓛ 丁은 B를 상대로 Y부동산에 대해서는 상속등기의 말소청구를 할 수 있으나, Z부동산에 대해서는 상속등기의 말소청구를 할 수 없다.

해설 "유언집행자는 유증의 목적인 재산의 관리 기타 유언의 집행에 필요한 모든 행위를 할 권리의무가 있으므로, 유증 목적물에 관하여 경료된, 유언의 집행에 방해가 되는 다른 등기의 말소를 구하는 소송에 있어서는 유언집행자가 이른바 법정소송담당으로서 원고적격을 가진다고 할 것이고, 유언집행자는 유언의 집행에 필요한 범위 내에서는 상속인과 이해상반되는 사항에 관하여도 중립적 입장에서 직무를 수행하여야 하므로, 유언집행자가 있는 경우 그의 유언집행에 필요한 한도에서 상속인의 상속재산에 대한 처분권은 제한되며 그 제한 범위 내에서 상속인은 원고적격이 없다고 할 것이다. 민법 제1103조 제1항은 '지정 또는 선임에 의한 유언집행자는 상속인의 대리인으로 본다'고 규정하고 있으나, 이 조항은 유언집행자의 행위의 효과가 상속인에게 귀속함을 규정한 것이지, 유언집행자의 소송수행권과 별도로 상속인 본인의 소송수행권도 언제나 병존함을 규정한 것은 아니다"(대판 2001.3.27, 2000다26920). 유언집행자는 유증의 목적인 재산의 관리 기타 유언의 집행에 필요한 행위를 할 권리의무가 있다(제1101조). 따라서 유언집행자가 있는 경우 그의 유언집행에 필요한 한도에서 상속인의 상속재산에 대한 처분권은 제한되며 그 제한 범위 내에서 상속인은 원고적격이 없다.

☞ 사안에서 유증의 목적물인 Y, Z부동산에 대해서 유언집행자 丁은 상속회복청구권의 행사로써 상속등기의 말소를 청구할 수 있으나, 상속인인 乙과 丙은 상속회복청구권을 행사할 당사자적격이 없다. [×]

ⓒ 乙과 丙은 B를 상대로 Y, Z부동산 모두에 대해 상속회복청구의 소를 제기할 수 있다.

해설 ⓛ.번 해설 참고 [×]

ⓔ 乙과 丙은 B를 상대로 Y부동산에 대해서는 상속회복청구의 소를 제기할 수 없으나, Z부동산에 대해서는 상속회복청구의 소를 제기할 수 있다.

해설 ⓛ.번 해설 참고 [×]

ⓜ 甲에 대한 유증으로 丙의 유류분이 침해된 경우, 丙이 상속의 개시와 반환하여야 할 유증을 한 사실을 안 때로부터 1년이 경과되지 않았고, 상속이 개시된 때로부터 10년이 경과되지 않았으면, 丙은 甲을 상대로 유류분반환청구의 소를 제기할 수 있다.

해설 **제1117조 (소멸시효)** 반환의 청구권은 유류분권리자가 상속의 개시와 반환하여야 할 증여 또는 유증을 한 사실을 안 때로부터 1년 내에 하지 아니하면 시효에 의하여 소멸한다. 상속이 개시한 때로부터 10년을 경과한 때도 같다. [○]

18

> **[사례]** 甲에게는 자녀 乙, 丙이 있다. 甲이 사망할 당시 남긴 재산은 2억 원의 예금채권 및 丁에 대한 1억 원의 대여금채무가 있다. 甲은 乙이 결혼할 당시 시가 1억 원이었던 주택을 증여하였고, 丙의 유학자금으로 1억 원을 증여하였다. 甲의 사망 당시 乙이 증여받은 주택의 시가는 주변의 개발호재에 힘입어 3억 원이 되었다. 한편 甲이 사망하기 3개월 전, 甲은 A가 甲에게 부담하는 차용금 및 그 이자의 합계 총 1억 원의 채무를 면제하였고, B복지재단과 2억 원의 사인증여계약을 체결하였다. 甲이 乙과 丙에게 증여한 위 주택과 자금은 특별수익으로 인정된다(화폐가치변동률을 고려하지 않으며, 원본만 고려할 것) 16사법

㉠ 丙은 2억 원의 한도에서 상속분이 있으며, 丙이 丁에 대해 부담하는 상속채무액은 5천만 원이다.

해설 공동상속인 중 피상속인으로부터 재산의 증여 또는 유증을 받은 자가 있는 경우에 그 수증재산이 자기의 상속분에 달하지 못한 때에는 그 부족한 부분의 한도에서 상속분이 있다(제1008조). 특별수익이

란 사전상속의 의미가 있는 것을 말하는데, 설문에서도 밝혔듯이 乙이 결혼당시 받은 주택과 丙이 받은 유학자금은 각각 특별수익에 해당한다.

공동상속인 중에 특별수익을 받은 자가 있는 경우, 피상속인의 사망당시의 재산에 특별수익재산을 평가한 뒤 이를 합하여 합산액을 기초로 상속분을 산정하는데 상속재산과 특별수익재산 가액의 산정기준시기는 상속개시시이다. 그러나 대금으로 정산하는 경우 구체적 정산액 산정은 분할시를 기준으로 한다(대결 1997.3.21, 96스62).[1]

☞ 지문의 경우 상속개시시를 기준으로, 丙의 특별수익인 유학자금은 화폐가치변동률을 고려하지 않는 전제하에 1억원이며, 乙의 특별수익은 3억원이다. 각 상속인의 상속재산분배액은 "(현존상속재산 가액+생전증여의 가액)×법정상속분 - 특별수익"이므로 丙의 상속재산 분배액은 (예금채권 2억+乙에 대한 생전증여 3억 + 丙에 대한 생전증여 1억)×법정상속분 1/2(乙과 丙은 형제자매로서 동순위자이다. 제1000조 1항 1호, 제1009조 1항) - 丙의 특별수익 1억 = 2억 원이 된다.

이때 상속채무는 공제하지 않고 별도로 법정상속분(제1009조)대로 상속한다. 만일 소극재산을 공제한다면 자기의 법정상속분을 초과하여 특별이익을 받은 초과특별수익자는 상속채무를 전혀 부담하지 않는 불공평한 결과를 초래할 수 있기 때문이다. 따라서 丙이 丁에 부담하는 상속채무액은 상속채무 1억×丙의 법정상속분 1/2 = 5천만 원이 된다. [○]

ⓛ 丙은 5천만 원의 유류분 부족액의 한도에서 乙, A, B를 상대로 각자가 얻은 수증 또는 유증 가액 등에 비례하여 유류분반환청구를 할 수 있다.

해설 유류분산정의 기초가 되는 재산은 "상속개시시 적극재산의 가액 + 증여재산의 가액(1년 내의 증여액 + 1년 전의 쌍방 악의의 증여액 + 공동상속인에게 한 생전증여) - 채무전액"이고(제1113조 1항), 유류분액은 "유류분산정의 기초재산×법정상속분(제1009조)×유류분비율(제1112조)"이다.

증여재산은 상속개시전 1년 전의 증여는 당사자 쌍방이 유류분권리자에 손해를 가할 것을 알고 증여를 한때에는 반환청구할 수 있고(제1114조 후단), 상속개시전의 1년간 증여는 모두 산입된다(민법 제1114조 전단). 지문의 경우 피상속인 甲의 A에 대한 채무면제는 상속개시 3개월 전에 행해졌으므로 甲과 A의 유류분침해의사여부와 상관없이 증여재산에 포함된다.

따라서 유류분산정의 기초되는 재산은 "상속개시시 적극재산인 예금채권 2억 + 乙에게 증여한 주택 3억 원 + 丙에게 증여한 1억 원 + A에 대한 채무면제 1억 - 丁에 대한 대여금채무 1억 = 6억 원"이다. 여기서 丙의 상속분은 6억×1/2(법정상속분, 제1009조) = 3억 원이고, 유류분액은 1억 5천만원이 된다(직계비속의 유류분은 법정상속분의 1/2, 제1112조 1호). 설문에서 丙은 이미 1억 원을 유학자금으로 생전증여를 받았으므로 丙의 유류분 부족액은 5천만 원이다.

그런데 증여받은 자가 수인인 경우는 증여가액에 비례하며, 유증받은 자가 수인인 경우에도 유증가액에 비례하여 반환청구를 하지만(제1115조), 수인의 증여받은 자와 유증받은 자 간에는 증여에 대해서는 유증을 반환받은 후가 아니면 이것을 청구할 수 없다(제1116조). 이 경우 사인증여는 증여가 아니라 유증으로 보는 것이 判例이다(대판 2001.11.30, 2001다6947). 지문의 경우 丙은 유증을 받은 B복지재단에 먼저 유류분 부족액인 5천만원의 반환을 청구하여야 하므로 乙, A, B간에 수증 또는 유증가액에 비례하여 유류분반환청구를 할 수 있다는 설명은 틀렸다. [×]

---

1) "공동상속인 중에 피상속인으로부터 재산의 증여 또는 유증 등의 특별수익을 받은 자가 있는 경우에는 이러한 특별수익을 고려하여 상속인별로 고유의 법정상속분을 수정하여 구체적인 상속분을 산정하게 되는데, 이러한 구체적 상속분을 산정함에 있어서는 상속개시시를 기준으로 상속재산과 특별수익재산을 평가하여 이를 기초로 하여야 할 것이고, 다만 법원이 실제로 상속재산분할을 함에 있어 분할의 대상이 된 상속재산 중 특정의 재산을 1인 및 수인의 상속인의 소유로 하고 그의 상속분과 그 특정의 재산의 가액과의 차액을 현금으로 정산할 것을 명하는 방법(소위 대상분할의 방법)을 취하는 경우에는, <u>분할의 대상이 되는 재산을 그 분할시를 기준으로 하여 재평가하여 그 평가액에 의하여 정산을 하여야 한다</u>"

부록

판례색인

MEMO